马克思主义研究文丛

为历史服务的哲学

孙正聿◎著

中央编译出版社
Central Compilation & Translation Press

图书在版编目（CIP）数据

为历史服务的哲学／孙正聿著．—北京：中央编译出版社，2018.8
ISBN 978-7-5117-3579-9

Ⅰ.①为…
Ⅱ.①孙…
Ⅲ.①马克思主义哲学－研究
Ⅳ.①B0-0

中国版本图书馆 CIP 数据核字（2018）第 116518 号

为历史服务的哲学

总　策　划：葛海彦
出　版　人：葛海彦
出版统筹：贾宇琰
责任编辑：杜永明
美术编辑：王洪广　吴成英
责任印制：刘　慧
出版发行：中央编译出版社
地　　址：北京西城区车公庄大街乙 5 号鸿儒大厦 B 座（100044）
电　　话：(010) 52612345（总编室）　　(010) 52612339（编辑室）
　　　　　(010) 52612316（发行部）　　(010) 52612346（馆配部）
传　　真：(010) 66515838
经　　销：全国新华书店
印　　刷：三河市华东印刷有限公司
开　　本：710 毫米×1000 毫米　1/16
字　　数：363 千字
印　　张：24.5
版　　次：2018 年 8 月第 1 版
印　　次：2018 年 8 月第 1 次印刷
定　　价：99.00 元

网　　址：www.cctphome.com　　邮　箱：cctp@cctphome.com
新浪微博：@中央编译出版社　　微　信：中央编译出版社(ID: cctphome)
淘宝店铺：中央编译出版社直销店(http://shop108367160.taobao.com)
　　　　　(010) 55626985

本社常年法律顾问：北京市吴栾赵阎律师事务所律师　闫军　梁勤
凡有印装质量问题，本社负责调换，电话：(010) 55626985

五月五

自序：马克思主义哲学的理论品格

恰如恩格斯在马克思的墓前讲话中所说，卡尔·马克思是人类文明史上"最伟大的思想家"。马克思创建的哲学，不仅是反映和表达"时代精神的精华"，而且是塑造和引导新的时代精神的"文明的活的灵魂"。实践性、批判性、创新性、理想性和人民性，是马克思主义哲学的最为重要和最为鲜明的理论品格。深切地理解和真切地把握马克思主义哲学的理论品格，我们就会充满自信地展现马克思主义哲学的真理力量，沿着马克思开辟的哲学道路继续前行。

一、马克思主义哲学的实践性品格

"哲学家们只是用不同的方式解释世界，问题在于改变世界"。镌刻在马克思墓碑上的这句震撼人心的名言，凝练而鲜明地表达了马克思所指向的哲学革命，集中和深刻地显示了马克思主义哲学的最重要和最根本的理论品格——实践性品格。

马克思从来不喜欢抽象地提出问题和空泛地议论问题，以犀利的语言批评"爱好宁静孤寂，追求体系的完满，喜欢冷静的自我审视"的"德国哲学"，并提出"当人们把哲学同幻想混为一谈的时候，哲学必须严肃地提出抗议"。在马克思看来，"一个时代的迫切问题"，是"支配一切个人的时代之声"，是"表现时代自己内心状态的最实际的呼声"。正是从所处时代的具有决定性的根本问题出发，马克思以资本主义时代支配一切的

"资本"为批判对象，致力于从物和物的关系揭示人和人的关系，创建了"关于现实的人及其历史发展"的马克思主义哲学，从而把"解释世界"的旧哲学变革为"改变世界"的新哲学。

"问题是时代的格言"，实践是理论的源泉。任何重大的哲学问题都源于重大的时代问题，任何重大的时代问题都蕴含重大的哲学问题。人类迈入 21 世纪，人类社会发生了空前的重大跃迁，人类文明实现了空前的重大发展，人类自身也面对着空前的重大挑战。世界多极化、经济全球化、社会信息化、文化多样化，在"历史转变为世界历史"的"程度"不断深化的历史进程中，正在以空前的规模和速度、空前的普遍性和深刻性改变着当今的世界。只有牢牢地把握马克思主义哲学的实践性品格，真正把"问题"作为"时代的格言"，我们才能自觉地用现实活化理论、用理论照亮现实，让现实变得厚重深沉、让哲学变得熠熠生辉。

二、马克思主义哲学的批判性品格

马克思的"改变世界"的哲学，是"在批判旧世界中发现新世界"的哲学。在《〈黑格尔法哲学批判〉导言》中，马克思就为自己的哲学提出了明确的历史任务："真理的彼岸世界消逝以后，历史的任务就是确立此岸世界的真理。人的自我异化的神圣形象被揭穿以后，揭露具有非神圣形象的自我异化，就成了为历史服务的哲学的迫切任务。"正是"为历史服务"的哲学自觉，马克思把他的哲学使命确认为揭露人在"资本"这个"非神圣形象"中的"自我异化"，并"把无产阶级当作自己的物质武器"，"对现存的一切进行无情的批判"。在与恩格斯合著的《德意志意识形态》中，马克思又进一步明确地提出："对实践的唯物主义者即共产主义者来说，全部问题都在于使现存世界革命化，实际地反对并改变现存的事物。"马克思为"改变世界"的新哲学所提出的历史任务表明，马克思主义哲学的批判性源于它的实践性，马克思主义哲学的实践性体现为它的批判性，马克思主义哲学的实践性品格和批判性品格是融为一体的。

实践性与批判性融为一体的马克思主义哲学，与康德的"批判哲学"和黑格尔的"反思哲学"，具有本质的区别。康德的"批判"，主要是对"认识何以可能"的反省；黑格尔的"反思"，主要是对"思维和存在的抽象对立"的反思；马克思主义哲学的"批判"，则是"在批判旧世界中发现新世界"。在《资本论》的跋文中，马克思尖锐地指出："辩证法，在其神秘形式上，成了德国的时髦东西，因为它似乎使现存事物显得光彩。辩证法，在其合理形态上，引起资产阶级及其夸夸其谈的代言人的恼怒和恐怖，因为辩证法在对现存事物的肯定的理解中同时包含对现存事物的否定的理解，即对现存事物的必然灭亡的理解；辩证法对每一种既成的形式都是从不断的运动中，因而也是从它的暂时性方面去理解；辩证法不崇拜任何东西，按其本质来说，它是批判的和革命的。"马克思的"批判的和革命的"辩证法，是"在批判旧世界中发现新世界"的辩证法，也就是在对资本主义的批判中"使现存世界革命化"的辩证法。这表明，马克思创建的"合理形态"的辩证法，是实践性与批判性融为一体的辩证法，是引导人类创建"新世界"的辩证法。

三、马克思主义哲学的创新性品格

在对"最伟大的思想家"马克思的评价中，恩格斯十分明确地提出马克思的"两大发现"："马克思发现了人类历史的发展规律"，"还发现了现代资本主义生产方式和它所产生的资产阶级社会的特殊的运动规律"。马克思的"两大发现"，不仅深刻地体现了马克思主义哲学的创新性品格，而且强烈地显示了马克思主义哲学的创新性成果的巨大价值。

对于人类自身来说，最为重大和最为艰巨的理论问题，莫过于"发现"人类自身的发展规律；对于现代人类来说，最为重大和最为艰巨的理论问题，莫过于"发现"资本主义的运动规律。以马克思的"两大发现"为实质内容的马克思主义，不仅使人类自觉到整个人类历史的发展规律，而且使人类自觉到"现实的历史"即资本主义的发展规律，从而为人类解放提供了伟大的社会理想和开辟了现实的发展道路，结束了马克思以前的思想家们"在黑暗中摸索"。列宁说："马克思的全部天才正是在于他回答了人类先进思想已经提出的种种问题。"

在哲学社会科学工作座谈会上的讲话中，习近平同志明确地指出："我们的哲学社会科学有没有中国特色，归根到底要看有没有主体性、原创性。"这种主体性、原创性，集中地体现在"提炼出有学理性的新理论"，"概括出有规律的新实践"。哲学的理论创新，不是凭空想象出来的，不是逻辑推演出来的，而是在对时代性重大问题的哲学反思中凝炼升华出来的。中国特色社会主义的伟大实践为哲学的理论创新提供了源泉和动力，哲学的理论创新要为中国特色社会主义的伟大实践提供理论支撑和思想指引。这就要求我们深切地把握马克思主义哲学的创新性品格，立足新时代，掌握新思想，承担新使命，以创新性的哲学理论塑造和引领新的时代精神。

四、马克思主义哲学的理想性品格

作为人类文明史上"最伟大的思想家"，马克思不只是"发现"了人类历史的发展规律和资本主义社会的发展规律，而且是以这"两大发现"为根基提出了"人类解放"和"人的全面发展"的伟大的社会理想。在马克思那里，人类解放的理想与解放道路的揭示是密不可分地融为一体的，哲学的真理力量与哲学的道义力量是密不可分地融为一体的。赋予人民群众的历史创造活动以最坚定的理想信念，赋予世界性的社会主义运动以最坚实的理论支撑，赋予人类文明形态的变革以规律性的道路指引，这就是以实践性、批判性、创新性为基础的马克思主义哲学的理想性。

马克思的理想，是瓦解"资本"的独立性和个性，确立"人"的独立性和个性的理想，是实现"人类解放"和"人的全面发展"的理想。理想因其远大而成为理想，信念因其坚定而成为信念。离开马克思主义，当代人类就无法形成真实而远大的社会理想和价值诉求，就会失去凝聚共识和走向未来的理想支撑。坚持马克思主义的伟大的社会理想，中国特色社会主义不仅从根本上改变了"东方从属于西方"的世界格局，而且为解决当代人类问题和构建"人类命运共同体"贡献了中国智慧和中国方案，从而为实现人类解放和人的全面发展的社会理想展现了光明前景。

五、马克思主义哲学的人民性品格

马克思主义哲学之所以是"时代精神的精华"和"文明的活的灵魂"，从根本上说，就在于它是马克思所说的"自己的时代、自己的人民的产物"，就在于它汇集了"人民的最美好、最珍贵、最隐蔽的精髓"，就在于他把人民关切的时代性问题作为自己的哲学主题。马克思的哲学，是源于时代、源于人民的哲学，是把时代的"问题"与人民的"精髓"升华为理论的哲学。人民性，是马克思主义哲学的"灵魂"和"普照光"，因而是马克思主义哲学最根本的理论品格。

马克思哲学的"出发点"是"从事实际活动的人"，马克思哲学的"立足点"是"人类社会或社会的人类"，马克思哲学的"归宿点"是以"每个人的自由发展"为条件的"一切人的自由发展"。马克思哲学的"出发点""立足点"和"归宿点"，充分地显示了马克思主义哲学关切人类命运的博大的人文情怀，充分地显示了马克思主义哲学"为绝大多数人谋利益"的强大的道义力量，充分地显示了马克思主义哲学的最深层的人民性品格。

"人民对美好生活的向往，就是我们的奋斗目标"。把人民的向往升华为探索时代性问题的哲学思想，升华为塑造新的时代精神的哲学理念，升华为提供精神指引的哲学的创新性成果，就会真实地展现21世纪中国马克思主义哲学的真理力量，在实现马克思的人类解放的伟大理想的征程上继续前行。

目 录
CONTENTS

第一章　马克思开辟的哲学道路 …………………………………… 1
　一、怎样理解马克思的哲学革命 ………………………………… 1
　二、关于人类解放的马克思主义哲学 …………………………… 17
　三、塑造和引导时代精神的马克思主义哲学 …………………… 32
　四、解放思想和变革世界观的马克思主义哲学 ………………… 45

第二章　马克思创建的历史唯物主义 ……………………………… 59
　一、历史的唯物主义与马克思主义的新世界观 ………………… 59
　二、历史的解释原则与历史唯物主义的真实意义 ……………… 71
　三、历史的唯物主义与哲学的基本问题 ………………………… 80

第三章　马克思主义的唯物辩证法 ………………………………… 99
　一、马克思的"批判本质"的辩证法 …………………………… 99
　二、恩格斯的"理论思维"的辩证法 …………………………… 118
　三、列宁的"三者一致"的辩证法 ……………………………… 140
　四、毛泽东的"实践智慧"的辩证法 …………………………… 170
　五、马克思主义辩证法研究的当代课题 ………………………… 182

第四章　马克思的理论巨著《资本论》 ················· 238
　　一、《资本论》与马克思的哲学革命 ················· 238
　　二、《资本论》与马克思的存在论 ··················· 269
　　三、《资本论》与马克思的"三大批判" ············· 289

第五章　马克思主义哲学研究的理论创新 ··············· 297
　　一、当代中国马克思主义哲学研究的历史与逻辑 ····· 297
　　二、当代中国马克思主义哲学研究的范式转换 ······· 310
　　三、当代中国马克思主义哲学研究的观念变革 ······· 327
　　四、当代中国马克思主义哲学研究的理论自觉 ······· 348
　　五、注重马克思主义哲学研究的专业性、系统性 ····· 357
　　六、建设具有主体性原创性的新时代中国哲学 ······· 362

索　引 ··· 367

第一章 马克思开辟的哲学道路

一、怎样理解马克思的哲学革命

推进当代中国的马克思主义哲学研究的重要理论前提，是深化对马克思的哲学革命的理解。本文围绕哲学界正在展开争鸣的三个重要理论问题，探索马克思的哲学革命。

（一）"解释世界"与"改变世界"

关于马克思的哲学革命，人们经常引证马克思本人的一句名言，即"哲学家们只是用不同的方式解释世界，问题在于改变世界"①，因而断言马克思哲学之外的哲学都是"解释世界"的哲学，而马克思的哲学则是"改变世界"的哲学。

在这种通常的理解与解释中，显而易见地包含了两个方面的悖论性问题：一方面，对马克思主义哲学而言，作为"改变世界"的哲学，是否也是"解释世界"的哲学？或者说，马克思主义哲学是以"解释世界"为前提的"改变世界"的哲学？另一方面，对马克思主义哲学之外的哲学而言，作为"解释世界"的哲学，是否也以"改变世界"为目的？或者说，马克思主义哲学之外的各种哲学也是以"改变世界"为目的的"解释世界"的哲学？

---

① 《马克思恩格斯选集》第 1 卷，人民出版社 1995 年版，第 57 页。

从对马克思主义哲学的理解说，"哲学"作为人们最容易理解和接受的说法，即"理论化、系统化的世界观"，它是一种理论形态的存在，它的直接的社会功能是对"世界"、"社会"、"历史"和"人生"的理论"解释"，因而在它的直接的存在形态和社会功能上，都不是"改变世界"，而只能是"解释世界"。这正如马克思本人所说，"批判的武器当然不能代替武器的批判，物质力量只能用物质力量来摧毁；但是理论一经掌握群众，也会变成物质力量"①。因此，人们往往是从马克思主义哲学"掌握群众"和"批判现实"的角度去说明马克思主义哲学是"改变世界"的哲学。但是，这种解释，已经不自觉地模糊了关于马克思主义哲学不再是"解释世界"而只是"改变世界"的哲学的基本观点，已经不自觉地把马克思主义哲学视为以"解释世界"为前提的"改变世界"的哲学。

在我看来，以"解释世界"与"改变世界"的对立来标志马克思主义哲学与其他各种哲学的根本区别，来说明马克思的哲学革命，既不是由于马克思主义哲学排斥自身所具有的"解释世界"的基本功能，也不是由于马克思主义之外的哲学不期待或不具备"改变世界"的基本功能，而是因为马克思在革命的意义上改变了"哲学"，这就是恩格斯所说的，马克思的学说"这已经根本不再是哲学，而只是世界观"②，"哲学在黑格尔那里完成了"③。

关于"哲学"，当代哲学家理查德·罗蒂曾作出这样的"划界"性的论断："自希腊时代以来，哲学家们一直在寻求一套统一的观念……这套观念可被用于证明或批评个人行为和生活以及社会习俗和制度，还可以为人们提供一个进行个人道德思考和社会政治思考的框架"。那么，哲学如何保证它所寻求和提供的这套"观念"或"框架"的合法性与有效性呢？罗蒂说："作为一门学科的哲学，把自己看成是对由科学、道德、艺术或宗教所提出的知识主张加以认可或揭穿的企图。它企图根据它对知识和心

---

① 《马克思恩格斯选集》第 1 卷，人民出版社 1995 年版，第 9 页。
② 《马克思恩格斯选集》第 3 卷，人民出版社 1995 年版，第 481 页。
③ 《马克思恩格斯选集》第 4 卷，人民出版社 1995 年版，第 220 页。

灵的性质的特殊理解来完成这一工作。哲学相对于文化的其他领域而言，能够是基本性的，因为文化就是各种知识主张的总和，而哲学则为这种主张进行辩护。"① 正是基于对整个西方传统哲学的这种理解，罗蒂提出了哲学理性的当代任务："摈弃西方特有的那种将万物万事归结为第一原理或在人类活动中寻求一种自然等级秩序的诱惑"②。由此，罗蒂提出了反表象主义、反本质主义和反基础主义的"后哲学文化"。

我国学者在反省整个西方传统哲学时，亦作出了大体相似的理论概括："经过20世纪西方哲学对传统哲学的批判，西方传统哲学的理论性质、思维方式和功能作用等元哲学或哲学观问题更为清晰可见。简单地说，西方传统哲学是追求绝对真理的超验形而上学，其思维方式是以意识的终极确定性为基础或目标的罗各斯中心主义或理性主义，其功能和作用是以最高真理和人类理性名义发挥思想规范和统治作用的意识形态。"因此，西方传统哲学"本质上是一种脱离现实而又统治现实的颠倒的世界观"，而马克思给自己提出的历史任务则是"把这种颠倒的世界观再颠倒过来，以使人们正视真实的现实世界"③。正因为马克思哲学不是以"绝对真理"之名去充任规范人的全部思想与行为的"意识形态"，而是从"现实的人及其历史发展"出发而展开"意识形态批判"，因而马克思主义哲学才不再是"解释世界"的旧哲学，而只是"改变世界"的新哲学。

诉诸哲学史，我们可以发现，近代以来的西方哲学，在"上帝人本化"的哲学演进中，一直致力于寻求和论证"人的自由何以可能"；然而，以黑格尔为代表的"法国革命的德国理论"，它为人的自由所提供的"根据"，是"绝对理念"即"无人身的理性"的"自己运动"，也就是"个人受抽象统治"的现实。马克思的哲学革命，则是要求把人从"抽象"的统治中解放出来，从"物"的普遍统治中解放出来，也就是从"资本"的普遍统治中解放出来，把"资本"的独立性和个性变为人的独

---

① ［美］理查·罗蒂：《哲学和自然之镜》，李幼蒸译，三联书店1987年版，第1页。
② ［美］理查·罗蒂：《哲学和自然之镜》，李幼蒸译，三联书店1987年版，中译本作者序。
③ 高清海、孙利天：《马克思的哲学观变革及其当代意义》，见《马克思与我们同行》，中国社会科学出版社2003年版，第22页。

立性和个性。马克思明确地提出:"对实践的唯物主义者即共产主义者来说,全部问题都在于使现存世界革命化,实际地反对并改变现存的事物。"① 这样,马克思就把关于"人的自由何以可能"的理性思辨,革命性地变革为关于"人类解放何以可能"的"实践的唯物主义"。"实践",成为马克思主义哲学的基本理念和核心范畴。这就是"改变世界"的马克思主义哲学。

(二)"实践唯物主义"与"实践观点的思维方式"

以"改变世界"来标志马克思的哲学革命,是同以"实践唯物主义"来解释马克思主义哲学密不可分的。在作为根本性的解释原则的意义上,兴起于20世纪80年代的"实践唯物主义"这个口号或旗帜,以"实践"为核心范畴重新理解马克思主义哲学并重新建构马克思主义哲学的概念发展体系,并不仅仅是关系到马克思主义哲学的"称谓"问题,而且关系到马克思主义哲学的"定位"问题,也就是如何理解马克思主义哲学的问题。正因如此,关于"辩证唯物主义"、"历史唯物主义"、"现代唯物主义"与"实践唯物主义"的哲学论争迄今非但未见减弱,反而有愈益激烈之势。

在这里,我想引入讨论的也许是一个更为值得关注的问题。

自20世纪80年代以来,中国的马克思主义哲学界在新的历史条件下重新探索马克思的哲学革命,形成了某些具有"研究范式"或"解释原则"意义的理论观点。作为批评和超越传统哲学原理教科书的产物,"实践唯物主义"和"实践观点的思维方式"是两种最具代表性的"研究范式"。我在这里讨论的,就是这两种"研究范式"或"解释原则"。在我看来,厘清这两种"研究范式"或"解释原则",对于深入理解马克思的哲学革命和推进马克思主义哲学研究是重要的和必要的。

"实践唯物主义"所强调的是以"实践"为核心范畴重新理解和重新建构马克思的"现代唯物主义"。在这种"研究范式"中,"实践"不仅作为认识的基础而成为马克思主义认识论的核心范畴,也不仅作为人的历

---

① 《马克思恩格斯选集》第1卷,人民出版社1995年版,第75页。

史活动而成为马克思主义历史观的核心范畴，而且作为人与世界的现实基础而成为马克思主义世界观的核心范畴。就此而言，"实践唯物主义"并不是关于马克思主义哲学如何"称谓"的问题，而是关于马克思主义哲学如何"定位"的问题，也就是如何理解马克思的哲学革命的问题。

"实践观点的思维方式"这种研究范式或解释原则，同"实践唯物主义"一样，也是在批评和超越传统哲学原理教科书的解释模式的过程中形成的，也是以实践为核心范畴重新理解马克思主义哲学的哲学理论。但是，超越传统哲学教科书的这两种解释模式，在对"实践"范畴的不同理解中，却蕴含着值得深入研究的学理上的重要区别。

首先，对实践范畴哲学意义的不同理解。在人们经常引证的《关于费尔巴哈的提纲》中，马克思曾经这样提出问题："全部社会生活在本质上是实践的。凡是把理论引向神秘主义的神秘东西，都能在人的实践中以及对这个实践的理解中得到合理的解决。"① 从实践出发去理解人的社会生活，并以人的实践活动的观点去批判"把理论导致神秘主义方面去的神秘的东西"，这是"实践唯物主义"和"实践观点的思维方式"这两种解释模式的共同之处；但是，"实践唯物主义"所理解的"实践"和所强调的"实践"，是人的实践活动本身，也就是从人的实践活动的特性——诸如实践的客观性、历史性、能动性、目的性等等——出发去解释各种哲学问题。这就是说，在"实践唯物主义"这里，"实践"是一个被描述的对象，是一个实体性的哲学范畴，尚未构成一种哲学意义的解释原则。正因如此，"实践唯物主义"既试图把实践作为核心范畴而贯穿于各种哲学问题之中，又无法把实践作为解释原则而重新解释全部哲学问题。

与"实践唯物主义"不同，所谓"实践观点的思维方式"，它所理解的"实践"和所强调的"实践"，是马克思所说的"对这个实践的理解"，也是把"实践观点"作为一种"思维方式"来理解人、理解人与世界的关系，从而构成一种可以称之为实践论的世界观。正因为是把实践的哲学意义理解为"实践观点的思维方式"，所以这里的"实践"既不是一种

---

① 《马克思恩格斯选集》第1卷，人民出版社1995年版，第56页。

"实体"范畴,也不是客体意义上的"关系"范畴,而是一种哲学意义上的解释原则。这种解释原则,就是从人的内在矛盾以及由此构成的人与世界之间的内在矛盾出发,去理解和解释全部哲学问题。正因为"实践观点的思维方式"是一种具有革命意义的解释原则,因而才构成了哲学史上的马克思主义哲学革命。

其次,对实践范畴的本体论意义的不同理解。由于"实践唯物主义"是从"实体"意义上理解"实践"范畴,因而合乎逻辑地认为,马克思的哲学变革"首先在于把实践引进了本体论,把实践提升到世界本原的行列中去"。这种解释表明,"实践唯物主义"作为一种解释原则,尚未跳出传统哲学寻求世界本原的形而上学窠臼,只不过是把作为世界本原的"物质"或"精神"替换为"实践"而已。正是这种本质上属于传统哲学的解释原则,使得"实践唯物主义"陷入了难以自拔的困惑和窘境之中。这就是:如果把作为人的存在方式的"实践"视为"世界的本原",那么,如何解释人类产生之前的世界的存在?传统哲学教科书解释模式正是以此向"实践唯物主义"提出挑战和诘难,而"实践唯物主义"则迫不得已地作出这样的解释:"马克思并没有用实践把物质从本体论中排除出去,并没有用实践本体论去取代物质本体论"。这种解释,使得作为解释原则的"实践唯物主义"显露了其内在的理论的不彻底性。这就是:在马克思主义的哲学革命中,实践范畴的哲学意义到底是什么?如果可以用"实践"和"物质"这两种本体论解释马克思主义哲学,又如何解释马克思实现了哲学史上的革命性变革?

与"实践唯物主义"不同,"实践观点的思维方式"不是把"实践"当成作为"世界本原"的"本体",恰恰相反,是从"实践观点"作为"思维方式"的反本体论的哲学革命来阐释马克思主义哲学。这应当是"实践观点的思维方式"与"实践唯物主义"这两种解释模式的原则区别。

在"实践观点的思维方式"看来,寻求"世界本原"的"本体论",其哲学意义并不在于把某种存在视为"本体",而在于它以寻求"本原"或"本体"的方式而构成一种哲学意义上的思维方式。具体言之,这种寻求"世界本原"的本体论的思维方式有三个根本性的思想前提：其一，就其思想本质来说，是把存在本身同存在的现象割裂开来，对立起来，把本体视为隐藏在经验现象背后的超验的存在；其二，就其思想原则来说，是把主观和客观割裂开来，对立起来，把本体视为排除掉主观性的纯粹客观性；其三，就其追求目标来说，是把绝对与相对割裂开来，对立起来，把本体视为排除掉相对性的纯粹绝对性。

与这种思维方式相反，马克思的哲学革命，则是从"现实的人及其历史发展"出发去理解人与世界的关系，彻底变革了这种把本质与现象分离开来、把主观与客观割裂开来、把相对与绝对对立起来的本体论的思维方式，从而构成了重新理解人及其与世界关系的"实践观点的思维方式"。如果我们仍然以寻求"本原"的思维方式去解释马克思的实践范畴，并把"实践"解释成作为"世界本原"的"本体"，就不是在马克思的哲学意义上"终结形而上学"，而是难以避免地从马克思这里倒退回传统哲学意义上的形而上学。

在这里，我还想提出的是，把"实践观点的思维方式"贯彻到底，我们就可以对哲学意义的"本体"和"本体论"获得新的理解和解释。这就是："人类作为改造世界的实践主体，其全部活动的指向与价值，在于使世界满足人类自身的需要，把世界变成对人类来说是真善美相统一的世界。具有历史展开性的实践活动是人类思维的最本质最切近的基础。基于人类实践本性的理论思维，总是渴求在最深刻的层次上或最彻底的意义上把握世界、解释世界和确认人在世界中的地位与价值。理论思维的这种渴求，是一种指向终极性的渴求，或者说，是一种终极性的关怀，这种终极性的渴求或关怀的理论表达构成贯穿古今的本体论"。"本体论作为一种追本溯源式的意向性追求，作为一种对人和世界及其相互关系的终极关怀，它的可能达到的目标，并不是它所追求的'本'或'源'；它的真实的意义也不在于它是否能够达到它所指向的终极存在、终极解释和终解价值；本体论追求的合理性是在于，人类总是悬设某种基于现实而又超越现实的理想目标，否定自己的现实存在，把现实变成更加理想的现实；本体论追求的真实意义就在于，它启发人类在理想与现实、终极的指向性与历史的确定性之间，既永远保持一种必要的张力，又不断打破这种微妙的平衡，从而使人类在自己的全部活动中保持生机勃勃的求真意识、向善意识和审美意识，永远敞开自我批判和自我超越的空间。"① 在这个意义上，本体论即辩证法。因此在我看来，正是本体论批判的辩证法构成了哲学意义上的"实践观点的思维方式"。

由对"实践观点的思维方式"的理解，我们还能够深化对马克思所实现的"实践转向"的理解。近 20 年来，学界通常是以"实践转向"来标志马克思的哲学革命。那么，"实践转向"的真实内涵和真实意义是什么？是指马克思把哲学的对象"转向"人类的"实践"活动吗？如果把"实践转向"理解成哲学对象的改变，那么，这里作为哲学对象的"实践"，就仍然是"实践唯物主义"所指认的实践活动本身，而不是理解人与世界关系的思维方式；如果把"实践转向"理解为思维方式的转向，则会以"实践观点"的思维方式去理解人与世界的关系，从而形成具有革命意义的马克思主义哲学的"世界观"。

这种"实践观点的思维方式"即"实践论的世界观"，它以实践自身的矛盾性为基础，深刻地揭示了人对世界的否定性统一关系。在人对世界的否定性统一关系中，显现了现实世界的自然性与属人性的二重化、人类自身的自然性与社会性的二重性以及社会历史的创造性与规律性的二象性。由"实践观点的思维方式"或"实践论的世界观"所构成的马克思主义哲学，正是恩格斯所说的"关于现实的人及其历史发展"的哲学理论。由此我们可以更深层地发现，"实践观点的思维方式"并非仅仅是一种"思维方式"，而是马克思用以揭示人类历史发展、探索人类解放的世界观和方法论。

（三）马克思学说的"哲学性"与"科学性"

在关于马克思哲学的学术论争中，最大的问题莫过于马克思是否把自己的学说视为"哲学"，因而最大的分歧莫过于把马克思的学说理解为

---

① 孙正聿：《终极存在、终极解释和终极价值——作为终极关怀的本体论》，载《社会科学战线》1991 年 4 期。

"科学"还是"哲学"。在这里,我从探讨恩格斯的《在马克思墓前的讲话》入手,回应对马克思思想的不同理解

1883年3月14日,马克思与世长辞,"最伟大的思想家停止思想了"。他的最亲密的战友恩格斯发表了著名的《在马克思墓前的讲话》,对这位"最伟大的思想家"及其"思想"作出了最为简洁而精辟的总结与评价。从学术研究的角度看,这篇讲话应当是研究马克思这位"最伟大的思想家"及其"思想"的最可宝贵的文献。但是,在我看来,如果说学界一直比较重视恩格斯在这篇讲话中对马克思的"思想"的评价,并把这个评价作为马克思一生的伟大贡献而构成阐释马克思及其"思想"的重要出发点,那么,学界并未像重视恩格斯对马克思的"思想"的评价那样而关注恩格斯在这篇讲话对这位"最伟大的思想家"本人的评价。这种状况直接地影响到对这位"最伟大的思想家"的"思想"的理解。

在这里提出这个问题,是因为我们在阐释马克思的哲学观时,遇到的一个更为深层的、更为重要的问题是马克思的学说与哲学和科学的关系问题,或者说是马克思学说的"哲学性"或"科学性"问题。如果更为尖锐地提出问题,这就是:马克思是"哲学家"还是"科学家"?马克思的学说或思想是"哲学"还是"科学"?

正是面对关系到对马克思这位"最伟大的思想家"及其"思想"的理解和评价问题,我们应当而且必须"回到"马克思的最亲密的战友——恩格斯——对这位"最伟大的思想家"及其"思想"的理解和评价。

这里,首先讨论作为"革命家"与"哲学家"和"科学家"的马克思。这个讨论,对于理解马克思的"思想"是至关重要的。

在《马克思墓前的讲话》,对于这位"最伟大的思想家"的评价,恩格斯是这样作出的:"马克思首先是一个革命家"。"革命家",这对于马克思具有"首要性",因而也是我们理解和评价马克思及其思想的根本出发点;反之,离开这个根本出发点,我们对马克思及其思想的理解和评价就会本末倒置或不得要领。

"马克思首先是一个革命家"。那么,马克思是怎样的"革命家"?他所从事的是什么样的"革命"?恩格斯在"讲话"中作出了高度概括性的

明确回答："他毕生的真正使命，就是以这种或那种方式参加推翻资本主义社会及其所建立的国家设施的事业，参加现代无产阶级的解放事业，正是他第一次使现代无产阶级意识到自身的地位和需要，意识到自身解放的条件。"①

马克思作为从事"绝大多数人的、为绝大多数人谋利益的独立的运动"的"革命家"，他认为："在实践方面，共产党人是各国工人政党中最坚决的、始终起推动作用的部分；在理论方面，他们胜过其余无产阶级群众的地方在于他们了解无产阶级运动的条件、进程和一般结果。"② 马克思对于自己所从事的"革命"运动的理论自觉，已经向我们展现了马克思作为"革命家"与"理论家"或"思想家"的统一：作为"革命家"，他自觉地担当"各国工人政党中最坚决的、始终推进运动前进的部分"；作为"理论家"或"思想家"，则是为'"无产阶级运动的条件、进程和一般结果"作出"理论方面"的论证。

为"无产阶级运动的条件、进程和一般结果"作出"理论方面"的论证，这表明，马克思"首先"是作为"革命家"而进行他的"理论"研究，因而不能离开"革命家"的马克思去理解和评价"理论家"的马克思。正是这个根本的出发点表明，马克思的思想、理论、学说，是关于无产阶级和人类解放的思想、理论、学说。同时，我们也只有从马克思给自己提出的从"理论方面"论证"无产阶级运动的条件、进程和一般结果"的使命，才能真正理解和评价作为"革命家"的马克思究竟是"哲学家"还是"科学家"，马克思的思想、理论和学说究竟是"哲学"还是"科学"。

《在马克思墓前的讲话》中，恩格斯这样概括和评价马克思的"思想"："正像达尔文发现有机界的发展规律一样，马克思发现了人类历史的发展规律，即历来为繁茂芜杂的意识形态所掩盖着的一个简单事实：人们首先必须吃、喝、住、穿，然后才能从事政治、科学、艺术、宗教等等；所以，直接的物质的生活资料的生产，从而一个民族或一个时代的一定的

---

① 《马克思恩格斯选集》第 3 卷，人民出版社 1995 年版，第 777 页。
② 《马克思恩格斯选集》第 1 卷，人民出版社 1995 年版，第 285 页。

经济发展阶段，便构成基础，人们的国家设施、法的观点、艺术以至宗教观念，就是从这个基础上发展起来的，因而，也必须由这个基础来解释，而不是像过去那样做得相反。"①"不仅如此。马克思还发现了现代资本主义生产方式和它所产生的资产阶级社会的特殊的运动规律。由于剩余价值的发现，这里就豁然开朗了，而先前无论资产阶级经济学家或者社会主义批评家所做的一切研究都只是在黑暗中摸索。"②"一生中能有这样两个发现，该是很够了。即使只能作出一个这样的发现，也已经是幸福的了。但是马克思在他所研究的每一个领域（甚至在数学领域）都有独到的发现，这样的领域是很多的，而且其中任何一个领域他都不是浅尝辄止。"③

对马克思的"思想"的概括和评价，是恩格斯的"墓前讲话"的主体部分。人们通常是把恩格斯的这个概括和评价表达为"马克思的两大发现"。这表明，如何理解"马克思的两大发现"，就成为把马克思的"思想"解释为"哲学"或"科学"的基本依据。

在通常的学科分类中，人们是把马克思所发现的"人类历史的发展规律"称作"唯物史观"或"历史唯物主义"，并因而视之为"哲学"；人们又把马克思发现的"现代资本主义生产方式和它所产生的资产阶级社会的特殊的运动规律"即"剩余价值"规律作为经济学理论而视之为"科学"。这样，恩格斯在"墓前讲话"中所概括的"两大发现"，似乎就构成了作为"哲学家"和"科学家"的马克思，以及作为"哲学家"的马克思所创建的"哲学"和作为"科学家"的马克思所创建的"科学"（经济学）。

然而，在把马克思的"两大发现"作为学术对象而展开的研究过程中，人们一方面是质疑"历史唯物主义"的"哲学性"而力图论证其为"科学"，另一方面则是质疑马克思的"政治经济学"的"科学性"而力图论证其为"哲学"。这样，由"两大发现"而构成的"哲学家"与"科学家"的马克思，似乎又模糊了他的"哲学家"与"科学家"的双重身

---

① 《马克思恩格斯选集》第 3 卷，人民出版社 1995 年版，第 776 页。
② 《马克思恩格斯选集》第 3 卷，人民出版社 1995 年版，第 776 页。
③ 《马克思恩格斯选集》第 3 卷，人民出版社 1995 年版，第 776—777 页。

份，因而由"两大发现"而构成的"哲学"与"科学"的马克思思想也就模糊了其"哲学"性与"科学"性。

　　质疑"历史唯物主义"的"哲学"性，其出发点是论证"历史唯物主义"的"科学"性。这种论证，可以从马克思和恩格斯的文献中得到有力的支持。在《德意志意识形态》中，马克思和恩格斯明确地提出："在思辨终止的地方，在现实生活面前，正是描述人们实践活动和实际发展过程的真正的实证科学开始的地方。关于意识的空话将终止，它们一定会被真正的知识所代替。对现实的描述会使独立的哲学失去生存环境，能够取而代之的充其量不过是从对人类历史发展的考察中抽象出来的最一般的结果的概括。"① 在《德意志意识形态》这部通常称之为关于历史唯物主义的系统性文献，正是"从对人类历史发展的观察中抽象出来的最一般的结果的综合"，也就是马克思和恩格斯在这里所说的"真正实证的科学"或"真正的知识"。对此，马克思和恩格斯强调地指出，"我们的出发点是从事实际活动的人"，"是处在现实的、可以通过经验观察到的、在一定条件下进行的发展过程中的人"。② 因此，马克思和恩格斯认为，他们的"历史观就在于：从直接生活的物质生产出发阐述现实的生产过程，把同这种生产方式相联系的、它所产生的交往形式，即各个不同阶段上的市民社会理解为整个历史的基础，从市民社会作为国家的活动描述市民社会，同时从市民社会出发阐明意识的所有各种不同理论的产物和形式，如宗教、哲学、道德等等，而且追溯它们产生的过程。这样当然也能够完整地描述事物（因而也能够描述事物的这些不同方面之间的相互作用）"③。由此，马克思和恩格斯认为，"这种历史观和唯心主义历史观不同，它不是在每个时代中寻找某种范畴，而是始终站在现实历史的基础上，不是从观念出发来解释实践，而是从物质实践出发来解释观念的形成"④。正是从这种根本区别出发，马克思和恩格斯批判"哲学家"及其构建的"独立的哲学"。

---

① 《马克思恩格斯选集》第1卷，人民出版社1995年版，第73—74页。
② 《马克思恩格斯选集》第1卷，人民出版社1995年版，第73页。
③ 《马克思恩格斯选集》第1卷，人民出版社1995年版，第92页。
④ 《马克思恩格斯选集》第1卷，人民出版社1995年版，第92页。

这就是说，在《德意志意识形态》中，马克思恩格斯已经抛弃了"独立的哲学"及其"哲学家"的幻想，而把他们所创立的历史观视作关于历史的科学。

1886年恩格斯在他的晚年，写下了《路德维希·费尔巴哈和德国古典哲学的终结》这部讨论马克思和他怎样从黑格尔哲学出发并且怎样用它脱离进行"简要而有系统的说明"的著作中，对于哲学的历史作出这样的总结："哲学在黑格尔那里终结了：一方面，因为他在自己的体系中以最宏伟的形式概括了哲学的全部发展；另一方面，因为他（虽然是不自觉地）给我们指出了一条走出这个体系的迷宫而达到真正地切实地认识世界的道路。"① 而"哲学"的"终结"是因为"哲学""要求一个哲学家完成那只有全人类在其前进的发展中才能完成的事情"②。因此，恩格斯认为，新的哲学应当是"把沿着这个途经达不到而且对每个个别人也是达不到的'绝对真理'撇在一边，而沿着实证科学和利用辩证思维对这些科学成果进行概括的途径去追求可以达到的相对真理"③。

恩格斯的这个思想，在他的《在马克思墓前的讲话》中，还以评价马克思的方式得以阐述。恩格斯说："在马克思看来，科学是一种在历史上起推动作用的、革命的力量。任何一门理论科学中的每一个新发现，即使它的实际应用甚至还无法预见，都使马克思感到衷心喜悦，但是当有了立即会对工业、对一般历史发展产生革命影响的发现的时候，他的喜悦就完全不同了。例如，他曾经密切地注意电学方面各种发现的发展情况，不久以前，他还注意了马赛尔·德普勒的发现。"④ 在这里，恩格斯明确地把"两大发现"的马克思称作"科学巨匠"，并强调在马克思看来，"科学是一种在历史上起推动作用的、革命的力量"⑤，因而表现一位"革命家"对具有"革命力量"的"科学"的深切认同。

与质疑历史唯物主义的"哲学"性而强调其"科学"性的思潮相并

---

① 《马克思恩格斯选集》第4卷，人民出版社1995年版，第216页。
② 《马克思恩格斯选集》第4卷，人民出版社1995年版，第215页。
③ 《马克思恩格斯选集》第4卷，人民出版社1995年版，第215—216页。
④ 《马克思恩格斯选集》第3卷，人民出版社1995年版，第575页。
⑤ 《马克思恩格斯选集》第3卷，人民出版社1995年版，第575页。

行，是质疑马克思经济学、特别是他的《资本论》的"科学"性而强调其"哲学"性。宾克莱提出："马克思对于我们今天的吸引力乃是一个道德的预言，人们如果根据人类价值考察现在社会上的种种事实，然后根据自己的发现而行动，以使我们的世界成为一个一切人都能变成更有创造性和更为自由的地方，这样我们就是忠于马克思了。"因此，他认为，"作为我们选择世界观时的一位有影响的预言家的马克思永世长存，而作为经济学家和历史必然道路的预言家的马克思则已经降到只能引起历史兴趣的被人遗忘的地步。"①

阿尔都塞在《读〈资本论〉》这部名著中，从我们如何阅读它并从而构成我们所理解的《资本论》入手，讨论了他对问题的理解。阿尔都塞提出："毫无疑问，我们都读过《资本论》，而且仍在继续阅读这部著作。近一个世纪以来，我们每天都可以透过人类历史的灾难和理想，论战和冲突，透过我们唯一的希望和命运所系的工人运动的失败和胜利，十分清楚地阅读它。可以说，自从我们'来到这个世界上'，我们从未停止透过那些为我们阅读《资本论》的人的著作和演说来阅读《资本论》。他们为我们所作的阅读有好有坏，他们中间有些人已经死去，有些人还活着。这些人有恩格斯、考茨基、普列汉诺夫、列宁、罗莎·卢森堡、托洛茨基、斯大林、葛兰西、各工人组织的领导人、他们的追随者或者他们的论敌：哲学家、经济学家和政治家。我们阅读了形势为我们'选择'的《资本论》的片断和章节。"② 这就是说，人们对《资本论》的理解，是同人们对它的期待密切相关的，又是同别人对《资本论》的解说密切相关的。由此，阿尔都塞提出问题，"我们"属于哪一种"阅读"？在阿尔都塞看来，作为"哲学家"、"经济学家"或"逻辑学家"来阅读《资本论》，是大不一样的，而"我们都是哲学家"，"我们是作为哲学家来阅读《资本论》的"③，"我们在对《资本论》进行哲学的阅读时所犯的错误是，我们用马

---

① [美] 宾克莱：《理想的冲突》，马元德、陈白澄、王太庆、吴永泉等译，商务印书馆1986年版，第106页。
② [法] 路易·阿尔都塞等：《读〈资本论〉》，李其庆、冯文光译，中央编译出版社2001年版，1—2页。
③ [法] 路易·阿尔都塞等：《读〈资本论〉》，李其庆、冯文光译，中央编译出版社2001年版，2—3页。

克思阅读古典政治经济学时给予我们深刻印象的那种方法来阅读马克思的著作。我们要承认的错误就是,固执地囿于这些方法,在这些方法中停滞不前,死死地抓住它们并希望有朝一日完全依靠这些方法来认识马克思著作的狭小的空间中所包含的无限领域即马克思的哲学领域。"①阿尔都塞提出:"如果认为整个马克思的哲学包含在《关于费尔巴哈的提纲》中的几个短短的命题中,或者包含在《德意志意识形态》的否定的论述中,也就是包含在断裂的著作中,那么就严重误解了一个全新的理论思想生长所必不可少的条件,而这种思想的成熟、界定和发展是需要一定时间的。"② 阿尔都塞引证恩格斯的话说:"我们这一世界观,首先在马克思的《哲学的贫困》和《共产党宣言》中问世,经过了二十余年的潜伏时间,到《资本论》出版以后……"因此阿尔都塞提出,"我们可以读到马克思真正哲学的地方是他的主要著作《资本论》"③。关于对《资本论》的"哲学阅读",阿尔都塞还耐人寻味地提出另一个问题,即:"只有应用马克思的哲学才能对《资本论》进行哲学的阅读,而马克思的哲学又是我们的研究对象本身。这个循环之所以可能,只是因为马克思的哲学存在于马克思主义的著作之中。"④ 阿尔都塞的上述观点是值得深入思索的。从此出发,我想讨论如下几个问题。

人们阅读《资本论》,是同人们的阅读目的密切相关的;而阅读《资本论》的目的,是同对社会主义和共产主义的渴望和追求密切相关的;因此,人们从《资本论》中能够读到的最重要的是它对社会主义取代资本主义的承诺,即远远超过其经济学研究的哲学价值观。这种阅读效果,不仅源于阅读目的,更源于被阅读的对象。恩格斯说,"《资本论》经常被称为'工人阶级的圣经'。本书所得的结论,一天多似一天的,成了工人阶级伟大运动的基本原理"(《资本论》英文版的序)。作为"工人阶级的圣经",《资本论》并不是一般意义的理论著作,而是关于无产阶级和人类

---

① [法] 路易·阿尔都塞等:《读〈资本论〉》,李其庆、冯文光译,中央编译出版社2001年版,第23页。
② [法] 路易·阿尔都塞等:《读〈资本论〉》,李其庆、冯文光译,中央编译出版社2001年版,第24页。
③ [法] 路易·阿尔都塞等:《读〈资本论〉》,李其庆、冯文光译,中央编译出版社2001年版,第24页。
④ [法] 路易·阿尔都塞等:《读〈资本论〉》,李其庆、冯文光译,中央编译出版社2001年版,第29页。

解放的学说，它要研究的是"物和物的关系掩盖下的人和人的关系"，它要揭示的是"资本的独立性和个性"如何代替了"个人的独立性和个性"。马克思在《资本论》所揭示的，不仅仅是资本主义的特殊规律，而且是人类发展的现实根基。马克思提出："时间实际上是人的积极存在，它不仅是人的生命的尺度，而且是人的发展的空间"①，"时间是人类发展的空间"②。马克思对"必要劳动时间"与"剩余劳动时间"的分析，不仅具有揭示"剩余价值"生产的特定的政治经济学含义，而且包含着实现人类自身发展的深刻的哲学内涵。因此马克思说，"政治经济学所研究的材料的特殊性质，会把人心中最激烈最卑鄙最恶劣的感情，代表私人利益的仇神，召唤到战场上来反对它"（《资本论》初版的序）。《资本论》所蕴含着的这种根本性的价值理想和伦理要求，名副其实地构成马克思的最主要的哲学著作。

把《资本论》视为马克思的最重要的哲学著作，还与它"应用的方法"即辩证法密切相关。辩证法是马克思主义的活的灵魂，而《资本论》则是列宁所说的"大写的逻辑"即马克思辩证法的具体体现。马克思说："辩证法，在它的神秘形式上，成了德国的流行品，因为它好像使现存的事物显得光彩。在它的合理形式上，辩证法却引起了资产阶级和他们的夸夸其谈的代言人的烦恼和恐怖，因为它在现存事物的肯定的理解中，同时包含着它的否定的理解，它的必然灭亡的理解；它对每一个已经生成的形态，都是在运动的流中，从它的暂时经过的方面去理解；它不会屈服在任何事物面前，就它的本质说，它就是批判的、革命的。"③ 正是《资本论》体现了这个本质上是批判的、革命的辩证法，辩证法正是在《资本论》中展现了自己的批判的、革命的本质；离开《资本论》，马克思并没有为我们提供现成的辩证法著作，而研究马克思的辩证法，最基本和最重要的文献就是《资本论》；《资本论》已经构成马克思的哲学与科学、哲学反思与科学研究的水乳交融。就此而言，我同意阿尔都塞所说的对《资本论》

---

① 《马克思恩格斯全集》第47卷，人民出版社1979年版，第532页。
② 《马克思恩格斯选集》第2卷，人民出版社1995年版，第195页。
③ 马克思：《资本论》第1卷，人民出版社1963年版，跋。

的"哲学阅读"或"经济学阅读",但我更倾向于认为,阅读《资本论》,乃至阅读马克思的全部著作,都只能是一种我称之为"双重化"的阅读,即哲学阅读与科学阅读的统一,因为马克思首先是作为"革命家"的"哲学家"和"科学家",马克思的思想是把哲学反思和科学研究融为一体的关于人类解放的学说。

在这个意义上,我比较赞同葛兰西在《狱中札记》中表达的看法:"一个大人物表现他思想的较有创造力的方面,并不是在从表面的分类的观点来看显然应当是最合乎逻辑的形式中,而是在别处,在表面上看来可以被认为是与之无关的部分中,一个搞政治的人进行哲学写作:情况可能是,他的'真正的'哲学反倒应该在他的政治论著中去寻找。每个人都有一种占支配地位的活动,正是必须从这里去寻找他的思想,这种思想处在一种往往不是暗含在、而且甚至经常是同公开表达的东西相互矛盾的形式中。"① 跳出我们现行的体制化、职业化、学院化、科层化的思考方式,也就是跳出现在通行的关于学科分类的思考方式,不再用"哲学"、"经济学"或各种学科分类的视域去阅读和研究马克思这个"最伟大的人物的思想",我们才能更深切地理解马克思的哲学革命,理解马克思的关于人类解放的学说。

二、关于人类解放的马克思主义哲学

(一) 本体论问题:探索马克思本体论的理论前提

讨论马克思的本体论,无法回避的理论前提是对"本体论"的理解,即:对本体论作何种理解,我们能够提出并讨论马克思的本体论?反过来说,对本体论作何种理解,我们又必须拒绝把本体论"塞给"马克思哲学?从当代中国哲学界、特别是马克思主义哲学界所论争的问题看,主要

---

① [意] 安东尼奥·葛兰西:《狱中札记》,曹雷雨、姜丽、张跃译,中国社会科学出版社2000年版,第317页。

是从三个不同的层次展开了关于本体论的讨论。

其一，从20世纪80年代以来，在一个时期内，哲学界基本上是在直接断言的意义上论争"什么是正确的本体论"或"究竟什么是马克思的本体论"。这种论争隐含和回避了关于"什么是本体论"的理论前提，直接地诉诸对何种本体论为"正确"的论争，由此便构成了延续至今的关于"物质本体论"与"实践本体论"和"社会存在本体论"等各种提法之间的争论。

其二，在关于"什么是正确的本体论"的论争中，逐渐地出现了以哲学史为背景的对"什么是本体论"的反思，由此便越来越清晰地凸现了当代中国哲学界关于本体论问题的三个理论聚焦点：一是如何理解和评价本体论的"原义"即本体论的"原义是否合理"的问题，二是这种"原义"的本体论是否具有哲学的普遍性即本体论的"问题是否普遍"的问题，三是本体论的"原义"是否发生了历史演化即本体论的"引申是否合法"的问题。由于对本体论的"原义是否合理"、"问题是否普遍"、"引申是否合法"的不同回答，不仅构成了哲学界的"坚持"和"复兴"本体论与"拒斥"和"讨伐"本体论的论争，而且直接地构成了能否以本体论解释马克思哲学的论争。问题很明显，如果本体论只是"西方哲学特有的一种形态"即已经被现代哲学所否弃的理论形态，那么，合乎逻辑的结论就不仅是否认本体论的"原义"的合理性，也不仅是否认本体论的"问题"的普遍性，而且也必须否认本体论的"引申"的合法性，因此也就必须否认作为现代哲学的马克思哲学具有本体论。或者说，如果本体论只是"西方哲学特有的一种形态"，那么，关于"马克思的本体论"的讨论，就只能是源于对"马克思哲学"和"本体论"的双重"误解"，并且只能是造成阐释"马克思哲学"和"本体论"的双重"误区"。这表明，讨论"什么是本体论"，或者说追究关于"什么是正确的本体论"的理论前提，并不仅仅是推进了对"本体论"自身的理解，尤其重要的是为讨论"马克思的本体论"拓宽了理论视野和深化了理论思考。

其三，正是在对"什么是本体论"的反思中，人们逐步地把对"本体论"的追问诉诸对"哲学"本身的追问，诉诸对"哲学"演进过程中所形成的本体论变革的追问，从"哲学"在人类生活中的独特价值及其历史演变去思考"本体论"的"原义是否合理"、"问题是否普遍"、"引申是否合法"等问题。这种思考，把"什么是正确的本体论"和"什么是本体论"的问题，引导为"何以有本体论"和"本体论的历史形态"的问题。这两个问题构成我们在新世纪讨论"马克思的本体论"的直接的理论前提。

哲学是人类关于自身存在的自我意识的理论表现，或者说，哲学是以理论形态所表现的人类关于自身存在的自我意识。哲学在对人类自身存在的理论思考中，最根本的问题就是人自身的存在何以可能的问题，即：人为什么能够存在？这种对人的存在的根据的追问，构成哲学的本体论问题。因此，只有把"本体论"与人的存在联系起来，才能回答"何以有本体论"的问题。

人的存在就是人的生命活动。人的生命活动不是动物式的"生存"活动，而是人所特有的"生活"活动，即"把自己的生活活动本身变成自己的意志和意识的对象"的活动，也就是把"理想"变为"现实"的活动。人类的这种变"理想"为"现实"的"生活"活动是一个无限的历史展开过程，而基于人的"生活"活动的人类思维则总是渴求在最深刻的层次上或最彻底的意义上把握世界、解释世界和确认人在世界中的地位与价值，这就是恩格斯所说的"按它的本性、使命、可能和历史的终极目的来说的"思维的"至上性"的要求。哲学作为人类关于自身存在的自我意识理论，它以理论的方式表现基于"生活"本身的人类思维的"至上性"要求，从而构成了对"人的存在何以可能"的反思与追问，也就是构成了哲学的本体论。

哲学的本体论是一种追本溯源式的意向性追求，是一种理论思维的无穷无尽的指向性，是一种指向无限性的终极关怀。它以寻求"终极存在"、"终极解释"和"终极价值"的方式，为人类自身的存在寻找"根据"、"标准"和"尺度"；它又以自己所承诺的"本体"作为根据、标准和尺度，批判地反思人类一切活动和全部观念的各种前提，为人类的"生活"提供"安身立命之本"或"最高的支撑点"。哲学的本体论追求表现了哲学的特殊性质,即表现了哲学"追根究底"、"从头问起"并且"穷追不舍"、"一问到底"的特殊性质。本体论所体现的哲学的这种特殊性质,正是理论化的人的超越性存在的特殊性质,因此,哲学的本体论追求就是理论化的人的自我追问,这种追求和追问不仅具有深刻的人性的合理性,而且具有人类性的普遍性。

哲学的本体论追求,既根源于人类实践和人类思维的本性,又决定于人类生活在不同时代的特殊要求,因而它总是以时代性的内容去寻求人的存在何以可能的根据。在哲学发展史上,本体论对人的存在何以可能的追问,发生过一系列历史性的变革:古代哲学以追问"万物何以可能"的方式去探索人类存在的根据,最终则导致了一神教的产生;中世纪哲学以追问"世界何以可能"的方式去回答人类存在的根据,其结果是构成了作为"神圣形象"的"上帝"本体论;整个近代哲学的发展过程,就是"消解"作为"神圣形象"的"上帝"的过程,也就是把"上帝"、"人化"的过程;正是在这个上帝人化的过程中,出现了"自然本体论"、"物质本体论"和"理性本体论",为人的存在寻求代替"上帝"的根据;在德国古典哲学中,则更为自觉地以反思人的"认识何以可能"、"道德何以可能"、"自由何以可能"和"崇高何以可能"的方式去探索人类存在的根据。黑格尔说,"一个定义的意义和它的必然证明只在于它的发展里,这就是说,定义只是从发展过程里产生出来的结果"①。关于本体论,我们也应当从"它的发展里"去理解它的实质,并在对它的合乎历史与逻辑的"引申"中去实现自己时代的本体论追求。由此我们便可以理解,寻求"何以可能"的根据,这是本体论的实质;而寻求"什么"何以可能的根据,则构成本体论的历史。

(二) 黑格尔的本体论遗产和马克思对它的扬弃

为了具体地阐明对本体论的这种理解,并为提出马克思的本体论问题提供历史与逻辑的前提,我们在这里特别有必要阐释对黑格尔本体论的理解。恩格斯曾经提出,作为德国古典哲学集大成者的黑格尔哲学,既以

---

① [德]黑格尔:《小逻辑》,贺麟译,商务印书馆1980年版,第7—8页。

"最宏伟的形式概括了哲学的全部发展",又"终结"了"全部以往所理解的哲学"。据此,一些学者认为,黑格尔哲学作为"本体论的最后的辉煌",哲学本体论在黑格尔哲学那里已经"终结"了。我在这里提出的问题是:黑格尔哲学是"终结"了"全部以往所理解的哲学"的本体论的追求方式,还是"终结"了"全部以往的哲学"所进行的本体论追求?我认为是前者,而不是后者。

黑格尔以其"本体"即"绝对理念"的自我运动和自我认识而构建了他的庞大的哲学体系。对此,我们需要追问的是,在黑格尔哲学那里,作为"本体"的"绝对理念"究竟要回答的是什么问题?在我看来,黑格尔的"绝对理念"所回答的是关于人的存在的"三位一体"的问题:其一,在其直接性上,黑格尔哲学作为19世纪的"思想体系时代"的"时代精神",他的"绝对理念"是以概念自我运动的形式即概念发展的辩证法表现人类思想运动的逻辑,为各门科学构建"思想体系"提供"逻辑基础",也就是为"人的理性何以可能"提供根据;其二,在其间接性上,黑格尔哲学作为"法国革命的德国理论",他的"绝对理念"是以概念自我运动的形式展现人类理性的自由运动,展现个体理性与普遍理性相融合的进程中所实现的理性自由,也就是为"人的自由何以可能"提供根据;其三,在其深层的自我意识中,黑格尔的"绝对理念"的自我运动所实现的乃是他所期待的"全体的自由性"与"各个环节的必然性"在"对各环节加以区别和规定"中所实现的统一。在黑格尔看来,"凡生活中真实的伟大的神圣的事物,其所以真实、伟大、神圣,均由于理念。哲学的目的就在于掌握理念的普遍性和真形相"[①]。因此,黑格尔的"绝对理念"作为"本体",又是为"人的崇高何以可能"提供根据。由此我们可以看到,黑格尔的"本体论",在其真实的意义上,乃是对人的理性、人的自由和人的崇高"何以可能"的追问;而他对这种追问的回答,则是"绝对理念"的自我运动和自我认识。

然而,黑格尔在他的"三位一体"的"绝对理念"中对人的理性、自

---

① [德]黑格尔:《小逻辑》,贺麟译,商务印书馆1980年版,第35页。

由和崇高"何以可能"所作的论证，是以"无人身的理性"自我运动的形式实现的，是黑格尔自己所说的"作为内心的必然性而存在"的，这种"本体论"的最大限度也只不过是黑格尔自己所说的"培养自己的精神"。因此，黑格尔哲学作为"法国革命的德国理论"，只不过是恩格斯所说的"睡帽中的革命"。这种以"无人身的理性"自我运动的方式所实现的本体论追求，已经被马克思的哲学革命终结了。值得我们认真思考的是，马克思并不只是彻底地否弃了以黑格尔哲学为标志的传统哲学的本体论的追求方式，而且深切地求索这种本体论追求中所蕴含的真实的历史内容，从而以真实的历史内容为出发点而展开自己的本体论追求。在我看来，这是讨论马克思的本体论的极为重要的出发点。

马克思认为，黑格尔的思辨哲学并不是某种超然于世界之外的玄思和遐想，而是"形而上学地改了装"的现实的存在。马克思指出，黑格尔的思辨哲学体系有三个因素，第一个因素是形而上学地改了装的、脱离了人的自然，第二个因素是形而上学地改了装的、脱离了自然的精神，第三个因素是形而上学地改了装的以上两个因素的统一，即现实的人和现实的人类。① 因此，去掉这种"形而上学地改了装的"思辨性和神秘性，作为传统本体论哲学之总结的黑格尔哲学，正是以追寻"本体"的方式而表达了对"人"自身"何以可能"的追问与论证。

那么，黑格尔所追问和论证的人的"理性"、"自由"、"崇高"的"何以可能"的"根据"即"绝对理念"究竟是什么？马克思指出，黑格尔是以"最抽象的形式"表达了"最现实的人类状况"，即："个人现在受抽象统治，而他们以前是互相依赖的。但是，抽象或观念，无非是那些统治个人的物质关系的理论表现。"② 这就是说，作为黑格尔哲学之"本体"的"绝对理念"，是根源于理论所表现的现实——现实被"抽象"所统治的现实；黑格尔哲学为人的"理性"、"自由"和"崇高"所寻求到的"根据"即"本体"，正是这种统治现实的"抽象"。

对于这个统治现实的"抽象"，马克思是从"统治个人的物质关系"

---

① 参见《马克思恩格斯全集》第46卷上册，人民出版社1979年版，第111页。
② 《马克思恩格斯选集》第4卷，人民出版社1995年版，第532页。

去寻求根据。马克思说:"法的关系象国家的形式一样,既不能从它们本身来理解,也不能从所谓人类精神的一般发展来理解,相反,它们根源于物质的生活关系,这种物质的生活关系的总和,黑格尔按照十八世纪的英国人和法国人的先例,称之为'市民社会',而对市民社会的解剖应该到政治经济学中去寻找。"① 正是在这种哲学—政治经济学批判中,马克思深刻地揭示了"把人变成帽子"的李嘉图和"把帽子变成观念"的黑格尔的实质,即:黑格尔的"抽象"是把物和物的关系、物和人的关系、人和人的关系都变成观念与观念之间的关系,从而构成了黑格尔的"纯粹的、永恒的、无人身的理性"的自我运动。而在黑格尔的"抽象"或"观念"中所掩盖的"统治个人的物质关系",则是"劳动"与"资本"的关系,即:在资本主义社会的"现实"中,"抽象"的"资本"具有独立性和个性,而活动着的个人却丧失了独立性和个性,这就是现实受"抽象"(资本)统治的最普遍的、最根本的现实。正是通过这种哲学—政治经济学批判,马克思的合乎逻辑的结论是,人之为人的根据,人的"自由"和"崇高","不能从所谓人类精神的一般发展来理解",而必须从"物和物的关系"掩盖下的"人和人的关系"来理解。正是在这里,马克思把传统哲学本体论对"人的存在何以可能"的追问,变革为对"人和人的关系"的理论求索,并把自己的本体论定位为对"人的解放何以可能"的寻求。

以黑格尔哲学为代表的"法国革命的德国理论",它为人的存在所提供的"根据",是"资本"取得统治地位的现实,是"个人受抽象统治"的现实。作为无产阶级革命理论的马克思哲学,则要求把人从"抽象"的统治中解放出来,从"物"的普遍统治中解放出来,从"资本"的普遍统治中解放出来,把"资本"的独立性和个性变为人的独立性和个性。"人的解放",这是马克思的哲学旗帜;"解放"的"根据",则是马克思哲学的本体论问题。这表明,马克思的本体论,既是从思维方式上与传统本体论的断裂,又是从"人的解放何以可能"的本体论求索中开辟了它的现代道路。

---

① 《马克思恩格斯选集》第2卷,人民出版社1995年版,第32页。

（三）马克思的本体论革命：人的解放何以可能？

马克思究竟是追问"什么何以可能"？对这个作为主词的"什么"问题的回答，直接地构成了对马克思的本体论的不同理解。

把马克思的本体论称之为"物质本体论"，这从追问"什么何以可能"的视野去看，问题就比较清楚了。在《路德维希·费尔巴哈和德国古典哲学的终结》中，恩格斯明确地提出："什么是本原的，是精神，还是自然界？——这个问题以尖锐的形式针对教会提了出来：世界是神创造的呢？还是从来就有的？"① 这就是说，关于"精神"与"自然界"孰为"本原"的问题，就其实质而言，是"世界"何以可能的根据问题。具体地说，就是"世界"是"神创造的"还是"从来就有的"。由此我们可以看到，所谓"物质本体论"，是对"世界何以可能"这个问题的回答，我们应当在这个"问题域"去看待"物质本体论"。

"世界何以可能"这个问题，具有重大的理论意义。这正如恩格斯所说，"哲学家依据他们如何回答这个问题而分成了两大阵营。凡是断定精神对自然界来说是本原的……组成唯心主义阵营。凡是认为自然界是本原的，则属于唯物主义的各种学派"②。这就是说，在"世界何以可能"这个根本问题上，是否承认和坚持"自然界是本原的"，构成唯物主义与唯心主义的对立。这也就是说，作为唯物主义哲学的马克思哲学，在"世界何以可能"的问题上，必须坚守"自然界是本原的"这个基本论断。

但是，恩格斯的论述非常清楚地告诉人们，提出"世界何以可能"的问题，并承认"自然界是本原的"，这是"唯物主义的各种学派"的共同点，而不是马克思的唯物论向自己提出的历史性问题，也不是马克思的唯物论对自己的历史性问题的理论回答。恩格斯在对唯物主义与唯心主义作出区分之后，紧接着就告诫人们，除了在"世界何以可能"的意义上，"唯心主义和唯物主义这两个用语本来没有任何别的意思，它们在这里也不能在别的意义上被使用"③。这就是说，如果我们承认马克思哲学不是旧

---

① 《马克思恩格斯文集》第4卷，人民出版社2009年版，第278页。
② 《马克思恩格斯文集》第4卷，人民出版社2009年版，第278页。
③ 《马克思恩格斯文集》第4卷，人民出版社2009年版，第278页。

唯物主义，而是新唯物主义，那么，我们就不能仅仅是在"世界何以可能"的问题域去理解马克思哲学，而必须在马克思所提出的新的问题域去理解马克思哲学。在这个意义上，已经不能以"唯物主义的各种学派"共同坚持的"物质本体论"来界说马克思的本体论。

马克思的哲学不是离开人类文明发展大道的宗派主义的东西，其直接的理论渊源是哲学自身的发展史。对"世界何以可能"的追问，这是近代以来的西方哲学所面对的基本问题；而对于以市场经济取代自然经济为生活基础的近代西方哲学来说，它的根本使命是实现"上帝人化"，即把"上帝"作为世界的"根据"而转化为"人"自己是自己的"根据"。因此，在"上帝"自然化、物质化、精神化和人本化的近代哲学的发展进程中，哲学本身经历了以"自然本体论"、"物质本体论"、"精神本体论"和"人学本体论"取代"上帝本体论"的过程。在黑格尔哲学那里，"本体论"问题已经发展为人的"自由何以可能"的问题，而在费尔巴哈那里，更是明确地提出，哲学的任务就是把异化给"上帝"的"人的本质"归还给"人"。因此，对于马克思哲学来说，其哲学使命是把德国古典哲学对人的"自由"和人的"本质"的抽象的肯定，实现为人类自身的解放。正因如此，恩格斯曾经自豪地提出，"德国的工人运动是德国古典哲学的继承者"[①]。

1842年，马克思在提出"任何真正的哲学都是自己时代的精神上的精华"的著名论断时，就对新哲学提出这样的期待："那时哲学不仅在内部通过自己的内容，而且在外部通过自己的表现，同自己时代的现实世界接触并相互作用。"[②] 在这里，马克思表达了超越黑格尔思辨哲学的强烈渴望和实现哲学与"自己时代的现实世界接触并相互作用"的强烈要求。这种渴望与要求，促使马克思把对"人"的理性思辨转化为对"人"的现实理解。

1843年，在《〈黑格尔法哲学批判〉导言》中，马克思明确地提出，理论的彻底性，在于抓住事物的根本；而"人的根本就是人本身"。这个

---

① 《马克思恩格斯选集》第4卷，人民出版社2009年版，第313页。
② 《马克思恩格斯全集》第1卷，人民出版社1995年版，第220页。

论断，可以说是马克思的本体论的"根本"——把对人的追问彻底地诉诸人本身。正是从这个"根本"出发，马克思对整个近代以来的"上帝人化"或反宗教的斗争作出这样的总结："宗教把人的本质变成了幻想的现实性，因为人的本质没有真实的现实性。因此，反宗教的斗争间接地就是反对以宗教为精神慰藉的那个世界的斗争。"① 由此马克思进而对新哲学的使命又作出这样的概括："彼岸世界的真理消逝以后，历史的任务就是确立此岸世界的真理。人的自我异化的神圣形象被揭穿以后，揭露非神圣形象中的自我异化，就成了为历史服务的哲学的迫切任务。"② 正是从这个历史"任务"出发，马克思明确地提出："对宗教的批判最后归结为人是人的最高本质这样一个学说，从而也归结为这样一条绝对命令：必须推翻那些使人成为受屈辱、被奴役、被遗弃和被蔑视的东西的一切关系……"③ 把人从非人的存在中"解放"出来，这就是马克思为新哲学提出的使命。

"解放何以可能"？这构成了马克思哲学的本体论。在《1844年经济学哲学手稿》中，马克思从"人的本质"和"异化劳动"去探索"解放的根据"。马克思提出，虽然"人（和动物一样）赖无机自然来生活"，但人的"万能"却在于人把自然变成"人的无机的身体"。人的这种"万能"的特性表现了人的"类的特性"，这就是"创造生命的生活"活动、"自由自觉的活动"。对此，马克思作出具体的论证："动物是和它的生命活动直接同一的。它没有自己和自己的生命活动之间的区别。它就是这种生命活动。人则把自己的生活活动本身变成自己的意志和意识的对象。他的生活活动是有意识的。这不是人与之直接融为一体的那种规定性。有意识的生活活动直接把人跟动物的生命活动区别开来。正是仅仅由于这个缘故，人是类的存在物。换言之，正是由于他是类的存在物，他才是有意识的存在物，也就是说，他本身的生活对他说来才是对象。只是由于这个缘故，他的活动才是自由的活动。"④ 这就是马克思对人的"自由自觉的活

---

① 《马克思恩格斯选集》第1卷，人民出版社2012年版，第1页。
② 《马克思恩格斯选集》第1卷，人民出版社2012年版，第2页。
③ 《马克思恩格斯选集》第1卷，人民出版社2012年版，第9页。
④ 马克思：《1844年经济学哲学手稿》，人民出版社1979年版，第50页。

动"的"类的特性"所作出的论证。

与此同时,马克思又极为深刻地把作为人的"类的特性"的"自由自觉的活动"与现实的人的"异化劳动"联系起来,指出:"异化劳动把这种关系颠倒过来:正是由于人是有意识的存在物,人才把自己的生活活动、自己的本质仅仅变成维持自己生存的手段。"① 其结果是,"人的异化劳动,从人那里(1)把自然界异化出去;(2)把他本身,把他自己的活动机能,把他的生活活动异化出去,从而也就把类从人那里异化出去","(3)人的类的本质——无论是自然界,还是他的精神的、类的能力——变成与人异类的本质,变成维持他的个人生存的手段","(4)人从自己的劳动产品、自己的生活活动、自己的类的本质异化出去这一事实所造成的直接结果就是:人从人那里的异化。当人与自己本身相对立的时候,那么其他人也与他相对立","总之,人从他的类的本质异化出去这一命题,说的是一个人从其他人异化出去,以及他们中的每个人都从人的本质异化出去"。② 这就是马克思从"异化劳动"所造成的人的"类的特性"的异化所作出的论证。

由此可见,在马克思这里,人的"解放"的根据是双重的:一方面,人的"自由自觉活动"的"类的特性"构成人的解放的可能性的"根据";另一方面,人的"类的特性"的"异化"状态则是人的解放的必要性的"根据"。正是从人的"解放"的可能性与必要性的双重"根据"出发,马克思不断地深化了自己的本体论求索。

1845年春,马克思写出了被恩格斯称作"包含天才世界观萌芽的第一个宝贵文件"的《关于费尔巴哈的提纲》。这个"宝贵文件"凝聚着马克思对全部哲学史的高度概括性总结,熔铸着马克思对哲学自身的深切反思,表达了马克思对全部旧哲学的根本性批评,升华了马克思探索人类解放的理论成果,构成了以"实践"为核心范畴的对人的"解放"何以可能的理论回答。因此,以这份"宝贵文件"为标志的哲学史上的"实践转向",也标志着把"解释世界"的旧哲学与"改变世界"的新哲学区别开

---

① 马克思:《1844年经济学哲学手稿》,人民出版社1979年版,第50页。
② 马克思:《1844年经济学哲学手稿》,人民出版社1979年版,第49、51、51—52页。

来的现代本体论追求。

人们都承认,"实践"是这份"宝贵文件"的核心范畴。问题在于,对马克思来说,他把"实践"作为核心范畴所要回答的哲学问题是什么?在《提纲》的第一条中,马克思明确地提出,以往的全部哲学——包括唯物主义哲学和唯心主义哲学——的根本问题,就在于不是从人的"实践"的"感性活动"去理解人对世界的关系,因而不能真实地理解人与世界的真实关系。在这里,马克思已经把"人的存在何以可能"的根据,从《手稿》中关于人的"自由自觉活动"的"类特性",确认为人的"实践"活动。这在马克思的哲学思想演进的过程中具有重大意义。在《提纲》的第二条中,马克思针对整个传统哲学、特别是整个西方近代哲学所思考和论争的根本性问题——思想的客观性问题——进一步地明确了"实践"范畴的本体论意义。马克思提出,"人的思维是否具有客观的真理性,这并不是一个理论的问题,而是一个实践的问题"①。这就是说,对于思想的客观性"何以可能"的这个贯穿于整个近代哲学的本体论问题,马克思把"实践"范畴确认为它的"根据"即"本体"。在《提纲》第三条中,马克思又针对近代唯物主义哲学关于"人"与"环境"的相互关系的争论,也就是针对"人"何以为"人"的争论,明确地把"人"的存在的根据归结为"革命的实践"。在《提纲》的第四、五、六、七这四条中,马克思以批评费尔巴哈的相关哲学观点的方式,集中地论述了从"实践的、人类感性的活动"出发去理解人的世界、人的本质和人的宗教感情。而在《提纲》的第八条中,则把上述思想凝结为一个根本性的论断:"社会生活在本质上是实践的。凡是把理论导致神秘主义方面去的神秘东西,都能在人的实践中以及对这个实践的理解中得到合理的解决。"② 这样,马克思就在把确认"社会生活"的"本质"与解决"理论"的"神秘主义"相统一的意义上,确认了"实践"的本体地位,即:用"实践"作为"根据"去理解"社会生活"的"本质"和破解对"理论"的"神秘主义"理解。在《提纲》的第九、十两条中,马克思又把这种"实践转向"的根据诉

---

① 《马克思恩格斯选集》第 1 卷,人民出版社 1995 年版,第 16 页。
② 《马克思恩格斯选集》第 1 卷,人民出版社 1995 年版,第 18 页。

诸实现这种"转向"的主体，即"人类社会或社会化了的人类"。而在《提纲》的最后一条即第十一条中，马克思以其"实践转向"的本体论革命为根据，把以往的旧哲学归结为"用不同的方式解释世界"，而把他所开拓的新的哲学道路归结为"问题在于改变世界"。①

在这里，我之所以逐条地分析马克思在《关于费尔巴哈的提纲》中的论述，是因为这个"包含天才世界观萌芽的第一个宝贵文件"以宣言书式的方式阐明了马克思的"实践转向"所实现的哲学革命，其中最重要的是阐明了马克思的本体论革命。这个本体论革命就是以"实践"为"根据"去理解人的存在、人的本质、人的思维和人的世界，一句话，以"实践"为"根据"去理解"人"，把"实践"定位为"人的存在何以可能"的"本体"。在这个意义上，把马克思的本体论称作"实践本体论"，并不是没有根据的。但是，马克思对"人"的追问，并不是抽象地或一般地追问"人的存在以可能"，而是具体地、特别地追问"人的解放何以可能"，因此，我们又不能简单地把马克思的本体论归结为"实践本体论"。

在1843年的《〈黑格尔法哲学批判〉导言》中，马克思把他的本体论追求定位为对"人的解放何以可能"的追寻，即寻求"解放"的"根据"；在1844年的"经济学哲学手稿"中，马克思又在对人的"自由自觉的活动"及其"异化"的双重阐释中，把"人的解放"的"根据"诉诸于人的"类特性"；而在1845年的《关于费尔巴哈的提纲》中，则以理论飞跃的方式把人的"类特性"即"自由自觉的活动"明确为人的"实践"活动，从而以"实践"为"根据"去理解人的存在，并因此把这种"实践转向"的新哲学定位为"改变世界"的哲学。正是从"改变世界"的哲学使命出发，马克思以"实践转向"的理论成果为出发点，形成了他的以"解放何以可能"为聚焦点的本体论求索。这种理论求索的结果，集中地表现为《德意志意识形态》和《共产党宣言》这两部著作。

在写于1845—1846年的《德意志意识形态》中，马克思和恩格斯首要地、醒目地强调一个问题，这就是研究的"出发点"和研究的"前

---

① 《马克思恩格斯选集》第1卷，人民出版社1995年版，第19页。

提"。这对于我们理解马克思的本体论是至关重要的。马克思和恩格斯提出,"德国哲学是从天上降到地上;和它完全相反,这里我们是从地上升到天上,就是说,我们不是从人们所说、所想象的、所设想的东西出发,也不是从只存在于口头上所说的、思考出来的、想象出来的、设想出来的人出发,去理解真正的人。"①在这里,马克思不只是把"德国哲学"与"我们"的哲学区分为"从天上降到地上"和"从地上升到天上",而且明确地把这种区分的实质内容确认为对"人"的理解,即:是以"设想出来的人"为出发点,还是以"真正的人"为出发点?明确这个问题是十分重要的。

德国古典哲学已经把本体论问题归结为"人"的问题,把"人"的认识、道德、自由和崇高的"何以可能"作为其本体论内涵。因此,对于马克思哲学来说,真正的问题是如何理解被德国古典哲学追问的"人"。对此,马克思和恩格斯的回答是:"我们的出发点是从事实践活动的人,而且从他们的现实生活过程中我们还可以揭示出这一生活过程在意识形态上的反射和回声的发展。"②那么,究竟怎样理解"从事实际活动的人"?马克思和恩格斯提出:"任何人类历史的第一个前提无疑是有生命的个人的存在,因此第一个需要确定的具体事实就是这个人的肉体组织,以及受肉体组织制约的他们与自然界的关系","一当人们自己开始生产他们所必需的生活资料的时候(这一步是由他们的肉体组织所决定的),他们就开始把自己和动物区别开来。人们生产他们所必需的生活资料,同时也就间接地生产着他们的物质生活本身"。③"因此第一个历史活动就是生产满足这些需要的资料,即生产物质生活本身"④。正是从"人类历史的第一个前提"和"第一个历史活动"出发,马克思明确地作出结论,"任何历史观的第一件事情就是必须注意,上述基本事实的全部意义和全部范围,并给予应有的重视"⑤。正是基于对"历史观"这种理解,马克思和恩格斯把

---

① 《马克思恩格斯选集》第 1 卷,人民出版社 1995 年版,第 30 页。
② 《马克思恩格斯选集》第 1 卷,人民出版社 1995 年版,第 30—31 页。
③ 《马克思恩格斯选集》第 1 卷,人民出版社 1995 年版,第 24—25 页。
④ 《马克思恩格斯选集》第 1 卷,人民出版社 1995 年版,第 32 页。
⑤ 《马克思恩格斯选集》第 1 卷,人民出版社 1995 年版,第 32 页。

这种研究结果归结为"不是意识决定生活,而是生活决定意识"①,"不是从观念出发来解释实践,而是从物质实践出发来解释观念的东西"②。这样,马克思和恩格斯就在历史唯物主义的意义上把人类的实践活动(首先是生产物质生活资料的实践活动)确认为"人的存在何以可能"的"根据"和"人的解放何以可能"的"前提"。

在发表于1848年的《共产党宣言》中,马克思和恩格斯以他们在《德意志意识形态》中所创立的历史唯物论为基础,对于他们的本体论承诺作出了简捷、明确的表述:"代替那存在着阶级和阶级对立的资产阶级旧社会的,将是这样一个联合体,在那里,每个人的自由发展是一切人的自由发展的条件。"③对于这个本体论承诺的现实依据,马克思在后来的研究中更为具体地揭示了人在自己的历史活动中所实现的人自身存在方式的变革。就历史事实而言,人已经从总体上实现了从"人的依赖关系"转化为"以物的依赖性为基础的人的独立性"。因此,马克思的理论聚焦点,就是揭示这个"以物的依赖性为基础的人的独立性"所造成的人的"异化"状态及其为人类走出这种"异化"状态所提供的前提条件。正是基于对人的存在和发展的现实理解,马克思把人的未来的存在方式描述为"建立在个人全面发展和他们共同的社会生产能力成为他们的社会财富这一基础上的自由个性"④。由此我们可以看到,在马克思的关于人的"全面发展"或"自由个性"的学说中,表达的是一种革命性的本体论追求:把人从一切"非人"的或"异化"的状态中"解放"出来。

在马克思这里,人类解放并不是某种"状况",而是一个"过程",是一个"使现存世界革命化"的过程。马克思明确地提出,"共产主义对我们说来不是应当确立的状况,不是现实应当与之相适应的理想。我们所称为共产主义的是那种消灭现存状况的现实的运动"⑤。因此,马克思进一步提出,"实际上和对实践的唯物主义者,即共产主义者说来,全部问

---

① 《马克思恩格斯选集》第1卷,人民出版社1995年版,第31页。
② 《马克思恩格斯选集》第1卷,人民出版社1995年版,第43页。
③ 《马克思恩格斯选集》第1卷,人民出版社1995年版,第273页。
④ 《马克思恩格斯全集》第46卷上册,人民出版社1979年版,第102—104页。
⑤ 《马克思恩格斯选集》第1卷,人民出版社1995年版,第40页。

题都在于使现存世界革命化，实际地反对和改变事物的现状"①。这就是说，在本体论的意义上，马克思对共产主义的承诺，并不是承诺了某种"状况"或"实体"，而是承诺了"消灭现存状况的现实的运动"，承诺了"实际地反对和改变事物的现状"。马克思对共产主义的这种阐释，对于我们理解马克思的本体论是至关重要的。这就是说，实现人类解放的共产主义，它是一个"否定性"的过程，即是一个"消灭现存状况"、"实际地反对和改变事物的现状"的过程。把这个"否定性"的过程视为"解放"的"根据"，或者说，从"否定性"的过程去理解"解放"的"根据"，这是马克思的本体论的极其重要的思想内涵，即革命的、批判的辩证法的思想内涵。

总括以上论述，我认为马克思的本体论革命主要包括三个方面：一是把本体论对"何以可能"的追问定位为对"人的解放何以可能"的寻求，从而变革了传统本体论对人的存在何以可能的抽象思辨，实现了本体论的理论内容的变革；二是把对"人的解放何以可能"的寻求诉诸对人的历史活动的理解，从而变革了传统本体论以唯心史观为依托所进行的对人的意识活动的追问，实现了以唯物史观为依托的理论基础的变革；三是把对"人的解放何以可能"的寻求诉诸人对自己既定状态的扬弃，从而变革了传统本体论把对"何以可能"的追问定位为某种"永恒在场"的研究方式，实现了本体论与"革命的、批判的"的辩证法的统一。这就是我所理解的马克思哲学在理论内容、理论基础和研究方式上所实现的本体论革命。

三、塑造和引导时代精神的马克思主义哲学

马克思曾经把"任何真正的哲学"比喻为"时代精神的精华"和"文明的活的灵魂"。这个比喻精辟地显示了哲学的人类性与时代性的不可

---

① 《马克思恩格斯选集》第1卷，人民出版社1995年版，第48页。

割裂的统一性:哲学作为"文明的活的灵魂",它总是结晶为"时代精神的精华";哲学作为"时代精神的精华",则总是凝聚为"文明的活的灵魂";而哲学作为"时代精神"之"精华"与"文明"之"活的灵魂"的统一,则不仅仅是"反映和表达"自己时代的"时代精神",而且尤为重要的是"塑造和引导"新的"时代精神"。面向新千年的马克思主义哲学,其根本的使命与价值就是用"文明的活的灵魂"塑造和引导新世纪乃至新千年的时代精神。

(一)时代精神的变革与哲学使命的跃迁:两个"消解"与两种"归还"

早在19世纪40年代中期,马克思就对时代的变革与哲学的使命及其相互关系作出这样的论述:"彼岸世界的真理消逝以后,历史的任务就是确立此岸世界的真理。人的自我异化的神圣形象被揭穿以后,揭露非神圣形象中的自我异化,就成了为历史服务的哲学的迫切任务。于是对天国的批判就变成对尘世的批判,对宗教的批判就变成对法的批判,对神学的批判就变成对政治的批判。"①

马克思的这段论述,既总结了近代哲学的基本状况,又提出了现代哲学的历史任务,这就是两个"消解"与两种"归还":近代以来的哲学是"消解"人在"神圣形象"中的"自我异化",把异化给"神圣形象"的人的本质"归还"给人;现代哲学的使命则是"消解"人在"非神圣形象"中的"自我异化",把异化给"非神圣形象"的人的本质"归还"给人。这两个"消解"的对象与任务是不同的,因此,这两种"归还"的内容与使命也是不同的。

近代以来的西方历史,从经济形态上说,是以市场经济取代自然经济的过程;从人的存在形态上说,是人从人对人的"依附性"存在转化为"以物的依赖性为基础的人的独立性"的过程;而从文化形态上说,则是从"神学文化"转化为"哲学—科学文化"的过程。这个历史过程所构

---

① 马克思:《〈黑格尔法哲学批判〉导言》,见《马克思恩格斯选集》第1卷,人民出版社2012年版,第2页。

成的时代精神的变革,是哲学使命的历史性转换的最重要的生活基础。

如果说前市场经济的自然经济所要求的是经济生活的禁欲主义、精神生活的蒙昧主义和政治生活的专制主义,并从而造成"人的依附性"存在,即造成人在"神圣形象"中的"自我异化",那么,取代自然经济的市场经济则是反对经济生活的禁欲主义而要求人的现实幸福、反对精神生活的蒙昧主义而要求人的理性自由、反对政治生活的专制主义而要求人的天赋人权,从而形成了市场经济的三个基本取向的统一,即功利主义的价值取向、工具理性的思维取向和民主法治的政治取向的统一。市场经济的这种价值取向、思维取向和政治取向的统一,实现了马克思所说的"以物的依赖性为基础的人的独立性",即"消解"了人在"神圣形象"中的"自我异化",把人的存在方式从人对人的"依附性"存在转换成人对物的"依赖性"存在。这是人类从自然经济中的生存状态跃迁为市场经济中的生存状态所实现的历史性的飞跃,同时也是人类的自我意识从"依附性"的存在跃迁为"以物的依赖性为基础的人的独立性"的存在所实现的"时代精神"的飞跃。

人类存在的历史性飞跃以及由此形成的时代精神的飞跃,以理论的形态而构成哲学理念的飞跃,这就是从中世纪的"信仰的时代"的哲学跃迁为近代的"理性的时代"的哲学。从总体上看,近代以来的西方哲学,正是在"自我先于上帝、理性先于信仰"的哲学进军中,理论地表征了取代"信仰的时代"的"理性的时代",也就是理论地表征了人从"依附性"的存在到"独立性"的存在的历史性转化。

作为"信仰的时代"的中世纪哲学,它理论地表征着人在"神圣形象"中的"自我异化",即人在"上帝"中的"自我异化"。人把自己的本质异化给作为"神圣形象"的"上帝","上帝"就成为无所不在、无所不知、无所不能的"神圣形象",而人本身则成了依附于"上帝"的存在。马克思说,"宗教是那些还没有获得自己或者再度丧失了自己的人的自我意识和自我感觉"①,正是深刻地揭示了以宗教的方式而表现的"人

---

① 《马克思恩格斯选集》第1卷,人民出版社2012年版,第1页。

的依附性"存在的生存状态。而中世纪的哲学沦为神学的"婢女",则恰恰是理论地表征着人在"神圣形象"中的"自我异化"。因此,自文艺复兴以来的西方近代哲学,它的根本使命就是"消解"人在"神圣形象"中的"自我异化",把人的本质"归还"给人本身,由此便构成了贯穿整个西方近代哲学的"上帝"的自然化、物质化、精神化和人本化的过程,即"上帝"的"人化"过程。

近代西方哲学"消解"人在"神圣形象"中的"自我异化"的过程,从根本上说,是以"理性"代替"上帝"的过程。在以自然经济为基础的传统社会中,作为"神圣形象"的"上帝"凌驾于人的"理性"之上,窒息了理性对世界的求索,从而严重地阻碍了生产和科学的发展,因此,表征近代精神的近代哲学,以其所弘扬的"理性"精神塑造和引导了长达数百年的"理性的时代"的时代精神。对此,恩格斯曾作过这样的评论:"要知道,当这个黑格尔发现,他借理性不能得到另一个凌驾于人之上的真正的上帝时,他是多么为理性而感到自豪,以致他干脆宣布理性为上帝。"①

把"理性"变成"上帝",也就是用"理性"这个"非神圣形象"去代替"上帝"这个"神圣形象",这种"代替"集中地显示了以"理性的时代"为标志的近代哲学的深刻的内在矛盾:一方面,近代哲学实现了人在"理性"中的自我发现,即以"理性"消解了人在"神圣形象"中的"自我异化",把人的本质"归还"给了人的"理性";另一方面,近代哲学又使人在"理性"中造成了新的"自我异化",即以"理性"构成了人在"非神圣形象"中的"自我异化",把"理性"变成了凌驾于人之上的"本质主义的肆虐"。马克思在评论黑格尔的"绝对理念"即"无人身的理性"时,就极其精辟地阐释了这种"理性主义"哲学与整个近代以来的人类生存状况的关系,即:黑格尔的"无人身的理性"是以"最抽象"的形式表达了人类"最现实"的生存状况——"个人现在受抽象统治,而他们以前是相互依赖的。但是,抽象或观念,无非是那些统治个人的物质

---

① 《马克思恩格斯选集》第 4 卷,人民出版社 1995 年版,第 211—212 页。

关系的理论表现"①。由此我们可以看到，把人的本质"归还"给"理性"的近代哲学，其实质是以理论的方式表达了正在受"抽象"统治的近代以来的人类生存状况，也就是人的"独立性"建立在对"物的依赖性"的基础之上的生存状况。

近代哲学的历史任务是"消解"人在"神圣形象"中的"自我异化"，即把异化给"上帝"的人的本质"归还"给人的"理性"；所谓的现代哲学，它的历史任务则是"消解"人在"非神圣形象"中的自我异化，即把异化给"理性"的人的本质归还给作为个体的个人。因此，如果我们把整个近代哲学所表征的时代精神称之为"理性的时代"，那么，我们可以把超越近代哲学的现代哲学概括为"理性的批判"，而把现代哲学所表征的时代精神称之为"反省理性的时代"。

现代哲学中的两大思潮——科学主义思潮和人本主义思潮——都是以反省理性、批判理性为使命的。所谓科学主义思潮，它把近代哲学所弘扬的理性视为一种"狂妄的理性"，认为近代哲学、特别是作为其集大成者的黑格尔哲学是把哲学自身当作无所不在、无所不至、无所不能的理性，从而把"理性"变成了"上帝"，造成了"理性的放荡"，因此它要求用"谦虚的理性"去改造"狂妄的理性"，也就是用"科学"去改造"哲学"，把哲学变成"科学哲学"；所谓人本主义思潮，它则把近代哲学所弘扬的理性视为一种"冷酷的理性"，认为近代哲学、特别是作为其集大成者的黑格尔哲学是把人异化为"理性"，用"上帝"一样的"理性"去规范人的存在，从而造成了"本质主义的肆虐"，因此它要求用"丰富的人性"去改造"冷酷的理性"，也就是用"文化"去改造"哲学"，把哲学变成"文化哲学"或"人学"。

同整个现代哲学一样，马克思主义哲学的历史任务，也同样是"消解"人在"非神圣形象"中的"自我异化"，把人的本质"归还"给人本身。应当指出的是，这个历史任务，正是马克思在《〈黑格尔法哲学批判〉导言》中明确提出的。但是，我们特别关切的是，在下述三个方面，

---

① 《马克思恩格斯全集》第46卷上册，人民出版社1979年版，第111页。

马克思主义哲学与作为现代哲学的科学主义和人本主义两大思潮具有不容回避的原则区别,并因此显示了马克思主义哲学的不容否认的当代价值。

第一,马克思认为,"对宗教的批判是其他一切批判的前提",因为"反宗教的斗争间接地就是反对以宗教为精神慰藉的那个世界的斗争"①。由于现代哲学只是把"对宗教的批判"作为"其他一切批判的前提",而不是把"宗教"当作唯一的批判对象,因此,现代哲学的使命就不仅仅是消解人在"神圣形象"中的"自我异化",而且必须致力于消解人在"非神圣形象"中的"自我异化";现代哲学所面对的"非神圣形象",也并非仅仅是抽象的"理性",而且更为根本的是那些"统治个人的物质关系",因此马克思要求把"对天国的批判"变成"对尘世的批判",把"对宗教的批判"变成"对法的批判",把"对神学的批判"变成"对政治的批判",并具体地展开了对德国古典哲学、英国古典政治经济学和英、法空想社会主义的批判,从而实现了"凡是把理论导致神秘主义方面去的神秘东西,都能在人的实践中以及对这个实践的理解中得到合理的解决"②,即实现了哲学史上的革命性的"实践转向"。

第二,以"实践转向"为标志的马克思主义哲学,既不是像科学主义思潮那样仅仅把近代哲学所弘扬的理性视为"狂妄的理性",力图以"谦虚的理性"即"科学"去改造"哲学",把哲学变成"拟科学"的哲学,也不是像人本主义思潮那样仅仅把近代哲学所弘扬的理性视为"冷酷的理性",试图以"丰富的人性"即文化的多样性去改造"哲学",把哲学变成"拟文学"的哲学,而是如恩格斯强调指出的那样,从"现实的人及其历史发展"出发,以实践观点的思维方式去揭示思维与存在、人与世界之间的无限丰富的矛盾关系,用"现实的理性"(实践)去批判"抽象的理性"(绝对精神),从而达到对思维与存在、人与世界之间的否定性统一的辩证理解,真正地扬弃了近代哲学所造成的人在"理性"这个"非神圣形象"中的"自我异化"。

第三,以"实践转向"为标志的马克思主义哲学,从人对世界的实践

---

① 《马克思恩格斯选集》第1卷,人民出版社1995年版,第1页。
② 《马克思恩格斯选集》第1卷,人民出版社1995年版,第18页。

关系出发，不是把"哲学"视为凌驾于科学之上的"解释世界"的"普遍理性"，而是把"哲学"视为"改变世界"的"世界观"，即从总体上理解和协调人与世界的相互关系的理论，因此从根本上"消解"了人在以"哲学"为化身的"普遍理性"中的"自我异化"，并从而把人的"本质"、"归还"给人类以自身的实践活动及其历史发展所实现的人类自身的解放——"以个人全面发展为基础的自由个性"。① 正是在这个把"解释世界"的哲学变革为"改变世界"的哲学的意义上，恩格斯提出，马克思主义哲学已经不再是"哲学"，而只是"世界观"。正是这个以"改变世界"为己任的"世界观"理论，不仅消解了人在"神圣形象"中的"自我异化"，而且真正地消解着人在"非神圣形象"中的"自我异化"，使人从各种非人的关系中解放出来，特别是从人对"物的依赖性"中解放出来。这是马克思主义哲学的当代价值的集中体现，也是21世纪乃至新千年的哲学的根本使命。

（二）"消解"人对"物的依赖性"：历史的视野与"归还"的实现

近代哲学塑造和引导的以"理性"为核心的时代精神，弘扬了人的理性权威，确认了人的主体地位，发挥了人的能动作用，从而推进了社会的进步和人自身的发展，但是，近代哲学对"理性"的阐扬却是具有二重性的：代替作为"神圣形象"的"上帝"，把人从"神圣形象"中的"自我异化"解放出来，这个"理性"是积极的、进步的；而把"理性"变成作为"非神圣形象"的"上帝"，造成人在"非神圣形象"中的"自我异化"，这个"理性"则是必须扬弃的。百多年来的现代哲学之所为要"终结哲学"或"消解哲学"，其实质正是以"消解"、"终结"哲学的方式而批判地反省近代哲学所弘扬的"理性"。然而，跨入新世纪的哲学，首要的任务却是反省百多年来的现代哲学对"哲学"的"消解"。

以"理性"为核心的近代的时代精神，首先是一种以科学进步为基础的"科学精神"。正是近代以来的科学进步为近代哲学弘扬"理性"提供了时代的科学精神。然而，近代以来的科学发展，特别是现当代科学的空

---

① 参见《马克思恩格斯全集》第46卷上册，人民出版社1979年版，第104页。

前迅猛的发展，并不仅仅是为哲学弘扬"理性"提供了现实的根据，而且越来越尖锐地向以"理性"化身自居的"哲学"提出了两个方面的严峻挑战：其一，如果人类有效地解释世界的方式只能是科学，如果人类有效地改造世界的活动只能以科学为指导，那么，"超越"科学的"哲学"将如何"安身立命"？这种"哲学"所代表的"理性"又当如何评价？其二，如果人类所创建的科学并不能有效地说明人自身，并不能有效地阻止人类对自身的危害（如两次世界大战以及所谓的"全球问题"），那么，人类又当如何对待"科学"所代表的"理性"？人类是否需要一种超越"科学理性"的新的"哲学"？正是在回应这两方面的严峻挑战中，20世纪的西方哲学形成了双峰对峙的两大思潮——科学主义思潮和人本主义思潮，并构成了贯通这两大思潮的新的哲学方式及其所蕴含的哲学精神——以"终结哲学"的方式"反省理性"。

作为对第一个挑战的回应，即回应科学对哲学的挑战，所谓的科学主义思潮采取的是"妥协"的策略，也就是承诺科学解释世界的唯一合法性，试图以"科学"的理论和方法改造"哲学"，把"哲学"改造成"拟科学"或"准科学"的"科学的副产品"；所谓的人本主义思潮则采取的是"对抗"的策略，也就是在承诺科学解释世界的唯一合法性的同时，申诉"哲学"探索科学所无力解释的人的存在意义的权力，试图以"拟价值"或"拟文学"的方式而延续"哲学"的生存。然而，作为"妥协"策略的科学主义思潮，为了保留"解释世界"的"真理"的权力而丢弃了哲学对价值理念的寻求；作为"对抗"策略的人本主义思潮，为了坚持"理解人自身"的"价值"的权力而丢弃了哲学对真理理念的寻求；在"哲学科学化"和"哲学文学化"的双重冲击中，哲学对真善美的统一性寻求被断裂了，哲学的真理性与价值性被分割了，哲学已经无力构成"时代精神的精华"和"文明的活的灵魂"。

作为对第二个挑战的回答，即回应生活对科学的挑战，则集中地表现为所谓"后现代主义"的兴起。被称之为"后现代主义"的哲学思潮，是以反本质主义、反中心主义、反根源主义和反基础主义而著称于世的。所谓反本质主义，就是消解现象与本质的逻辑二元对立，亦即消解哲学所追求的超验的"本体";所谓反中心主义,就是消解中心与边缘的结构二元对立,亦即消解哲学所追求的"全体的自由性";所谓反根源主义,就是消解本源与派生的历史二元对立,亦即消解哲学所追求的"发展的规律性";所谓反基础主义,就是消解深层与表层的文化二元对立,亦即消解"知识分类表"或"自然等级秩序"对哲学的"诱惑"。在这种后现代主义思潮中,德里达试图以"边缘"颠覆"中心",福柯试图以"断层"取消"根源",罗蒂试图以"多元"代替"基础",把西方现代哲学的"消解哲学"运动推向了极端。这个长达百年的"消解哲学"运动,它的自我期待是"消解"使人"异化"的一切的"非人"的存在,然而,它在"消解"各种"非神圣形象"的过程中,却否认了理性的权威性、确定性和统一性,动摇了人类存在的合理性、必然性和规律性的信念。与现代西方哲学所讨伐的黑格尔哲学的"狂妄的理性"相比,它们从对人类理性的鲸吞宇宙的幻想,变成了对人类理性的深感忧虑的怀疑;从对人类未来的满怀激情的憧憬,变成了对人类未来的惴惴不安的恐惧;从对人类所渴望的真善美的雄心勃勃的追求,变成了对人类所指向的真善美的黯然失色的叹息。真理观的多元主义,价值观的相对主义,历史观的非决定论,构成了20世纪西方哲学的主流与基调。这样,一向是以"崇高"的化身而自期自许的"哲学",就变成了"往昔时代旧理想的隐退了的光辉"。

20世纪的西方哲学,刚刚走过它的长达百年的"消解哲学"的哲学历程。它为人类理性的自我反省进行了种种的哲学探索,并在反省人类理性的进程中,在哲学的层面上挺立了个人的独立性、文化的多样性和选择的合理性;然而,由于它在人类理性的自我反省中否弃人类对"崇高"的追求,蔑视人类精神生活的支撑点,因而也使它自身走向了"消解"——新世纪的哲学将重新审视人类理性和哲学对崇高的追求。反省包括"后现代主义"在内的现代西方哲学的"消解哲学"运动,总结这场长达百年的"消解"运动的经验教训,使我们更加清晰地把握到马克思主义哲学的当代意义。

首先,在哲学的理论旨趣和追求方式上,马克思主义哲学以对传统哲学的扬弃而发展了人类的哲学追求。

马克思和恩格斯认为,基于人类实践本性的人类思维,它的"个别实现和每次的现实"都是"非至上"的,而它的"本性、使命、可能和历史的终极目的"则是"至上"的。对于人类思维的这种"至上性"与"非至上性"的矛盾,传统哲学是以牺牲思维的"现实性"而实现思维的"全体自由性",现代西方哲学则以抛弃对"全体自由性"的寻求为代价而"拒斥"传统哲学的"形而上学"追求。马克思主义创始人认为,哲学对思维把握世界的"全体自由性"的寻求,其根源在于人类的实践活动永不满足于已达到的水平,人类的思维活动永不满足于对世界的已有认识,因而作为人类自我意识理论的哲学总是批判地反思人类认识和改造世界的认识论前提和价值论前提,总是超越人类的现实存在而提供新的理想性目标,因此,马克思主义哲学在对传统哲学的批判中,抛弃了传统哲学占有绝对真理的幻想而肯定了哲学追求思维全体自由性的目标,否定了传统哲学的"解释世界"的研究方式而继承了它所积淀的思维的历史和成就。把哲学所追求的思维全体自由性与人类实践的历史发展统一起来,把真理的绝对性与相对性统一起来,把哲学的进步与科学的发展统一起来,运用"通晓思维的历史和成就的"辩证思维而深化哲学对"全体自由性"的追求,这是马克思主义哲学在对传统哲学的批判中所开拓的新的哲学道路,也是马克思主义哲学的始终不渝的历史使命。

其次,马克思主义创始人对传统哲学的批判及其所开拓的哲学道路,深深地植根于他们对社会历史的深切理解和对人自身的"全面发展"的追求。

由近代哲学对"神圣形象"的批判而发展为现代哲学对"非神圣形象"的批判,这理论地表征着人类存在的历史形态的变革。马克思正是从宏观的历史视野把哲学的理论批判与人类的存在方式统一起来,并用后者去解释前者,从而不仅在"时代精神"转换的意义上定位哲学的历史特征,而且在"归还"人的本质的意义上揭示哲学的历史使命。

马克思从"现实的人及其历史发展"出发,抛弃了关于合乎"人的本性"的社会条件的议论,而去考察和揭示人类历史的现实基础,从而在社会有机体众多因素的交互作用中,在社会形态曲折发展的历史进程中,在社会意识相对独立的历史更替中,发现了生产力的最终的决定作用,从而揭示了人类社会发展的客观规律。与此相对应,马克思提出,人类的存在表现为三大历史形态,即"人的依赖关系"、"以物的依赖性为基础的人的独立性"和"建立在个人全面发展和他们共同的社会生产能力成为他们的社会财富这一基础上的自由个性"。[①] 在"人的依赖关系"的历史形态中,个人依附于群体,个人不具有独立性,只不过是"一定的狭隘人群的附属物",因而造成人在以"群体"名义而存在的"神圣形象"中的"自我异化"。与人的这种存在形态相适应的哲学,只能是确立"神圣形象"的哲学,即作为"神学文化"的哲学。为了挣脱人在"神圣形象"中的"自我异化",把人从"依附性"的存在中解放出来,作为"时代精神的精华"的哲学,其历史任务就是"消解"人在"神圣形象"中的"自我异化"。但是,在"以物的依赖性为基础的人的独立性"的历史形态中,虽然个人摆脱了人身依附关系而获得了"独立性",但这种"独立性"却是"以物的依赖性为基础"的,人在对"物的依赖性"中"再度丧失了自己",因此哲学的现代使命就跃迁为对"非神圣形象"(物)的批判。马克思把哲学的批判首先指向黑格尔的"无人身的理性",使现实的关系从抽象的观念中显现出来,又从哲学批判转向政治经济学批判,使人与人的关系从物与物的关系中显现出来。这样,马克思的"批判的武器",就明确地承担起把人从"抽象"的"普遍理性"中解放出来的使命,承担起把人从"物"的普遍统治中解放出来的使命,把人从"资本"的普遍统治中解放出来的使命,承担起把"资本"的独立性和个性变为人的独立性和个性的使命。人类今天所面对的最大问题不正是人的"物化"问题吗?人类在新世纪乃至新千年所追求的根本目标不正是人从对"物的依赖性"中解放出来吗?因此,马克思自觉地承担起的哲学使命,不正是理论地表征了我们今天的"时代精神"吗?不正是理论地塑造和引导了新世纪乃至新千年的新的"时代精神"吗?

最后,马克思主义哲学所实现的"实践转向",及其所确认的"消

[①] 参见《马克思恩格斯全集》第46卷上册,人民出版社1979年版,第104页。

解"人对"物的依赖性"的哲学使命,不仅是为哲学承担的历史任务作出了明确的定位,而且是为哲学范式的革命性变革提供了新的理念。

人类的哲学思想,归根到底是对人类自身的存在的关切,即为人类自身的存在寻求"安身立命之本"。然而,从哲学的宏观历史上看,哲学对人类生存的关切,却可以划分为两种基本方式:一种是以文化的"层级"性去关切人类存在,即以"深层"文化的"基础性"、"根源性"来规范人类的全部思想与行为,从而将"深层"文化作为人类的"安身立命之本"。这种"层级"性的关切,可以说是一种"解释"性的关切——以"深层"文化解释"表层"文化;另一种则是以文化的"顺序"性去关切人类存在,即把"重要"的文化选择为人的"安身立命之本",以它来规范人的思想与行为。这种"顺序"性的关切,可以说是一种"操作"(实践)性的关切——以"重要"的规范"次要"的。

对比"层级"性的关切与"顺序"性的关切,我们首先就会发现,这是"非历史"的关切与"历史"的关切这样两种不同的关切。"层级"性的关切,它先验地断定了文化样式的不同"层级",并先验地承诺了"深层"文化对"表层"文化的基础性和根源性,因而它给自己提出的是"非历史"的任务——寻求"超历史"的、永恒的、终极的"本体"。与此相反,"顺序"性的关切,是以否定文化样式的先验的"层级"性为前提,并致力于"消解"文化样式"层级性"的先验原则,因而它给自己提出的是"历史"的任务——在自己时代的水平上对人的"安身立命之本"作出慎重的文化选择。

在对"层级"性的关切与"顺序"性的关切的对比中,我们还会发现,"层级"性的关切总是"两极对立"的。在"层级"性的关切中,哲学的核心范畴总是离开人的历史性存在,表现为"本体"对"变体"、"共相"对"个别"、"本质"对"现象"、"必然"对"偶然"等等的"两极对立"关系,并且具有"本体"规定"变体"、"共相"解释"个别"、"本质"决定"现象"、"必然"支配"偶然"的恒定的"层级"关系。与此相反,在"顺序"性的关切中,则是以人的历史性存在为前提,构成表征人与世界、人与历史、人与社会、人与他人、人与自我之间的辩证关系的哲学范畴,诸如"自然"与"超自然"、"能动"与"受动"、"理想"与"现实"、"公平"与"效率"、"真理"与"价值"、"标准"与"选择"等相辅相成的矛盾关系。在这种"顺序"性的哲学关切中,它的诸对范畴具有显著的"平等"的特性,其"主从"关系则是"历史"性的。这表明,哲学从"层级"性的关切转向"顺序"性的关切,不只是从"思维方式"上体现了现代哲学的"从两极到中介"的变革,而且是从"价值导向"上实现了现代哲学的"从两极到中介"的变革。

哲学追求的"层级性"与"顺序性",是与如何处理"标准"和"选择"这对范畴的相互关系密不可分的。人的"生命"活动是寻求和实现"意义"的"生活"活动,而"生活"活动的"意义"则总是存在于"标准"与"选择"这对范畴的矛盾关系之中,即"选择"什么样的"标准"来确定生命活动的"意义"。哲学作为理论形态的关于人类存在意义的自我意识,它的全部理论活动,都可以归结为处理"标准"与"选择"这对范畴的矛盾关系。

我们之所以说"传统哲学"是一种"层级"性的追求,从根本上说,就在于它以"表层"与"深层"的对立关系"弱化"甚至是"取代"了"标准"与"选择"的矛盾关系;具体地说,"传统哲学"是以"变体"与"本体"的对立代替了"标准"与"选择"的矛盾关系,把"本体"作为无须"选择"的"标准",并因而否弃人们对"标准"进行"选择"的权力。而我们之所以说"现代哲学"是一种"顺序"性的追求,从根本上说,就在于它以"重要"与"次要"的历史性的矛盾转化关系实现了"标准"与"选择"的矛盾关系;具体地说,"现代哲学"是从"重要"与"次要"的"选择"中历史性地确认"标准",而不是先验地确认"标准"并排斥历史性的"选择"。就此而言,我们可以说"传统哲学"追求的是一种"没有选择的标准",而"现代哲学"则承诺的是一种"可以选择的标准"。

在"层级"性的传统哲学的追求中,"本体"与"变体"的"层级"关系是永恒不变的;哲学的任务,只不过是寻找那个作为永恒真理的"本体",并用它来"解释"一切"变体"的存在。正因如此,以"层级"性的追求为使命的传统哲学，只能是"用不同的方式解释世界"，并且只能是以"超历史"的"神"或"非历史"的"物"作为"本体"或"标准"，去规范人的全部思想和行为。这就是传统哲学的"本质主义的肆虐"。而在"顺序"性的现代哲学的追求中，"顺序"既是对历史文化的一种承诺，更是对现实生活的一种"选择"和"安排"，因而真正成为马克思所说的"改变世界"的活动。

哲学从"层级"性的追求到"顺序"性的选择，它所改变的是以"层级"的先验性而确认的"标准"的永恒性、终极性，而不是取消人的历史性选择的标准。哲学作为社会的自我意识（或人类的而非个人的自我意识），它所承担的使命，总是以"历史的大尺度"（人类的、社会的、整体的、世代的尺度）去观照和反省人类的思想与行为，把"历史的小尺度"（当下的或局部的尺度）所忽略的东西提升到"重要"的位置，从而在价值"排序"中"选择"某种"历史的大尺度"作为人的思想与行为的"标准"。马克思主义哲学正是以实现人的全面发展这个"历史的大尺度"，为当代哲学确认了"消解"人对"物的依赖性"的历史任务，并为当代哲学的自我发展确认了"从两极到中介"和"从层级到顺序"的基本理念。这就是马克思主义哲学的当代使命与当代意义的统一。

四、解放思想和变革世界观的马克思主义哲学

我国新时期改革开放的30年，是解放思想、创新实践的30年。坚定不移地继续解放思想，不仅要从束缚思想的各种陈旧观念中解放出来，而且要从脱离实际、因循守旧和无所作为的世界观中解放出来。解放思想，从根本上说，是世界观的变革；只有变革世界观，才能坚定不移地继续解放思想。

（一）实事求是：变革脱离实际的世界观

解放思想和变革世界观，首先需要重新理解世界观。

世界观是人们在自己的实践活动和历史发展中所形成的关于世界的根本观点，它本身是历史的而不是非历史的，是发展的而不是僵化的。世界观是具有时代内涵的关于世界的根本观点。它为人们认识世界提供具有时代内涵的总的概念框架，也为人们评价世界提供具有时代内涵的总的意义框架，从而为人们变革世界提供具有时代内涵的总的世界图景及其解释原则。

马克思主义的科学世界观，不只是承认"物质第一性"的世界观，而是以此为基础的从实际出发、实事求是的世界观；不只是承认"绝对运动"的世界观，而是以此为基础的冲破狭隘偏见、与时俱进的世界观；不只是承认"能动反映"的世界观，而是以此为基础的创新实践、变革世界的世界观。解放思想，实事求是，与时俱进，开拓进取，这不只是马克思主义世界观的应有之义，而且是马克思主义世界观的真实意义。这正如恩格斯所指出的："我们的理论是发展着的理论，而不是必须背得烂熟并机械地加以重复的教条。"① 只有在解放思想的过程中变革世界观，才能深刻理解和正确把握变化中的世界和变革中的中国，才能真正做到实事求是。

当今世界正在发生广泛而深刻的变化，当代中国正在发生广泛而深刻的变革。变化中的世界和变革中的中国，是我们生活于其中的最大的实际，也是我们必须面对的最大的实际。背离这个最大的实际，就是背离实事求是的思想路线；面对这个最大的实际，首先就要解放思想。解放思想，就是使思想与实际相符合，使主观与客观相符合，就是实事求是。因此，在世界观变革的意义上，解放思想就是变革思想与实际相割裂、主观与客观相背离的世界观，也就是确立实事求是的世界观，即坚持马克思主义的科学世界观。

改革开放的历史性起点，是 1978 年党的十一届三中全会确立的解放思想、实事求是的思想路线。这一思想路线的哲学基础，是把实践确立为检验认识的真理性的唯一标准；这一思想路线的现实意义，是把人们的思想从"两个凡是"的思想禁锢中解放出来，为建设中国特色社会主义开辟道路。"两个凡是"的实质是把思想作为实践的根据和标准，即：凡是符合某种思想的行为就是不容置疑和不可变易的；凡是不符合某种思想的行为就是离经叛道和必须否定的。这就完全颠倒了理论与实践的真实关系，

---

① 《马克思恩格斯选集》第 4 卷，人民出版社 1995 年版，第 681 页。

彻底背离了实事求是的唯物主义基础,根本阉割了马克思主义的科学世界观。冲破"两个凡是"的思想禁锢,重新确立检验真理的实践标准,这本身就是一场变革世界观的思想解放。它要求我们变革思想脱离实际、主观背离客观的世界观,树立马克思主义的实事求是的世界观。

确立实事求是的世界观,必须坚定不移地解放思想。所谓"实事"即"客观存在的事物",不仅有片面的实际与全面的实际之分,而且有过去的实际与现实的实际之分,特别是有表面的实际与深层的实际之分。人们的存在就是"现实的生活过程"。全面的实际、现实的实际、深层的实际,既不是某些孤立的现象,也不是现象形态的总和,而是由人们的"现实的生活过程"所形成的时代的潮流、创新的实践和历史的规律。要使思想与全面的、现实的、深层的实际相符合,就必须面向"现实的生活过程",就必须解放思想。

解放思想需要大气,需要面对当今世界和当代中国的最大的实际。这个最大的实际,主要地可以概括为两个方面:一是以和平和发展为主题的时代潮流,一是以改革开放为主题的我国人民的波澜壮阔的创新实践。思想与实际相符合,主观与客观相符合,最重要的,就是思想与时代潮流和创新实践相符合;与此相反,思想与时代潮流和创新实践相割裂,就是思想与实际、主观与客观的相背离。要实现思想与时代特征和创新实践相符合,真正做到实事求是,就必须坚定不移地解放思想,变革脱离当今世界和当代中国的实际的世界观。

世界观,首先要有"世界"之观、"时代"之观;实事求是的世界观,首先是直面"世界"和"时代"的世界观,是反映时代特征和世界潮流的世界观。近一百多年来,我们所生活的"世界"和"时代",其变化的剧烈和深刻,达到了前人难以想象的程度。当今世界正处于大变革大调整之中,世界多极化不可逆转,经济全球化深入发展,科技革命加速推进,我们生活于其中的世界已经远不是一百年前、甚至是几十年前的世界。

对于今天的时代巨变,可以概括为三句话:人类文明形态的变革、人们存在方式的变革和人们思想观念的变革。一是人类文明形态的变革。人类已经从农业文明过渡为工业文明,又进入到所谓后工业文明。不管我们把这个后工业文明叫做信息时代也好,叫做知识经济时代也好,它都标志着人类文明形态的变革。按照马克思的说法,划分一个时代,不在于它"生产什么",而在于它"用什么进行生产"。20世纪50年代以来的科学发现和技术发明，已经超过了此前几千年的总和。科学技术这个"第一生产力"已经从根本上改变了人类的文明形态和人自身的存在方式。二是人们存在方式的变革。按照马克思的说法，从非市场经济转向市场经济，不是一般性的变化，而是人的存在方式的全面变化。这是从人对人的依附性的存在，转向"以物的依赖性为基础的人的独立性"的存在。简洁地说，是从人的依附性的存在转变成独立性的存在。从几千年来的自然经济转向市场经济，这是从经济生活的禁欲主义到经济生活的追求现实幸福的转变，从精神生活的蒙昧主义到精神生活的理性自由的转变，从政治生活的专制主义到政治生活的民主法治的转变。经济全球化和科学技术的发展深刻地变革着社会生活的内容和形式，人们的工作方式、学习方式、消费方式、娱乐方式、交往方式正在发生全方位的变化，日常经验科学化、日常消遣文化化、日常交往社交化、日常行为法治化、农村生活城市化，成为现代社会生活的主要特征。这是人的存在方式的根本变化。三是人们思想观念的变革。社会存在决定社会意识。社会生活的空前变革，必然引起社会意识的重大变化。经济全球化和现代科技不仅促进了社会的组织方式和人们的交往方式的变革，缩短了社会的时空，拉近了交往的距离，增强了社会的组织化程度，而且极大地提高了教育的普及程度，变革了文化的传播方式，形成了丰富多彩的大众文化。影视产业，音像制品，网络游戏，时尚消费，使人们获得了全新的生活体验，改变了人们的思维方式、价值观念和审美情趣，从而使人们的思想观念形成了空前的多样性、开放性和现代性。

当今世界的深刻变革，使人类的生存与发展面对新的机遇与挑战。从历史的大尺度看，以市场经济取代自然经济的过程，就是现代化的过程，也就是从传统社会转变为现代社会的过程。因此，"现代化"深切地体现了市场经济的内在矛盾，深层地决定了现代人的社会生活和思想观念的内在矛盾。现代化，既是一个前所未有的、迅猛发展的自然人化过程，也就是以现代的科学技术改造自然的过程，又是一个前所未有的、急速实现的个体社会化过程，也就是以等价交换的原则实现人的全部社会关系的过程。由此，在现代化的进程中便愈益明显地凸现了两个方面的尖锐矛盾：一是现代科学技术的迅猛发展与日益严峻的全球问题的矛盾，二是人的生存方式的现代化与人的物化状态的矛盾。现代化所实现的空前的自然人化过程，为人类的生存和发展创造了前所未有的物质财富，但同时又造成了包括人口膨胀、环境污染、生态失衡、粮食紧张、能源危机以及核战争威胁等在内的"全球问题"。而市场经济所实现的"以物的依赖性为基础的人的独立性"，既挺立了个人的主体性和独立性，增强了人的主体自我意识，形成了某种人的自我实现的条件，又造成了"抹去一切职业的灵光"，"把一切都沉浸到金钱的冰水当中去"的生存状态，也就是使人"物化"的生存状态。马尔库塞说："发达工业文明的内在矛盾正在于此：其不合理成分存在于其合理性中。"① 这就是当代的人与自然、人与社会的双重性矛盾所构成的"现代化问题"。面向现代化，面向世界，面向未来，就必须面向今天这个"世界"和"时代"的最大的"实际"，并从这个最大的"实际"出发去形成我们的世界意识和战略意识。

在世界历史的进程中，我国的前途命运日益紧密地与世界的前途命运联系在一起，世界的变化对我国的影响比以往任何时候都更为直接而广泛，世界意识和战略意识，要求我们必须坚定不移地继续解放思想，真正树立以变化中的世界为内容的世界观。同时，反映时代特征和世界潮流的世界观，必须是反映我国人民波澜壮阔的伟大实践的世界观。关于我国新时期的"实际"，党的十七大报告作出这样的概括："新时期最鲜明的特点是改革开放"，"新时期最显著的成就是快速发展"，"新时期最突出的标志是与时俱进"。关于新时期的"特点"、"成就"和"标志"，胡锦涛在《报告》中作出精辟的概括。关于"改革开放"，他说："从农村到城市、从经济领域到其他各个领域，全面改革的进程势不可当地展开了；从沿海到沿江沿边，从东部到中西部，对外开放的大门毅然决然地打开了。这场历史上从未有过的大改革大开放，极大地调动了亿万人民的积极性，使我国成功实现了从高度集中的计划经济体制到充满活力的社会主义市场经济体制、从封闭半封闭到全方位开放的伟大历史转折。今天，一个面向现代化、面向世界、面向未来的社会主义中国巍然屹立在世界东方"；关于"快速发展"，他说："我们党实施现代化建设'三步走'战略，带领人民艰苦奋斗，推动我国以世界上少有的速度持续快速发展起来。我国经济从一度濒于崩溃的边缘发展到总量跃居世界第四、进出口

---

① ［法］马尔库塞：《单向度的人》，刘继译，译文出版社1989年版，第17页。

总额位居世界第三,人民生活从温饱不足发展到总体小康,农村贫困人口从两亿五千多万减少到两千多万,政治建设、文化建设、社会建设取得举世瞩目的成就。中国的发展,不仅使中国人民稳定地走上了富裕安康的广阔道路,而且为世界经济发展和人类文明进步作出了重大贡献";关于"与时俱进",他说:"我们党坚持马克思主义的思想路线,不断探索和回答什么是社会主义、怎样建设社会主义,建设什么样的党、怎样建设党,实现什么样的发展、怎样发展等重大理论和实际问题,不断推进马克思主义中国化,坚持并丰富党的基本理论、基本路线、基本纲领、基本经验。社会主义和马克思主义在中国大地上焕发出勃勃生机,给人们带来更多福祉,使中华民族大踏步赶上时代前进潮流、迎来伟大复兴的光明前景。"① 这就是当今中国的全面的、现实的、深刻的"实际"。这个当今中国的"实际"深刻地表明:没有坚定不移的解放思想,就没有我国新时期的波澜壮阔的创新实践;同样,没有深刻的世界观变革,也无法真正地理解和真实地推进这个波澜壮阔的创新实践。

变化中的世界和变革中的中国,是今天的最真实的"实际",是我们必须准确把握和深切理解的"实际"。人们的世界观是不能以"不变应万变"的。解放思想,从根本上说,就是从那种"以不变应万变"的世界观中解放出来,真正使思想与时代特征、世界潮流和创新实践相符合,从而以变革的世界观去面对变化中的世界和变革中的中国。

(二) 与时俱进:变革禁锢思想的思想前提

世界观的"世",是"人生在世"的"世";世界观的"界",是"人在途中"的"界";世界观的"观",是"人的目光"的"观"。变革世界观,从根本上说,是变革"人的目光"。这不仅要求拓宽"人的目光",使之具有"远视"世界与未来的能力,而且要求深化"人的目光",使之具有"透视"现实的能力。这是更为深刻的世界观革命。

"人生在世"和"人在途中"的"世界"总是与时俱进的,而作为"人的目光"的"世界观"却往往是因循守旧的。究竟是什么造成我们的世界观的因循守旧而不是与时俱进?从根本上说,是禁锢思想的思想前提在阻碍

---

① 胡锦涛:《高举中国特色社会主义伟大旗帜,为夺取全面建设小康社会新胜利而奋斗——在中国共产党第十七次全国代表大会上的报告》,人民出版社2007年版。

我们的思想与时俱进。解放思想必须从禁锢思想的思想前提中解放出来。

解放思想是以新的思想取代旧的思想，因而是思想中的革命。旧的思想之所以"旧"，是因为思想被禁锢在僵化的思想前提之中；新的思想之所以"新"，是因为思想冲破既有的思想前提而依据新的思想前提进行思想。解放思想或思想中的革命，是以变革思想的前提为其真实内容的。

思想的前提，就是构成思想的根据，也就是思想构成自己的立足点和出发点。思想构成自己的前提，有两个基本特性：一是它的"隐匿性"，二是它的"强制性"。所谓"隐匿性"，就是思想的前提"隐藏"在思想之中，是思想中的"一只看不见的手"，是思想的"幕后操纵者"；所谓"强制性"，就是思想总是以思想的前提为立足点和出发点而构成自己，思想的前提决定思想运动的逻辑。解放思想的艰巨性和重要性，就在于把"隐藏"于思想中的思想前提揭示出来，并以新的思想前提构成新的思想。变革思想的前提，这才是真正意义的思想革命，才是真正意义的解放思想。

改革开放以来的解放思想，首先就是从禁锢思想的"两个凡是"的思想前提中解放出来。作为思想前提的"两个凡是"，它是关于思想与现实、理论与实践关系的思想前提，即以某种思想来裁判实践的思想前提。从这个思想前提出发，必然造成思想背离现实，唯心主义横行和形而上学猖獗。把实践确立为检验真理的唯一标准，它所改变的绝不仅仅是某些具体的思想观念，而是变革了人们构成全部思想的思想前提。正是由于从"两个凡是"的思想前提的禁锢中解放出来，我们才能在30年来的改革开放的过程中，不断深入地追问：今天的世界到底是怎样的？今天的中国到底是怎样的？究竟如何看待资本主义？究竟如何建设社会主义？也正是由于从禁锢思想的"两个凡是"的思想前提中解放出来，"贫穷不是社会主义"，"发展才是硬道理"，才成为我们重新认识社会主义和在改革开放中建设社会主义的思想前提。邓小平说："问题是要把什么叫社会主义搞清楚，把怎么样建设和发展社会主义搞清楚"[①]，"要在理论上阐述什么是社会主义，讲清楚我们的改革是不是社会主义"[②]。1982年在党的十二大开幕词中，邓小平首次提出"建设有中国特色的社会主义"的命题，为我国

---

① 《邓小平文选》第3卷，人民出版社1993年版，第369页。
② 《邓小平文选》第3卷，人民出版社1993年版，第203页。

人民新时期的波澜壮阔的创新实践奠定了全部思想的根本性的思想前提。

建设中国特色的社会主义,一个重大的问题是"计划"与"市场"的关系问题。1987年2月,邓小平谈到十三大的筹备和十三大报告起草工作时说:"为什么一谈市场就说是资本主义,只有计划才是社会主义呢?计划和市场都是方法嘛。只要对发展生产力有好处,就可以利用","我们以前是学苏联的,搞计划经济。后来又讲计划经济为主,现在不要再讲这个了。"① 1990年12月,邓小平同志在一次谈话中说:"我们必须从理论上搞懂,资本主义与社会主义的区别不在于是计划还是市场这样的问题。社会主义也有市场经济,资本主义也有计划控制。""不要以为搞点市场经济就是资本主义道路,没有那么回事。计划和市场都得要。不搞市场,连世界上的信息都不知道,是自甘落后。"② 1992年邓小平在著名的"南方谈话"指出:"不坚持社会主义,不改革开放,不发展经济,不改善人民生活,只能是死路一条","改革开放迈不开步子,不敢闯,说来说去就是怕资本主义的东西多了,走了资本主义道路。要害是姓'资'还是姓'社'的问题。判断的标准,应该主要看是否有利于发展社会主义社会的生产力,是否有利于增强社会主义国家的综合国力,是否有利于提高人民的生活水平。"③ 这"三个有利于"的标准,使人们的思想从禁锢思想的"两个凡是"的思想前提中解放出来,进而从"姓社姓资"的抽象论争中解放出来,使我国成功地实现了从高度集中的计划经济体制到充满活力的社会主义市场经济、从封闭半封闭到全方位开放的伟大历史转折。胡锦涛在十七大报告中指出:"事实雄辩地证明,改革开放符合党心民心,顺乎时代潮流,方向和道路是完全正确的,成效和功绩不容否定,停顿和倒退没有出路。"④

从禁锢思想的思想前提中解放出来,就思想本身说,必须从两极对立的形而上学的思维方式中解放出来。世界观作为方法论,它是人们把握世界的根本的思维方式。变革世界观就是要变革思维方式。恩格斯指出,作为哲学世界观或理论思维方式的形而上学,其实质是"在绝对不相容的对

---

① 《邓小平文选》第3卷,人民出版社1993年版,第203页。
② 《邓小平文选》第3卷,人民出版社1993年版,第364页。
③ 《邓小平文选》第3卷,人民出版社1993年版,第370、372页。
④ 胡锦涛:《高举中国特色社会主义伟大旗帜,为夺取全面建设小康社会新胜利而奋斗——在中国共产党第十七次全国代表大会上的报告》,人民出版社2007年版。

立中思维",它的思维公式是:"是就是,不是就不是,除此以外,都是鬼话。"① 解放思想的重要任务,是从这种"在绝对不相容的对立中思维"的形而上学的思维方式中解放出来,也就是从非此即彼、两极对立的思维方式中解放出来。"市场"不是资本主义所特有的,"民主"、"法制"、"人权"、"自由"、"平等"、"博爱"同样不是资本主义所特有的。它们是整个世界在漫长的历史进程中所形成的共同的文明成果,也是人类共同追求的价值观。我们要在发展理念和执政理念上真正实现"以人为本",就必须汲取整个世界在漫长的历史进程中所积淀的共同的文明成果,从而创造性地建设中国特色的社会主义。

在变革世界观的意义上,我们应当追问:为什么这种"在绝对不相容的对立中思维"的形而上学思维方式会在人的思维中占据牢固的地位?恩格斯的回答是:"初看起来,这种思维方式对我们来说似乎是极为可信的,因为它是合乎所谓常识的。"② 这是需要我们在解放思想的进程中深长思之的。

常识是人类世世代代的经验的产物,是人类在最实际的水平上和最广泛的基础上对人类生存的自然环境、社会环境和一般文化环境的适应。人们的经验世界在常识中得到最广泛的相互理解,人们的思想感情在常识中得到最普遍的相互沟通,人们的行为方式在常识中得到最直接的相互协调,人们的内心世界在常识中得到最便捷的自我认同。常识是每个健全的正常人普遍认同的,并为人们的生存和发展提供最具普遍性的世界图景、思维方式和价值观念,因而是规范人的思想与行为的最普遍的"前提"。然而,常识的最本质的特性是它的经验性。"常识在它自己的日常活动范围内虽然是极可尊敬的东西,但它一跨入广阔的研究领域,就会遇到最惊人的变故。"③ 依附于经验的常识具有零散性、狭隘性、极端性和保守性等特征,以常识为内容的世界观缺乏理论的完整性、系统性、前瞻性、坚定性和可批判性。这种以经验为内容的常识的世界观,是人们构成思想的最普遍的思想前提,是全部习惯势力的最坚实的思想基础。从这种思想前提出发,人们的思想便总是囿于既定的经验所形成的习惯势力,在世界观意

---

① 《马克思恩格斯选集》第3卷,人民出版社1995年版,第360页。
② 《马克思恩格斯选集》第3卷,人民出版社1995年版,第360页。
③ 《马克思恩格斯选集》第3卷,人民出版社1995年版,第360页。

义上形成因循守旧的思想观念。解放思想，它所面对的经常任务，就是从这种因循守旧的世界观中解放出来。

常识的思维方式，是形成于常识的生活方式并适用于常识的生活方式的思维方式。常识的生活方式要求人们在思维活动中保持对事物的简单化的"是"与"否"的断定，对行为的简单化的"善"与"恶"的断定。由此而形成的常识的思维方式，其实质就在于"是就是，不是就不是"。这种常识思维方式的哲学表达就是形而上学的思维方式——"在绝对不相容的对立中思维"。

"在绝对不相容的对立中思维"，就会把极为复杂的现实问题简单化、抽象化和庸俗化，并往往把必须纳入"广阔的研究领域"的现实问题归结为抽象的政治判断或同样抽象的道德判断。这种判断既缺乏深厚的历史感，也缺乏真正的现实感。例如，究竟如何看待和评价当代中国的改革开放？这其中的一个重大的理论问题，是历史的发展形式的问题。人类历史的一个突出特征在于，"片面性"是它的发展形式，即历史总是以某种"退步"的形式而实现自身的"进步"。历史过程中的任何进步都要付出相应的"代价"，任何"正面效应"都会伴生相应的"负面效应"，具体言之，任何"整体利益"的实现总是包含某些"局部利益"的牺牲，任何"长远利益"的追求总要舍弃某些"暂时利益"，为了"全面"发展就要遏止"片面"发展，为了"协调"发展就要限制"畸形"发展，为了"可持续"发展就要反对"竭泽而渔"。如果以两极对立的思维方式去看待改革开放的历史进程中所出现的种种矛盾，用非此即彼的思维方式简单化、抽象化、甚至庸俗化地评判改革开放的历史进程中所采取的各种举措，又如何正确处理"整体利益"与"局部利益"、"长远利益"与"暂时利益"、"全面发展"与"片面发展"的辩证关系呢？

马克思说："人类始终只提出自己能够解决的任务，因为只要仔细考察就可以发现，任务本身，只有在解决它的物质条件已经存在或者至少是在生成过程中的时候，才会产生。"[①] 建设中国特色的社会主义的伟大实践是前无古人的，我们是"摸着石头过河"的。在百废待兴的改革开放之初，我们对"发展"的要求，首先必须是"加速发展"。包括"效率优先、兼顾

[①] 《马克思恩格斯选集》第 2 卷，人民出版社 1995 年版，第 33 页。

公平"等思路的形成具有其历史的合理性。正是在"加速发展"的过程中,不仅为"又好又快"地发展奠定了坚实的物质基础,也为形成"又好又快"的发展理念奠定了坚实的思想基础。我们今天所形成的科学发展观,所提出的以人为本,全面、协调、可持续发展的历史任务,是以当代中国的现实为依据的。改革开放以来的中国取得了前所未有的巨大的历史进步。正因为中国的经济发展和整个社会发展到了现在的规模、程度和水平,才能凝炼出以人为本的科学发展观,提出全面、协调、可持续发展的历史任务。

"发展"问题蕴含着一对根本性的矛盾,这就是发展的"标准"与"选择"问题。"以人为本"和"又好又快"的发展理念的理论意义和实践意义,在于它为发展确立了明确的标准,为发展中的思想和行为的选择提供了最根本的依据,即:我们的"发展"必须是以人为本的"又好又快"的发展,必须是"全面、协调、可持续"的发展。这个发展理念的实践意义是巨大的。人的实践活动,是把人的目的性要求变为现实的活动;目的性,是实践活动的灵魂。对人来说,发展并不是一个单纯的事实判断,而是某种目的、理想、价值的实现。发展是实现了的目的、理想和价值。正因如此,确立发展的标准,并依据发展的标准而确认实践中的价值排序和行为选择,就具有不容回避和不可忽视的巨大的实践意义。

从两极对立的思维方式中解放出来,还要求我们更为深刻地理解理论与实践的辩证关系。理论不仅是"指导"实践的,也是"反驳"实践的,即:理论不仅规范和引导人们"做什么",而且规范和引导人们"不做什么"。人们总是以某种理论、观念去观察现实,并用这种理论、观念规范自己所要解决的问题,以及解决问题的途径与方式。马克思说:"光是思想力求成为现实是不够的,现实本身应当力求趋向思想。"[①] 建设中国特色社会主义,既要求我们面向现实,深入实际,切实解决问题,又要求我们树立科学的发展观,用科学发展观去观察现实和解决现实问题。科学发展观的重大意义,就在于它为错综复杂的社会实践活动作出顺序性的选择和制度性的安排,并为这种选择和安排提供赢得人民支持的理论支撑。以人为本的科学发展观,就是要"反驳"违背人民利益的实践,"反驳"阻碍社会全面进步的

---

① 《马克思恩格斯选集》第 1 卷,人民出版社 1995 年版,第 11 页。

实践,"反驳"各种"形象工程"的实践,"反驳"威胁可持续发展的实践。在全面建设小康社会的过程中,必须用科学发展观推进符合最广大人民群众的根本利益的实践,推进实现人的全面发展和社会的全面进步的实践。

(三)开拓进取:变革无所作为的精神状态

解放思想是一种精神状态。它不仅要求人们从两极对立的思维方式中解放出来,从唯上唯书的研究方式中解放出来,从刻板僵化的话语方式中解放出来,而且必须从无所作为的精神状态中解放出来。

改革开放的 30 年,就是解放思想的 30 年。在新的历史起点上,我们的思想还要不要继续解放?我们的思想还要从哪里解放出来?这是一些人感到困惑的问题。这个问题表明,解放思想不仅需要"远视"世界的大气,还需要"直面"现实的正气和"创新"实践的勇气。

人们的"现实的生活过程"是与时俱进的,世界历史的发展是日新月异的,主观与客观的统一只能是具体的、历史的统一,而永远不会达到终极的绝对的统一。主观与客观相符合,只能是在坚定不移的继续解放思想中实现;离开坚定不移的继续解放思想,就会造成主观与客观的相背离。只有直面现实,保持顽强的学习意识和强烈的忧患意识,才能自觉地、坚定不移地继续解放思想,思考新情况,研究新问题,不为任何风险所惧,不被任何干扰所惑,使我们的世界观与发展的世界相符合。

变革两极对立的形而上学的世界观,需要我们树立科学的世界观,形成与时俱进的科学精神。科学作为人类把握世界的一种基本方式,是人类运用科学的思维方式和科学的概念体系去构筑科学的世界图景的方式。科学发展过程中所编织的科学概念和科学范畴之网,构成了愈来愈深刻的科学世界图景,也构成了人类认识世界的愈来愈坚实的"阶梯"和"支撑点"。现代科学既改变了我们的世界图景,也改变了我们的思维方式。这包括:现代科学已经深刻地变革了以素朴实在论为代表的直观反映论的思维方式,变革了以机械决定论为代表的线性因果论的思维方式,变革了以抽象实体论为代表的本质还原论的思维方式。按照有些学者的概括,"在人类科学发展的进程中,经历了三次大的科学革命,这三次科学革命同时带来了人类科学世界图景和科学思维方式上的三次大的变革。这就是人类的科学世界图景从实体实在论过渡到场能实在论,再过渡到信息系统复杂综合论；而人类科学思维方式相应地从传统的实体思维过渡到能量思维，再过渡到信息思维"①。系统的观念，复杂的观念和综合的观念，促使我们在"广阔的研究领域"超越"在绝对不相容的对立中思维"，真正以辩证法的思维方式去观察和分析"活生生"的现实生活，真正使我们的思想与改革开放的创新实践相符合。世界观和思维方式的变革，是解放思想的重要内容，也是解放思想的重要动力。

恩格斯说："科学越是毫无顾忌和大公无私，它就越符合工人的利益和愿望。"② 坚定不移地继续解放思想，就必须具备这种"大公无私"和"毫无顾忌"的思想勇气和理论勇气，就必须具备"咬住青山不放松"的顽强拼搏的精神状态。例如，"市场经济问题在十一届三中全会后就开始触及了，但那个时候我们还将市场经济当作资本主义范畴来批判"，1978年提出"计划经济为主，市场经济为辅"，1984年提出"计划经济与市场经济相结合"，1987年提出"国家调节市场，市场引导企业"，直到1992年邓小平"南行讲话"之后，"才正式承认市场经济，在十四大上提出要建市场经济体制"。又如，"国有经济是社会主义经济的基石，似乎改国有经济，就是改变了社会主义经济的性质。但是国有经济严重缺乏活力和亏损巨大的事实，是谁也无法否认的，实践对国有经济发起了强有力的变革挑战，最终使得我们不得不改革原有的国有经济"。"大力发展非公有经济，是我国现代产权制度改革的一项根本性战略举措，使我国彻底摆脱了短缺经济。非公有经济在经济增长、就业、税收、技术创新等方面的巨大贡献，已成为举世瞩目的事实……但是发展非公有经济，并不是一种理论上的自觉行为，而是在实践的推动中走向自觉的。"③ 这表明，在解放思想中推进改革开放绝不是一蹴而就的事情，不可能"毕其功于一役"。它要求我们变革那种无所作为的世界观，真正形成一种勇于改革、善于创新的精神状态。

经过30年的改革开放，我们现在深切地认识到，政治体制改革方面存在的问题，远比经济体制改革方面存在的问题要大得多，复杂得多，突

---

① 参见邬焜、李佩琼：《科学革命：科学世界图景和科学思维方式的变革》，载《中国人民大学学报》2008年第3期。
② 《马克思恩格斯选集》第4卷，人民出版社1995年版，第258页。
③ 参见魏杰：《中国经济体制改革的历史进程及不同阶段的任务》，载《社会科学战线》2008年4期。

出得多。坚持中国特色社会主义政治发展道路，发展社会主义民主政治，建设社会主义法治国家，迫切要求我们进一步解放思想，深化执政为民的基本理念，创新政治建设的理论、思路和举措。我们不能把政治体制改革当作经济体制改革的"配套"措施来对待，不能把政治体制改革只限于行政管理体制改革、企业管理体制改革和社会管理体制改革等，而必须切实地推进属于政治体制改革的实质性内容，从而大力发展社会主义民主政治，努力建设社会主义法治国家。全面推进经济建设、政治建设、文化建设和社会建设，要求我们必须坚定不移地继续解放思想。

  在坚定不移地继续解放思想和改革开放的进程中，我们不仅必须关注"脚下"，还必须仰望"天上"，瞩目于人的精神生活和人的全面发展。胡锦涛在十七大报告中提出："当今时代，文化越来越成为民族凝聚力和创造力的重要源泉、越来越成为综合国力竞争的重要因素，丰富精神文化生活越来越成为我国人民的热切愿望。要坚持社会主义先进文化前进方向，兴起社会主义文化建设新高潮，激发全民族文化创造活力，提高国家文化软实力，使人民基本文化权益得到更好保障，使社会文化生活更加丰富多彩，使人民精神风貌更加昂扬向上。"①建设社会主义核心价值体系，增强社会主义意识形态的吸引力和凝聚力，这不仅必须深入研究和深刻阐述社会主义核心价值体系，而且必须在增强对人民的"吸引力"和"凝聚力"上下大功夫，在提高人民的幸福感和满意度上用大力气。针对那种"耻言理想，躲避崇高，拒斥传统，不要规则"的社会思潮，让社会主义意识形态具有吸引力和凝聚力，就必须坚定不移地继续解放思想，在思想创新、理论创新的进程中，引导人们追求理想，向往崇高，发扬传统，并使之成为规范人的思想和行为的最基本的"规则"——世界观、人生观和价值观。这是建设中华民族共有精神家园的根本之所在，也是变革无所作为的精神状态、在改革开放中创新实践的根本之所在。

---

① 胡锦涛：《高举中国特色社会主义伟大旗帜，为夺取全面建设小康社会新胜利而奋斗——在中国共产党第十七次全国代表大会上的报告》，人民出版社2007年版。

第二章 马克思创建的历史唯物主义

一、历史的唯物主义与马克思主义的新世界观

(一)"历史"的唯物主义与历史的"唯物主义"

什么是"历史唯物主义"?它是把"历史"作为解释原则而变革了唯物主义,从而实现了一场"世界观"革命,还是把"唯物主义"作为解释原则而变革了历史理论,从而实现了一场"历史观"革命?这表明,在对"历史唯物主义"的理解和阐释中,隐含着两条不同的解释路径和两种不同的解释原则:一是把"历史"作为解释原则所构成的"历史"唯物主义的解释路径,一是把"唯物主义"作为解释原则所构成的历史"唯物主义"的解释路径。这两条不同的解释路径和两种不同的解释原则,直接关系到如何理解和阐释马克思主义的"新世界观"。

关于历史唯物主义,长期以来主要是从两个方面予以阐释和论证:其一,从唯心主义历史观与唯物主义历史观的对立出发,说明历史唯物主义所实现的历史观变革;其二,从旧唯物主义历史观与新唯物主义历史观的对立出发,说明旧唯物主义历史观的唯心主义性质,从而深化对历史唯物主义所实现的历史观变革的理解。这两方面的阐释与论证的深层的共同之处在于,都是在"历史观"的视域中来阐释和论证历史唯物主义,都是把历史唯物主义的理论内涵限定为唯物主义的"历史观",都是从"历史观"变革来确认历史唯物主义的真实意义,而不是把"历史唯物主义"视

为马克思主义的"新世界观"。这就是把历史唯物主义归结为以唯物主义说明历史而构成的"历史观"的解释路径。

关切这条把历史唯物主义归结为"历史观"的解释路径，是因为这条解释路径包含着一个极为重要的理论前提，这就是：如果历史唯物主义仅仅是一种"历史观"，如果历史唯物主义的创立仅仅是一场"历史观"变革，那么，就应当而且必须有一种超越于唯物主义"历史观"的"世界观"，就应当而且必须有一种超越于"历史观"变革的马克思的"世界观"革命。正是这个超越于"历史观"的"世界观"前提，正是这个超越于"历史观变革"的"世界观革命"前提，合乎逻辑地引导人们去寻找区别于历史唯物主义的马克思的"世界观"，寻找区别于创建历史唯物主义的马克思的"世界观革命"。其结果，就是把马克思的"世界观"界说为区别于历史唯物主义的"辩证唯物主义"，把马克思的哲学革命解释为创建"辩证唯物主义"，而把历史唯物主义解释为"辩证唯物主义"在历史领域的"推广和应用"。

针对这条把历史唯物主义归结为"历史观"的解释路径，特别是针对这条解释路径所包含的把马克思的"世界观"归结为"辩证唯物主义"的理论前提，应当提出的最根本的问题是："历史唯物主义"的创立是变革了全部"哲学"，从而实现了从"解释世界"到"改变世界"的哲学革命，还是仅仅变革了"历史观"，从而实现了"历史观"的革命？这就是把历史唯物主义理解为"历史"的唯物主义与历史的"唯物主义"这两种解释原则、两条解释路径的根本分歧。

在把历史唯物主义阐释为"历史观"的解释原则和解释路径中，其理论内涵是把"唯物主义"原则贯彻到"历史领域"，其重大意义是把"半截"的唯物主义变成"完整"的唯物主义，也就是把"自然观"的唯物主义而"历史观"的唯心主义的旧唯物主义变成"自然观"和"历史观"相统一的唯物主义。由此便产生一个理论难题：为什么"从前的一切唯物主义"只能是"自然观"的唯物主义，而不能实现"历史观"的唯物主义？回答这个理论难题，通常主要是从"世界观"和"历史观"两个方面作出解释：其一，从"世界观"作出解释，认为马克思创建了不同于旧唯物主义的"辩证唯物主义",从而以"辩证唯物主义"的"世界观"去观察和分析历史,实现了"历史观"的变革;其二,从"历史观"作出解释,认为马克思在历史领域贯彻唯物主义的解释原则,揭示了生产劳动对包括人的精神生活在内的全部社会生活的决定作用,实现了"历史观"的革命。在这种解释中,后者是从属于前者的,即历史观的唯物主义是以"辩证唯物主义"的"世界观"为前提而形成的,历史观的唯物主义是作为"辩证唯物主义"的"世界观"的理论内容而存在的。这就不难理解,为什么长期以来总是把"历史唯物主义"解释成"辩证唯物主义"在社会历史领域的"推广和应用"。然而,在这种"推广论"的解释框架中,把马克思主义哲学称之为"辩证唯物主义和历史唯物主义",显然是不合逻辑的。在形式逻辑的意义上,这种称谓是把概念之间的包含关系变成了概念之间的并列关系。正是为了解决这个逻辑矛盾,在通常的关于"辩证唯物主义和历史唯物主义"的论证中,总是从强调旧唯物主义的根本问题是"半截"的唯物主义来予以解释,也就是从把唯物主义原则贯彻到历史领域的重大意义来予以解释。然而,这种"弱"的解释并不能真正克服这个逻辑矛盾:如果"辩证唯物主义"是"世界观",而"历史唯物主义"只是"辩证唯物主义"的"世界观"所包含的"历史观",二者不仍然是"包含关系"吗?有什么真实的根据把二者确认为"并列关系"呢?

由此我们可以看到,把马克思主义哲学称之为"辩证唯物主义和历史唯物主义",表面上看是一种概念关系上的逻辑困难,其实质是一种哲学意义上的理论困难。这个深层的理论困难就是:是否存在一种不是"历史唯物主义"的"辩证唯物主义"?"历史唯物主义"是马克思主义哲学的"世界观",还是仅仅是马克思主义哲学的"历史观"?"历史唯物主义"是马克思主义的"哲学革命",还是仅仅是马克思主义的"历史观"变革?

为了充分理解这个理论困难,提及一件当代中国马克思主义哲学研究中的往事,也许有助于关于这个问题的讨论。60年前,也就是20世纪50年代末,我的导师高清海教授和他的老师刘丹岩教授,曾经发表过被指斥为"分家论"的文章。这篇文章的核心观点是,以"辩证唯物主义和历史唯物主义"表述马克思主义哲学，不符合列宁关于"一整块钢铁"的思想，应当以作为"世界观"的"辩证唯物主义"概括和表述马克思主义哲学，而把作为"社会理论"的"历史唯物主义"归入科学的社会学。这个"分家论"思想在当时遭到严厉的批判，但在今天反观这个思想，我们不难看出两点：在表层上看，这个思想是从理论上解决"并列论"的逻辑困难而提出的；从深层上看，这个思想在实质上是为了确立"辩证唯物主义"的"世界观"地位而提出的。因此，与通常的关于历史唯物主义的解释一样，这个思想本身所贯彻的同样是把"历史唯物主义"归结为"历史观"的解释原则。50年后，也就是21世纪初，我们提出区分"历史"的唯物主义与历史的"唯物主义"这两种解释原则和解释路径，揭示把马克思主义哲学的"世界观"归结为"辩证唯物主义"的深层的理论困难，包含着对50年来的马克思主义哲学研究成果的某种程度的总结。例如，探索高清海教授的思想历程，我们可以看到，自20世纪80年代以来，他对马克思主义哲学提出了一种新的总体性理解，这就是：作为"世界观"的马克思主义哲学，是以"实践观点的思维方式"去看待人与世界的关系，把人对世界的关系理解为以人的实践活动所构成的否定性统一关系，因此在这个意义上，"实践观"才是马克思主义哲学的"世界观"。在这种理解中，正是蕴含了以"历史"（实践）的唯物主义来解释马克思主义哲学的基本思想。与此同时，学界在关于马克思主义哲学观的讨论中，比较集中地表现了以"实践唯物主义"来克服把马克思主义哲学分解为"辩证唯物主义"和"历史唯物主义"的理论困难。在这种讨论中，一些学者还明确地提出马克思主义哲学就是"历史唯物主义"，并对这种提法作出了各自的独立的论证。但是，究竟如何理解马克思主义哲学就是"历史唯物主义"，怎样从两种解释原则和两条解释路径的重大分歧中来论证马克思主义的"历史唯物主义"的"世界观"，则是需要深入探讨的重大的理论问题。

（二）作为"新世界观"的历史唯物主义

恩格斯在他的晚年即1888年撰写的《路德维希·费尔巴哈和德国古典哲学的终结》单行本序言中，曾经这样评价马克思写于1845春的《关于费尔巴哈的提纲》：它是"包含着新世界观的天才萌芽的第一个文件"①。这就是说，探索马克思的"新世界观"，应当把《关于费尔巴哈的提纲》作为研究的最重要的出发点。正是在这里，我们可以发现，"历史唯物主义"是作为"新世界观"而诞生的。

《提纲》的第一段话是："从前的一切唯物主义（包括费尔巴哈的唯物主义）的主要缺点是：对对象、现实、感性，只是从客体的或者直观的形式去理解，而不是把它们当作感性的人的活动，当作实践去理解，不是从主体方面去理解。因此，和唯物主义相反，能动的方面却被唯心主义抽象地发展了，当然，唯心主义是不知道现实的、感性的活动本身的。"②这段主题式话语的理论内涵是极为丰富的，理论意义是极为重大的——它是对马克思主义哲学革命即"新世界观"的自我揭示和自我澄明。

面对《提纲》，非常耐人寻味的是，马克思的"包含着新世界观的天才萌芽的第一个文件"，并不是从批判与唯物主义相对立的唯心主义入手，而是从揭示"从前的一切唯物主义"的"主要缺点"入手，这表明了马克思对自己的哲学革命及其"新世界观"的理论自觉：只有准确地揭示"从前的一切唯物主义"的"主要缺点"，变革这种旧唯物主义的"世界观"，才能真正批判唯心主义的"世界观"，并在基础上创建"新世界观"。这表明，马克思对"从前的一切唯物主义"的批判，与对唯心主义的批判一样，在其所实现的哲学革命的意义上，都是一种"世界观"批判。

马克思明确地指出，"从前的一切唯物主义"的"主要缺点"就在于，它不是把"对象、现实、感性"当作"感性的人的活动，当作实践去理解，不是从主体方面去理解"，而"只是从客体的或者直观的形式去理解"③。这就是说，"从前的一切唯物主义"的"主要缺点"，就在于它不理解人与世界的真实关系，就在于它不理解人对世界的关系是"感性的人

---

① 《马克思恩格斯选集》第4卷，人民出版社1995年版，第213页。
② 《马克思恩格斯选集》第1卷，人民出版社1995年版，第54页。
③ 《马克思恩格斯选集》第1卷，人民出版社1995年版，第54页。

的活动"即"实践"所形成的现实关系,就在于它不理解这种现实关系而把人与世界的关系当作了人对世界的"直观"关系。这表明,"从前的一切唯物主义"的"主要缺点",是不理解人对世界的真实关系的"世界观"问题;而这个"世界观"问题的实质,就在于如何理解"感性的人的活动"以及由此构成的人对世界的现实关系。马克思的哲学革命,正是从"感性的人的活动"出发去理解人对世界的关系,从而构成了实现哲学史上的伟大革命的"新世界观"。

在《提纲》中,马克思是以揭示"从前的一切唯物主义"的"主要缺点"——"只是从客体的或者直观的形式"去理解人对世界的关系——为前提,进而揭露和批判唯心主义的"世界观"。马克思说,"和唯物主义相反,能动的方面却被唯心主义抽象地发展了,当然,唯心主义是不知道现实的、感性的活动本身的"。这里,马克思是把对"从前的一切唯物主义"的批判,直接地过渡为对唯心主义的批判,也就是从对旧唯物主义"只是"以"直观"的方式看待人与世界关系的批判,过渡为对唯心主义"只能"以"抽象"的方式看待人的"能动的方面"的批判。马克思对唯心主义的批判,是超越"从前的一切唯物主义"的批判,是立足于"感性的人的活动"即"实践"所进行的批判,因而深切地揭露了唯心主义哲学的"世界观"本质——"抽象"地发展了人的"能动的方面"。这表明,马克思是以超越了"从前的一切唯物主义"的"新世界观"而实现了对唯心主义世界观的批判;没有这个以"感性的人的活动"为立足点的"新世界观",马克思就不可能超越旧唯物主义对唯心主义的批判,也就不可能实现对唯心主义的真正的批判。而这个以"感性的人的活动"为立足点的"新世界观",就是马克思恩格斯所创建的以"现实的人及其历史发展"为内容的"历史唯物主义"。

通过对"从前的一切唯物主义"的批判,并通过以这个批判为基础而实现的对"唯心主义"的批判,马克思在他的"包含新世界观萌芽的第一个文件"中得出了两个最基本的结论:其一,"全部社会生活在本质上是实践的。凡是把理论引向神秘主义的神秘东西,都能在人的实践中以及对这个实践的理解中得到合理的解决";其二,"哲学家们只是用不同的方式解释世界，问题在于改变世界"。① 这里的第一个结论，明确地表述了马克思的"新世界观"的理论内涵，即：这个"新世界观"是"在人的实践中以及对这个实践的理解中"来看待人与世界的关系。正是以这个"新世界观"去揭示旧唯物主义和唯心主义的"世界观"，马克思尖锐而深刻地提出，全部旧哲学的"世界观"，都是"把理论引向神秘主义的神秘东西"。这就不难理解，为什么恩格斯说马克思主义哲学已经根本不再是"哲学"，而只是"世界观"。由此，我们就可以更加深刻地理解人们广为引用的第二个结论："哲学家们只是用不同的方式解释世界，问题在于改变世界"。无论是"从前的一切唯物主义"以"直观"的方式解释人与世界的关系，还是全部的唯心主义哲学以"抽象"的方式解释人与世界的关系，它们的"世界观"都不是人与世界的现实的（真实）的关系，因而都只能是"把理论引向神秘主义的神秘东西"，都只不过是以其"神秘东西"来"解释世界"，而无法"改变世界"。只有超越这些"神秘东西"，形成以"现实的人及其历史发展"为其理论内涵的"新世界观"，从而"在人的实践中以及对这个实践的理解中"来回答人对世界的关系，才是真正的"改变世界"的马克思主义哲学。马克思主义哲学的创立是真正意义的哲学革命。这个哲学革命，在唯物主义的历史上，实现了从"直观"的唯物主义到"历史"的唯物主义的革命，也就是实现了从旧唯物主义的"世界观"到历史唯物主义的"新世界观"的革命。

"历史唯物主义"，是把"历史"作为解释原则或"理论硬核"的唯物主义，而不是把"历史"作为研究领域或解释对象的唯物主义。在前者的意义上，历史唯物主义是马克思的唯物主义的"世界观"；在后者的意义上，历史唯物主义则只是马克思的唯物主义的"历史观"。马克思的"包含着新世界观的天才萌芽的第一个文件"，表明马克思所创建的新哲学是以"历史"作为解释原则或理论硬核的唯物主义，这就是"历史唯物主义"。"历史唯物主义"不仅是以"历史"为其解释原则的"唯物主义"，也是以"历史"为其解释原则的"辩证法"。"历史"是"追求自己的目

---

① 《马克思恩格斯选集》第1卷，人民出版社1995年版，第56、57页。

的的人的活动过程",也就是实现人对世界的否定性统一的过程,即把理想变为现实的过程。在"历史"的"过程"中,蕴含并展现了人与世界的全部矛盾关系,并不断地实现了"人的尺度"与"物的尺度"、"合目的性"与"合规律性"的统一,也就是人与自然、人与社会、人与他人、人与自我的矛盾运动中的统一。离开人对世界的否定性统一过程的"历史",就没有马克思的"唯物主义",也没有马克思的"辩证法"。在马克思的"新世界观"中,"辩证法"和"唯物主义"是以"历史"为其解释原则和理论硬核而实现的统一。"历史唯物主义"所实现的"辩证法"与"唯物主义"的统一,既不是在旧唯物主义基础上"引入"了辩证法,也不是把唯心主义的辩证法"建立"在旧唯物主义的基础上,而是由"现实的人及其历史发展"所构成的"辩证法"与"唯物主义"的统一。因此,在马克思主义哲学中,并不存在独立于"历史唯物主义"之外或超然于"历史唯物主义"之上的"辩证唯物主义"。

(三)《德意志意识形态》的"历史观"就是马克思主义的"新世界观"

马克思主义的"历史唯物主义"的"新世界观",在马克思恩格斯合著的《德意志意识形态》中得到了系统性的论证和体系化的表述。在这部以青年黑格尔派为直接对象的论战性的著作开头,马克思恩格斯就明确地指出,他们所指向的是青年黑格尔派的"种种努力"都没有离开过的"哲学的基地",他们所揭示的是青年黑格尔派的"一般哲学前提",他们所批判的是青年黑格尔派的"共同思想前提"。[①] 这就清楚地表明,被人们公认的"历史唯物主义"的奠基之作——《德意志意识形态》——在马克思恩格斯的思想出发点上,就不仅仅是一部"历史观"之作,而是一部"新世界观"之作。"历史唯物主义"的"新世界观",是《德意志意识形态》的根本思想。

马克思恩格斯指出,青年黑格尔派的"一般哲学前提"或"共同思想前提",就是"黑格尔体系",因此,不仅是他们对"一般哲学前提"的

---

① 《马克思恩格斯选集》第1卷,人民出版社1995年版,第64页。

回答，而且"连它所提出的问题本身，都包含着神秘主义"——"青年黑格尔派思想家们尽管满口讲的都是所谓'震撼世界'的词句"，但却"只为反对'词句'而斗争"；"既然他们仅仅反对这个世界的词句，那么他们就绝对不是反对现实的现存世界"。① 正是针对这个"一般哲学前提"，马克思恩格斯提出，"我们开始要谈的前提不是任意提出的，不是教条，而是一些只有在想象中才能撇开的现实前提"。这个被确立为"一般哲学前提"的"现实前提"，就是"现实的个人，是他们的活动和他们的物质生活条件"。② 这表明，在作为"一般哲学前提"的意义上所提出的"现实前提"，是马克思恩格斯重新理解和阐释人与世界的全部关系的出发点，也就是他们的"新世界观"的出发点。

正是以"现实的个人"即"他们的活动和他们的物质生活条件"作为"现实的前提"，马克思恩格斯在"一般哲学前提"的意义上，在《德意志意识形态》中首先是提出了"意识"与"存在"的关系问题。他们明确地指出："意识在任何时候都只能是被意识到了的存在"，而"人们的存在就是他们的现实生活过程"，因此，"不是意识决定生活，而是生活决定意识"。③ 这三个重要命题的理论内涵及其内在关联是需要深入思考的，这是探索马克思的"新世界观"的根本性的理论前提。首先，人的"意识"并不是离开人的生活的某种孤立的、独立的、神秘的东西，而是"人们物质活动的直接产物"，它"在任何时候都只能是被意识到了的存在"；其次，被意识到了的"存在"，在其现实性上，同样不是某种与人无关的神秘的东西，而正是人本身的"现实生活过程"；再次，由于"意识"在任何时候都是被意识到了的"生活"，因此，"不是意识决定生活，而是生活决定意识"。在这三个基本命题中，马克思恩格斯所提出的"意识"与"存在"（生活）的关系问题，并不是通常所解释的"历史观"的基本问题，而是"一般哲学前提"即"世界观"的基本问题；马克思恩格斯对这个问题的回答，并不是通常所解释的作为"历史观"的"历史唯物主

---

① 《马克思恩格斯选集》第 1 卷，人民出版社 1995 年版，第 66 页。
② 《马克思恩格斯选集》第 1 卷，人民出版社 1995 年版，第 66—67 页。
③ 《马克思恩格斯选集》第 1 卷，人民出版社 1995 年版，第 72、73 页。

义"的基本命题,而是作为"世界观"的"历史唯物主义"的根本命题。

这里的关键问题,首先在于如何理解被意识到了的"存在",即:"存在"是与人无关的神秘的东西,还是人的"生活"本身?马克思在《1844年经济学哲学手稿》中就曾提出:"在人类历史中即在人类社会的产生过程中形成的自然界是人的现实的自然界"①,"自然界,就它本身不是人的身体而言,是人的无机的身体。人靠自然界生活。这就是说,自然界是人为了不致死亡而必须与之不断交往的、人的身体"②,"被抽象地孤立地理解的、被固定为与人分离的自然界,对人说来也是无"③。正是针对这种对"自然界"的抽象理解,马克思恩格斯在《德意志意识形态》中,对费尔巴哈的唯物主义作出这样的揭露与批判:"他没有看到,他周围的感性世界决不是某种开天辟地以来就直接存在的、始终如一的东西,而是工业和社会状况的产物,是历史的产物,是世世代代活动的结果,其中每一代都立足于前一代所达到的基础上,继续发展前一代的工业和交往,并随着需要的改变而改变它的社会制度。甚至连最简单的'感性确定性'的对象也只是由于社会发展、由于工业和商业交往才提供给他的。"④ 正是由于费尔巴哈从来没有把"感性世界"理解为构成这一世界的个人的全部活生生的感性活动,因此,"当费尔巴哈是一个唯物主义者的时候,历史在他的视野之外;当他去探讨历史的时候,他不是一个唯物主义者。在他那里,唯物主义和历史是彼此完全脱离的"⑤。应当特别指出的是,与"历史"彼此完全脱离的"唯物主义",并不仅仅是"非历史"地看待"历史",而且是"非历史"地看待"自然界",也就是"非历史"地看待全部的"存在"。这种"唯物主义",就是以"直观"的方式看待人与世界的全部关系的"从前的一切唯物主义"。从"直观"的"唯物主义"到"历史"的唯物主义,并不仅仅是改变了旧唯物主义的"历史观",而且是变革了旧唯物主义以"直观"方式看待人与世界关系的"世界观"。历

---

① 《马克思恩格斯全集》第42卷,人民出版社1995年版,第128页。
② 《马克思恩格斯全集》第42卷,人民出版社1995年版,第95页。
③ 《马克思恩格斯全集》第42卷,人民出版社1995年版,第178页。
④ 《马克思恩格斯选集》第1卷,人民出版社1995年版,第76页。
⑤ 《马克思恩格斯选集》第1卷,人民出版社1995年版,第78页。

史唯物主义是作为变革旧唯物主义的世界观的"新世界观"而诞生的。

其次,关于"意识"本身,马克思恩格斯在《德意志意识形态》中指出,"意识一开始就是社会的产物,而且只要人们存在着,它就仍然是这种产物"①。在对"意识"的具体分析中,马克思恩格斯首先回答了"意识"与"自然界"的关系,即:"自然界起初是作为一种完全异己、有无限威力的和不可克服的力量与人们对立的,人们同自然界的关系完全像动物同自然界的关系一样,人们就像牲畜一样慑服于自然界,因而,这是对自然界的一种纯粹动物式的意识(自然宗教)"②;而这种"纯粹动物式的意识"的实质是,"人们对自然界的狭隘的关系决定着他们之间的狭隘的关系,而它们之间的狭隘的关系又决定着他们对自然界的狭隘的关系,这正是因为自然界几乎还没有被历史的进程所改变"③。由"纯粹动物式的意识"发展为真正的人的"意识",这是"被历史的进程所改变"的结果。这表明,与"被意识到了的存在"一样,"意识"本身也是"历史"的产物。"意识"与"存在"的关系,在其现实性上,就是"社会意识"(现实的人的意识)与"社会存在"(现实的人的生活过程)在"历史的进程"中所形成的关系。离开"现实的人的意识"与"现实的人的生活过程",并不存在抽象的"意识"与"存在"的关系;离开"历史的进程"去说明"意识"与"存在"的关系,只能是"把理论引向神秘主义的神秘东西";只有从"历史的进程"提出和回答"意识"与"存在"的关系问题,才能"在人的实践中以及对这个实践的理解中得到合理的解决"。离开"历史的进程"而提出"意识"与"存在"的关系,这是马克思主义以前的全部旧哲学;以"历史的进程"为出发点而提出"意识"与"存在"的关系,这才是马克思恩格斯所创立的历史唯物主义的"新世界观"。

关于"意识"与"存在"及其关系的上述分析,表明了"历史唯物主义"的"世界观"性质。然而,对于这个基本结论,人们会提出的质疑

---

① 《马克思恩格斯选集》第1卷,人民出版社1995年版,第81页。
② 《马克思恩格斯选集》第1卷,人民出版社1995年版,第81—82页。
③ 《马克思恩格斯选集》第1卷,人民出版社1995年版,第82页。

是：在《德意志意识形态》中，马克思恩格斯曾一再以"历史观"来概括和表述他们所提出的问题和他们所作出的回答，为什么可以用"新世界观"来代替"历史观"呢？总结以上的论述，我认为主要理由有三：其一，马克思所批判的全部旧哲学，或者以"直观"的方式看待人与世界的关系（旧唯物主义），或者以"抽象"的方式看待人与世界的关系（唯心主义），其实质都是以"超历史"或"非历史"的观点看待人与世界的关系，从而形成全部旧哲学的"超历史"或"非历史"的"世界观"。正是针对全部旧哲学的"世界观"，马克思以"历史"即"现实的人及其历史发展"的观点重新理解人与世界的关系、意识与存在的关系，创立了历史唯物主义的"新世界观"。这个"新世界观"的实质内容是"新历史观"，这种"新历史观"的真正意义是"新世界观"。在马克思恩格斯所实现的哲学革命的意义上，"新历史观"构成"新世界观"。其二，在马克思恩格斯所创建的"历史唯物主义"之外，并不存在某种抽象的"新世界观"。对马克思恩格斯来说，"意识"是人的历史活动所形成的"意识"，"存在"是人们的"现实的生活过程"的"存在"，"意识"与"存在"的关系是"生活决定意识"的关系。那种"把人对自然界的关系从历史中排除出来"，并因而"造成了自然界和历史之间的对立"的哲学，是马克思恩格斯所批判的旧哲学，而不是马克思恩格斯所创建的新哲学。在马克思恩格斯这里，"意识"与"存在"的关系，"自然界"与"历史"的关系，是以其"历史观"的革命而获得新的理解。马克思恩格斯以"历史"作为新的解释原则而实现了自己的"世界观"革命。其三，马克思恩格斯的"世界观"革命，不是"解释世界"的革命，而是"改变世界"的革命，他们的"毕生的真正使命"，是"参加推翻资本主义社会及其所建立的国家设施的事业，参加现代无产阶级的解放事业"，是"使现代无产阶级意识到自身的地位和需要，意识到自身解放的条件"，马克思的"两个发现"是"发现了人类历史的发展规律"和"现代资本主义生产方式和它所产生的资产阶级社会的特殊的运动规律"[1]。马克思的这"两个发现"

---

[1] 《马克思恩格斯选集》第3卷，人民出版社1995年版，第776—777页。

是新的"历史观",也就是关于无产阶级和人类解放的"新世界观"。马克思恩格斯的"新历史观"是作为马克思主义的"新世界观"而诞生的。

二、历史的解释原则与历史唯物主义的真实意义

《历史的唯物主义与马克思主义的新世界观》一文发表后,得到学界的关注。读过李荣海教授与之商榷的《历史唯物主义的解释原则及其世界观意义》(以下简称"李文")后,我感到有些理论问题进一步凸显出来,其中的一个重大问题,仍是关于历史唯物主义的世界观意义问题。

(一)世界观及其解释原则

当着人们把哲学定义为"理论化、系统化的世界观"时,人们对"世界观"这个概念本身的理解不仅是有歧义的,而且正是由于这种歧义构成对哲学的不同理解。这就是说,在对"世界观"的理解中,蕴含着各不相同的解释原则;只有揭示这些不同的解释原则,才能澄明各种不同的哲学世界观。

在《关于费尔巴哈的提纲》中,马克思明确地揭示了由三种不同的解释原则所构成的世界观理论:一是以客体的或直观的解释原则所构成的旧唯物主义的世界观,二是由抽象的能动的解释原则所构成的唯心主义的世界观,三是以人的感性活动为解释原则所构成的马克思主义的新世界观。这三种解释原则,构成了三种世界观,亦即构成了三种不同的哲学。马克思主义的哲学革命,从根本上说,是关于世界观的解释原则的革命。正是以人的感性活动为解释原则,马克思主义哲学才超越了"把理论引向神秘主义"的全部旧哲学,实现了从"解释世界"到"改变世界"的哲学革命。探索马克思主义世界观的解释原则,这是我所写的《历史的唯物主义与马克思主义的新世界观》一文的基本出发点;正是在这个根本问题上,构成与"李文"的原则性分歧。

关于"世界观","李文"认为,"自然、社会、思维几个领域,基本上对应了整体世界的所有现象","马克思主义哲学世界观,是通过从具体

到抽象，从特殊到一般的逻辑进程，参照各领域的科学发展资料，在此基础上形成的"，"传统教科书中的唯物主义、辩证法的内容，如果讲的是世界的本质及运动状态的问题，意识论、认识论则是讲的人如何把握世界的问题，而'历史观'，即是讲的人及其社会发展规律的问题。这些问题的汇总、提炼，才构成哲学世界观的整体内容"。"李文"的这些论述表明，他所理解的"世界观"，就是关于"整体世界"的观点，并具体地表现在唯物主义、辩证法、意识论、认识论和历史观之中。在我看来，"李文"对世界观理论的这种理解和解释，恰恰是忽视了马克思的以"人的感性活动"为解释原则的哲学革命的真实意义，因而仍然是以旧唯物主义的客体的或直观的解释原则来看待世界观——把世界当作与人的感性活动无关的"直观"的对象。在与马克思主义的"世界观"相区别的意义上，我曾把这种解释原则称之为"观世界"的解释原则。①

正是由于对"世界观"及其解释原则的不同理解，关于传统哲学教科书的缺陷，以及为何和如何克服这些缺陷，我与李先生的理解具有原则性区别。"李文"一开头就提出，"由于存在结构安排不合理"，"板块划定"，"主观随意、不严谨"等缺陷，传统哲学教科书才"构成人们怀疑的对象"。在我看来，"李文"所指认的这些"缺陷"，既不是教科书的根本问题，更不是其深层的"哲学意义上的理论困难"。

就传统哲学教科书贯彻自己的关于世界观的解释原则而言，它的结构框架是"合理"的，而绝不是"主观随意"的，它的整体叙述是"严谨"的，同样不是"主观随意"的。在结构安排、理论论证以及语言锤炼这些方面，传统哲学教科书不仅是值得尊重的，而且是需要借鉴的。传统哲学教科书的根本问题，在于其关于世界观的解释原则，即：它是否超越了旧唯物主义的"客体的或直观的"解释原则而贯彻了马克思主义的"实践"的或"人的感性活动"的解释原则？因此，教科书的深层的理论困难是在于：人对世界究竟是怎样的关系？究竟应当以怎样的解释原则来构建合理的世界观？或者说，马克思主义哲学究竟怎样理解人与世界的关系？马克

---

① 参见孙正聿：《怎样理解作为世界观理论的哲学》，载《哲学研究》2001年第1期。

思主义哲学究竟以怎样的解释原则构成自己的世界观？正是针对世界观的解释原则，我才提出"历史的唯物主义与马克思主义的新世界观"的问题，并得出历史唯物主义就是马克思主义新世界观的基本结论。在世界观的解释原则的意义上展开讨论，才能推进传统哲学教科书改革，从而在新的世纪坚持和发展马克思主义哲学。

（二）历史唯物主义的解释原则

我之所以认为传统哲学教科书的主要缺陷不是表层的体系结构安排上的"逻辑困难"，而是一种哲学意义上的深层的"理论困难"，是因为我们面对这样一个根本性的理论问题："是否存在一种不是'历史唯物主义'的'辩证唯物主义'？'历史唯物主义'是马克思主义哲学的'世界观'，还是仅仅是马克思主义哲学的'历史观'？"在这里，我是从马克思主义新世界观的解释原则提出问题的，是从历史唯物主义与这一解释原则的相互关系提出问题的；然而，李教授的商榷文章，一方面是模糊了这个问题本身，另一方面则是坚持了传统哲学教科书的解释原则。

"李文"以主要的篇幅讨论的问题是：把"历史"作为解释原则的唯物主义，还是否是把"历史"作为研究对象的唯物主义？"李文"提出，"历史唯物主义的内容框架，本身均是社会历史领域中的问题"，因此"历史唯物主义就是把'历史'作为研究对象的唯物主义"。这个论证，模糊了我所提出的问题，从而也冲淡了问题的实质。我所提出的问题是：究竟如何理解马克思主义的新世界观？这个新世界观的"理论硬核"或"解释原则"到底是什么？是否存在"独立于'历史唯物主义'之外或超然于'历史唯物主义'之上的'辩证唯物主义'"的解释原则？通过讨论"包含着新世界观的天才萌芽的第一个文件"即《关于费尔巴哈的提纲》和"全面阐述历史唯物主义"的《德意志意识形态》，我在自己的文章中所得出的基本看法是："正是针对全部旧哲学的'世界观'，马克思以'历史'即'现实的人及其历史发展'的观点重新理解人与世界的关系、意识与存在的关系，创立了历史唯物主义的'新世界观'"。正是基于这种认识，我在文章中明确地提出："这个'新世界观'的实质内容是'新历史观'，这种'新历史观'的真正意义是'新世界观'。在马克思恩格斯所实现的哲学革命的意义上，'新历史观'构成'新世界观'"。这就是说，历史唯物主义当然是一种"历史观"；然而，正是由于人们通常仅仅从"历史观"去理解和看待历史唯物主义，因而没有在"世界观"的意义上理解和看待历史唯物主义的真实意义。《历史的唯物主义与马克思主义的新世界观》是要论证历史唯物主义的世界观的真实意义，而不是论述把"历史"作为研究对象的"历史观"。

在我看来，正是由于李教授仅仅从"研究对象"来理解历史唯物主义，因而也只是从这个角度来看待历史唯物主义的"世界观意义"。"李文"提出，"马克思哲学世界观体现在本体论、自然观、社会观、实践观等之中，没有历史观等，就不可能形成辩证唯物主义历史观等构成了马克思哲学世界观的内在结构，是哲学世界观的主要内涵的基本方面"，"没有唯物史观，就不可能形成统一的唯物主义的世界图景，因而也就不可能有辩证唯物主义"。在这里，"李文"强调了历史唯物主义作为"新世界观"的两点根据：其一，马克思主义世界观体现在包括历史观在内的各个哲学领域，这些领域都具有世界观意义；其二，历史唯物主义在这个"新世界观"中具有某种特殊的重大意义，即"没有唯物史观，就不可能形成统一的唯物主义的世界观"。"李文"的这种论证，一方面是模糊了自然观、历史观、社会观、实践观所具有的世界观意义与我所论证的马克思主义新世界观的解释原则的关系，另一方面则显露了他所坚持的关于马克思主义新世界观的解释原则——独立于历史唯物主义之外或超然于历史唯物主义之上的辩证唯物主义。这正是传统哲学教科书的解释原则。

"李文"说，"我们没有必要纠缠于辩证唯物主义、历史唯物主义孰先孰后无谓争执，因为这种讨论与'鸡生蛋、蛋生鸡'类的扯皮话题在荒诞性上毫无二致"。然而，"李文"的观点恰好表明，关于辩证唯物主义与历史唯物主义的讨论，这绝不是一种"无谓争执"，但却不是李文所说的"孰先孰后"的争执。这是因为：其一，讨论这个问题有十分重要的现实针对性，即通常是把辩证唯物主义界说为马克思主义的世界观，而将历史唯物主义视为把辩证唯物主义"推广和应用"于历史领域而形成的历史观。因此，如何理解辩证唯物主义和历史唯物主义，就不是二者"孰先孰后"的问题，而是怎样理解马克思主义哲学的新世界观的问题。"李文"认为，"从逻辑生成关系上看，辩证唯物主义是在人们对自然、历史、思维等具体领域的把握、认识中而逐步综合、提炼而形成的。""没有唯物史观，就不可能形成统一的唯物主义的世界图景，因而也就不可能有辩证唯物主义。"这种看法，是以强调辩证唯物主义必须包含历史唯物主义的方式，凸显了辩证唯物主义才是马克思主义世界观的思想内涵。这正是传统哲学教科书的解释原则，也正是我们讨论的实质性问题。其二，讨论这个问题具有重大的理论意义，即究竟怎样理解马克思主义的新世界观及其根本的解释原则，从而在当代坚持和发展马克思主义哲学，因此这个讨论绝不是"无谓争执"。《历史的唯物主义与马克思主义的新世界观》一文正是基于这两点考虑而形成的。

马克思主义的新世界观，是在马克思的哲学革命中诞生的，是作为马克思主义哲学的"理论硬核"或"解释原则"而彪炳于世并与其他哲学区别开来的。因此，只有在马克思所实现的哲学革命的意义上，才能深刻理解马克思主义的新世界观。在我看来，马克思的哲学革命具有双重内涵：一是理论旨趣和理论使命的革命，一是理论硬核和理论内容的变革。就前者说，马克思主义哲学不是沿着旧哲学的逻辑追寻"世界何以可能"，而是从"创立新世界"的历史任务出发追寻"解放何以可能"[①]，因此，把马克思主义的新世界观分解为"本体论、自然观、社会观、实践观"，就不仅仅是模糊和冲淡了马克思所实现的哲学革命，而且会把追寻"解放何以可能"的马克思主义哲学等同于追寻"世界何以可能"的旧哲学；就后者说，马克思主义哲学不是以"客体的或直观的"解释原则描述"世界究竟怎样"，而是以"人的感性活动"的解释原则反思"现实的人及其历史发展"，因此，仅仅把"历史"作为历史唯物主义的研究对象，就不仅仅是模糊和冲淡了历史唯物主义的世界观意义，而且直接导致以旧唯物主

---

① 参见孙正聿：《解放何以可能——论马克思的本体论革命》，载《学术月刊》2002年第9期。

义的"客体的或直观的"解释原则去解读马克思主义的新世界观。因此,问题的实质既不是"李文"所论证的自然观、历史观、社会观、实践观是否具有"世界观意义"的问题,也不是"李文"所说的辩证唯物主义与历史唯物主义"孰先孰后"的问题,而是如何理解马克思的哲学革命所蕴含的新世界观的解释原则问题。

从"解释原则"的角度重新反省"世界观",特别是从"解释原则"的角度重新探索马克思主义的"新世界观",这是在新的世纪研究马克思主义哲学的重大的"前提性、基础性"问题。作为一家之言,我提出的问题和作出的论证是,马克思主义的新世界观,不仅是对唯心主义世界观的根本性批判,也是对旧唯物主义世界观的根本性超越。"无论是'从前的一切唯物主义'以'直观'的方式解释人与世界的关系,还是全部的唯心主义哲学以'抽象'的方式解释人与世界的关系,它们的'世界观'都不是人与世界的现实的(真实)的关系,因而都只能是'把理论引向神秘主义的神秘东西',都只不过是以其'神秘东西'来'解释世界',而无法'改变世界'。只有超越这些'神秘东西','在人的实践中以及对这个实践的理解中'来回答人对世界的关系,才是真正的'改变世界'的马克思主义哲学。马克思主义哲学的创立是真正意义的哲学革命,它在唯物主义的历史上实现了从'直观'的唯物主义到'历史'的唯物主义的革命,从旧唯物主义的'世界观'到历史唯物主义的'新世界观'的革命。"历史唯物主义关于"世界观"的解释原则,集中地、深切地体现了马克思的"解放何以可能"的哲学使命和马克思的"现实的人及其历史发展"的哲学内涵,因而是马克思主义的新世界观。

(三)作为世界观的历史唯物主义的"历史"观念

以历史唯物主义的解释原则来理解马克思主义的新世界观,引起争议的核心观念就是历史唯物主义的"历史"观念。"李文"正是对此提出质疑:"马克思主义哲学是否可以统一到'历史'这一过程性的抽象原则上去?'历史'的解释原则究竟怎样贯彻?"

关于"历史",马克思曾明确地指出,"'历史'并不是把人当作达到自己目的的工具来利用的某种特殊的人格。历史不过是追求着自己的目的的人的活动而已"①。在马克思这里,"历史"并不是某种"过程性的抽象原则",而是"追求着自己的目的的人的活动",即人的存在方式以及由这种存在方式所构成的人的全部的"人的关系和人的世界"。以"历史"的解释原则而构成的世界观,就是以追求自己的目的的"人的活动"为解释原则而构成的世界观。

"历史"作为"追求着自己的目的的人的活动",它深刻地揭示了人的独特的存在方式的思想内涵,也就是深刻地揭示了人与世界的独特关系的思想内涵,深刻地揭示了人的现实世界(生活世界)的思想内涵。在马克思这里,"历史"不是外在于"人的活动"的抽象"过程","历史观念"也不是脱离"人的活动"的"抽象原则";恰恰相反,"历史"就是"人的活动","历史观念"就是以"人的活动"来揭示人的存在方式、揭示人与世界的关系、揭示人的现实世界(生活世界)的哲学理念即关于世界观的解释原则。

作为"人的活动"的"历史",它是人的存在方式。人与动物的根本区别,在于人是"历史"的存在。人类不是以动物的本能适应自然而维持自身的存在,而是以"人的活动"改变自然而维持自身的存在;人类不是以物种的自我"复制"而延续本物种的存在,而是以"人的活动"发展自身而延续自身的存在。马克思说:"人的存在是有机生命所经历的前一个过程的结果。只是在这个过程的一定阶段上,人才成为人。但是一旦人已经存在,人,作为人类历史的经常前提,也是人类历史的经常的产物和结果,而人只有作为自己本身的产物和结果才成为前提。"② 人自身作为历史的"前提"和"结果",以自己的活动构成自己的历史,以自己的历史构成自身的存在。离开人的"历史",就会把人的存在方式抽象化,把人与世界的现实关系抽象化。只有从人的存在方式去理解"历史",才能理解"历史"观念的世界观意义。

"历史"作为人的存在方式,构成人与世界的现实的(真实的)关系。人对世界的独特关系,是以人的独特的存在方式即"人的活动"为前

---

① 《马克思恩格斯全集》第 2 卷,人民出版社 1957 年版,第 118 页。
② 《马克思恩格斯全集》第 26 卷,人民出版社 1972 年版,第 545 页。

提的；离开人的独特的存在方式即"人的活动"，就不存在人与世界的独特关系。人的存在就是"人们的现实的生活过程"，就是在"历史的进程"中所构成的人与自然、人与社会、人与他人、人与自我的无限丰富和不断变革的"关系"。作为世界观理论的哲学，每个时代向它提出的首要问题，都是人与世界关系的时代性变革问题，也就是人的实践的存在方式的时代性变革问题。这包括：人的存在方式是历史性变革的，人的世界图景是历史性变革的，人对自己与世界的关系的自我意识是历史性变革的，人们的思维方式、价值观念、审美意识和终极关系是历史性变革的。肯定人对世界关系的历史性，我们才会自觉地提出马克思主义哲学所关切的"世界观"问题：以人的当代的实践活动为基础的人对世界的当代关系是怎样的？以当代科学为中介的人的当代世界图景是怎样的？以人的当代社会生活为基础的当代人的思维方式、价值观念、审美意识和终极关怀是怎样的？其中，最为重要的是，市场经济所构成的"以物的依赖性为基础的人的独立性"的存在方式，在当代人的世界观、人生观、价值观中具有什么样的地位和作用？在建设社会主义市场经济的过程中怎样追求和实现人的全面发展？只有充分理解马克思主义哲学世界观的历史唯物主义的解释原则，才能永葆马克思主义哲学作为"时代精神的精华"和"文明的活的灵魂"的永不枯竭的生命力。

正是由于对历史唯物主义的"历史"观念的不同理解，"李文"在把"历史"视为过程性的抽象原则的前提下，具体地提出相互联系的两点质疑：其一，"辩证法本身即含蕴这历史性、矛盾性、过程性、发展性思维的要求，远比'历史'性原则深刻的多"，为何不把辩证法作为马克思主义世界观的解释原则？其二，"黑格尔在自己的哲学中确实贯彻了'历史性'原则"，但却构成了彻底的唯心主义哲学，"历史"性原则怎么能"构成哲学的可靠基础"？回答这两个问题，就必须诉诸哲学史，特别是诉诸马克思主义哲学对德国古典哲学的批判继承关系。

"历史唯物主义"的"历史"观念，是人类思想史的结晶和升华。作为德国古典哲学的集大成，黑格尔对哲学思维的理论自觉，深切地体现在他所说的"哲学是最具体的"，"哲学是最敌视抽象的"。在黑格尔看来，哲学对"世界何以可能"、"认识何以可能"、"自由何以可能"的追问，都不应该停留于对"世界"、"认识"、"自由"的抽象追问，而必须诉诸对人类思想史的考察，诉诸对"世界"、"认识"、"自由"的思想内涵的概念式把握，从而达到"全体的自由性"与"各个环节的必然性"的统一。这是黑格尔的"历史"观念，也是黑格尔以"历史"观念所构成的概念辩证法——人类思想运动的内涵逻辑、人类争取和实现自由的思想内涵逻辑。在黑格尔这里，作为思想的内涵逻辑的辩证法，既不是与"理论"相分离的"方法"，也不是与"内容"相分离的"形式"，因而并不是某种"抽象的原则"，而是关于"具体的普遍性"的逻辑——概念展现自身的丰富性的"历史"。马克思的"历史"观念及其辩证法，是以黑格尔的内涵逻辑为理论资源和理论前提形成的；离开黑格尔的内涵逻辑以及对这个内涵逻辑的深刻理解，就无法理解马克思的"历史"观念及其辩证法，也就无法理解历史唯物主义的解释原则及其所构建的马克思主义的新世界观。长期以来，人们之所以把"辩证法"当作可以随意套用的"抽象原则"，从根本上说，就在于以"非历史"或"超历史"的观念去看待和"运用"辩证法，把作为内涵逻辑的辩证法变成了与"理论"相分离的"方法"、与"内容"相分离的"形式"。"历史"的观念是黑格尔的内涵逻辑的辩证法的灵魂，也是马克思恩格斯从黑格尔哲学那里汲取的思想精华。

在黑格尔的意义上，"历史"是思想自己运动的历史，"辩证法"是思想构成自己的逻辑，因此，黑格尔的"历史"和"辩证法"，是马克思深刻地揭示的"无人身的理性"的自我运动。这就是黑格尔以其"历史"观念所构成的唯心主义的世界观。这个唯心主义世界观，以思维规定感性的解释原则，"颠倒"了人与世界的现实（真实）关系。然而，黑格尔的"历史"观念的"真实意义"是在于，这种观念"颠覆"了对"世界何以可能"、"认识何以可能"、"自由何以可能"的抽象追问，把哲学从"抽象的普遍性"升华为"具体的普遍性"，以其"天才的猜测"表达了人与世界的现实关系——历史的关系，因而包含了"历史唯物主义的萌芽"。[①]

[①] 参见列宁：《哲学笔记》，人民出版社1956年版，第348页。

马克思恩格斯则是以黑格尔的历史观念——思想的内涵逻辑——为重要的理论资源,以现实的(真实的)"历史"——"追求自己的目的的人的活动"——作为自己的新世界观的解释原则,揭示了人自身的存在方式、人以自己的存在方式所构成的人与世界的无限丰富的矛盾关系、人以自己的存在方式所实现的人自身的发展。这就是以唯物主义的"历史"观念所构成的存在论、真理论和价值论相统一的马克思主义哲学的内涵逻辑——历史的内涵逻辑。这个历史的内涵逻辑(而不是黑格尔的思想的内涵逻辑),以"现实的人及其历史发展"为内容而实现了唯物主义与辩证法的统一,这就是历史唯物主义的新世界观。

三、历史的唯物主义与哲学的基本问题

关于马克思主义哲学,人们经常引证马克思恩格斯的两个著名论断:其一是马克思所说的"哲学家们只是用不同的方式解释世界,问题在于改变世界"[①];其二是恩格斯所说的"这已经根本不再是哲学,而只是世界观"[②]。对于这两个关系到如何理解马克思主义哲学的著名论断,人们不能不予以追问的是:"不再是哲学"的"改变世界"的世界观究竟是什么?这个世界观是"扬弃"还是"抛弃"了作为哲学基本问题的"思维和存在的关系问题"?

(一)探析恩格斯的"不再是哲学"的"世界观"

在《反杜林论》中,恩格斯提出一个著名论断,即:作为"现代唯物主义"的马克思主义哲学"已经根本不再是哲学,而只是世界观"[③]。由此所引发的最为严峻的理论问题是:不再是哲学的世界观还是否是哲学?与世界观相区别的哲学是何种哲学?作为世界观的哲学又是何种哲学?对此,恩格斯的回答是:与世界观相区别的哲学,是一种"特殊的科学的科

---

① 《马克思恩格斯选集》第1卷,人民出版社1995年版,第57页。
② 《马克思恩格斯选集》第3卷,人民出版社1995年版,第481页。
③ 《马克思恩格斯选集》第3卷,人民出版社1995年版,第481页。

学"；与哲学相区别的世界观则是"在各种现实的科学中得到证实和表现出来"的哲学；不再是哲学的世界观的哲学涵义在于，"哲学在这里被'扬弃'了，就是说，'既被克服又被保存'；按其形式来说是被克服了，按其现实的内容来说是被保存了"。① 然而，对于恩格斯自己所作的回答，人们必然又会提出下述问题：被"扬弃"了的"哲学"是一种什么样的"世界观"？在这种"扬弃"中，被"克服"了的"形式"究竟是什么，被"保存"下来的"现实的内容"究竟又是什么？

在恩格斯的回答中，最为引人注目的是从哲学对科学的关系来区分"哲学"与"世界观"，即："一旦对每一门科学都提出要求，要它们弄清它们自己在事物以及关于事物的知识的总联系中的地位，关于总联系的任何特殊科学就是多余的了。"② 正是基于这个总体判断，在《路德维希·费尔巴哈和德国古典哲学的终结》、《反杜林论》、《自然辩证法》这三部哲学名著中，恩格斯又提出了一个内容相同、表述相近的更为明确的论断，即："对于已经从自然界和历史中被驱逐出去的哲学来说，要是还留下什么的话，那就只留下一个纯粹思想的领域：关于思维过程本身的规律的学说，即逻辑和辩证法。"③ 由此提出的意义更为重大的理论问题是：按照恩格斯的这个论断，是否应当把作为"现代唯物主义"的马克思主义哲学定义为"关于思维过程本身的规律的学说"？是否应当把马克思主义哲学的理论内容归结为"关于思维过程本身的规律"的"逻辑和辩证法"？这无论是诉诸科学史还是诉诸哲学史，都是说不通的。

从科学史看，关于"思维过程本身的规律的学说"，日益显著地成为以语言学、心理学、逻辑学、符号学、信息论等广义的思维科学的根本内容。因此，借用恩格斯本人的说法，"哲学"已经不仅被"驱逐"出了自然界和历史，而且被"驱逐"出了思维领域，试图充当思维科学的"哲学"已经被现代的思维科学所取代。从哲学史看，关于"思维过程本身的规律的学说"，其集大成者就是黑格尔的以概念的辩证否定为内容的"思

---

① 《马克思恩格斯选集》第3卷，人民出版社1995年版，第481页。
② 《马克思恩格斯选集》第3卷，人民出版社1995年版，第364页。
③ 《马克思恩格斯选集》第4卷，人民出版社1995年版，第257页。

想的内涵逻辑",它本身已经被马克思恩格斯所"扬弃",即把黑格尔的思辨的辩证法"扬弃"为"对现存的一切进行无情的批判"的辩证法。因此,以思想的内涵逻辑为内容的"逻辑和辩证法"同样是被"扬弃"了的"哲学",而不是"已经不再是哲学"的"世界观"。

面对科学史和哲学史,我们究竟应当如何理解恩格斯所说的"不再是哲学"的"世界观"?这种"世界观"在何种意义上是"关于思维过程本身的规律"的"逻辑和辩证法"?回答这个问题,必须重新思考恩格斯对哲学所关切的"思维规律"的理解和关于哲学本身的"重大的基本问题"的概括。

关于哲学所研究的思维规律,恩格斯的最为重要的论断是:"我们的主观的思维和客观的世界遵循同一些规律,因而两者在其结果中最终不能互相矛盾,而必须彼此一致,这个事实绝对地支配着我们的整个理论思维。这个事实是我们的理论思维的本能的和无条件的前提。"① 这清楚地表明,恩格斯所说的"关于思维过程本身的规律的学说",并不是关于思维的实证科学,而是反思"理论思维的本能的和无条件的前提",即恩格斯本人在作出上述论断时所提示的关于"思维和存在的一致"的学说。②

必须深入思考的是,在提出关于"理论思维的本能的和无条件的前提"的论断之后,恩格斯围绕这个论断展开了三个方面的论述:一是"18世纪的唯物主义,由于其本质上的形而上学的性质,只是从内容方面研究这个前提。它只限于证明一切思维和知识的内容都应当来源于感性的经验,并且重新提出下面这个命题:感觉中未曾有过的东西,理智中也不存在";二是"只有现代的唯心主义的,同时也是辩证的哲学,特别是黑格尔,才又从形式方面研究了这个前提"。"这个哲学在许多场合下和在极不相同的领域中证明了思维过程同自然过程和历史过程的类似之处以及反过来的情形并且证明同一些规律对所有这些过程都是适用的";三是"现代自然科学已经把一切思维内容都来源于经验这一命题以某种方式加以扩

---

① 《马克思恩格斯选集》第4卷,人民出版社1995年版,第364页。
② 《马克思恩格斯选集》第4卷,人民出版社1995年版,第364页。

展，以致把这个命题的旧的形而上学的界限和表述完全抛弃了"。①

在这段具有鲜明的针对性和深刻的思想性的论述中，恩格斯表达了三个重要思想：其一，"思维和存在的一致"是"理论思维的本能的和无条件的前提"，对这个"前提"的批判性反思构成哲学意义上的"关于思维过程本身的规律"的"逻辑和辩证法"，并因而构成哲学与科学（包括自然科学、社会科学和思维科学在内的全部科学）这两种理论思维方式之间的原则区别；其二，旧唯物主义和辩证的唯心主义"只是"分别地探讨了这个"无条件的前提"的"内容方面"或"形式方面"，但均未合理地解决哲学与科学这两种理论思维方式之间的原则区别问题，并因而无法合理地回答"理论思维的本能的和无条件的前提"问题；其三，"现代自然科学"承诺了"一切思维内容都来源于经验这一命题"，并因而"完全抛弃"了对这个"无条件的前提"的形而上学反思。由这三个重要思想所引发的基本结论，应当是把哲学的"重大的基本问题"归结为"理论思维的本能的和无条件的前提"即"思维和存在的一致"问题。事实正是这样。在《路德维希·费尔巴哈和德国古典哲学的终结》中，恩格斯就以简洁明确的论断方式提出："全部哲学，特别是近代哲学的重大的基本问题，是思维和存在的关系问题。"② 由此可以得出的重要结论是：这个"重大的基本问题"，就是在"世界观"中被保存的"现实内容"；而在"世界观"中被克服了的"形式"，则是企图提供总联系的作为科学的科学的"哲学"。这就是"已经不再是哲学"的"世界观"对"哲学"的"扬弃"。

然而，值得深思的是，在相当长的时期里，关于恩格斯所概括的哲学的"重大的基本问题"，人们往往只是引证这个论断本身，而没有关切这个论断所指认的问题，即"理论思维的本能的和无条件的前提"问题，因此，不是从理论思维的两种基本方式——哲学与科学的关系中去理解"思维和存在的关系问题"，特别是没有从恩格斯所强调的"内容方面"和"形式方面"及其关系去理解这个"重大的基本问题"。由此导致的一个严重后果，就是把恩格斯所说的"关于思维过程本身的规律的学说"解释

---

① 《马克思恩格斯选集》第 4 卷，人民出版社 1995 年版，第 364—365 页。
② 《马克思恩格斯选集》第 4 卷，人民出版社 1995 年版，第 223 页。

为"思维科学",而不是把这个"学说"理解为关于"思维和存在的关系问题"即关于"理论思维的本能的和无条件的前提"的学说。从哲学与科学的关系上看,这两种理解方式,具有重大的原则区别:前者把作为世界观的马克思主义哲学归结为一种与自然科学、历史科学相并列的思维科学,后者则是把作为世界观的马克思主义哲学理解为对"哲学"的"扬弃",既"克服"了作为科学的科学的"哲学",又"保存"了作为哲学"重大的基本问题"的"思维和存在的关系问题",也就是对"理论思维的本能的和无条件的前提"的批判和反思。因此,正是并且只是在后者的意义上,作为"世界观"的马克思主义哲学,是一种"已经不再是哲学"的哲学——世界观。

这里的根本问题在于,"不再是哲学"的"世界观",是一种根本不同于旧唯物主义的新唯物主义——现代唯物主义。这是恩格斯在论述哲学"基本问题"时突出强调的重要思想,因而也是我们理解马克思主义"世界观"的至关重要的思想。然而,在通常的关于哲学"基本问题"的阐释中,恰恰是"忽视"甚至是"忽略"了这个最为重要的思想,其结果就把作为现代唯物主义的"世界观"与作为旧唯物主义的"哲学"混为一谈,把现代唯物主义与旧唯物主义对"思维和存在的关系问题"的回答混为一谈,从而阉割了马克思主义世界观的真实涵义。

恩格斯在作出"全部哲学,特别是近代哲学的重大的基本问题,是思维和存在的关系问题"这个具有根本性的论断之后,紧接着就论述了这个"基本问题"的历史演化,并提出这个问题"只是"在近代哲学"才被十分清楚地提了出来,才获得了它的完全的意义"。① 以此为基础,恩格斯集中地论述了哲学基本问题的历史演化与唯物主义的发展阶段的关系问题。这对于理解"已经不再是哲学,而只是世界观"的现代唯物主义具有不容忽视的重要意义。

恩格斯指出,费尔巴哈唯物主义对黑格尔唯心主义的批判,只是形成了"物质不是精神的产物,而精神本身只是物质的最高产物"这个"自然

---

① 《马克思恩格斯选集》第 4 卷,人民出版社 1995 年版,第 223—224 页。

是纯粹的唯物主义"的观点,然而"到这里就突然停止不前了"。①恩格斯认为,"费尔巴哈在这里把唯物主义这种建立在对物质和精神关系的特定理解上的一般世界观同这一世界观在特定的历史阶段即18世纪所表现的特殊形式混为一谈了"。②恩格斯由此提出:"像唯心主义一样,唯物主义也经历了一系列的发展阶段。甚至随着自然科学领域中每一个划时代的发现,唯物主义也必然要改变自己的形式;而自从历史也得到唯物主义的解释以后,一条新的发展道路也在这里开辟出来了。"③

正是在关于唯物主义的"发展阶段"的论述中,恩格斯向我们展现了以发现历史的运动规律为任务的"现代唯物主义",与"关于思维过程本身的规律"的"逻辑和辩证法"的内在关联,即:只有"历史也得到唯物主义的解释以后",才能合理地回答哲学的"重大的基本问题"——思维和存在的关系问题。这正如恩格斯所提出的:"费尔巴哈不能找到从他自己所极端憎恶的抽象王国通向活生生的现实世界的道路。他紧紧地抓住自然界和人;但是,在他那里,自然界和人都只是空话。无论关于现实的自然界或关于现实的人,他都不能对我们说出任何确定的东西。"④恩格斯由此得出的根本性结论是:"要从费尔巴哈的抽象的人转到现实的、活生生的人,就必须把这些人作为在历史中行动的人去考察。"⑤"费尔巴哈没有走的一步,必定会有人走的。对抽象的人的崇拜,即费尔巴哈的新宗教的核心,必定会由关于现实的人及其历史发展的科学来代替。这个超出费尔巴哈而进一步发展费尔巴哈观点的工作,是由马克思于1845年在《神圣家族》中开始的。"⑥

由此,关于"不再是哲学"的"世界观",就回到恩格斯在提出这个判断的同时所提出的另一个论断,即:"现代唯物主义把历史看作人类的

---

① 《马克思恩格斯选集》第4卷,人民出版社1995年版,第227页。
② 《马克思恩格斯选集》第4卷,人民出版社1995年版,第227—228页。
③ 《马克思恩格斯选集》第4卷,人民出版社1995年版,第228页。
④ 《马克思恩格斯选集》第4卷,人民出版社1995年版,第240页。
⑤ 《马克思恩格斯选集》第4卷,人民出版社1995年版,第240—241页。
⑥ 《马克思恩格斯选集》第4卷,人民出版社1995年版,第241页。

发展过程，而它的任务就在于发现这个过程的运动规律。"① 这个论断同马克思恩格斯在《德意志意识形态》中的论断是完全一致的，即："对现实的描述会使独立的哲学失去生存环境，能够取而代之的充其量不过是从对人类历史发展的考察中抽象出来的最一般的结果的概括。这些抽象本身离开了现实的历史就没有任何价值。"② 显然，马克思恩格斯在这里所指认的"独立的哲学"，就是恩格斯所说的与"世界观"相区别的"哲学"；而恩格斯所说的"不再是哲学"的"世界观"，则是"从对人类历史发展的考察中抽象出来的最一般的结果的概括"。这正是马克思恩格斯所创建的历史唯物主义。

通过探析恩格斯所论述的"已经不再是哲学"的"世界观"，我们可以形成关于"现代唯物主义"的二点基本结论：其一，现代唯物主义对"哲学"的扬弃，一方面是"克服"了作为"科学的科学"的"哲学"，另一方面则是"保存"了作为"理论思维的本能的和无条件的前提"的"思维和存在的关系问题"，并自觉地把这个"关系问题"确认为哲学的"重大的基本问题"；其二，"现代唯物主义"是从"历史中行动的人"出发去回答作为哲学的重大的基本问题的思维和存在的关系问题，因此，现代唯物主义的真实涵义就是历史唯物主义，只有历史唯物主义才是"不再是哲学"的马克思主义的"世界观"。

(二) 探析马克思的"改变世界"的"世界观"

对"思维和存在的关系问题"的历史唯物主义回答，就是作为"现代唯物主义"的马克思主义的世界观。这是通过探析恩格斯关于"已经不再是哲学"的"世界观"的论断所形成的总体判断。这个判断与马克思的"改变世界"的论断是相互印证的，还是相互矛盾的？这是必须深入讨论的又一个重大理论问题。

在被恩格斯称之为"包含着新世界观的天才萌芽的第一个文件"的《关于费尔巴哈的提纲》中③，马克思提出了被人们经常引证的著名论断，

---

① 《马克思恩格斯选集》第3卷，人民出版社1995年版，第364页。
② 《马克思恩格斯选集》第1卷，人民出版社1995年版，第73—74页。
③ 《马克思恩格斯选集》第4卷，人民出版社1995年版，第213页。

即:"哲学家们只是用不同的方式解释世界,问题在于改变世界。"① 然而,在对这个著名论断的阐释中,人们却往往得出这样的结论,即:"思维和存在的关系问题"只是"解释世界"的"哲学家们"的"基本问题",而不是"改变世界"的马克思主义哲学的"基本问题"。这样的结论,不仅构成了马克思与恩格斯在"哲学基本问题"上的对立,而且构成了关于什么是马克思主义世界观的原则分歧。这就需要首先以马克思的《关于费尔巴哈的提纲》(以下简称《提纲》)为"文本"对象,认真地探析马克思的"改变世界"的"世界观"。

诉诸"文本",我们可以看到:其一,《提纲》的立意是明确的,问题是鲜明的,这就是马克思所指认的"人的思维是否具有客观的真理性"问题②,而这正是恩格斯所概括的作为哲学的重大的基本问题的"思维和存在的关系问题";其二,《提纲》的回答同样是明确的、鲜明的,这就是马克思所说的"全部社会生活在本质上是实践的。凡是把理论引向神秘主义的神秘东西,都能在人的实践中以及对这个实践的理解中得到合理的解决"③。这又正是恩格斯所总结的马克思"超出费尔巴哈进一步发展费尔巴哈观点的工作"——从"历史中行动的人"出发去回答"思维和存在的关系问题",也就是对哲学的"重大的基本问题"的历史唯物主义回答。

在《提纲》的第一段中,马克思直截了当地提出:"从前的一切唯物主义(包括费尔巴哈的唯物主义)的主要缺点是:对对象、现实、感性,只是从客体的或者直观的形式去理解,而不是把它们当作感性的人的活动,当作实践去理解,不是从主体方面去理解。因此,和唯物主义相反,能动的方面却被唯心主义抽象地发展了,当然,唯心主义是不知道现实的、感性的活动本身的。"④ 在这里,马克思正是从思维和存在的关系问题出发,简洁而明确地批判了旧唯物主义和唯心主义这两种"哲学":其一,

---

① 《马克思恩格斯选集》第1卷,人民出版社1995年版,第57页。
② 《马克思恩格斯选集》第1卷,人民出版社1995年版,第55页。
③ 《马克思恩格斯选集》第1卷,人民出版社1995年版,第56页。
④ 《马克思恩格斯选集》第1卷,人民出版社1995年版,第54页。

旧唯物主义"只是从客体的或者直观的形式"去看待思维和存在的关系问题,从而把思维对存在的关系看成是直观的反映关系,而这正是恩格斯所指认的旧唯物主义只是从"内容"方面去看待思维对存在的关系;其二,唯心主义只是"抽象地发展了""能动的方面",把思维对存在的关系归结为思维的能动作用,而这又正是恩格斯所指认的唯心主义只是从"形式"方面去看待思维对存在的关系;其三,马克思明确地指出,旧唯物主义之所以只是从客体的或者直观的形式去理解思维与存在的关系,唯心主义之所以只能是抽象地发展了能动的方面,其根源就在于离开"感性的人的活动"去看待思维与存在的关系,而这又正是恩格斯所指认的离开"历史中行动的人"去解决思维和存在的关系问题。由此我们可以看到,在马克思的这段被人们广泛引证的主题式话语的论断中,并不是否定了恩格斯所概括的哲学的重大的基本问题,而恰恰是从马克思所说的"感性的人的活动"或恩格斯所说的"历史中行动的人"出发去回答"思维和存在的关系问题"。由此可以看到:哲学的基本问题,正是在《提纲》中被"保存"下来的"世界观"的根本问题;对哲学基本问题的历史唯物主义回答,则构成马克思主义的世界观。

诉诸《提纲》全文,我们可以看到,正是以揭示和批判旧唯物主义和唯心主义这两种以"哲学"方式所构成的世界观为"纲",马克思在《提纲》中逐段深入地阐述了"现代唯物主义"的世界观。具体言之,在《提纲》的第二段,马克思明确地提出:"人的思维是否具有客观的真理性,这不是一个理论的问题,而是一个实践的问题。人应该在实践中证明自己思维的真理性,即自己思维的现实性和力量,自己思维的此岸性。关于思维——离开实践的思维——的现实性或非现实性的争论,是一个纯粹经院哲学的问题。"① 在这段论述中,马克思明确地提出了必须以实践的观点看待"人的思维是否具有客观的真理性"问题,也就是以实践的观点去看待作为哲学的重大的基本问题的思维和存在的关系问题。在紧接其后的第三段中,马克思针对旧唯物主义所探讨的"关于环境和教育起改变作

---

① 《马克思恩格斯选集》第1卷,人民出版社1995年版,第55页。

用"的问题,又提出"环境的改变和人的活动或自我改变的一致,只能被看作是并合理地理解为革命的实践"。在其后的第四段中,马克思又针对费尔巴哈不能从"世俗基础的自我分裂和自我矛盾"来说明"世界被二重化为宗教世界和世俗世界",提出"对于这个世俗基础本身应当在自身中、从它的矛盾中去理解,并在实践中使之革命化"。由此,马克思在《提纲》的第五段揭示了费尔巴哈哲学的本质:"费尔巴哈不满意抽象的思维而喜欢直观;但是,他把感性不是看作实践、人的感性活动"①。正是基于这种洞见,马克思在《提纲》的第六段提出:"人的本质不是单个人所固有的抽象物,在其现实性上,它是一切社会关系的总和"②,又在《提纲》的第七段提出,费尔巴哈"所分析的抽象的个人,是属于一定的社会形式的"③。正是依据上述论断,马克思在《提纲》的第八段作出一个具有根本性的论断:"全部社会生活在本质上是实践的。凡是把理论引向神秘主义的神秘东西,都能在人的实践中以及对这个实践的理解中得到合理的解决。"④ 由此提出的问题是:为什么"从前的一切唯物主义"不能"在人的实践中以及对这个实践的理解中"去解决"人的思维是否具有客观的真理性",反而是"把理论引向神秘主义"?马克思在《提纲》的第九、十段所作的回答是:"直观的唯物主义,即不是把感性理解为实践活动的唯物主义至多也只能达到对单个人和市民社会的直观";"旧唯物主义的立脚点是市民社会,新唯物主义的立脚点则是人类社会或社会的人类"⑤。这就是说,新唯物主义之所以在理论上超越了旧唯物主义,从根本上说,是因为新唯物主义在其现实基础上超越了旧唯物主义。正是基于上述论断,马克思在《提纲》的第十一段即最后一段,作出了人们经常引证的基本结论:"哲学家们只是用不同的方式解释世界,问题在于改变世界。"⑥

在这里如此详细地逐段引证和阐述马克思的《提纲》,对于深入地探

---

① 《马克思恩格斯选集》第1卷,人民出版社1995年版,第56页。
② 《马克思恩格斯选集》第1卷,人民出版社1995年版,第56页。
③ 《马克思恩格斯选集》第1卷,人民出版社1995年版,第56页。
④ 《马克思恩格斯选集》第1卷,人民出版社1995年版,第56页。
⑤ 《马克思恩格斯选集》第1卷,人民出版社1995年版,第56—57页。
⑥ 《马克思恩格斯选集》第1卷,人民出版社1995年版,第57页。

析马克思的"改变世界"的"世界观",特别是深入地探析这个"世界观"与恩格斯所指认的"不再是哲学"的"世界观"的内在一致性,是非常必要和十分重要的:其一,从理论内容上看,马克思恩格斯的"现代唯物主义"的"世界观"对"哲学"的扬弃,既是"克服了""哲学家们"把哲学当作关于"总联系"的"科学的科学"的幻想,又是"保存"了作为"理论思维的本能的和无条件的前提"即"人的思维是否具有客观的真理性"的"思维和存在的关系问题";其二,从根本理念上看,"现代唯物主义"与"哲学家们"的根本区别则在于,"哲学家们"不是"在人的实践中以及对这个实践的理解中"去解决"思维和存在的关系问题",而是以"直观"的方式或抽象的"能动"原则去回答这个"重大的基本问题",因而他们的"哲学"只能是"解释世界"的哲学,并且只能是"把理论引向神秘主义的神秘东西",与此相反,马克思恩格斯的现代唯物主义则是从"全部社会生活在本质上是实践的"这一根本理念出发,"在实践中证明自己思维的真理性";其三,从现实基础上看,"哲学家们"之所以不能"在实践中以及对这个实践的理解中"提出和回答"人的思维是否具有客观的真理性"问题,根源在于"旧唯物主义的立脚点是市民社会",因而"至多也只能达到对单个人和市民社会的直观",只有立足于"人类社会或社会的人类"的现代唯物主义,才能超越"只是用不同的方式解释世界",而形成"不再是哲学"的"世界观"——"改变世界"的"世界观"。这种以"人类社会或社会的人类"为"立脚点"、"在实践中以及对这个实践的理解中"所构成的世界观,就是马克思恩格斯所创建的"现代唯物主义"——历史唯物主义——的世界观。这是认真思考和深入探析马克思在《提纲》中所论证的"改变世界"的"世界观"应当得出的基本结论。

(三) 历史唯物主义的世界观的理论内涵

马克思恩格斯创建的历史唯物主义,从"感性的人的活动"或"历史中行动的人"出发去解决"思维和存在的关系问题",形成了以"历史"为解释原则、以"生活决定意识"为核心理念、以"历史的内涵逻辑"为基本内容、以"人类解放"为价值诉求、以"改变世界"为理论指向的历史唯物主义的世界观。这个"不再是哲学"的"世界观"具有极其深刻和丰厚的理论内涵。

1. 历史唯物主义的世界观,是以"历史"作为解释原则的世界观

在《关于费尔巴哈的提纲》中,马克思明确地揭示了由三种不同的解释原则所构成的世界观:一是以"客体的或者直观"的解释原则回答思维和存在的关系问题的旧唯物主义的世界观;二是以"抽象的"能动性的解释原则回答思维和存在关系问题的唯心主义世界观;三是以"感性的人的活动"的解释原则回答思维和存在关系问题的现代唯物主义的世界观。①对于后一种解释原则,恩格斯明确地表述为以"现实的人及其历史发展"为出发点的"现代唯物主义"的世界观。

"历史"是"追求着自己的目的的人的活动",是"人们的现实生活过程",是"现实的人及其历史发展"。人"作为人类历史的经常前提,也是人类历史的经常的产物和结果,而人只有作为自己本身的产物和结果才成为前提"②。人自身作为历史的"前提"和"结果",以自己的活动构成自身的存在、自身的历史。历史是人的存在的现实,是人的现实的世界。正是在"历史"即"人们的现实生活过程"中,才形成现实的思维与存在的关系,因此,只有从"历史"即"人们的现实生活过程"出发,才能合理地提出和回答作为哲学基本问题的"思维和存在的关系问题"。

关于"历史",值得深入思考的一个重大问题是,历史不只是一个"过程"即不只是"感性的人的活动",而且是一种"结果"即"感性的人的活动"或"历史中行动的人"所创造的"文明"。文明结晶着人的历史活动,体现着人与世界的现实关系,并规范着人类社会的趋势与未来。因此,历史唯物主义的历史概念远不只是活动或过程的概念,更是文明的概念。以历史作为解释原则的历史唯物主义,从根本上说,是以文明为其内涵而实现的对思维和存在关系问题的回答,也就是以文明为其内涵构成的世界观。这正如马克思恩格斯所说:"历史不外是各个世代的依次交替。每一时代都利用以前各代遗留下来的材料、资金和生产力;由于这个缘

---

① 参见孙正聿:《历史唯物主义的真实意义》,载《哲学研究》2007年9期。
② 《马克思恩格斯全集》第26卷第二册,人民出版社1973年版,第545页。

故,每一代一方面在完全改变了的环境下继续从事所继承的活动,另一方面又通过完全改变了的环境来变更旧的环境。"① 这才是具有革命意义的、以历史作为解释原则的马克思主义的世界观。然而,通常所说的"实践唯物主义",则只是把"实践"解释为"感性的人的活动",而没有凸显人的实践活动所构成的历史的文明内涵。正因如此,我们不赞同以辩证唯物主义和历史唯物主义来称谓和定位马克思主义哲学,也不认同以实践唯物主义来称谓和定位马克思主义哲学,而把马克思主义哲学称谓和定位为历史唯物主义。

2. 以"历史"为解释原则的世界观,是以"生活决定意识"为核心理念的世界观

关于意识与存在的关系问题,马克思恩格斯在《德意志意识形态》中十分明确地提出:"意识在任何时候都只能是被意识到了的存在",而"人们的存在就是他们的现实生活过程"。② 这表明:马克思恩格斯所指认的"存在",并不是某种超验的、与人无关的神秘的东西,而是人的"现实生活过程",所谓的自然界则是"在人类历史中即在人类社会的产生过程中形成的自然界是人的现实的自然界"③;马克思恩格斯所指认的"意识一开始就是社会的产物,而且只要是人们存在着,它就仍然是这种产物"④。马克思恩格斯认为,由"纯粹动物式的意识"发展为真正的人的"意识",这是"被历史的进程所改变"的结果。这表明,与"被意识到了的存在"一样,"意识"本身也是"历史"的产物。因此,"意识"与"存在"的关系,在其现实性上,就是"社会意识"(现实的人的意识)与"社会存在"(现实的人的生活过程)在"历史的进程"中所形成的关系。在"历史的进程"中所形成的意识与存在的关系,就是社会意识与社会存在的关系;在这种现实的社会意识与社会存在的关系中,从根本上说,"不是意识决定生活,而是生活决定意识"⑤。这是历史唯物主义的世

---

① 《马克思恩格斯选集》第1卷,人民出版社1995年版,第88页。
② 《马克思恩格斯选集》第1卷,人民出版社1995年版,第72页。
③ 《马克思恩格斯全集》第42卷,人民出版社1979年版,第128页。
④ 《马克思恩格斯选集》第1卷,人民出版社1995年版,第81页。
⑤ 《马克思恩格斯选集》第1卷,人民出版社1995年版,第73页。

界观的核心理念和根本观点。

离开"现实的人的意识"与"现实的人的生活过程",并不存在抽象的"意识"与"存在"的关系;离开"历史的进程"去说明"意识"与"存在"的关系,只能是"把理论引向神秘主义的神秘东西";只有从"历史的进程"提出和回答"意识"与"存在"的关系问题,才能"在人的实践中以及对这个实践的理解中得到合理的解决"。由此可以明确:离开"历史的进程"而提出"意识"与"存在"的关系问题,这是马克思主义以前的全部旧哲学;以"历史的进程"为出发点而提出"意识"与"存在"的关系问题,这才是马克思恩格斯的世界观——历史唯物主义的世界观。

3. 以"历史"为解释原则的世界观,是以"历史的内涵逻辑"为内容的世界观

历史唯物主义的"唯物主义",是唯物主义发展史上的马克思主义的唯物主义;历史唯物主义的"辩证法",是辩证法发展史上的马克思主义的辩证法;因此,历史唯物主义的世界观,并不是一般意义的唯物主义与辩证法的统一,而是马克思主义的唯物主义与辩证法的统一,这就是以"历史"为解释原则的唯物主义与辩证法的统一。它的最为重要的理论问题,并不是抽象的"思维"和"存在"的关系问题,而是解决"思维和存在的关系问题"中的"历史"与"逻辑"的关系问题、"理论"与"实践"的关系问题;它的主要的和直接的批判对象,是黑格尔以唯心主义辩证法所构成的"历史与逻辑的一致";它的真实的理论内容,是作为历史的内涵逻辑的历史唯物主义。

在《资本论》的"第二版跋"中,马克思明确地提出:"我的辩证方法,从根本上说,不仅和黑格尔的辩证方法不同,而且和它截然相反。在黑格尔看来,思维过程,即他称为观念而甚至把它转化为独立主体的思维过程,是现实事物的创造主,而现实事物只是思维过程的外部表现。我的看法则相反,观念的东西不外是移入人的头脑并在人的头脑中改造过的物质的东西而已。"马克思由此提出:"辩证法,在其合理的形态上",是"在对现存事物的肯定的理解中同时包含对现存事物的否定的理解,即对

现存事物的必然灭亡的理解；辩证法对每一种既成的形式，都是从不断的运动中，因而也是从它的暂时性方面去理解；辩证法不崇拜任何东西，按其本质来说，它是批判的和革命的"。① 在这里，马克思提出了关于"辩证法"的两个根本性论断：其一，是观念决定现实，还是现实决定观念，这是黑格尔的辩证法与马克思的辩证法的根本区别；其二，"合理形态"的辩证法，不仅是肯定现实决定观念，而且"按其本质来说"是"批判的和革命的"。马克思的这两个论断表明，"现代唯物主义"的世界观是"对现存的一切进行无情的批判"的世界观，是"实际地反对并改变现存的事物"的世界观。这个世界观，既变革了以"客体的或者直观"的方式看待人与世界关系的旧唯物主义的世界观，也变革了把思维看成是"现实事物的创造主"的唯心主义的世界观。

黑格尔辩证法的唯心主义本质，深刻地体现为"历史屈从逻辑"。在《哲学的贫困》中，马克思就揭露了黑格尔的历史与逻辑的一致的唯心主义本质："黑格尔认为，世界上过去发生的一切和现在还在发生的一切，就是它自己的思维中发生的一切。因此，历史的哲学仅仅是哲学的历史，即它自己的哲学的历史。""它以为它是在通过思想的运动建设世界，其实，它只是根据绝对方法把所有人头脑中的思想加以系统的改组和排列而已。"② 不仅如此，马克思还深刻地揭示了形成黑格尔唯心主义辩证法的认识论根源："在最后的抽象（因为是抽象，而不是分析）中，一切事物都成为逻辑范畴，这用得着奇怪吗？""正如我们通过抽象把一切事物变成逻辑范畴一样，我们只要抽去各种各样的运动的一切特征，就可得到抽象形态的运动，纯粹形式上的运动，运动的纯粹逻辑公式。"③ 因此，马克思关于历史与逻辑的关系的基本观点是："不是在每个时代中寻找某种范畴，而是始终站在现实历史的基础上，不是从观念出发来解释实践，而是从物质实践出发来解释观念的形成。"④

---

① 《马克思恩格斯选集》第 2 卷，人民出版社 1995 年版，第 111—112 页。
② 《马克思恩格斯选集》第 1 卷，人民出版社 1995 年版，第 141 页。
③ 《马克思恩格斯选集》第 1 卷，人民出版社 1995 年版，第 139 页。
④ 《马克思恩格斯选集》第 1 卷，人民出版社 1995 年版，第 92 页。

马克思肯定历史决定逻辑,并不是否认以逻辑的方式把握历史,而是把逻辑视为对历史的理论把握。在《〈政治经济学批判〉导言》中,马克思对逻辑与历史的一致作出这样的论述:"比较简单的范畴可以表现一个比较不发展的整体的处于支配地位的关系或者一个比较发展的整体的从属关系,这些关系在整体向着以一个比较具体的范畴表现出来的方面发展之前,在历史上已经存在。在这个限度内,从最简单上升到复杂这个抽象思维的进程符合现实的历史过程。"① "比较简单的范畴,虽然在历史上可以在比较具体的范畴之前存在,但是,它在深度和广度上的充分发展恰恰只能属于一个复杂的社会形式,而比较具体的范畴在一个比较不发展的社会形式中有过比较充分的发展"②,在《资本论》中,马克思正是通过分析"比较具体的范畴"而把握"比较简单的范畴",通过考察"比较发展的整体"而透视"比较不发展的整体",通过揭示"一个复杂的社会形式"即资本主义的社会形式而实现对全部"人类生活形式"即"历史过程"的揭示,从而"发现"了人类历史的发展规律。③

历史与逻辑的关系问题,从根本上说,是"人的活动"与"历史规律"的关系问题。黑格尔辩证法的真实意义,在于它在批判"抽象理性"的过程中,构成了以概念的辩证运动所展现的人类思想运动的逻辑,即"思想的内涵逻辑"。然而,在黑格尔的历史与逻辑一致的"思想的内涵逻辑"中,却把历史的"规律"视为"无人身的理性"的自我实现过程,从而把历史视为"逻辑"的自我展开,而把人的历史活动本身当作这种"逻辑"的外在表现。这是黑格尔辩证法的唯心主义实质。与此相反,马克思是把历史的"规律"视为人作为历史的前提和结果的辩证运动,而把"逻辑"视为关于人的历史活动的理论把握,从而把黑格尔的作为"思想的内涵逻辑"的辩证的唯心主义"扬弃"为作为"历史的内涵逻辑"的历史的唯物主义。马克思说:"人们自己创造自己的历史,但是他们并不是随心所欲地创造,并不是在他们自己选定的条件下创造,而是在直接碰

---

① 《马克思恩格斯选集》第2卷,人民出版社1995年版,第20页。
② 《马克思恩格斯选集》第2卷,人民出版社1995年版,第21页。
③ 参见孙正聿:《"现实的历史":〈资本论〉的存在论》,载《中国社会科学》2010年第2期。

到的、既定的、从过去承继下来的条件下创造。"① 以理论的方式把握人的历史活动及其所形成的历史规律，这就是马克思的唯物论与辩证法相统一的"历史的内涵逻辑"，即存在论、认识论和逻辑学相统一的历史唯物主义。

4. 以"历史"为解释原则的世界观，是以人类解放为其价值诉求的世界观

哲学作为理论形态的人类自我意识，既不是单纯的存在论，也不是单纯的认识论，而是具有存在论、认识论和价值论的三重内涵，即：一方面是为了确立某种价值理想而诉诸对真理的追求和对存在的反思，另一方面则是以对真理的追求和对存在的反思而确立某种价值理想。价值诉求，是哲学的根本旨趣，是哲学的基本理念，是哲学的主要功能。一种哲学理论的价值诉求，从根本上决定该种哲学对"存在"和"真理"的理解，也就从根本上决定该种哲学的世界观。历史唯物主义的世界观，是以"人类社会或社会的人类"为立脚点、以人类解放为价值目标的世界观。这是"已经不再是哲学"的马克思主义世界观的最具革命性的根本特质。

推翻使人"被侮辱"、"被奴役"、"被遗弃"、"被蔑视"的"一切关系"②，是马克思恩格斯创建自己的全部学说的真正的出发点，也是马克思恩格斯全部学说所承诺的最高的价值理想——以人的全面发展为内容的人类解放。正是从这个价值理想出发，马克思批判一切把理论引向神秘主义的神秘的东西，从揭露"人的自我异化的神圣形象"转向揭露"具有非神圣形象的自我异化"，把"对天国的批判变成对尘世的批判，对宗教的批判变成对法的批判，对神学的批判变成对政治的批判"③，从而实现"对现存的一切进行无情的批判"，并在这种批判中形成了以人类解放为价值目标的历史唯物主义的世界观。离开这个价值目标，就会像马克思恩格斯所批判的"独立的哲学"一样，不了解"革命的、实践批判的活动的意义"，"至多也只能达到对单个人和市民社会的直观"，而不可能"在人的

---

① 《马克思恩格斯选集》第 1 卷，人民出版社 1995 年版，第 585 页。
② 《马克思恩格斯选集》第 1 卷，人民出版社 1995 年版，第 9—10 页。
③ 《马克思恩格斯选集》第 1 卷，人民出版社 1995 年版，第 2 页。

实践中以及对这个实践的理解中"去对待"人的思维是否具有客观的真理性"问题，也就是不可能以历史为解释原则而实现哲学的存在论、真理性和价值论的统一。

5. 以"历史"为解释原则的世界观，是以"改变世界"为其理论指向的世界观

正如恩格斯《在马克思的墓前讲话》中所说，马克思"首先是一个革命家"①。马克思反对"哲学，尤其是德国哲学的爱好宁静孤寂，追求体系的完满，喜欢冷静的自我审视"的理论态度，认为哲学应当是"自己的时代、自己的人民的产物"，"任何真正的哲学都是自己时代精神上的精华，因此，必然会出现这样的时代：那时哲学不仅在内部通过自己的内容，而且在外部通过自己的表现，同自己时代的现实世界接触并相互作用"②。"改变世界"，这是马克思的哲学革命的根本理念——把"哲学"变革为指向实践的"世界观"。

关于理论与实践之间的关系，马克思在《黑格尔法哲学批判导言》中提出一系列值得特别关切的重要论述：其一，"理论在一个国家实现的程度，总是决定于理论满足这个国家需要的程度"；其二，"光是思想力求成为现实是不够的，现实本身应当力求趋向思想"③；其三，"理论只要说服人，就能掌握群众；而理论只要彻底，就能说服人。所谓彻底，就是抓住事物的根本。但是，人的根本就是人本身。"④马克思的这些论述告诉人们：首先，理论不仅源于实践，而且其实现的程度同样取决于实践需要的程度，离开实践既不会形成理论也不会实现理论；其次，源于实践的理论并不是消极地反映现实，而是以其既"合目的"又"合规律"的思想对现实进行批判性的反思、规范性的矫正和理想性的引导，从而使"现实趋向思想"；再次，引导现实的思想必须是具有彻底性的思想，即抓住事物的根本也就是人本身的思想，因此，只有从"感性的人的活动"或"历史

---

① 《马克思恩格斯选集》第3卷，人民出版社1995年版，第777页。
② 《马克思恩格斯全集》第1卷，人民出版社1995年版，第219—220页。
③ 《马克思恩格斯选集》第1卷，人民出版社1995年版，第11页。
④ 《马克思恩格斯选集》第1卷，人民出版社1995年版，第9页。

中行动的人"出发，才能构成真正具有实践意义的世界观。

马克思关于理论与实践关系的论述，凸显了以"历史"为解释原则的世界观对哲学的基本问题——思维和存在的关系问题——的"扬弃"：无论是"解释世界"的"哲学"，还是"改变世界"的"世界观"，都是作为理论形态存在的，都是以"思维和存在的关系问题"为其"重大的基本问题"的；二者的根本区别，则不仅在于如何看待思维与存在的关系，而且在于是如何对待理论与实践的关系。思维和存在的关系问题是理论和实践的关系问题中所蕴含的"基本问题"，而理论与实践的关系问题则是思维和存在的关系问题的"现实内容"。历史唯物主义的世界观，以"历史"的解释原则回答了哲学的基本问题——思维和存在的关系问题，以"历史"的解释原则论证了人对世界的关系——人在自己的实践活动及其历史发展中所实现的人对世界的否定性统一关系，以"历史"的解释原则最深切地体现了哲学的批判本质——"对现存的一切进行无情的批判"，以"历史"的解释原则升华了哲学对自由和崇高的追求——历史作为"追求自己的目的的人的活动过程"所指向的人类解放和人的全面发展的崇高理想。因此，历史唯物主义的世界观，不只是改变了对"思维和存在的关系问题"的理解，更在于改变了对"理论与实践的关系问题"的态度。正是在理论与实践的关系问题中，深刻地体现了历史唯物主义的"改变世界"的世界观。

第三章 马克思主义的唯物辩证法

一、马克思的"批判本质"的辩证法

马克思主义的合理形态的辩证法是具有批判本质的辩证法。在黑格尔那里,辩证法主要是对抽象理性的批判;在马克思这里,则是对抽象理性和抽象存在的双重批判,也就是"对现存的一切的无情的批判"。

(一)黑格尔对"抽象理性"的批判

以辩证法重建形而上学,实现辩证法与形而上学的"合流",这是黑格尔为自己确立的哲学使命;把形而上学变成辩证法,并以辩证法构成形而上学,黑格尔的这个哲学使命是以关于概念的逻辑学来完成的。"概念"作为黑格尔哲学的主体和实体,也就是黑格尔以概念所达成的辩证法与形而上学的"合流"。这是人类思想史上关于形而上学的一次里程碑式的尝试。它是形而上学的"完成",而不是哲学的"终结"——它开启了超越形而上学的辩证法的哲学道路。

关于自己的哲学,黑格尔明确地提出:"我的哲学的劳作一般地所曾趋赴和所欲趋赴的目的就是关于真理的科学知识"。"哲学的最高目的就在于确认思想与经验的一致,并达到自觉的理性与存在于事物中的理性的和解,亦即达到理性与现实的和解。"① 这就是黑格尔的关于"思存同一"

---

① [德]黑格尔:《小逻辑》,贺麟译,商务印书馆1980年版,第43页。

的"真理"的哲学。由此黑格尔提出:"哲学可以定义为对于事物的思维着的考察"①。而哲学之所以能够承担自己的使命,则在于"哲学乃是一种特殊的思维方式,——在这种方式中,思维成为认识,成为把握对象的概念式的认识"②。概念是思想的规定性,而思想的规定是关于事物的规定,因此,概念是思想关于事物的规定。这就是概念的思存同一性。超越对"概念"的知性理解,达到对"概念"的"思存同一性"的具体把握,这就是黑格尔所说的哲学思维方式。黑格尔正是以这种特殊的思维方式改造形而上学,构成了辩证法与形而上学的"合流"。

作为哲学的形而上学,它的根本特征是以思维(概念)规定感性(事物),在概念中确认哲学所追求的"最高原因的基本原理"。这种"基本原理"可以使人类经验中的各种各样的事物得到统一性的解释,或者可以被解释为某种普遍本质的各种具体表现,从而使思维实现其把握和解释世界的"全体的自由性"。黑格尔完全赞同这种哲学目标,但他认为,以往的哲学或者是在把各种现象提高到概念里面之后,却又使概念分解为一系列彼此外在的特定的概念,或者是以"实体"概念去统摄各种特殊概念,但却没有自觉到对"基本原理"的追求必须以思维自身为对象,因此都没有实现"全体的自由性"。

黑格尔以辩证法改造形而上学,是通过对构成旧形而上学的抽象理性的批判,以概念的辩证运动实现思维规定感性的形而上学,把"全体的自由性"与"环节的必然性"统一起来,从而把形而上学构建成本体论、认识论和逻辑学相统一的辩证法。这就是黑格尔所实现的辩证法与形而上学的"合流"。这个"合流"的实质,是以概念自身的由"抽象的同一性"(抽象的普遍性)到"具体的同一性"(具体的普遍性)的矛盾运动而展现"最高原因的基本原理"。把形而上学变成概念辩证法,这是形而上学所能达到的最高境界,因而是形而上学的"完成"。

黑格尔概念辩证法的出发点是双重的:一是思维与存在的同一性,即概念是思维和存在同一的规定性;二是思维与存在的差别的内在的发生,

---

① [德]黑格尔:《小逻辑》,贺麟译,商务印书馆1980年版,第38页。
② [德]黑格尔:《小逻辑》,贺麟译,商务印书馆1980年版,第38页。

即概念是在自身的辩证运动中所达到的思存同一性。因此，黑格尔所描述的辩证法，是概念由抽象的同一性逐次地升华（跃迁、飞跃）到具体的同一性的运动过程。这是形而上学作为"最高原因的基本原理"自己构成自己的辩证法，因而是辩证法与形而上学的"合流"。

黑格尔以辩证法构成的形而上学，既是"概念"作为主体和实体所实现的思存同一性与具体普遍性的统一，也是全体的自由性与环节的必然性的统一，更是个体理性与普遍理性的统一。首先，概念所实现的思存同一性，无论是在抽象的同一性的水平上，还是在具体的同一性的水平上，都只能是一种"普遍性"，而不可能是一种"个别性"。因此，概念由抽象的同一性到具体的同一性的升华（跃迁、飞跃）的过程，也就是概念由抽象的普遍性（作为名称的思想）到具体的普遍性（作为概念的思想）的运动过程。这是思存的同一性与具体的普遍性的统一过程。其次，概念由抽象的普遍性到具体的普遍性的运动过程，是一个双重的否定过程：一方面，思想否定自己的抽象性或虚无性，由自在走向自为，获得越来越具体、越来越丰富的规定性；另一方面，思想又不断地否定自己的作为"正题"和"反题"的各种片面的规定性，在新的逻辑层面重新构建自己的作为"合题"的规定性。这就是概念的肯定与否定、渐进与飞跃的矛盾运动。这是全体的自由性与环节的必然性的统一。再次，概念由抽象的普遍性到具体的普遍性的运动过程，又是一个个体理性认同普遍理性、个体理性与普遍理性的辩证融合过程，是一个普遍理性融入个体理性、个体理性自觉为普遍理性的过程。这是个体理性与普遍理性的统一。黑格尔的概念辩证法，就是概念作为主体和实体所实现的思存同一性与具体普遍性、全体自由性与环节必然性、个体理性与普遍理性的统一的运动过程，即思想的历史与逻辑相统一的运动过程。

在哲学史的意义上，黑格尔的概念辩证法，构成了一种双重的"何以可能"的逻辑：一是"认识何以可能"的逻辑，一是"自由何以可能"的逻辑。就前者说，黑格尔以思存同一性的逻辑先在和思存差别的内在发生为双重前提，把认识的可能性归结为概念的辩证运动，即思维与存在的统一展现为概念由抽象的同一到具体的同一的运动过程；就后者说，黑格尔以全体的自由性与环节的必然性为双重前提，把自由何以可能的问题同样归结为概念的辩证运动，即概念由抽象的普遍性（自在的全体的自由性）到具体的普遍性（环节的必然性）的运动过程，这就是"自由"由自在到自为再到自在自为的运动过程。

在黑格尔的概念辩证法中，"认识何以可能"和"自由何以可能"的双重逻辑，实现在个体理性认同普遍理性的运动过程之中，即：个体理性对普遍理性的认同过程，既是由抽象的同一性到具体的同一性的认识过程，又是由抽象的普遍性到具体的普遍性的自由过程。黑格尔哲学的个体理性认同普遍理性的认识过程和自由过程，对于黑格尔的辩证法的形而上学来说，具有极为重要的意义。在黑格尔看来，之所以必须把形而上学改造成辩证法，是因为作为真理的哲学必须是使"心灵深入于这些内容，借它们而得到教训，增进力量"①，"引导一个个体使之从它的未受教养的状态变为有知识，这是个任务"，"每个个体，凡是在实质成了比较高级的精神的，都是走过这样一段历史道路的"，"都必须走过普遍精神所走过的那些发展阶段"②。对此，科尔纽曾深刻地指出："不幸和努力是结合在一起的，没有这种结合，就没有深刻的生活。基督的形象就是这种结合的象征。这一思想构成了黑格尔体系的基础。"③ 个体理性认同普遍理性，融入普遍理性，自觉为普遍理性，这才是黑格尔以辩证法改造形而上学、实现辩证法与形而上学"合流"的"真谛"。

黑格尔所达成的辩证法与形而上学的"合流"，既是传统形而上学的否定，又是传统形而上学的完成。作为传统形而上学的否定，它在思维规定感性的形而上学传统中，揭示了概念——思维规定感性的主体和实体——的内在的矛盾性，迫使形而上学与辩证法合流，也就是把形而上学变成辩证法；作为传统形而上学的完成，它在思维规定感性的形而上学传统中，确认了概念（普遍理性）作为唯一的主体和实体的地位，又把辩证法变成了概念形而上学。

---

① ［德］黑格尔：《小逻辑》，贺麟译，商务印书馆1980年版，第5页。
② ［德］黑格尔：《精神现象学》上卷，贺麟、王玖兴译，商务印书馆1979年版，第17—18页。
③ ［法］科尔纽：《马克思的思想起源》，王谨译，中国人民大学出版社1987年版，第17页。

黑格尔的概念辩证法及其所构成的概念形而上学，是黑格尔"在思想中所把握到的时代"。从直接的理论动机上看，黑格尔自觉到了以市场经济代替自然经济之后的"现代性困境"——"普遍理性"的失落所表征的"伦理总体性"的丧失。黑格尔认为，"放弃对真理的知识"，"走到对于理性的绝望"，"却被我们的时代推崇为精神上最高的胜利"。① 因此，他力图以"具体的"、"普遍的"理性的辩证法，改造由"抽象理性"所构成的旧形而上学，通过辩证法与形而上学的"合流"构成"关于真理的科学知识"。从深层的社会根源上看，黑格尔则是以哲学的方式表征了他所生活于其中的资本主义社会的内在矛盾性：一方面，资产阶级除非使全部社会关系不断地革命化便不能生存下去，"否定"构成资本主义生产方式的内在要求；另一方面，资产阶级社会的商品交换原则的"同一性"构成全部社会生活的根本模式，"概念"成为规范一切生活领域的意识形态。这就是黑格尔的概念形而上学的现实基础。马克思说，黑格尔的哲学是以"最抽象"的形式表达了人类"最现实"的生存状态，这就是人们正在受"抽象"的统治——"以物的依赖性为基础的人的独立性"——的生存状态。黑格尔的与形而上学"合流"的辩证法，正是理论地表征了人们的社会存在——由"资本"的逻辑所构成的人们的社会存在。这表明，统治人们社会生活的抽象存在——资本——才是黑格尔的辩证法与形而上学"合流"的"秘密"。

（二）马克思对"抽象理性"和"抽象存在"的双重批判

在哲学的意义上，黑格尔所实现的是辩证法与形而上学的"合流"；在历史的意义上，黑格尔则是以辩证法与形而上学的"合流"，理论地表征了资本主义的存在方式。这是马克思所理解的黑格尔哲学，也是马克思批判黑格尔的立足点和出发点。正是通过对黑格尔的批判，马克思构成了自己的以人的历史活动为内容、以抽象的存在——资本——为批判对象的辩证法，并以自己的辩证法实现了双重的"终结"：既终结了超历史的形而上学，又终结了资本主义的非历史性的神话。

---

① ［德］黑格尔：《小逻辑》，贺麟译，商务印书馆1980年版，第34页。

在批判黑格尔的出发点上，马克思深刻地揭示了黑格尔的哲学与现实之间的关系，即：黑格尔体系的第一个因素是"形而上学地改了装的、脱离了人的自然"，第二因素是"形而上学地改了装的、脱离了自然的精神"，第三个因素是"形而上学地改了装的上两个因素的统一，即现实的人和现实的人类"。马克思认为，对"自然"、"精神"、"现实的人和现实的人类"进行"形而上学"的"改装"，这并不是出于黑格尔的"思辨"的"偏好"（与马克思不同，现代的哲学家却往往是从黑格尔的"偏好"去解释和批判黑格尔的"思辨"），而是由于"个人现在受抽象统治"。因此，马克思对黑格尔的批判，是透过黑格尔的"形而上学"的"思辨"，致力于批判构成这种"思辨"的"形而上学"的"抽象"的"存在"。

"存在"是一切哲学思考的根本出发点；哲学家如何理解"存在"，他的思考聚焦于怎样的"存在"，则构成区别各种哲学的分水岭。包括黑格尔在内的所有形而上学家，他们所理解的真正的"存在"是作为"最高原因的基本原理"的存在，他们思考的聚焦点是某种构成"思存同一性"的存在。正因如此，所谓哲学的"形而上学"，就是寻求"最高原因的基本原理"的"同一性哲学"；所谓"形而上学"的"改装"，就是把全部的"存在"（自然、神、现实的人和现实的人类）以思维规定感性的方式"改装"成思维的规定——概念——的自我运动。这在本质上只能是一种超历史的、非历史的"存在"。正是在批判黑格尔哲学的出发点上，马克思以自己所关切的"存在"，展开了对"形而上学"的具有"终结"意义的批判。

历史学家柯林伍德说，"也许历史是马克思极感兴趣的唯一事物"①。"历史"成为马克思的"极感兴趣的唯一事物"，这在全部哲学史的意义上，标志着马克思"发现"了超越黑格尔的辩证法的形而上学、从而终结全部形而上学的真正的"存在"。它构成马克思批判全部"抽象存在"的基本前提。

关于"历史"，马克思恩格斯曾明确指出："'历史'并不是把人当作

---

① 参见〔英〕柯林伍德：《历史的观念》，何兆武、张文杰译，商务印书馆1997年版，第186页。

达到自己目的的工具来利用的某种特殊的人格。历史不过是追求着自己的目的的人的活动而已。"① 在马克思恩格斯这里,"历史"就是"人们的存在",就是"他们的现实生活过程"②,"先于人类历史而存在的那个自然界",对人来说"也是不存在的自然界"③。这清楚地表明,"历史"才是马克思所关切的"存在"。

作为"人的活动"的"历史",它是人的存在方式。人与动物的根本区别,在于人是"历史"的存在。由于"全部人类历史的第一个前提无疑是有生命的个人的存在"④,因此马克思的"出发点是从事实际活动的人"⑤,是"现实的个人,是他们的活动和他们的物质生活条件"⑥。马克思说:"人的存在是有机生命所经历的前一个过程的结果。只是在这个过程的一定阶段上,人才成为人。但是一旦人已经存在,人,作为人类历史的经常前提,也是人类历史的经常的产物和结果,而人只有作为自己本身的产物和结果才成为前提。"⑦ 人自身作为历史的"前提"和"结果",以自己的活动构成自己的"历史",以自己的历史构成自身的"存在"。离开人的"历史",就会把人的"存在"抽象化,把人与世界的现实关系抽象化。人们的"存在",就是人们的"现实的生活过程";人们的"现实生活"的根基,则是人们的物质生活资料的生产——劳动。"劳动"是人的"存在"。

马克思的以"劳动"为根基的"现实生活"的存在论,为"否定"的辩证法注入了"存在"的真实内容。这首先就在于:概念的差别的内在发生,或概念的内在否定性,其根源究竟何在?在黑格尔那里,一是根源于思存同一性所内在的差别性,二是根源于个体理性中的个体意识与普遍理性的内在的差别性。因此,黑格尔试图以概念的自己运动来达成二者的

---

① 《马克思恩格斯全集》第2卷,人民出版社1957年版,第118页。
② 《马克思恩格斯选集》第1卷,人民出版社1995年版,第72页。
③ 《马克思恩格斯选集》第1卷,人民出版社1995年版,第77页。
④ 《马克思恩格斯选集》第1卷,人民出版社1995年版,第67页。
⑤ 《马克思恩格斯选集》第1卷,人民出版社1995年版,第73页。
⑥ 《马克思恩格斯选集》第1卷,人民出版社1995年版,第67页。
⑦ 《马克思恩格斯全集》第26卷,人民出版社1974年版,第545页。

统一：一是概念由思存的抽象的同一性上升为思存的具体的同一性，二是概念在自己的运动中实现个体理性与普遍理性的融合。与黑格尔不同，马克思的"否定"的辩证法是奠基于人对世界的否定性的统一关系——人自身的实践活动。马克思以人类的物质生活资料的生产——劳动——作为出发点，以"劳动"的内在矛盾构成"存在"的辩证法。在《资本论》中，马克思从资产阶级社会"经济的细胞形式"——"劳动产品的商品形式，或商品的价值形式"——入手，逐次深入地揭示了商品的使用价值与交换价值的矛盾、构成商品的使用价值和交换价值的具体劳动与抽象劳动的矛盾，从而把对资产阶级社会的全部矛盾的分析聚焦于对"活劳动"与"死劳动"（资本）的矛盾分析，进而揭示出"抽象的存在"——资本——统治和支配一切"具体的存在"的资产阶级社会的"存在"。正是由于"抽象存在"统治和支配一切"具体存在"，才构成黑格尔对"自然"、"精神"、"现实的人和现实的人类"进行"形而上学""改装"的现实基础。因此，马克思的辩证法绝不仅仅是批判"抽象理性"的辩证法，而是批判"抽象存在"（资本）的辩证法，是通过这种批判把资本的独立性和个性变为人的独立性和个性的辩证法。

作为当代哲学的一种重要思潮的"后形而上学"，它对"形而上学"的批判，首先是对思维规定感性的"概念"的批判，即对"概念"的思存同一性的批判，因此，阿多诺所说的"确保概念中的非概念物"，是批判"同一性哲学"的"后形而上学"的根本出发点。在这种"后形而上学"的视域中，我们可以发现，马克思的批判"抽象存在"的辩证法，真正是阿多诺所说的"对概念中的非概念物的基本特性的洞见"①。这突出地表现在：其一，马克思的哲学批判，是从思想中透视出现实，以现实来揭示思想，"不是意识决定生活，而是生活决定意识"②，构成了马克思的历史唯物主义的根本命题，并由此把黑格尔对"抽象理性"的批判转变成对"抽象存在"的批判；其二，马克思的经济学批判，是从"物与物的关系"中揭示其掩盖的"人与人的关系"，通过对"把人变成帽子"的英国

---

① 参见［德］阿多诺：《否定的辩证法》，张峰译，重庆出版社1993年版，第11页。
② 《马克思恩格斯选集》第1卷，人民出版社1995年版，第73页。

古典经济学家李嘉图和"把帽子变成观念"的德国古典哲学家黑格尔的批判,把对"抽象存在"的批判展现为对"死劳动"(资本)的批判;其三,马克思的空想社会主义批判,是从"人的异化"中揭示"劳动的异化",并从"劳动的异化"揭露"人的异化",把对现实的"不合理"的批判转化为对"不合理"的现实的批判。这种批判,真正地"洞见"到了"概念中的非概念物",即"洞见"到了现实与思想的矛盾、活劳动与死劳动的矛盾、现实的批判与思想("词句")的批判的矛盾,从而使辩证法从"思想"的否定走向"现实"的否定。这是马克思的历史唯物主义的"否定的辩证法"。

"后形而上学"对"概念"的"同一性"的批判,蕴涵着它对"同一性哲学"的"体系"的批判,即:批判"概念"的"同一性",就是批判这种"同一性"所构成的"宏大叙事"的思想体系。在这种"后形而上学"视域中,我们同样可以发现马克思对"体系"的极其深刻的"洞见"。马克思不仅明确地指出"我的辩证方法,从根本上来说,不仅和黑格尔的辩证方法不同,而且和它截然相反"①,并且深切地揭露了黑格尔的"体系"的实质:"正如我们通过抽象把一切事物变成逻辑范畴一样,我们只要抽去各种各样的运动的一切特征,就可得到抽象形态的运动,纯粹形式上的运动,运动的纯粹逻辑公式。"② 不仅如此,马克思进而深刻地揭露了"历史"屈从"体系"(逻辑)的根源:"黑格尔认为,世界上过去发生的一切和现在还在发生的一切,就是他自己的思维中发生的一切。因此,历史的哲学仅仅是哲学的历史,即他自己的哲学的历史。"③ 这表明,马克思所批判的是"体系"的"形而上学",而不是"概念"的"思想体系"。

在马克思这里,"思想"构成"体系"的问题,不仅具有一般的认识论意义,而且具有如何以"思想"把握"现实"的重大的方法论意义。就前者说,马克思提出思想构成自己的"两条道路",即:"在第一条道路上,完整的表象蒸发为抽象的规定;在第二条道路上,抽象的规定在思

---

① 《马克思恩格斯选集》第 2 卷,人民出版社 1995 年版,第 111—112 页。
② 《马克思恩格斯选集》第 1 卷,人民出版社 1995 年版,第 139 页。
③ 《马克思恩格斯选集》第 1 卷,人民出版社 1995 年版,第 141 页。

维行程中导致具体的再现。"① 就后者说，马克思在探讨"范畴"与"历史"的关系的基础上提出："人体解剖对于猴体解剖是一把钥匙。反过来说，低等动物身上表露的高等动物的征兆，只有在高等动物本身已被认识之后才能理解。因此，资产阶级经济为古代经济等等提供了钥匙。"② 马克思由此得出的重要结论是："把经济范畴按它们在历史上起决定作用的先后次序来排列是不行的，错误的。它们的次序倒是由它们在现代资产阶级社会中的相互关系决定的"③，"资本是资产阶级社会的支配一切的经济权力。它必须成为起点又成为终点，必须放在土地所有制之前来说明"④。正是由于马克思在现代思想史上把"资产阶级社会的支配一切的经济权力"——资本——作为自己的批判对象，从而极为深刻地揭示了现代人的"以物的依赖性为基础的人的独立性"，揭示了"个人正在受抽象统治"的存在，才构成了马克思"对现实的一切进行无情的批判"的革命的辩证法。离开这种关于"思想"构成"体系"的自觉，马克思又如何实现其对"抽象存在"——资本——的批判？同样，离开这种自觉，"后形而上学"又如何实现其对"同一性哲学"的批判？因此，冲破"体系"的辩证法，并不是反对"思想"构成"体系"，而是"拒斥"体系的"形而上学"。

正是立足于对"抽象存在"——资本——的批判，马克思在《〈黑格尔法哲学批判〉导言》中这样提出哲学的"迫切任务"，即："人的自我异化的神圣形象被揭穿以后，揭露具有非神圣形象的自我异化，就成了为历史服务的哲学的迫切任务。"⑤ "揭穿"人的自我异化的"神圣形象"，特别是"揭露"人的自我异化的"非神圣形象"，这不仅是对思维规定感性的"形而上学"的终结，也是对"形而上学"的人格化的历史的终结——英雄创造历史的英雄主义时代的终结。这是在"历史"的意义上对形而上学的终结。对于这种"终结"，值得我们深思的是，"人们自己创造

---

① 《马克思恩格斯选集》第2卷，人民出版社1995年版，第18页。
② 《马克思恩格斯选集》第2卷，人民出版社1995年版，第23页。
③ 《马克思恩格斯选集》第2卷，人民出版社1995年版，第25页。
④ 《马克思恩格斯选集》第2卷，人民出版社1995年版，第25页。
⑤ 《马克思恩格斯选集》第1卷，人民出版社1995年版，第2页。

自己的历史",既要求"英雄主义时代"的隐退,又需要取而代之的"英雄主义精神"的兴起。"英雄主义时代"的"英雄",是黑格尔的"普遍理性"及其人格化;"英雄主义精神"的"英雄",则是马克思的"自己创造自己的历史"的"现实的个人"。以"英雄主义精神"取代"英雄主义时代",就是以"现实的个人"取代"普遍理性"的人格化,也就是让"个人"成为真正的"现实"——具有个性和独立性的"个人",全面发展的"个人"。这是历史的辩证法,也就是马克思所揭示的"历史规律"。这个由人的历史活动所构成的历史规律,蕴涵着人的"理性"、人的"目的"、人的"理想"、人的"追求"。这是一种"反形而上学"的形上追求,是一种蕴含着"形上追求"的关于人的"存在"的辩证法。

（三）马克思的批判本质的辩证法在当代的"澄明"

辩证法是对"抽象"的批判。在黑格尔的意义上,"抽象"就是"抽象的理性",因而黑格尔的辩证法是通过对"抽象理性"的批判,达到"普遍理性"的自觉。这是一种构成思想的内涵逻辑的辩证法,即思想的自我批判和自我超越的辩证法。这种辩证法构成概念形而上学,即辩证法与形而上学的"合流"。在马克思的意义上,"抽象理性"是根源于"抽象存在"的"抽象",因而马克思的辩证法就远不止于对"抽象理性"的批判,而是通过对"抽象理性"和"抽象存在（资本）"的双重批判,达到思想的和实践的双重批判。这是"对现存的一切进行无情的批判"的辩证法,因而是辩证法对形而上学的"终结"。由此我们提出的问题是："后形而上学"所批判的"抽象"是什么？黑格尔和马克思的辩证法在这种批判中的历史命运是怎样的？这种批判在何种意义上构成当代的辩证法理论？

"后形而上学"所批判的"抽象",通常是被指认为"同一性哲学"及其"宏大叙事"。作为哲学的形而上学,是一种以思维规定感性而达成的思存"同一性"的哲学范式。所谓"后形而上学",则是一种"拒斥"思维规定感性的哲学视域,即以"非同一性"代替"同一性"的哲学视域。作为"形而上学"的"同一性哲学"之所以遭到"后形而上学"的讨伐,哈贝马斯在《后形而上学思想》中的解释是："真正使这种思维方式成了问题的是从外界向形而上学发起攻击,并具有社会原因的历史发展过程"。关于这种"社会原因",哈贝马斯作了四个方面的概括:其一是"追求一和全的整体性思想受到了新型程序合理性的质疑";其二是"现代社会中新的时间经验和偶在经验","形成了一股对传统的基本概念加以解先验化的潮流";其三是"对交往方式和生活方式的物化和功能化的批判,以及科学技术的客观主义自我理解的批判","促进了对把一切都用主客体关系加以概念化的哲学基础的批判";其四是"理性对于实践的经典领先地位不得不让位于越来越清楚的相互依存关系"。① 关于"形而上学"的根源与实质,以赛亚·伯林在《自由论》中提出,"能在历史事件进程中发现大的模式或规则"的观念"不仅影响着对人类活动及特征的观察与描述方式,而且影响着对待这些活动及特征的道德、政治与宗教态度","在描述人的行为的时候,忽略个体的性格、意图与动机问题,肯定是刻意的和太苛刻的"。这就是他所指认的"存在着人格的或非人格的历史理论"。他认为,"对历史变化作这种非人解释","便把所发生的事情的最终责任,推到这些'非人的'、'超人的'、'高于个人的'实体或'力量'的行动或行为上了,而这些实体或力量,便等同于人的历史"。因此,他对"形而上学"的批判,就是对"历史服从自然或超自然的规律"的观念的批判。② 这表明,"后形而上学"所批判的"抽象",从根本上说,是关于"规律"、特别是"历史规律"的观念。

在这种"后形而上学"的视域中,辩证法所接受的"挑战"是双重的。这就是关于"思想"的和"历史"的逻辑问题。后形而上学对辩证法的挑战,首先是对"思想"的真理—规律—客观性的逻辑的挑战。这个挑战不仅是指向黑格尔的,同样是指向马克思的。后形而上学对辩证法的挑战,同时又是对"历史"的真理—规律—客观性的逻辑的挑战。这个挑战同样不仅是指向黑格尔的,更是指向马克思的。

---

① 参见[德]哈贝马斯:《后形而上学思想》,曹卫东、付德根译,译林出版社2001年版,第32—33页。
② 参见[英]以赛亚·伯林:《自由论》,胡传胜译,译文出版社2003年版,第106—107、109、115页。

形而上学作为"同一性"哲学,它的实质是为人类思想的"真理"观念奠基,即以"规律"的"客观性"为"真理"观念奠基。黑格尔之所以致力于把形而上学构建成本体论、认识论和逻辑学相统一的辩证法,就是力图通过辩证法与形而上学的"合流",实现"真理"的由"抽象的普遍性"到"具体的普遍性"的跃迁,实现"真理"的"全体的自由性"与"环节的必然性"在概念辩证运动中的统一,即以概念辩证法所实现的"思存同一"为"真理"奠基。

黑格尔的概念辩证法作为"完成"的形而上学,它为"真理"观念的奠基,在当代乃至未来的哲学发展中,始终具有其独立的和独特的价值与意义。对黑格尔的辩证法的形而上学的当代意义的评价,主要关涉到4个问题:一是关于"形而上学的历史"的评价;二是关于黑格尔的辩证法作为人类思想运动的逻辑的评价;三是关于黑格尔的辩证法作为现代性的逻辑的评价;四是关于黑格尔的辩证法对马克思的辩证法的"真实意义"的评价。这是"后形而上学"视域中的黑格尔辩证法问题,也是这种视域中的马克思辩证法问题。

对黑格尔辩证法的评价,这首先是对"形而上学的历史"及其真实意义的评价问题。按照科学哲学家瓦托夫斯基的理解:"不管是古典形式还是现代形式的形而上学思想,其驱动都在于力图把各种事物综合成一个整体,提供出一种统一的图景或框架,使我们经验中的事物多样性能够在这个框架内依据某些普遍原理而得到解释,或可以被解释为某种普遍本质或过程的各种表现。"① 这种"形而上学"思想的根源是在于:"为了概念的明晰性和体系的一致性而进行哲学分析的强烈愿望太根深蒂固了……存在着一种系统感和对于我们思维的明晰性和统一性的要求——它们进入我们思维活动的根基,并完全可能进入到更深处——它们导源于我们所属的这个物种和我们赖以生存的这个世界。"② 形而上学的生存论根源表明,人类

---

① [美] M. W. 瓦托夫斯基:《科学思想的概念基础——科学哲学导论》,范岱年等译,求实出版社1982年版,第21页。
② [美] M. W. 瓦托夫斯基:《科学思想的概念基础——科学哲学导论》,范岱年等译,求实出版社1982年版,第18页。

的形而上学的冲动或追求是不可逃避的,它是人类的"宿命",是人类寻求和实现理想性的生存方式的理论表征。与此同时,我们不仅要看到"形而上学"对"同一性"的承诺,而且要看到"形而上学的历史是一部关于这种普遍的或一般类别的概念的批判史,是一部致力于系统表述这些概念的体系的历史……我们也许可以这样总结这种历史,即把形而上学定义为'表述和分析各种概念,对存在的原理及存在物的起源和结构进行批判性、系统性探究的事业'"。① 如果以这样的角度去重新审视"形而上学的历史",特别是以这种角度去重新审视黑格尔所实现的辩证法与形而上学的"合流",我们首先就会重新发现黑格尔哲学的"真实意义",即:黑格尔所承诺的思存同一的逻辑先在性,黑格尔对思存同一性的"批判性、系统性探究",在唯物主义的意义上,就是恩格斯所指认的理论思维的"本能的和无条件的前提"问题,即:"我们的主观的思维和客观的世界遵循同一些规律,因而两者在其结果中最终不能互相矛盾,而必须彼此一致,这个事实绝对地支配着我们的整个理论思维。这个事实是我们的理论思维的本能的和无条件的前提。"② 是否承诺理论思维的这个"前提",是否承诺对这个"前提"的"批判性、系统性探究",既关系到是否承诺黑格尔和马克思对"规律"的"发现",也关系到"后形而上学"能否避免陷入相对主义的泥潭——在否认"理论思维的本能的和无条件的前提"的基地上,不可能形成任何真正的"共识"。

由此提出的第二个问题,是黑格尔的辩证法所揭示的人类思想运动的逻辑问题。作为19世纪的"思想体系的时代"的时代精神,黑格尔所达到的哲学思维的理论自觉,直接地是对人类思想运动的逻辑的理论自觉。这种理论自觉构成黑格尔的概念辩证法,即思想的内涵逻辑。在黑格尔的概念辩证法中,思想的内涵逻辑就是"真理"的逻辑。

以真理即思想的客观性为主题的西方近代哲学,它的重大的基本问题是作为思维规定的概念是否具有思存的同一性问题。黑格尔以承诺思存的

---

① [美] M. W. 瓦托夫斯基:《科学思想的概念基础——科学哲学导论》,范岱年等译,求实出版社1982年版,第6页。
② 《马克思恩格斯选集》第4卷,人民出版社1995年版,第364页。

同一性的逻辑先在性为前提，其主要的哲学工作是致力于探索概念自身的辩证运动，即概念由抽象的同一性到具体的同一性的辩证运动。这个哲学工作的直接的理论成果，就是由抽象到具体的概念辩证法，也就是存在论、认识论和逻辑学"三者一致"的辩证法。这个概念辩证法，在四重意义上展现了人类思想运动的"内涵逻辑"：其一，它是人作为"类"的思想由抽象到具体的运动逻辑；其二，它是人作为"个体"的思想由抽象到具体的运动逻辑；其三，它是"科学"构成自己、发展自己的逻辑；其四，从根本上说，它是理论思维的"本能的和无条件的前提"——思存同一性——的自我实现的逻辑。它为人类"自觉"到"思维的本性"提供了作为概念辩证法的"内涵逻辑"。尽管黑格尔是以历史"屈从"逻辑的方式而展现了人类思想运动的逻辑，但却为全部科学构成自己提供了一种存在论、认识论和辩证法相统一的概念的内涵逻辑。马克思的《资本论》作为列宁所说的"大写的逻辑"，深刻地体现了概念辩证法的逻辑。正因如此，马克思说他有意识地"卖弄"了黑格尔的辩证法①，列宁说"不懂得黑格尔的《逻辑学》，就不懂得马克思的《资本论》"②。黑格尔的辩证法，是关于人类思想运动的宝贵的哲学遗产。是否承诺人类思想由抽象到具体的运动逻辑，这同样不仅关系到是否承诺黑格尔的《逻辑学》所展现的概念运动的内涵逻辑、马克思的《资本论》所展现的人类历史的内涵逻辑，而且关系到"后形而上学"能否避免陷入相对主义的泥潭——在"非逻辑"的思想基地上不可能形成具有"文明史"内涵的任何真正的"共识"。

　　由此提出的第三个问题，是黑格尔的辩证法所体现的在对现代性的反省中所提出的"个体理性"与"普遍理性"的关系问题。作为"现代性困境"的理论自觉，黑格尔辩证法的真实目的，是以"普遍理性"重建伦理的总体性，从而实现人同自己的世界的"和解"。在黑格尔那里，作为主体和实体的"概念"是伦理实体，概念辩证法是总体性的伦理观念的自我实现。通过对"抽象理性"的批判，在黑格尔的辩证法中，不仅包含着

---

① 参见《马克思恩格斯选集》第 2 卷，人民出版社 1995 年版，第 112 页。
② 参见《列宁全集》第 55 卷，人民出版社 1990 年，第 151 页。

个体理性认同普遍理性的问题，而且包含着个体理性之间的"斗争"与"承认"问题，"主体间性"构成个体理性认同普遍理性的真实内容。尽管黑格尔是以个体理性"屈从"普遍理性的方式而构成其"全体的自由性"，但是，必须以某种方式实现个体理性与普遍理性、人同自己的世界的"和解"，并不只是黑格尔对"现代性困境"的理论自觉，而且是当代人类所面对的最为严峻的现实问题——"普世伦理"何以可能。因此，如何理解和看待黑格尔的作为伦理实体的普遍理性及其自我实现，是"后形而上学"面对的又一重大问题。

由此提出的第四个问题，是黑格尔的辩证法对马克思的辩证法的"真实意义"问题。马克思对形而上学的"终结"，是以"批判的和革命的"辩证法"终结"了对任何东西的"崇拜"，是把辩证法实现为"对现存的一切进行无情的批判"，是通过对"统治个人的物质关系的理论表现"——形而上学——的批判，而实现为对"统治个人的物质关系"本身——资本——的批判。这是马克思的辩证法所实现的对"形而上学"及其现实的双重批判。马克思的辩证法"终结"了作为永恒真理的形而上学，也"终结"了关于资本主义的非历史性的神话。然而，这是否意味着马克思的辩证法"终结"了人类思想对真理——规律——客观性的逻辑的"承诺"与"发现"？这是否意味着马克思的辩证法"否定"了资本主义存在的合理性及其自我扬弃的必然性？一句话，马克思的辩证法是否"拒斥"了关于"真理"的"宏大叙事"？是否"拒斥"了奠基于"历史规律"的关于"人类解放"的探索与追求？

恩格斯在马克思的墓前讲话中说，马克思的一生有两大"发现"：一是发现了"人类历史的发展规律"，二是发现了"现代资本主义生产方式和它所产生的资产阶级社会的特殊的运动规律"。[①] 这就是说，马克思的工作是发现"历史规律"，马克思的辩证法是关于"历史规律"的辩证法。在马克思这里，"辩证法"不是对"规律"的否定，而是"规律"本身，亦即以"历史"为内容的存在论、认识论和辩证法相统一的"历史的内涵

---

① 《马克思恩格斯选集》第3卷，人民出版社1995年版，第776页。

逻辑"。正是这个辩证法构成作为"大写的逻辑"的《资本论》。在肯定马克思的辩证法是"历史的内涵逻辑"的意义上,"挑战"真理—规律—客观性的逻辑的"后形而上学",就不仅是对作为"思想的内涵逻辑"的黑格尔辩证法的挑战,也是(更是)对作为"历史的内涵逻辑"的马克思的辩证法的挑战。

"后形而上学"对"辩证法"的挑战,要求我们对"真理—规律—客观性"的"宏大叙事"进行更为深入的思考和求索,并在此基础上构成我们时代的辩证法理论。

马克思恩格斯认为,历史是追求自己目的的人的活动,因此,历史的规律不是外在于人的活动,而是人的活动本身。离开人的历史活动,就会把历史的规律外在化、抽象化、神秘化和神圣化,从而使之成为控制人的历史活动的神秘力量。是现实的活动构成规律,还是先在的规律支配活动,这是马克思的辩证法与黑格尔的辩证法的根本分歧。与形而上学"合流"的黑格尔的辩证法,从实质上说,就在于把"规律"变成某种"逻辑先在"的神秘力量,并把历史演绎为逻辑的自我实现。"终结"形而上学的马克思的辩证法,从实质上说,则在于不仅"揭露人在神圣形象中的自我异化",并且"揭露人在非神圣形象中的自我异化",即揭露人在"资本"中的自我异化,把人的历史活动与历史规律统一起来。因此,回应"后形而上学"对辩证法的挑战,关键是从人的历史活动去理解历史规律。

历史规律的"客观性",在于人的历史活动的"客观性";离开人的历史活动——实践——的客观性,历史规律的客观性就成为一种控制人的历史活动的神秘力量。与形而上学"合流"的黑格尔的辩证法,把规律的客观性描述为"无人身的理性"的自我运动,因而这种辩证法不是形而上学的"终结",而是形而上学的"完成"。"终结"形而上学的马克思的辩证法,把历史的规律描述为"现实的人及其历史发展",因而这种辩证法不再是与形而上学的"合流",而是对形而上学的"终结"。由此我们可以得出两个结论:一方面,离开人的历史活动而把历史的规律当作某种现成的"公式"即"抽象的普遍性",这就不仅背离了"终结"形而上学的马克思的辩证法，而且是向黑格尔辩证法所批判的、"抽象同一性"的旧形而上学的倒退；否认人的历史活动构成历史规律，从而否认规律的客观性，则不仅仅是对黑格尔辩证法的挑战，也是（更是）对马克思的辩证法的挑战。

哲学是思想中的时代，任何一种时代性的哲学都产生于对时代性的人类问题的理论自觉。以资本的逻辑为实质内容的现代社会，它的时代性的人类问题，是马克思所指出的人在"非神圣形象"——理性主义及其现实即"政治"、"法"、"国家"——中的"自我异化"。人在"非神圣形象"中的"自我异化"，导致人的现实世界的分裂——人与自然、人与社会、人与他人、人与自我的分裂。人的现实世界分裂的自我意识，构成我们时代的哲学理论。"后形而上学"的真实意义，在于它以当代人类社会生活的矛盾冲突为基础，揭示了人在各种"非神圣形象"中的"自我异化"，特别是人在社会"模式化"中的"自我异化"，从而为辩证法"对现存的一切进行无情的批判"展现了新的"视域"。

"后形而上学"的本质特征就在于，它以否认真理—规律—客观性的极端方式，集中地揭示了形而上学的"普遍理性"的内在矛盾性：其一，它集中地揭露了从柏拉图到黑格尔的"理性主义的放荡"所造成的"形而上学的恐怖"，即"普遍理性"对"人"的"偏离"所构成的"本质主义的肆虐"；其二，它对形而上学的"层级性"追求的"拒斥"，凸显了"顺序性"的选择与安排的生存论意义，从而"终结"了以"普遍理性"扼杀实践的选择性、文化的多样性的"同一性哲学"；其三，它在"瓦解"主体形而上学的进程中，凸现了"主体间性"、"交往理论"、"商谈"、"对话"、"有机团结"在人类历史活动中的现实意义；其四，它在否定"同一性哲学"的进程中，试图构建以"非同一性"为前提的、超越绝对主义和相对主义的新的哲学理念，从而使得"必要的张力"成为当代哲学的基本理念。这种"后形而上学"视域，对于深入地审视真理—规律—客观性观念。把"对现存的一切进行无情的批判"的辩证法贯彻到全部社会生活，从而不断深入地"揭露人在非神圣形象中的自我异化"，具有重要的理论意义和实践意义。

与此同时,我们不能无批判地看待"后形而上学"对"形而上学"的批判。"后形而上学"以否认真理—规律—客观性的极端方式所展开的批判,使其自身陷入了难以逃避相对主义的窘境:任何可能的"交往"、"对话"、"商谈"和"团结",都不能不以对真理—规律—客观性的某种承诺为前提;任何可能的"思想"与"实践",都不能不以对人的理想性、超越性的"形上本性"的承诺为前提。辩证法的"合情合理"的本质就在于此:它"终结"了关于"永恒真理"的形而上学的幻想,又"开启"了形而上学的自我批判中的本体论追求。这就是当代意义的"形而上学"或"本体论"的"复兴"。"哲学的本体论,是一种追本溯源式的意向性追求,是一种理论思维的无穷无尽的指向性,是一种指向无限性的终极关怀;哲学本体论追求的生活价值在于,人类总是悬设某种基于现实而又超越现实的理想目标,否定自己的现实存在,把现实变成更加理想的现实;哲学本体论追求的真实意义就在于,它引导人类在理想与现实、终极的指向性与历史的确定性之间,既永远保持一种必要的张力,又不断打破这种微妙的平衡,从而使人类在自己的全部生活中保持生机勃勃的求真意识、向善意识和审美意识,永远敞开自我批判和自我超越的空间。在这个意义上,哲学就是本体论,就是本体论的自我批判,也就是思想的前提批判。"① 这种"本体论的自我批判"或"思想的前提批判",就是"对现存的一切进行无情的批判"。它构成当代的辩证法理论。

马克思说:"光是思想力求成为现实是不够的,现实本身应当力求趋向思想"。② 当代的辩证法理论,既是内涵着形而上学的"激情"和"冲动"的批判、承载着形而上学的"理想"和"追求"的批判,又是对形而上学的"激情"、"冲动"、"理想"和"追求"的批判,即对形而上学本身的批判。辩证法的批判,是对"现实"与"理想"的双重批判。非批判地看待形而上学所承诺的"理想"和"追求",就会导致"理性主义的放荡"、"本质主义的肆虐"和"形而上学的恐怖";非批判地放弃形而上学对"规律"、"真理"和"客观性"的承诺与追求,则会导致"没有

---

① 《孙正聿哲学文集》第9卷,吉林人民出版社2007年版,第688—689页。
② 《马克思恩格斯选集》第1卷,人民出版社1995年版,第11页。

标准的选择的、生命中不能承受之轻的、存在主义的焦虑"。现代社会不是人类文明史的断裂,"后形而上学"也不可能是人类思想史的断裂。辩证法要求我们在"现代性的困境"中"保持必要的张力"并"达到微妙的平衡"。这是当代人类的实践智慧的辩证法。

二、恩格斯的"理论思维"的辩证法

在"理论思维"的意义上研究和阐释辩证法,既是恩格斯哲学思想的一大特色,也是恩格斯对辩证法的独特贡献。他在《反杜林论》、《自然辩证法》和《费尔巴哈论》等哲学著作中,全面地概括和总结了科学史、哲学史和人类史所体现的人类理论思维的历史演进,深入地探讨和阐发了经验思维与理论思维、科学思维与哲学思维、自发的辩证法与自觉的辩证法、唯心的辩证法与唯物的辩证法的相互关系,具体地揭示和论证了辩证法与理论思维方式、辩证法与哲学基本问题、辩证法与自然科学成果、辩证法与历史唯物主义、辩证法与科学社会主义等一系列重大理论问题,明确提出辩证法是"一种建立在通晓思维的历史和成就的基础上的理论思维",为后人提供了作为"理论思维"的辩证法。

然而,自20世纪以来的一百多年里,恩格斯的哲学思想、特别是恩格斯的辩证法却遭到来自两个方面的曲解:一是自斯大林的《辩证唯物主义和历史唯物主义》以来的哲学原理教科书,离开恩格斯对哲学思维的理论自觉和恩格斯所强调的"不再是哲学"的"世界观",以素朴实在论和直观反映论的经验思维描述和解释恩格斯的辩证法,在相当程度上把辩证法变成了恩格斯尖锐批评的"刻板公式"和"语录词汇";一是自卢卡奇的《历史与阶级意识》以来的西方马克思主义,把恩格斯视为与马克思不同的"正统马克思主义"或"苏联模式马克思主义"的始作俑者,同样把恩格斯的辩证法归结为素朴实在论和直观反映论的经验思维和以科学为内容的科学思维,并由此指认恩格斯的哲学思想是与马克思不同的"科学主义"。

这两方面的曲解,既是"两极相通"的,又是"相得益彰"的:一方面，由于教科书以素朴实在论和直观反映论的经验思维描述和解释恩格斯的辩证法，并以经验思维的解释原则大量引证恩格斯的论述作为教科书阐述辩证法的主要依据，从而为西方马克思主义曲解和否认恩格斯的辩证法提供了"口实"；另一方面，由于卢卡奇、萨特、阿尔都塞、科尔施、胡克、莱文、麦克莱伦等西方马克思主义的"总体性的辩证法"、"人学的辩证法"、"结构主义的辩证法"、"否定的辩证法"等对恩格斯及其辩证法的批评所产生的社会效应，更加强化了把恩格斯的辩证法视为科学主义和经验思维的"认同"。在这样两个方面的"互动"中，"批评"恩格斯的辩证法特别是恩格斯在《反杜林论》和《自然辩证法》中所阐发的辩证法，几乎成了国内外许多学者的"共识"和"定论"。

究竟如何理解、阐释和评价恩格斯的辩证法，既取决于恩格斯的"文本"，也取决于研究者对文本的"解读"。就"文本"说，恩格斯的辩证法思想不仅是丰富的和完整的，而且每部著作和每个命题都有其特定的针对性，离开其丰富性和完整性而孤立地引证其某个论断而予以引申和批评，或者离开其特定的针对性而予以解释和评论，就不仅会把恩格斯的辩证法简单化和庸俗化，而且会从根本上和总体上曲解和否定恩格斯的辩证法。就"解读"说，是否严肃地、认真地、实事求是地研究恩格斯的论著，是否以哲学思维的理论自觉和哲学史的开阔视野探索辩证法问题，则会从根本上和整体上制约对恩格斯辩证法的理解、阐述和评价。

（一）形而上学的思维方式与辩证法的思维方式

在理论思维的层面上系统阐述辩证法，这是继黑格尔之后，恩格斯对辩证法的重大贡献。这首先表现在两个方面：一是揭示和阐述形而上学与辩证法这两种思维方式之间的关系，一是揭示和阐述自发形态的辩证法与自觉形态的辩证法之间的关系。正是而且只是在提示和阐述这两种关系的基础上，恩格斯的"理论思维"的辩证法才得以呈现。

辩证法的思维方式，是与形而上学的思维方式相比较而存在的。对"辩证法"的种种误解（如把辩证法视为"变戏法"），总是同对"形而上学"的种种误解分不开的；或者反过来说，正是由于庸俗化地误解了"形而上学"，从而也庸俗地误解了"辩证法"。恩格斯在《反杜林论》和

《自然辩证法》等著作中，正是以揭示和阐述形而上学的思维方式为前提，特别是以提示和阐述这种思维方式的"合理性"和"局限性"为前提，才深刻地提示和阐述了作为理论思维的辩证法。

关于形而上学，恩格斯把它的思维方式概括为"在绝对不相容的对立中思维"，并具体地指出，"是就是，不是就不是；除此之外，都是鬼话"，这就是"形而上学"的"思维方式"。然而，对于形而上学的思维方式，恩格斯并不是如同教科书那样简单地予以否定，恰恰相反，恩格斯首先是充分地说明了它的"合理性"："初看起来，这种思维方式对我们来说似乎是极为可信的，因为它是合乎所谓常识的"。① 在这里，恩格斯为人们理解形而上学的思维方式，作出十分深刻和极为重要的提示：形而上学思维方式的"合理性"与"局限性"，均在于其"合乎所谓常识"；批判和超越形而上学的思维方式，则在于反思和超越"合乎所谓常识"的思维方式。然而，以通行的哲学原理教科书为标志的通常理解，恰恰是离开形而上学思维方式的"合理性"而批判其"荒谬性"。这就不仅曲解了形而上学的思维方式，而且必然曲解辩证法的思维方式。而一旦把这种曲解强加给恩格斯，就导致对恩格斯辩证法的曲解和否定。因此，详细地考察和阐释恩格斯关于形而上学思维方式与经验常识之间关系的论述，并进而阐述恩格斯关于形而上学思维方式与辩证法思维方式之间关系的论述，就成为研究恩格斯的理论思维的辩证法的不可或缺的重要内容。

所谓"常识"，就是普通、平常但又经常、持久起作用的知识。常识是来源于经验、依附于经验、适用于经验的人类的共同经验。人们的日常生活，就是形成共同经验、依据共同经验、遵循共同经验、丰富共同经验的生活。在这种作为共同经验的"常识"中，人们的世界图景得以普遍认同，人们的思想感情得以相互沟通，人们的行为方式得以相互规范，因此，"常识"不仅在人们的日常生活中是"极为可信"的，而且对人们的日常生活具有普遍的"生存价值"。正是这种"极为可信"且具有"生存价值"的"常识"，构成了"形而上学"的思维方式。

---

① 《马克思恩格斯选集》第3卷，人民出版社1995年版，第360页。

在以"常识"即"共同经验"为中介的人与世界的关系中,"人"作为既定的经验主体,以"直观"的方式把握世界;"世界"作为既定的经验客体,以"给予"的方式呈现给主体;在这种主—客体关系中,人和世界都是既定的、稳定的、确定的存在。在这种"确定"的人与世界的关系中,"A"就是"A","A"不能是"非A"。这就要求经验主体在思维中保持"是就是,不是就不是"的确定性。正因如此,这种符合"常识"的形而上学的思维方式"对我们来说似乎是极为可信的"。

然而,形而上学思维方式的"合理性",正是它的"局限性"。对此,恩格斯明确地提出:"常识在它自己的日常活动范围内虽然是极可尊敬的东西,但它一跨入广阔的研究领域,就会遇到最惊人的变故"。在这里,恩格斯明确地以"活动范围"和"研究领域"的区分,向我们提示了形而上学思维方式的合理性与局限性:"形而上学的思维方式,虽然在相当广泛的、各依对象的性质而大小不同的领域中是正当的,甚至必要的,可是它每一次都迟早要达到一个界限,一超过这个界限,它就要变成片面的、狭隘的、抽象的、并且陷入不可解决的矛盾,因为它看到一个一个的事物,忘了它们互相间的联系;看到它们的存在,忘了它们的产生和消失;看到它们的静止,忘了它们的运动;因为它只见树木,不见森林。"① 一旦进入"研究领域",形而上学的思维方式就会像恩格斯所说的那样"遇到最惊人的变故":在对人生的反思中,是非、好坏、善恶、美丑、福祸、荣辱,是否可以作出非此即彼的判断?在对社会的研究中,小我与大我、局部与整体、暂时与长远、理想与现实是否能够泾渭分明地分开?在对历史的评价中,功与过、成与败、进步与退步、正义与非正义、平等与不平等、发展与代价、是否能够"超历史"地予以解释?反思生活,我们就会发现,"天上的太阳"与"水中的月亮"哪个亮,"山上的大树"与"山下的小树"谁大,"心中的恋人"与"心外的世界"谁重要,绝不是可以"形而上学"地断言"是就是,不是就不是"。只有运用辩证智慧去"保持必要的张力"和"达到微妙的平衡",才能理解生活本身。这深刻

---

① 《马克思恩格斯选集》第3卷,人民出版社1995年版,第360页。

地表明，辩证法植根于人类生活，植根于对生活的反思。

植根于人类生活的辩证法，不仅在对"生活"的反思中是不可或缺的，而且在恩格斯所说的"广阔的研究领域"即科学研究中，更是具有特殊的重要意义。从19世纪初开始，人类的自然科学研究，正如恩格斯所概括的那样，已经由主要是"搜集材料"的科学，关于"既成事物"的科学，发展为"整理材料"的科学，关于"过程"即"事物的发生和发展"以及"这些自然过程结合为一个伟大整体"的科学。正是针对自然科学的这种基本状况，恩格斯提出："经验的自然研究已经积累了庞大数量的实证的知识材料，因而在每一研究领域中系统地和依据其内在联系来整理这些材料，简直成为不可推卸的工作。同样，在各个知识领域之间确立正确的关系，这也是不可推卸的。于是，自然科学便走上理论领域，而在这里经验的方法不中用了，在这里只有理论思维才管用。"因此，恩格斯强调地指出："一个民族要想登上科学的高峰，究竟是不能离开理论思维的。"对此，恩格斯进一步指出："然而对于现今的自然科学来说，辩证法恰好是最重要的思维形式，因为只有辩证法才为自然界中出现的发展过程，为各种普遍的联系，为从一个研究领域向另一个研究领域过渡，提供了模式，从而提供了说明方法。""自然科学家自己感觉到，这种纷扰和混乱如何厉害地统治着他们，现在流行的所谓哲学如何绝对不能给他们以出路。除了以这种或那种形式从形而上学的思维复归到辩证的思维，在这里没有其他任何出路，没有达到思想清晰的任何可能。"① 在这里，恩格斯明确地把"辩证法"归结为超越经验思维的理论思维。

在"广阔的研究领域"即科学研究中，不仅自然科学研究离不开作为理论思维的辩证法，而且社会科学研究和思维科学研究同样离不开作为理论思维的辩证法。关于社会历史，恩格斯深刻地指出："在社会历史领域内进行活动的，是具有意识的、经过思虑或凭激情行动的、追求某种目的的人；任何事情的发生都不是没有自觉的意图，没有预期目的的"。然而，"行动的目的是预期的"，"行动实际产生的结果并不是预期的"，"历史事件似乎总

---

① 《马克思恩格斯文集》第9卷，人民出版社2009年版，第435、436、438页。

的说来同样是由偶然性支配着的"。"但是，在表面上是偶然性在起作用的地方，这种偶然性始终是受内部的隐蔽着的规律支配的，而问题只是在于发现这些规律。"① 这表明，"研究"人的活动与历史规律、历史的偶然性与必然性、历史的进步与倒退、人类的现实与未来，离开作为理论思维的辩证法，同样"没有达到思想清晰的任何可能"。关于人类思维，恩格斯作出这样的论证："思维的至上性是在一系列非常不至上地思维着的人中实现的；拥有无条件的真理权的认识是在一系列相对的谬误中实现的"；"人的思维是至上的，同样又是不至上的，它的认识能力是无限的，同样又是有限的。按它的本性、使命、可能和历史的终极目的来说，是至上的和无限的；按它的个别实现情况和每次的现实来说，又是不至上的和有限的"。② 在这里，恩格斯正是以辩证法的理论思维，深刻地揭示和阐述了人类思维的本质和人类认识的规律。

上述分析表明，在对"辩证法"和"形而上学"的理解中，最为根本的问题是在于，通常总是在经验常识的意义上去理解和解释二者的区别，这就是把"辩证法"解释成"认为世界上一切事物都是发展、变化的，事物发展的原因在于它的内部矛盾性"，而把"形而上学"解释成"用孤立的、静止的和片面的观点去看世界，把一切事物看成彼此孤立的和永久不变的，如果说到变化，也只是限于数量的增减和位置的变更，而不承认事物的实质的变化；并且硬说一切变化的原因在于事物外部的力量的推动"。这种关于"辩证法"和"形而上学"及其相互关系的通常解释，既没有揭示形而上学的思维方式的"合理性"和"局限性"，也没有揭示辩证法的思维方式对经验常识的批判、反思和超越，而是以直观反映论的思维方式和素朴实在论的哲学理念把"辩证法"和"形而上学"解释为对经验对象的两种不同的描述方式和解释方式。因此，这种关于辩证法和形而上学的通常解释，就不是把人们的思维从常识层面上升到哲学层面，而是把哲学层面的理论思维下降为经验思维，以致误导人们总是停留在经验常识中理解"辩证法"和"形而上学"。应当说，能否超越在经验层面上理解"辩证法"和"形而上学"及其相互关系，是能否理解恩格斯的理论思维

---

① 《马克思恩格斯选集》第 4 卷，人民出版社 1995 年版，第 247 页。
② 《马克思恩格斯选集》第 3 卷，人民出版社 1995 年版，第 427 页。

的辩证法的基本前提。

(二) 自发形态的辩证法与自觉形态的辩证法

在区分形而上学的思维方式与辩证法的思维方式的过程中，对于辩证法的思维方式，恩格斯又作出了自发形态的辩证法与自觉形态的辩证法的区分，并进而阐述了马克思主义的"合理形态"的辩证法。对此，恩格斯明确地指出："马克思和我，可以说是把自觉的辩证法从德国唯心主义哲学中拯救出来并用于唯物主义的自然观和历史观的唯一的人。"[①] 探索辩证法的"自发"形态、"自觉"形态与"合理"形态，才能进一步准确地理解和阐述恩格斯的"理论思维"的辩证法。

恩格斯在《反杜林论》和《自然辩证法》中，都明确地提出，辩证法的"第一种"形态是"希腊哲学"，这种形态的"辩证思维还以原始的朴素的形式出现"。而德国古典哲学，特别是黑格尔哲学的"最大的"功绩，则是恢复了辩证法这一最高的"思维形式"，并使之由"自发"形态发展为"自觉形态"。因此，真正地理解和把握作为理论思维的辩证法，就必须深切地分析和阐释这两种形态的辩证法。恩格斯正是这样做的。

关于"辩证思维还以原始的朴素的形式出现"的"希腊哲学"，恩格斯作出如下的解释和论证："当我们深思熟虑地考察自然界或人类历史或我们自己的精神活动的时候，首先呈现在我们眼前的，是一幅由种种联系和相互作用无穷无尽地交织起来的画面，其中没有任何东西是不动的和不变的，而是一切都在运动、变化、生成和消逝。这种原始的、素朴的、但实质上正确的世界观是古希腊哲学的世界观，而且是由赫拉克利特最先明白地表述出来的：一切都存在而又不存在，因为一切都在流动，都在不断地变化，不断地生成和消逝。"写到这里，恩格斯笔锋一转，从"总画面"与"各个细节"的关系，揭示了这个"实质上正确的世界观"何以会被"形而上学"的世界观所取代。恩格斯说："但是，这种观点虽然正确地把握了现象的总画面的一般性质，却不足以说明构成这幅总画面的各个细节；而我们要是不知道这些细节，就看不清总画面。为了认识这些细

[①] 《马克思恩格斯选集》第3卷，人民出版社1995年版，第349页。

节,我们不得不把它们从自然的或历史的联系中抽出来,从它们的特性、它们的特殊的原因和结果等等方面来分别地加以研究。这首先是自然科学和历史研究的任务;而这些研究部门,由于十分明显的原因,在古典时代的希腊人那里只占有从属的地位,因为他们首先必须搜集材料。精确的自然研究只是在亚历山大时期的希腊人那里才开始,而后来在中世纪由阿拉伯人继续发展下去;可是,真正的自然科学只是从15世纪下半叶才开始,从这时起它就获得了日益迅速的进展。把自然界分解为各个部分,把各种自然过程和自然对象分成一定的门类,对有机体的内部按其多种多样的解剖形态进行研究,这是最近400年来在认识自然界方面获得巨大进展的基本条件。但是,这种做法也给我们留下了一种习惯:把自然界中的各种事物和各种过程孤立起来,撇开宏大的总的联系去进行考察,因此,就不是从运动的状态,而是从静止的状态去考察;不是把它们看作本质上变化的东西,而是看作永恒不变的东西;不是从活的状态,而是从死的状态去考察。这种考察方法被培根和洛克从自然科学中移植到哲学中以后,就造成了最近几个世纪所特有的局限性,即形而上学的思维方式。"①

在这里,特别值得注意的是,恩格斯不仅在"极可尊敬"的"合乎所谓常识"的意义上阐释了形而上学思维方式的"合理性",而且从人类认识史和科学发展史的意义上揭示了形而上学思维方式的哲学含义。这就是:自然科学的"撇开宏大的总的联系去进行考察"的方法"被培根和洛克从自然科学中移植到哲学中以后",才"造成了最近几个世纪所特有的局限性,即形而上学的思维方式"。由此,恩格斯提出:"在形而上学者看来,事物及其在思想上的反映即概念,是孤立的、应当逐个地和分别地加以考察的、固定的、僵硬的、一成不变的研究对象。他们在绝对不相容的对立中思维;他们的说法是:'是就是,不是就不是,除此以外,都是鬼话。'在他们看来,一个事物要么存在,要么就不存在;同样,一个事物不能同时是自身又是别的东西。正和负是绝对互相排斥的;原因和结果也同样是处于僵硬的相互对立中。"恩格斯说,初看起来,这种思维方式对我们来说似乎是极为可

---

① 《马克思恩格斯选集》第3卷,人民出版社1995年版,第359—360页。

信的，因为它是合乎所谓常识的。然而，常识在日常应用的范围内虽然是极可尊敬的东西，但它一跨入广阔的研究领域，就会碰到极为惊人的变故。为此，恩格斯举出一系列的实例："在日常生活中，我们知道并且可以肯定地说，某一动物存在还是不存在；但是，在进行较精确的研究时，我们就发现，这有时是极其麻烦的事情。这一点法学家们知道得很清楚，他们为了判定在子宫内杀死胎儿是否算是谋杀，曾绞尽脑汁去寻找一条合理的界限，结果总是徒劳。"① 同样，要确定死亡的那一时刻也是不可能的，因为生理学证明，死亡并不是突然的、一瞬间的事情，而是一个很长的过程，同样，任何一个有机体，在每一瞬间都是它本身，又不是它本身；在每一瞬间，它同化着外界供给的物质，并排泄出其他物质；在每一瞬间，它的机体中都有细胞在死亡。也有新的细胞在形成；经过或长或短的一段时间，这个机体的物质便完全更新了，由其他物质的原子代替了，所以，每个有机体永远是它本身，同时又是别的东西。在进行较精确的考察时，我们也发现，某种对立的两极，例如正和负，是彼此不可分离的，正如它们是彼此对立的一样，而且不管它们如何对立，它们总是互相渗透的；同样，原因和结果这两个概念，只有应用于个别场合时才适用；可是，只要我们把这种个别的场合放到它同宇宙的总联系中来考察，这两个概念就连贯起来，消失在关于普遍相互作用的观念中，而在这种相互作用中，原因和结果经常交换位置；在此时或此地是结果，在彼时或彼地就成了原因，反之亦然。

从哲学史看，作为"最近几个世纪所特有的局限性"的"形而上学的思维方式"，只是从辩证法的"自发形态"向辩证法的"自觉形态"过渡的中间环节。关于"恢复了辩证法这一最高的思维形式"的德国古典哲学，特别是作为辩证唯心主义的黑格尔哲学，恩格斯作出这样的分析和论证："这种近代德国哲学在黑格尔的体系中完成了，在这个体系中，黑格尔第一次——这是他的伟大功绩——把整个自然的、历史的和精神的世界描写为一个过程，即把它描写为自在不断的运动、变化、转变和发展中，并企图揭示这种运动的发展和联系。从这个观点看来，人类的历史已经不

---

① 《马克思恩格斯选集》第 3 卷，人民出版社 1995 年版，第 360—361 页。

再是乱七八糟的、通通应当被这时已经成熟了的哲学理性的法庭所唾弃并最好尽快被人遗忘的毫无意义的暴力行为,而是人类本身的发展过程,而思维的任务,现在就是要透过一切迷乱现象探索这一过程的逐步发展的阶段,并且透过一切表面的偶然性揭示这一过程的内在规律性。""黑格尔没有解决这个任务,这在这里没有多大关系。他的划时代的功绩是提出了这个任务。这不是任何个人所能解决的任务。"①

关于黑格尔为何"没有解决这个问题",恩格斯认为黑格尔受到了三个方面的"限制":"首先是他自己的必然有限的知识的限制,其次是他那个时代的在广度和深度方面都同样有限的知识和见解的限制。但是,除此以外还有第三种限制。黑格尔是唯心主义者,就是说,在他看来,他头脑中的思想不是现实的事物和过程的或多或少抽象的反映,相反,在他看来,事物及其发展只是在世界出现以前已经在某个地方存在着的'观念'的实现了的反映。这样,一切都被头足倒置了,世界的现实联系完全被颠倒了。所以,不论黑格尔如何正确地和天才地把握了一些个别的联系,但由于上述原因,就是在细节上也有许多东西不能不是牵强的、造作的、虚构的,一句话,被歪曲的。"②

由此,恩格斯进一步揭示了黑格尔"没有解决这个问题"的深层矛盾:黑格尔的体系作为体系来说,是一次巨大的流产,但也是这类流产中的最后一次。就是说,它还包含着一个不可救药的内在矛盾:一方面,它以历史的观点作为基本前提,即把人类的历史看作一个发展过程,这个过程按其本性来说在认识上是不能由于所谓绝对真理的发现而结束的;但是另一方面,它又硬说它自己就是这种绝对真理的全部内容。关于自然和历史的无所不包的、最终完成的认识体系,是同辩证思维的基本规律相矛盾的;但是,这样说决不排除,相反倒包含下面一点,即对整个外部世界的有系统的认识是可以一代一代地取得巨大进展的。

在揭示黑格尔所受到的"限制"及其深层矛盾的基础上,恩格斯论述了作为"现代唯物主义"的辩证法:"一旦了解到以往的德国唯心主义是完全荒谬的,那就必然导致唯物主义,但是要注意,并不是导致18世纪的纯粹形而上学的、完全机械的唯物主义。同那种以天真的革命精神简单地抛弃以

---

① 《马克思恩格斯选集》第3卷,人民出版社1995年版,第362—363页。
② 《马克思恩格斯选集》第3卷,人民出版社1995年版,第363页。

往的全部历史的做法相反,现代唯物主义把历史看作人类的发展过程,而它的任务就在于发现这个过程的运动规律。无论在 18 世纪的法国人那里,还是在黑格尔那里,占统治地位的自然观都认为,自然界一个沿着狭小的圆圈循环运动的、永远不变的整体,牛顿所说的永恒的天体和林耐所说的不变的有机物种也包含在其中。同这种自然观相反,现代唯物主义概括了自然科学的新近的进步,从这些进步看来,自然界同样也有自己的时间上的历史,天体和在适宜条件下生存在天体上的有机物种一样是有生有灭的;至于循环,即使能够存在,其规模也要大得无比。在这两种情况下,现代唯物主义本质上都是辩证的,而且不再需要任何凌驾于其他科学之上的哲学。一旦对每一门科学都提出要求,要它们弄清它们自己在事物以及关于事物的知识的总联系中的地位,关于总联系的任何特殊科学就是多余的了。于是,在以往的全部哲学中仍然独立存在的,就只有关于思维及其规律的学说,——形式逻辑和辩证法。其他一切都归到关于自然和历史的实证科学中去了。"①

(三)辩证法与"思维和存在的关系问题"

关于辩证法,人们经常引证恩格斯在《反杜林论》中的一句话,并把它作为恩格斯关于马克思主义辩证法的"定义"。这句话是:"辩证法不过是关于自然、人类社会和思维的运动和发展的普遍规律的科学"。② 20 世纪以来,国内外哲学界对这个论断持肯定或否定态度,构成了肯定或否定恩格斯辩证法思想的立足点和出发点。

肯定者认为,恩格斯的这个论断不仅明确了马克思主义哲学的研究对象(包括自然、社会和思维在内的"整个世界"),而且明确了马克思主义哲学的社会功能(揭示包括自然、社会和思维在内的"整个世界"的"普遍规律"),因此通行的哲学原理教科书不仅把这一论断指认为关于马克思主义辩证法的"定义",而且把这一论断作为马克思主义哲学的"定义"。与此相反,否定者认为,恩格斯的这个论断不仅混淆了哲学与科学的研究对象(科学以"整个世界"为对象,而哲学则是对科学所提供的关于"整个世界"的"全部思想"的反思),而且曲解了哲学的特殊性质和

---

① 《马克思恩格斯选集》第 3 卷,人民出版社 1995 年版,第 363—364 页。
② 《马克思恩格斯选集》第 3 卷,人民出版社 1995 年版,第 484 页。

独特功能(哲学的反思的特殊性质和批判的独特功能),因此否定者不仅反对把这一论断视为关于马克思主义辩证法的"定义",而且反对把这一论断作为关于马克思主义哲学的"定义"。这表明,究竟如何理解和评价恩格斯的这一论断,不仅关系到对恩格斯辩证法的理解和评价,而且从根本上关系到对马克思主义哲学的理解和评价。

理解和阐释恩格斯的辩证法,恩格斯对"哲学"的总体性理解;离开恩格斯对"哲学"的总体性理解,孤立地以恩格斯的某个论断作为其辩证法的核心思想,这本身就隐含着某种曲解的可能性。

恩格斯对"哲学"的总体性理解,集中地表现在他对"哲学基本问题"的概括:"全部哲学,特别是近代哲学的重大的基本问题,是思维和存在的关系问题"。而恩格斯之所以强调"这个问题""特别是近代哲学的重大的基本问题",则在于如恩格斯本人所说,"这个问题,只是在欧洲人从基督教中世纪的长期冬眠中觉醒以后,才被十分清楚地提了出来,才获得了它的完全的意义"。因此,我们不仅应当从"全部哲学"理解作为哲学基本问题的"思维和存在的关系问题",而且首先应当从"近代哲学"出发理解作为哲学基本问题的"思维和存在的关系问题"及其所具有的"完全的意义"。只有从探讨"近代哲学"所获得的"完全的意义"的"思维和存在的关系问题"出发,才能深刻地理解"全部哲学"的"重大的基本问题"是"思维和存在的关系问题",进而才能把握恩格斯对"哲学"的总体性理解。

按照黑格尔的说法,"近代哲学"的出发点是思维的"不淳朴",也就是思维不再把思维关于存在的规定,直接地认定为就是存在本身的规定,因此"思维和存在的关系"不仅成为"哲学问题",而且成为哲学的"重大的基本问题"。以这个"重大的基本问题"作为全部哲学的实质问题,就是近代哲学的"认识论转向";近代哲学"认识论转向"的重大意义在于,这种"转向"标志着哲学思维的理论自觉,而这种"转向"的最重要的理论成果就是把辩证法从"自发"形态升华为"自觉"形态。恩格斯对"哲学"的理解,是以哲学思维的理论自觉为立足点的;而恩格斯的辩证法思想,则是以"自觉"形态的辩证法为基础的。

恩格斯所概括的哲学的重大的基本问题,是"思维和存在"的"关系问题",而不是"思维"和"存在"的问题。这个实质性区别表明,哲学并不是以"思维"和"存在"（也不是以"思维"或"存在"）为对象，形成关于"思维"和"存在"（"思维"或"存在"）的某种知识，而是把"思维和存在的关系"作为"问题"，反思"思维和存在的关系问题"。这个实质性区别，不仅标志着经验思维与理论思维的实质性区别，而且标志着科学思维与哲学思维的实质性区别，即标志着人类把握世界的两种基本方式——科学与哲学——的实质性区别。这种实质性区别，是在近代哲学的"认识论转向"中达到理论自觉的。恩格斯强调"思维和存在的关系问题""只是"在近代哲学才被"十分清楚"地提了出来并获得了"完全的意义"，正是深刻地把握到了这个实质性区别，因而也深刻地表明恩格斯是以哲学思维的理论自觉理解"哲学"。

在"自然辩证法"中，恩格斯提出，"我们的主观的思维和客观的世界遵循同一些规律，因而两者在其结果中不能互相矛盾，而必须彼此一致，这个事实绝对地支配着我们的整个理论思维。这个事实是我们的理论思维的本能的和无条件的前提"①。据此，恩格斯一方面指出18世纪的唯物主义只就这个前提的"内容"去研究这个前提，而没有从"形式"方面去研究这个前提，另一方面则指出近代的辩证唯心主义哲学（特别是黑格尔），"还从形式方面去研究了这个前提"。对此，恩格斯作出的评论是，尽管"思维和存在的统一"在黑格尔哲学中"采取了唯心主义的头足倒置的形式"，但却把思维过程同自然过程和历史过程联系起来了。在这里，恩格斯首先是深刻地揭示了作为哲学基本问题的思维和存在关系问题的实质——它是"理论思维的不自觉的和无条件的前提"问题，其次是深刻地揭示了旧唯物主义和辩证唯心主义的实质——旧唯物主义只是从"内容"去研究这个"前提"，而辩证唯心主义则从"形式"方面研究了这个"前提"。

近代哲学的"认识论转向"，从根本上说，就是自觉到了"思维与存在"之间的矛盾，把"思维与存在的关系"当作最重要、最基本的哲学"问题"来进行研究，从而使研究思维与存在、主观与客观、主体与客体的矛盾关系成为哲学的根本问题。这正如黑格尔所说的："近代哲学的出发点，是古代哲学最后所达到的那个原则，即现实自我意识的立场；总

---

① 《马克思恩格斯选集》第4卷，人民出版社1995年版，第364页。

之，它是以呈现在自己面前的精神为原则的。中世纪的观点从为思想中的东西与实存的宇宙有差异，近代哲学则把这个差异发展成为对立，并且以消除这一对立作为自己的任务。因此主要的兴趣并不在于如实地思维各个对象，而在于思维那个对于这些对象的思维和理解，即思维这个统一本身；这个统一，就是某一假定客体的进入意识。"①

在这种"认识论转向"中，近代哲学以探寻思想的客观性为聚焦点，不仅研究了外在的世界与人的观念之间的关系，而且特别深入地考察了人的观念内部的诸种关系问题。对此，恩格斯曾作过这样的评论："18世纪的唯物主义，由于其本质上的形而上学的性质，只是从内容方面研究这个前提，它只限于证明一切思维和知识的内容都应当起源于感性的经验，并且重新提出了下面的这个命题：感觉中未曾有过的东西，理智中也不存在。只有现代的唯心主义的，同时也是辩证的哲学，特别是黑格尔，才又从形式方面研究了这个前提。"②

近代哲学明确地区分了"意识外的存在"与"意识界的存在"，也就是明确地区分了"客观世界"与"意识内容"，从而清楚地提出了"对象与表象"或"对象与映象"的关系问题，也就是清楚地提出了"思维和存在"的关系问题，这就是恩格斯所说的从"内容"上去考察思维和存在的关系问题。与此同时，近代哲学还特别地从"形式"上去研究思维和存在的关系问题。这突出地表现在，近代哲学比较自觉地考察了"意识内容"与"意识形式"的关系问题、"对象意识"与"自我意识"的关系问题、"外延逻辑"与"内涵逻辑"的关系问题、"知性思维"与"辩证思维"的关系问题、"理论理性"与"实践理性"的关系问题等一系列"思维和存在"的"关系问题"。通过探索这些"关系问题"，近代哲学揭示出对象与经验、经验与知觉、知觉与表象、表象与观念、观念与思维、思维与想象、想象与情感、情感与意志、意志与自我、理论与实践等极为错综复杂的矛盾关系，从而使"思维和存在的关系问题"获得了"完全的意义"。

思维和存在的关系问题在近代哲学中所获得的"完全的意义"，是与近代哲学的"认识论转向"相对应的。这就是说，近代哲学所实现的哲学基本问题的"完全的意义"，主要是在"认识论"的意义上实现的。具体

---

① [德] 黑格尔：《哲学史讲演录》，贺麟、王太庆译，商务印书馆1997年版，第5页。
② 《马克思恩格斯选集》第4卷，人民出版社1995年版，第246页。

地说，整个近代哲学的根本问题，是"思维的客观性问题"，也就是人的思想是否具有客观内容的问题。这个问题的形成，是以自觉到"思维"与"存在"的矛盾为前提的，又是以哲学的"认识论转向"来实现对这种矛盾的探索的。近代的唯物论哲学认为，思想的客观性在于，思想映像是关于对象的映像，思想通过分析、抽象感性映像而形成的思想观念，它表达的就是思维对象的规定性。近代的唯心主义哲学则认为，思想的客观性在于，思想的对象即是思想的内容（意识界的存在）。思想通过自我认识而形成的思维规定，也就是思维对象的规定。然而，对于这两种关于"思想客观性"的哲学回答，我们可以分别提出如下的问题：（1）对于近代唯物论哲学来说，它必须回答这样一个问题：思想映像不仅仅是关于对象的映像，而且只能是经过思维主体的思维活动所形成的映像，因此，思想的客观性，也要求主体的思维活动的客观性。那么，主体的思维活动具有客观性吗？（2）对于近代唯心论哲学来说，它必须回答这样一个问题：把思想的对象限定为"意识界的存在"，那么，"意识界的存在"是从哪里来的？"意识界的存在"与"意识外的存在"是何关系？如果不解决"意识界的存在"与"意识外的存在"的统一性问题，又如何确认"思想的客观性"？

  正是针对上述两方面的问题，恩格斯在论述近代哲学与哲学基本问题的关系时指出，18世纪的唯物主义"只限于"证明一切思维和知识的内容都应当起源于感性的经验，而没有从"形式"方面去考察"思维和存在的关系问题"；与此相反，近代的唯心主义则从"形式"方面去研究"思维和存在的关系问题"，但却把"意识外的存在"作为在认识论上无意义的问题而排斥在"思想的客观性"问题之外，因此只能是抽象地发展思维的能动性，而不可能真正地解决思想的客观性问题。作为整个近代哲学的理论总结，18世纪末到19世纪初的德国古典哲学，进一步丰富和升华了"思维和存在的关系问题"。德国古典哲学的奠基人康德，从认识主体与认识对象的矛盾，以及认识内容与认识形式的矛盾去探索"思维和存在的关系问题"，集中地考察了主体的认识能力问题。德国古典哲学的集大成者黑格尔，则从思维的矛盾运动中去论证思维与存在的统一性，又从思维的建构与反思的对立统一中去展现思维的矛盾运动，力图在辩证法的"本体论"、"认识论"和"逻辑学"的统一中去解决"思维和存在的关系问题"。费尔巴哈在批判黑格尔的唯心主义的过程中，则把"思维和存在"的关系归结为思维与"感性存在"的关系。这就是马克思主义哲学以前的西方哲学所达到的关于哲学基本问题的认识水平，也就是西方近代哲学在"认识论"的意义上使哲学基本问题获得的"完全的意义"。

（四）辩证法与自然科学

在对恩格斯哲学思想、特别是对恩格斯辩证法思想的批评中，对《自然辩证法》的批评是最为激烈的。在国内外的一些学者看来，马克思的辩证法是实践的辩证法、历史的辩证法、人学的辩证法，而恩格斯的辩证法则是经验的辩证法、自然的辩证法、自然科学的辩证法，因此，他们把马克思的哲学视为"人道主义"哲学，而把恩格斯的哲学指认为"科学主义"哲学。这表明，以《自然辩证法》为主要"文本"而阐释恩格斯的辩证法思想，是一项重要的理论任务。

恩格斯的《自然辩证法》是研究"自然"的"科学"，还是反思"自然科学"的"哲学"？是"叙述"关于"自然"的"科学知识"，还是探索"自然科学"的"思维方式"？如果《自然辩证法》是研究自然的科学，是叙述关于自然的科学知识，那么，它充其量只不过是普及当时的自然科学知识的"手册"或"读本"；如果《自然辩证法》是反思自然科学的哲学，是探索自然科学的思维方式，那么，它所要回答的问题就是如何以理论思维把握"自然"和"自然科学"的问题，它所构成的就是作为理论思维的辩证法。《自然辩证法》表明，它是后者，而不是前者。

关于为何要研究"自然辩证法"，恩格斯本人作过明确的说明："马克思和我，可以说是唯一把自觉的辩证法从德国唯心主义哲学中拯救出来并运用于唯物主义的自然观和历史观的人。可是要确立辩证的同时又是唯物主义的自然观，需要具备数学和自然科学的知识。马克思是精通数学的，可是对于自然科学，我们只能作零星的、时停时续的、片断的研究。因此，当我退出商界并移居伦敦，从而有时间进行研究的时候，我尽可能地使自己在数学和自然科学方面来一次彻底的'脱毛'。八年当中，我把大部分时间用在这上面。"①

---

① 《马克思恩格斯选集》第3卷，人民出版社1995年版，第349页。

恩格斯本人的这个"说明",对于理解《自然辩证法》是极为重要的。在这个"说明"中,恩格斯既明确了研究"自然辩证法"的目的——"把自觉的辩证法""运用于唯物主义的自然观和历史观",又明确了研究"自然科学"的目的——"确立辩证的同时又是唯物主义的自然观","需要具备数学和自然科学的知识"。对此,恩格斯进一步指出:"在自然界里,正是那些在历史上支配着似乎是偶然事变的辩证运动规律,也在无数错综复杂的变化中发生作用;这些规律也同样地贯串于人类思维的发展史中,它们逐渐被思维着的人所意识到。这些规律最初是由黑格尔全面地、不过是以神秘的形式阐发的,而剥去它们的神秘形式,并使人们清楚地意识到它们的全部的单纯性和普遍有效性,这是我们的期求之一。显然,旧的自然哲学,无论它包含多少真正好的东西和多少可以结果实的萌芽,是不能满足我们的需要的。"对于如何理解"辩证运动规律",恩格斯说,"事情不在于把辩证法规律硬塞进自然界,而在于从自然界中找出这些规律并从自然界出发加以阐发。"① 这是恩格斯所理解的"自然辩证法",也是恩格斯研究"自然辩证法"的出发点。阐发恩格斯关于"自然辩证法"的上述思想,对于在理论思维的层面上理解恩格斯的"自然辩证法"是非常必要和重要的。

首先,"要确立辩证的同时又是唯物主义的自然观,需要具备数学和自然科学的知识"。这是因为,"原则不是研究的出发点,而是它的最终结果;这些原则不是被应用于自然界和人类社会,而是从它们中抽象出来的;不是自然界和人类去适应原则,而是原则只有在符合自然界和历史的情况下才是正确的。这是对事物的唯一唯物主义的观点"②。这表明,恩格斯之所以"八年当中""把大部分时间"用在研究和思考"数学和自然科学方面",是因为恩格斯反对把"原则"当作"研究的出发点",是因为恩格斯坚持把唯物主义的观点贯彻于自己的研究活动,是因为恩格斯自觉地要"从自然界中找出这些规律并从自然界出发加以阐发"。总之,坚持从实际出发的唯物主义原则,这是恩格斯研究"自然辩证法"的根本性的出发点。

其次,"要确立辩证的同时又是唯物主义的自然观",又不仅仅"需要具备数学和自然科学的知识",而是必须具有辩证法的理论思维。恩格斯说:

---

① 《马克思恩格斯选集》第3卷,人民出版社1995年版,第351页。
② 《马克思恩格斯选集》第3卷,人民出版社1995年版,第374页。

"一个民族要想站在科学的最高峰,就一刻也不能没有理论思维。可是正当自然过程的辩证性质以不可抗拒的力量迫使人们承认它,因而只有辩证法能够帮助自然科学战胜理论困难的时候,人们却把辩证法同黑格尔派一起抛进大海,因而又无可奈何地陷入旧形而上学。"这具体地表现在,"18世纪上半叶的自然科学在知识上,甚至在材料的整理上大大超过了希腊古代。但在以观念形式把握这些材料上,在一般的自然观上却大大低于希腊古代。在希腊哲学家看来,世界在本质上是某种从混沌中产生出来的东西,是某种发展起来的东西,某种生成的东西。在我们所探讨的这个时期的自然科学家看来,世界却是某种僵化的东西、某种不变的东西,而在他们中的大多数人看来,是某种一下子就造成的东西"。这表明,"自然科学家与自觉的辩证的自然科学的关系,就像空想主义者与现代共产主义的关系一样","学会辩证地思维的自然科学家到现在还屈指可数"。①"现在几乎没有一本理论自然科学著作不给人以这样的印象:自然科学家们自己就感觉到,这种杂乱无章多么严重地左右着他们,并且现今流行的所谓哲学又绝不可能使他们找到出路。在这里,既然没有别的出路,既然无法找到明晰思路,也就只好以这种或那种形式从形而上学思维向辩证思维复归。""这种复归可以通过不同的道路来实现。它可以仅仅通过自然科学的发现本身所具有的力量自然而然地实现……但这是一个旷日持久的、步履艰难的过程,在这一过程中要克服大量额外的阻碍……如果理论自然科学家愿意较为仔细地研究一下辩证哲学在历史上有过的各种形态,那么上述过程可以大大缩短。"② 正是基于这种理论自觉,恩格斯力图在总结辩证法史的基础上,为自然科学展现"一种建立在通晓思维的历史和成就的基础上的理论思维",推进自然科学的发展,并从对自然科学成果的理论总结中提升人类把握世界的理论思维。

再次,"要确立辩证的同时又是唯物主义的自然观",迫切需要"理论家"与"自然科学家"的"联盟"。恩格斯说:"现今的自然科学家,不论愿意与否,都不可抗拒地被迫关心理论上的一般结论,同样,每个从事理论研究的人也不可抗拒地被迫接受现代自然科学的成果,这里出现了某种相辅相成现象。如果说理论家在自然科学领域中是半通,那么今天的自然科学家

---

① 《马克思恩格斯选集》第3卷,人民出版社1995年版,第412、143、25页。
② 《马克思恩格斯文集》第9卷,人民出版社2009年版,第438页。

在理论的领域中,在迄今为止被称为哲学的领域中,实际上也同样是半通。""经验的自然研究已经积累了庞大数量的实证的知识材料,因而迫切需要在每一研究领域中系统地和依据其内在联系来整理这些材料,同样也迫切需要在各个知识领域之间确立正确的关系。于是,自然科学便进入理论领域,而在这里经验的方法不中用了,在这里只有理论思维才管用。但是理论思维无非是才能方面的一种生来就有的素质。这种才能需要发展和培养,而为了进行这种培养,除了学习以往的哲学,直到现在还没有别的办法。""然而,在理论自然科学中,往往非常明显地显露出对哲学史缺乏认识。哲学上在几百年前就已经提出,并且在哲学界往往早已被抛弃的一些命题,在理论自然科学家那里却常常作为崭新的知识而出现,甚至在一段时间里成为时髦。"①另一方面,则由于"理论家在自然科学领域中是半通",甚至是在自然科学领域中尚未"脱毛",因而又把辩证法当作"刻板公式""硬塞进自然界",以致造成自然科学家的反感和"拒斥"。正是基于"哲学"与"科学"联盟的迫切需要,恩格斯力图以"自然辩证法"打通"哲学"与"科学",在理论思维的层面上"确立辩证的同时又是唯物主义的自然观"。

哲学和科学是人类理论思维的两种基本方式。它们作为理论思维,既具有高度的相关性和复杂的相似性,又表现为既相互区别又相互补充的两个思想维度。对此,恩格斯作出了极为深刻的揭示:一方面,恩格斯明确地提出,"思维和存在的关系问题"是哲学的"重大的基本问题";另一方面,恩格斯又明确地提出,"我们的主观的思维和客观的世界服从同样的规律","它是我们的理论思维的不自觉的和无条件的前提"。这就是说:其一,哲学以外的全部"科学",都是把"思维和存在""服从同样的规律",作为"理论思维的不自觉的和无条件的前提",运用理论思维去研究"思维和存在",而不是研究"思维和存在的关系问题";其二,哲学则是把"理论思维的不自觉的和无条件的前提"作为自己反思的对象,从而把"思维和存在的关系问题"作为自己的"重大的基本问题";其三,全部科学都深层地蕴含着作为"理论思维的不自觉的和无条件的前提"的"思维和存在的关系问题",而哲学则把这个"理论思维的不自觉的和无条件的前提"作为自

---

① 《马克思恩格斯文集》第9卷,人民出版社2009年版,第435、436页。

己的"重大的基本问题",因此,哲学对科学的关系,从根本上说,是"反思"的关系。具体地说,就是反思科学活动的基础、反思科学研究的成果、反思科学发展的逻辑、反思科学的时代精神和反思科学的社会功能。

在对哲学与科学相互关系的理解中,能否从恩格斯的思想出发,从是否以"理论思维的不自觉的和无条件的前提"为对象而厘清哲学与科学的关系,是十分重要的。概括地说,通常是以下述三种方式来解释科学与哲学的区别:一是区分二者的"对象",二是剥离二者的"职能",三是划清二者的"领地"。

所谓区分科学和哲学的"对象",就是认为科学是以世界的各种不同的领域、不同的方面、不同的层次或不同的问题为对象,而哲学则以"整个世界"为对象。这是一种以"对象"的特殊性与普遍性的区分为出发点的思考方式。所谓剥离二者的"职能",就是认为科学提供关于世界的不同领域或不同方面的"特殊规律",而哲学则提供关于整个世界的"普遍规律"。这仍然是一种以"职能"的特殊性与普遍性的区分为出发点的思考方式。所谓划清二者的"领地",就是在哲学不断地被"驱逐"出其"世袭领地"的背景下,试图为哲学寻找一块科学无力问津的"领域"或科学无力解决的"问题"。这是一种以申辩哲学的现代生存权利为出发点的思考方式。

从普遍性与特殊性的关系中区分科学与哲学的"对象",以及在普遍性和特殊性的关系中剥离科学与哲学的"职能",这是对科学与哲学相互关系的最普遍的思考方式。这种思考方式,表现出了长期以来存在的哲学知识论立场。由于这种知识论立场从根本上制约着人们对哲学与科学的相互关系的理解,并从而制约着人们对哲学的理解,因此,这里非常有必要对"哲学的知识论立场"作出理论层面的概括与分析。

哲学的知识论立场,就是把哲学视为具有最高的概括性(最大的普遍性)和最高的解释性(最大的普适性)的知识,并以知识分类表的层次来区分哲学与科学,从而把科学视为关于各种"特殊领域"的"特殊规律"的知识,而把哲学视为关于"整个世界"的"普遍规律"的知识。这样,哲学就成了具有最大的普遍性的科学,就成了全部科学的基础。

这种哲学的知识论立场在西方传统哲学中是根深蒂固的。从亚里士多德"寻取最高原因的基本原理",到黑格尔构建"一切科学的逻辑",始终是以全部科学的基础的姿态君临天下。近代以来的科学的迅猛发展，不断地把哲学"驱逐"出其传统的"世袭领地"，自然、社会和思维，都成为科学的研究对象。正是在这种背景下，人们开始挣脱从普遍性与特殊性的关系来区分科学与哲学的"对象"或剥离科学与哲学的"职能"的思考方式，出现了以申辩哲学的现代生存权利为出发点的思考方式，即划清哲学与科学的不同"领地"的思考方式。

在现代科学的背景下，哲学所面对的严峻问题是：如果人类有效地解释世界的方式只能是科学，如果人类的现代世界图景只能是科学的世界图景，如果人类改造世界的实践活动只能用科学来指导，那么，人们对世界的种种哲学解释不都是所谓的"理性的狂妄"吗？人们所描绘的种种哲学图景不都是所谓的"语言的误用"吗？这样的哲学不是应当（而且必须）予以所谓的"治疗"甚至"消解"吗？哲学究竟还有什么存在的根据和存在的意义呢？

哲学与科学的内在联系在于，实现"思维和存在"的统一与反思"思维和存在的关系"，具有既相互区别、又相互联系的性质，而不是因为存在着研究对象的普遍性与特殊性的关系。人们都知道，自然、社会和思维的矛盾运动都可以用数学模型来表述，哲学界普遍关注的系统论、控制论、信息论、协同学、突变论、耗散结构论、自组织理论等等，在某种意义上都是以"整个世界"为对象；与此相反，自然辩证法、认识辩证法、思维辩证法、历史辩证法和美学等等，更不用说数学哲学、天文哲学、经济哲学、管理哲学、法哲学等等，在某种意义上都是以"特殊领域"为对象。那么，为什么前者属于"科学"，而后者却属于"哲学"？这就是因为，前者所提出和探索的问题，是关于研究对象的运动规律的问题，也就是实现研究成果中的"思维和存在"在规律层面上的统一，而不是追究研究活动及其研究成果中的"理论思维的不自觉的和无条件的前提"——"思维和存在的关系问题"；与此相反，后者则专门反思各种思想活动及其思想成果中的"理论思维的不自觉的和无条件的前提"——"思维和存在的关系问题"，而不是具体地研究各种"存在"的运动规律。这表明，在哲学与科学之间，存在着一条"逻辑的鸿沟"：科学的逻辑是实现"思维和存在"的统一的逻辑，哲学的逻辑是反思"思维和存在的关系"的逻辑。哲学的逻辑使科学的逻辑成为哲学反思的对象。在哲学的反思中，实现了哲学与科学的逻辑沟通。

哲学把科学（而不是常识）作为最主要和最重要的反思对象，其前提是科学自身必须发达到在众多领域、众多侧面和众多层面揭示事物运动规律的程度。从19世纪初开始，自然科学已由主要是"搜集材料"的科学，关于既成事物的科学，发展为"整理材料"的科学，关于过程、关于这些事物的发生和发展以及关于这些自然过程结合为一个伟大整体的联系的科学。恩格斯说，由于细胞学说、能量守恒和转化定律、达尔文生物进化论这三大发现和自然科学的其他巨大进步，"我们现在不仅能够说明自然界中各个领域内的过程之间的联系，而且总的说来也能说明各个领域之间的联系了，这样，我们就能够依靠经验自然科学本身所提供的事实，以近乎系统的形式描绘出一幅自然界联系的清晰图画"。在这种科学背景下，那种"用观念的、幻想的联系来代替尚未知道的现实的联系"的"自然哲学就最终被排除了。任何使它复活的企图不仅是多余的，而且是倒退"。恩格斯还指出，由于马克思的历史观终结了历史领域内的哲学，所以，"现在无论在哪一个领域，都不再要从头脑中想出联系，而要从事实中发现联系了"。① 这表明，马克思主义哲学在哲学史上的革命变革，首先就是以19世纪科学的巨大发展为背景，由传统哲学的在头脑中制造联系而转变为从科学成果中概括和总结现实的联系，实证科学才是马克思主义哲学直接的反思对象。

现代科学对世界各环节的规定性和必然性及其辩证联系和辩证发展的认识，为实现思维把握和解释世界的全体自由性提供了极为坚实的基础，开拓了空前广阔的前景。在现代科学的背景下，还企图超越科学对世界必然性的认识而让哲学直接地去研究"整个世界"，那就不仅是对哲学的历史和科学的现实的无知，而且是一种更加明显的、不可接受的倒退。但是，马克思主义哲学以实证科学为直接的反思对象，既不是要把实证科学成果汇集起来去充当包罗万象的知识总汇，也不是一般地研究科学本身的问题去充当关于科学的科学，而是要从实证科学的成果中概括和总结出思维反映存在运动的规律，深入地解决思维和存在的关系问题。因此，不能简单地说马克思主义哲学的对象就是实证科学。

任何一门实证科学，都不仅是以自己所提供的关于世界的规律性的认

---

① 《马克思恩格斯选集》第4卷，人民出版社1995年版，第246、257页。

识去指导人类扩展和深化对世界的改造，而且历史地扩展和深化了人类用以反映世界的认识系统，历史地提供和更新了人类用以把握世界的概念之网，历史地改善和变革了人类用以理解世界的思维方式，从而历史地表现着思维向客体接近的规律。思维规律与存在规律的统一，是人类在实践的基础上，通过科学进步的中介而实现的。这就是实证科学自身所具有的巨大的认识论意义。

科学的历史发展为人类提供不断增加的认识成分，哲学理论的现实内容来源于科学。哲学一方面是通过对认识史的总结而深化用以概括科学成果的辩证思维方式，另一方面则是运用辩证思维去概括和总结实证科学自身所具有的认识论意义，自觉地使之升华为思维反映存在运动的规律。

坚定地、并且日趋全面地以实证科学为反思对象，用科学成果来深化哲学基本问题的解决，这决定了马克思主义哲学的科学基础；自觉地、并且日益深化地解决哲学的基本问题，用通晓思维的历史和成就的辩证思维去概括科学成果、促进科学的发展，这又保证了马克思主义哲学的哲学性质。一般地说马克思主义哲学以"整个世界"为对象，不仅是无视马克思主义哲学的现实基础——实证科学，而且是混淆了马克思主义哲学作为哲学所研究的基本问题——思维和存在的关系问题；笼统地说马克思主义哲学以"思维和存在的关系问题"为对象，那就丢弃了马克思主义哲学在人类认识史上所实现的革命变革而与传统哲学相混同；而简单地说马克思主义哲学以"实证科学"为对象，则会脱离马克思主义哲学的哲学性质而与现代西方科学哲学相并论。只有把马克思主义哲学的科学基础和哲学性质辩证地统一起来，才能真正地理解马克思主义哲学，并在当代的水平上拓展和深化哲学对科学的反思。

三、列宁的"三者一致"的辩证法

在辩证法发展史上，特别是在马克思主义辩证法发展史上，列宁的辩证法思想，特别是他在《哲学笔记》中所阐发的辩证法思想，具有独特的重大意义。《哲学笔记》的辩证法思想，主要是在黑格尔《逻辑学》与马克思《资本论》双重语境的互动中形成的：一方面，列宁始终以"参看《资本论》"为出发点来探索黑格尔《逻辑学》的"真实意义"；另一方面，列宁又以"继承黑格尔和马克思的事业"的理论自觉而重新理解和阐释《资本论》。正是在《逻辑学》与《资本论》双重语境的互动中，形成了列宁《哲学笔记》的辩证法思想：唯物主义的逻辑、辩证法和认识论"三者一致"的辩证法。

（一）为什么辩证法是逻辑学？

列宁在《黑格尔辩证法（逻辑学）的纲要》中，作出一个结论性的论断："在《资本论》中，唯物主义的逻辑、辩证法和认识论［不必要三个词：它们是同一个东西］都应用于一门科学，这种唯物主义从黑格尔那里吸取了全部有价值的东西并发展了这些有价值的东西。"① 对于列宁的这个论断，人们感到最难于理解的，首先在于为什么辩证法是逻辑学？

在《黑格尔〈逻辑学〉一书摘要》中，列宁写下的第一句话是："关于逻辑学说得很妙；这是一种'偏见'，似乎它是'教人思维'的（犹如生理学是'教人消化'的？？）"② 这句话所具有的振聋发聩的意义是显而易见的：人们通常都是把逻辑学视为"教人思维"的；但是，正如生理学并不是"教人消化"的，逻辑学也不是"教人思维"的；那么，不是教人思维的"逻辑学"究竟是什么？黑格尔《逻辑学》所论述的"逻辑"究竟是什么？正是在对"逻辑"和"逻辑学"的重新思考中，列宁提出了为什么必须在逻辑学的意义上理解辩证法的一系列重要思想。

关于"逻辑"，列宁在摘录《逻辑学》第一版序言中的"逻辑学构成真正的形而上学或纯粹的、思辨的哲学"和"哲学不能由一门从属的科学——数学——取得自己的方法"以及"只有沿着这条自己构成自己的道路，哲学才能成为客观的、论证的科学"。③ 这些论述之后，在《逻辑学》第二版序言的摘要中，以全方框方式写下这样的评语："黑格尔则要求这样的逻辑：其中形式是具有内容的形式，是活生生的实在的内容的形式，

---

① 《列宁全集》第55卷，人民出版社1990年版，第290页。
② 列宁：《哲学笔记》，人民出版社1974年版，第83页。
③ 列宁：《哲学笔记》，人民出版社1974年版，第83、84页。

是和内容不可分离地联系着的形式"。① 接着，列宁同样以全方框方式写下具有结论性的评语："逻辑不是关于思维的外在形式的学说，而是关于'一切物质的、自然的和精神的事物'的发展规律的学说，即关于世界的全部具体内容及对它的认识的发展规律的学说，即对世界的认识的历史的总计、总和、结论"②。

列宁关于"逻辑"的上述评语，具有强烈的理论针对性和深刻的思想内涵。早在1859年评论马克思的《政治经济学批判》时，恩格斯就曾经犀利和辛辣地指出："自从黑格尔逝世之后，把一门科学在其固有的内部联系中来阐述的尝试，几乎未曾有过。官方的黑格尔学派从老师的辩证法中只学会搬弄最简单的技巧，拿来到处应用，而且常常笨拙得可笑。对他们来说，黑格尔的全部遗产不过是可以用来套在任何论题上的刻板公式，不过是可以用来在缺乏思想和实证知识的时候及时搪塞一下的词汇语录"③。品味恩格斯的论述，我们可以深切地体会到，"辩证法"之所以被当成"可以用来套在任何论题上的刻板公式"，之所以会变成"可以用来在缺乏思想和实证知识的时候及时搪塞一下的词汇语录"，就在于把辩证法当成脱离思想内容的纯粹的"思维方法"，当成只是"供使用"的"手段"。④ 正是针对这个关系到对"辩证法"的根本性理解的重大问题，列宁特别重视《逻辑学》对"逻辑"的重新阐释，特别肯定黑格尔所论证的内容与形式相统一的"逻辑"，特别强调"逻辑不是关于思维的外在形式的学说"，而是"关于世界的全部具体内容及对它的认识的发展规律的学说"。正是这个意义上的"逻辑学"，也就是作为关于"思维和存在的一致"即关于"真理"的"逻辑学"，构成作为发展学说的"辩证法"。

在黑格尔看来，哲学作为"关于真理的科学"⑤ 它的根本性的内容与使命，在于实现"思维和存在的一致"；而人们对于哲学的最大的误解，则在于或者把作为思维规定的"概念"当成离开整个世界和全部生活的空

---

① 列宁：《哲学笔记》，人民出版社1974年版，第89页。
② 列宁：《哲学笔记》，人民出版社1974年版，第89—90页。
③ 《马克思恩格斯选集》第2卷，人民出版社1995年版，第40页。
④ 《马克思恩格斯选集》第2卷，人民出版社1995年版，第89页。
⑤ [德] 黑格尔：《小逻辑》，贺麟译，商务印书馆1980年版，第5页。

洞的"名称",或者把整个世界和全部生活当成离开"概念"的杂多的"表象",从而在"真理"的意义否定了"思维和存在的一致"。① 具体言之,对"辩证法"的最大误解,莫过于把思想的内容与形式割裂开来、把概念的内涵与外延割裂开来、把哲学的理论与方法割裂开来,从而把作为世界观理论的"辩证法"当成没有思想内容、没有概念内涵、没有实证知识的"刻板公式"和"词汇语录"。这种根本性的误解,突出地表现在对辩证法的核心观念——"发展"的理解。列宁尖锐地指出:"对于'发展原则',在20世纪(以及19世纪末叶)'大家都已经同意'——是的,不过这种表面的、未经过深思熟虑的、偶然的、庸俗的'同意',是一种窒息真理、使真理庸俗化的同意。——如果一切都发展着,那末一切就都相互转化,因为发展显然不是简单的、普遍的和永恒的生长、增多(或减少)等等。——既然如此,那就首先必须更确切地理解进化,把它看做一切事物的产生和消灭、互相转化。——其次,如果一切都发展着,那末这点是否也同思维的最一般的概念和范畴有关?如果无关,那就是说,思维和存在不相联系。如果有关,那就是说,存在着具有客观意义的概念的辩证法和认识的辩证法。"② 对此,列宁还特别强调地写下:这是"关于辩证法及其客观意义的问题"③。

概念的辩证法和认识的辩证法之所以"具有客观意义",发展问题之所以"同思维的最一般的概念和范畴有关",是因为作为思维规定的概念和范畴既不是单纯的"思维形式"也不是"抽象的普遍性"。因此,真实地理解关于"发展"的"逻辑",就必须重新理解构成"逻辑"的"概念"和"范畴"。在肯定黑格尔所要求的内容与形式相统一的"逻辑",并作出"逻辑不是关于思维的外在形式的学说"的基础上,列宁提出"客观主义:思维的范畴不是人的用具,而是自然的和人的规律性的表述"④,并以全方框方式对"范畴"作出如下的论断:"在人面前是自然现象之

---

① [德]黑格尔:《小逻辑》,贺麟译,商务印书馆1980年版第41页。
② 列宁:《哲学笔记》,人民出版社1974年版,第280页。
③ 列宁:《哲学笔记》,人民出版社1974年版,第280页。
④ 列宁:《哲学笔记》,人民出版社1974年版,第87页。

网。本能的人，即野蛮人没有把自己同自然界区分开来。自觉的人则区分开来了，范畴是区分过程中的一些小阶段，即认识世界的过程中的一些小阶段，是帮助我们认识和掌握自然现象之网的网上纽结"①。这样的逻辑范畴就"不只是抽象的普遍，而且是自身还包含着特殊东西的丰富性的普遍"，由这样的逻辑范畴所展开的逻辑就"不是抽象的、僵死的、不动的，而是具体的"。正是基于这种理解，列宁在摘录黑格尔的这些论述后，写下了这样的评语："典型的特色！辩证法的精神和实质！"②

列宁的上述论断，并不是偶发的感慨，而是在"旧逻辑"与《逻辑学》的对比中作出的，即："在旧逻辑中，没有转化，没有发展（概念的和思维的），没有各部分之间的'内在的必然的联系'，也没有某些部分向另一些部分的'转化'"，而黑格尔的《逻辑学》则"提出两个基本的要求：（1）'联系的必然性'和（2）'差别的内在的发生'。"③列宁认为，黑格尔的这"两个基本的要求"，正是深刻地体现了"辩证的东西＝'在对立面的统一中把握对立面'"。④因此列宁提出："辩证法是一种学说。它研究对立面怎样才能够同一，是怎样（怎样成为）同一的——在什么条件下它们是相互转化而同一的，——为什么人的头脑不应该把这些对立面看做僵死的、凝固的东西，而应该看做活生生的、有条件的、活动的、互相转化的东西"⑤。列宁关于辩证法的上述论断告诉我们，"在对立面的统一中把握对立面"，就必须掌握"具有客观意义"的概念的辩证法和认识的辩证法；而深刻地理解辩证法是逻辑学，则必须重新理解"逻辑"的现实表达——"概念"。

特别引人注目和发人深省的是，《哲学笔记》着力最多的主要内容，是在辩证法与逻辑学的一致中重新理解"概念"。列宁指出："对通常看起来似乎是僵死的概念，黑格尔作了分析并指出：它们之中有着运动。有限的？——就是说，向终极运动着的！某物？——就是说，不是他物。一

---

① 列宁：《哲学笔记》，人民出版社1974年版，第90页。
② 列宁：《哲学笔记》，人民出版社1974年版，第99页。
③ 列宁：《哲学笔记》，人民出版社1974年版，第95页。
④ 列宁：《哲学笔记》，人民出版社1974年版，第97页。
⑤ 列宁：《哲学笔记》，人民出版社1974年版，第111页。

般存在?——就是说,是这样的不规定性,以致存在＝非存在。概念的全面的、普遍的灵活性,达到了对立面同一的灵活性,——这就是实质所在。主观地运用的这种灵活性＝折衷主义与诡辩。客观地运用的灵活性,即反映物质过程的全面性及其统一的灵活性,就是辩证法,就是世界的永恒发展的正确反映。"① 对此,列宁进而提出:"(抽象的)概念的形成及其运用,已经包含着关于世界客观联系的规律性的看法、信念、意识。""否定概念的客观性、否定个别和特殊之中的一般性的客观性,是不可能的。由于黑格尔探讨客观世界的运动在概念的运动中的反映,所以他比康德等人深刻得多。"② 在这段论述中,列宁还以《资本论》所阐述的商品为例,具体地指出:"某种商品和其他商品交换的个别行为,作为一种简单的价值形式来说,其中就已经包含着资本主义的尚未展开的一切主要矛盾——即使是最简单的概括,即使是概念(判断、推理等等)的最初的和最简单的形成,就已经意味着人对于世界的客观联系的认识是日益深刻的。在这里必须探求黑格尔逻辑学的真实的涵义、意义和作用。"③ 由此,列宁又进一步提出:"当逻辑的概念还是'抽象的',还具有抽象形式的时候,它们是主观的,但同时它们也反映着自在之物。自然界既是具体的又是抽象的,既是现象又是本质,既是瞬间又是关系。人的概念就其抽象性、隔离性来说是主观的,可是就整体、过程、总和、趋势、泉源来说却是客观的。"④ 对此,列宁还引证《逻辑学》的话说,"凡是没有思维和概念的对象,就是一个表象或者甚至只是一个名称;只有在思维和概念的规定中,对象才是它本来的那样",并写下这样的评语:"这是对的!表象和思想,二者的发展,而不是什么别的"⑤。正是基于对"概念"的上述理解,列宁在"辩证法是什么?"的标题下作出如下论断:"概念的相互依赖","一切概念的毫无例外的相互依赖","一个概念向另一个概念的转化","一切概念的毫无例外的转化","概念之间对立的相对性","概

---

① 列宁:《哲学笔记》,人民出版社1974年版,第112页。
② 列宁:《哲学笔记》,人民出版社1974年版,第189—190页。
③ 列宁:《哲学笔记》,人民出版社1974年版,第190页。
④ 列宁:《哲学笔记》,人民出版社1974年版,第223页。
⑤ 列宁:《哲学笔记》,人民出版社1974年版,第242页。

之间对立面的同一"。①

列宁对"概念"的阐释,不仅深切地揭示了逻辑学与辩证法的一致,而且深切地揭示了这种"一致"所具有的重大的哲学意义。在摘录黑格尔关于"理解运动,就是用概念的形式来表达运动的本质"之后,列宁写下"对!"的评论,并且进而作出这样的论断:"问题不在于有没有运动,而在于如何在概念的逻辑中表达它"。② 这是因为,只是肯定"运动"的经验事实,还仅仅是素朴实在论的反映论,"它描述的是运动的结果,而不是运动自身","它没有指出运动的可能性,它自身没有包含运动的可能性","它把运动描写成为一些静止状态的总和、联结",而辩证的矛盾则"被掩盖、推开、隐藏、搁置起来"。③ 因此,只有在"概念的逻辑中"揭示"运动"的矛盾本质,才能"在对立面的统一中把握对立面",才能构成作为理论思维的辩证法。

然而,正如黑格尔已经深刻揭示的,"从来造成困难的总是思维,因为思维把一个对象的实际上联结在一起的各个环节彼此分隔开来考察。"列宁由此提出:"如果不把不间断的东西割断,不使活生生的东西简单化、粗糙化,不加以割碎,不使之僵化,那末我们就不能想象、表达、测量、描述运动。思维对运动的描述,总是粗糙化、僵化。不仅思维是这样,而且感觉也是这样;不仅对运动是这样,而且对任何概念也都是这样。"④ 正是由于"思维"、"概念"总是使"活生生的东西简单化、粗糙化"、"割碎"和"僵化",因此,实现"思维和存在的一致"的辩证法,就必须达到"概念的全面的、普遍的灵活性,达到对立面同一的灵活性"⑤,"这些概念必须是经过琢磨的、整理过的、灵活的、能动的、相对的、相互联系的、在对立中是统一的"⑥。正是在辩证法与逻辑学相一致的意义上重新理

---

① 列宁:《哲学笔记》,人民出版社1974年版,第210页。
② 列宁:《哲学笔记》,人民出版社1974年版,第281页。
③ 列宁:《哲学笔记》,人民出版社1974年版,284—285页。
④ 列宁:《哲学笔记》,人民出版社1974年版,第285页。
⑤ 列宁:《哲学笔记》,人民出版社1974年版,第112页。
⑥ 列宁:《哲学笔记》,人民出版社1974年版,第154页。

解"概念"，列宁引证恩格斯的话说，辩证法就是"运用概念的艺术"①。

正是基于对辩证法必须是逻辑学的上述理解，也就是基于必须以思维的逻辑运动（概念的辩证法）去把握和描述事物的逻辑（存在的辩证法）才能实现"思维和存在的一致"的上述理解，列宁不仅肯定了"具有客观意义的概念的辩证法和认识的辩证法"，而且作出了一个令人惊叹的评语："聪明的唯心主义比愚蠢的唯物主义更接近于聪明的唯物主义"。② 对于这个评语，列宁的解释是："聪明的唯心主义这个词可以用辩证的唯心主义这个词来代替"，而"愚蠢的这个词可以用形而上学的、不发展的、僵死的、粗糙的、不动的这些词来代替"。③ 列宁的这个论断及其解释告诉我们，坚持和发展马克思主义的"聪明的唯物主义"，首先就必须深刻地理解黑格尔的"聪明的唯心主义"即"辩证的唯心主义"所提供的"概念的辩证法"，就必须真实地超越马克思所批评的"只是从客体的或者直观的形式"去理解"对象、现实、感性"的"从前的一切唯物主义"，④ 也就是真实地超越列宁所批评的"形而上学的、不发展的、僵死的、粗糙的、不动的"即"愚蠢的唯物主义"。而实现这种理论超越的前提，则是必须在"逻辑学"的意义上重新理解"辩证法"。

从马克思主义哲学发展史看，列宁关于辩证法就是逻辑学的思想，与恩格斯关于"思维和存在的一致"的思想是完全"一致"的。恩格斯说："我们的主观的思维和客观的世界遵循同一些规律，因而二者在其结果中最终不能互相矛盾，而必须彼此一致，这个事实绝对地支配着我们的整个理论思维。这个事实是我们的理论思维的本能的和无条件的前提。18世纪的唯物主义，由于其本质上的形而上学的性质，只是从内容方面研究这个前提。它只限于证明一切思维和知识的内容都应当来源于感性的经验，并且重新提出下面这个命题：感觉中未曾有过的东西，理智中也不存在。只有现代的唯心主义的，同时也是辩证的哲学，特别是黑格尔，才又从形式

---

① 列宁：《哲学笔记》，人民出版社1974年版，第277页。
② 列宁：《哲学笔记》，人民出版社1974年版，第305页。
③ 列宁：《哲学笔记》，人民出版社1974年版，第305页。
④ 《马克思恩格斯选集》第1卷，人民出版社1995年版，第58页。

方面研究了这个前提。"① 正是由于旧唯物主义"只是从内容方面"研究"思维和存在的一致",因而决定了"其本质上的形而上学的性质";而"又从形式方面"研究"思维和存在的一致"的黑格尔哲学,则一方面是在辩证法与逻辑学的同一中构成了"辩证的哲学",另一方面则是以唯心主义的神秘方式所构成的"聪明的唯心主义"。列宁强调《资本论》所实现的是"唯物主义的逻辑、辩证法和认识论"的"三者一致",这既是充分地肯定马克思"从黑格尔那里吸取了全部有价值的东西",又是深切地揭示马克思"发展了这些有价值的东西",因而才实现了从"聪明的唯心主义"到"聪明的唯物主义"的飞跃。

(二) 为什么辩证法是认识论?

如果说列宁关于"唯物主义的逻辑、辩证法和认识论"是"同一个东西"的论断,不可否认地包含"辩证法就是逻辑学"的判断;那么,列宁在《谈谈辩证法问题》这篇具有总结性的短文中,则明确地提出了"辩证法也就是(黑格尔和)马克思主义的认识论"的著名论断。②

对于列宁的这个论断,学界一直存在不同的理解和阐释,其中的一种具有代表性的解释模式,是把列宁的这个论断归结为"把辩证法应用于反映论,应用于认识的过程和发展"。这种解释,不仅极大地缩小了"辩证法就是认识论"的深厚的思想内涵,而且还造成了把列宁的辩证法思想(特别是《哲学笔记》中所阐述的辩证法思想)归结为"认识论的辩证法"的不容忽视的理论"误区"。这突出地表现在,当代国内外的辩证法研究中,几乎形成了一种"共识"的关于辩证法的分类:本体论的辩证法、认识论的辩证法、实践论的辩证法,而一些学者正是从列宁的"辩证法也就是认识论"的论断而断言列宁的辩证法属于"认识论的辩证法"。这表明,只有重新研读和阐释《逻辑学》与《资本论》双重语境互动中的《哲学笔记》,才能理解列宁关于辩证法也就是认识论的真实涵义,并从而跳出把列宁的辩证法思想归结为"认识论的辩证法"的理论"误区"。

---

① 《马克思恩格斯选集》第4卷,人民出版社1995年版,第364页。
② 列宁:《哲学笔记》,人民出版社1974年版,第410页。

在《哲学笔记》中，列宁关于辩证法的全部论述，直接针对的是把辩证法"当做实例的总和"，"而不是被当做认识的规律（以及客观世界的规律）"。① 正是基于这种强烈的针对性，列宁强调地指出："辩证法也就是（黑格尔和）马克思主义的认识论：正是问题的这一'方面'（这不是问题的一个'方面'，而是问题的本质）普列汉诺夫没有注意到，至于其他的马克思主义者就更不用说了。"② 在这段发人深省的论述中，列宁有针对性地强调了三个方面：其一，辩证法也就是黑格尔和马克思主义的认识论。在这里，列宁不仅是把黑格尔和马克思并列起来强调辩证法就是认识论，而且特别是在《逻辑学》与《资本论》的一致性方面强调辩证法就是认识论；其二，辩证法也就是认识论，"这不是问题的一个'方面'，而是问题的本质"③。在这里，列宁所针对的正是那种把"辩证法也就是认识论"这个命题归结为"问题的一个'方面'"的理解模式，也就是仅仅把这个命题归结为"把辩证法应用于反映论"的理解模式。列宁所强调的"问题的本质"，指的是不能把辩证法"当做实例的总和"，而必须从"认识的规律（以及客观世界的规律）"去理解辩证法，也就是从作为哲学的重大的基本问题的思维和存在的关系问题去理解辩证法；其三，列宁为了强调理解这个"问题的本质"的重要性和艰巨性，又进一步地提出，这个"问题的本质"连普列汉诺夫这样著名的马克思主义理论家都"没有注意到，至于其他的马克思主义者就更不用说了"。

从"问题的本质"上看，整部的《哲学笔记》都是在把辩证法理解为逻辑学的基础上，也就是在把辩证法理解为以思维的逻辑把握存在的运动的基础上，全面地、深刻地论证了"辩证法也就是（黑格尔和）马克思主义的认识论"。这主要包括：关于人的认识辩证本性的论证，关于认识的辩证运动的论证，关于辩证法与认识史关系的论证，关于辩证法的知识领域的论证，关于认识和逻辑的实践基础的论证，关于唯心主义的认识论根源的论证等等。列宁的这些论证，不仅具体地阐述了"辩证法也就是（黑

---

① 列宁：《哲学笔记》，人民出版社1974年版，第407页。
② 列宁：《哲学笔记》，人民出版社1974年版，第410页。
③ 列宁：《哲学笔记》，人民出版社1974年版，第410页。

格尔和）马克思主义认识论"这个"问题的本质",而且深刻地揭示了《资本论》的"唯物主义的逻辑、辩证法和认识论"是"同一个东西"。

在《哲学笔记》中,"辩证法也就是认识论"同"辩证法也就是逻辑学",并不是相互独立的两个论断,而是从两个不同的角度所形成的关于"问题的本质"的具有共同的思想内涵的同一个判断。列宁在"探求"黑格尔逻辑学的真实的涵义、意义和作用时提出,"（抽象的）概念的形成及其运用,已经包含着关于世界客观联系的规律性的看法、信念、意识"①。列宁由此进一步以"唯物主义的观点"提出:"逻辑学是关于认识的学说,是认识的理论。认识是人对自然界的反映。但是,这并不是简单的、直接的、完全的反映,而是一系列的抽象过程,即概念、规律等等的构成、形成过程,这些概念和规律等等（思维、科学＝'逻辑观念'）有条件地近似地把握着永恒运动着的和发展着的自然界的普遍规律性。""人不能完全把握＝反映＝描绘全部自然界、它的'直接的整体',人在创立抽象、概念、规律、科学的世界图画等等时,只能永远地接近于这一点。"② 正是由于列宁以"唯物主义的观点"来解读"关于认识的学说"的《逻辑学》,因此以全方框方式写道:"极其深刻和聪明！逻辑规律就是客观事物在人的主观意识中的反映"③。这正是列宁以"问题的本质"——思维和存在的关系问题——所阐释的"唯物主义的逻辑、辩证法和认识论"的"三者一致"。

"辩证法也就是认识论",首先是植根于人的认识的辩证本性。列宁提出:"从最简单、最普通、最常见的等等东西开始；从任何一个命题开始,从树叶是绿的,伊万是人,哈巴狗是狗等等。在这里（正如黑格尔天才的指出过的）就已经有辩证法:个别就是一般。"④ 因此,"在任何一个命题中,好像在一个'单位'（'细胞'）中一样,都可以（而且应当）发现辩证法一切要素的萌芽,这就表明辩证法是人类的全部认识所固有的"⑤。在

---

① 列宁:《哲学笔记》,人民出版社1974年版,第190页。
② 列宁:《哲学笔记》,人民出版社1974年版,第194页。
③ 列宁:《哲学笔记》,人民出版社1974年版,第194页。
④ 列宁:《哲学笔记》,人民出版社1974年版,第409页。
⑤ 列宁:《哲学笔记》,人民出版社1974年版,第410页。

这里，列宁不仅从"辩证法是人类的全部认识所固有的"观点论证了"辩证法也就是认识论"，而且是从人的认识的辩证本性论证了"具有客观意义的概念的辩证法和认识的辩证法"，从而在"辩证法就是逻辑学"和"辩证法就是认识论"这两个命题的统一中，深化了我们对"唯物主义的逻辑、辩证法和认识论"是"同一个东西"的理解。

"辩证法也就是认识论"，还在于人（人类）的认识本身是辩证发展的。在《哲学笔记》中，列宁对此作出了一系列的深刻论述："思想和客体的一致是一个过程"，"认识是思维对客体的永远的、没有止境的接近。自然界在人的思想中的反映，应当了解为不是'僵死的'，不是'抽象'的，不是没有运动的，不是没有矛盾的，而是处在运动的永恒过程中，处在矛盾的产生和解决的永恒过程中的"①，"人对事物、现象、过程等等的认识从现象到本质、从不甚深刻的本质到更深刻的本质的深化的无限过程"②，"人的概念并不是不动的，而是永恒运动的，相互转化的，往返流动的；否则，它们就不能反映活生生的生活"③。正是基于对人的认识的辩证发展的理解，列宁在《谈谈辩证法问题》一文中对"辩证法也就是认识论"的思想内涵作出精辟的阐释："辩证法是活生生的、多方面的（方面的数目永远增加着的）认识，其中包含着无数的各式各样观察现实、接近现实的成分（包含着从每个成分发展成的整个哲学体系），这就是它比起'形而上学的'唯物主义来所具有的无比丰富的内容，而形而上学的唯物主义的根本缺陷就是不能把辩证法应用于反映论，应用于认识的过程和发展。"④ 列宁的上述论断，既表明了从认识的辩证发展去理解"辩证法也就是认识论"的必要性和重要性，又表明了列宁主要是针对"形而上学的唯物主义的根本缺陷"而着重提出"把辩证法应用于反映论，应用于认识的过程和发展"的问题。如果把关系到"问题的本质"的"辩证法也就是认识论"这一命题仅仅理解为"把辩证法应用于反映论"，就既不能真

---

① 列宁：《哲学笔记》，人民出版社 1974 年版，第 208 页。
② 列宁：《哲学笔记》，人民出版社 1974 年版，第 239 页。
③ 列宁：《哲学笔记》，人民出版社 1974 年版，第 277 页。
④ 列宁：《哲学笔记》，人民出版社 1974 年版，第 411 页。

正把握这一命题的深刻内涵，更不能理解为什么"唯物主义的逻辑、辩证法和认识论"是"同一个东西"。

"辩证法也就是认识论"，还在于哲学史上的任何一种哲学理论、一种哲学学说、一种哲学派别、一种哲学思潮，都与人的认识的某种特征、方面或部分密切相关。列宁在提出"辩证法是活生生的、多方面的（方面的数目永远增加着的）认识，其中包含着无数的各式各样观察现实、接近现实的成分（包含着从每个成分发展成的整个哲学体系）"之后，作出了人们经常引证的著名论断："从粗陋的、简单的、形而上学的唯物主义观点看来，哲学唯心主义不过是胡说。相反地，从辩证唯物主义的观点看来，哲学唯心主义是把认识的某一个特征、方面、部分片面地、夸大地、发展（膨胀、扩大）为脱离了物质、脱离了自然的、神化了的绝对。唯心主义就是僧侣主义。这是对的。但（'更确切些'和'除此而外'）哲学唯心主义是经过人的无限复杂的（辩证的）认识的一个成分而通向僧侣主义的道路。"①对此，列宁又作出进一步的深刻阐述："人的认识不是直线（也就是说，不是沿着直线进行的），而是无限地近似于一串圆圈，近似于螺旋的曲线。这一曲线的任何一个片断、碎片、小段都能被变成（被片面地变成）独立的完整的直线，而这条直线能把人们（如果只见树木不见森林的话）引到泥坑里去，引到僧侣主义那里去（在那里统治阶级的阶级利益就会把它巩固起来）。直线性和片面性，死板和僵化，主观主义和主观盲目性就是唯心主义的认识论根源。而僧侣主义（＝哲学唯心主义）当然有认识论的根源，它不是没有根基的，它无疑地是一朵不结果实的花，然而却是生长在活生生的、结果实的、真实的、强大的、全能的、客观的、绝对的人类认识这棵活生生的树上的一朵不结果实的花。"②从"辩证法就是认识论"去理解全部哲学史，一个重大的理论意义在于，它使人们真正地理解哲学唯心主义的产生和长期存在的认识论根源。

"辩证法也就是认识论"，还在于"辩证哲学"本身就是"一种建立在通晓思维的历史和成就的基础上的理论思维"。无论是从人类认识的辩

---

① 列宁：《哲学笔记》，人民出版社1974年版，第411页。
② 列宁：《哲学笔记》，人民出版社1974年版，第411—412页。

证本性和辩证发展上看，还是从理解哲学理论和哲学派别冲突的认识论根源上看，理解逻辑、辩证法和认识论的"三者一致"，都必须把"辩证法"同全部"哲学史"联系起来。这是列宁阅读《逻辑学》的一个重要结论。在《逻辑学》的"存在论"的摘要中，列宁就以全方框方式写下了这样的评语："看来，黑格尔是把他的概念、范畴的自己发展和全部哲学史联系起来了。这为整个逻辑学提供了又一个新的方面。"① 正是这个"新的方面"，得到列宁的特殊的关切。列宁在《哲学笔记》中提出这样一个问题：为什么"普遍运动和变化的思想（逻辑学，1813年）未被应用于生命和社会以前，就被猜测到了"？② 列宁认为，《逻辑学》之所以能够"猜测到"这个"普遍运动和变化的思想"，非常重要的原因，是由于"黑格尔在哲学史中着重地探索辩证的东西"③，"黑格尔的辩证法是思想史的概括"④。列宁由此得出的重要结论是："要继承黑格尔和马克思的事业，就应当辩证地研究人类思想、科学和技术的历史"⑤。据此，列宁还进一步具体地提出，"哲学史"，"各门科学的历史"，"儿童智力发展的历史"，"动物智力发展的历史"，"语言的历史"，"心理学"，"感觉器官的生理学"，"这就是那些应当构成认识论和辩证法的知识领域"⑥。深思列宁的这些论述，我们可以深刻地理解恩格斯为什么把"辩证哲学"归结为是"一种建立在通晓思维的历史和成就的基础上的理论思维"⑦。

需要特别指出的是，在列宁的"辩证法也就是（黑格尔和）马克思主义认识论"的哲学思想中，最为重要的思想是以实践的观点来论证"唯物主义的逻辑、辩证法和认识论"是"同一个东西"。因此，列宁在这里所指认的"唯物主义"，并不是旧唯物主义或一般意义的"唯物主义"，而是特指《资本论》的"唯物主义"即马克思主义的"现代唯物主义"。

---

① 列宁：《哲学笔记》，人民出版社1974年版，第117页。
② 列宁：《哲学笔记》，人民出版社1974年版，第147页。
③ 列宁：《哲学笔记》，人民出版社1974年版，第273页。
④ 列宁：《哲学笔记》，人民出版社1974年版，第355页。
⑤ 列宁：《哲学笔记》，人民出版社1974年版，第154页。
⑥ 列宁：《哲学笔记》，人民出版社1974年版，第399页。
⑦ 《马克思恩格斯选集》第3卷，人民出版社1995年版，第533页。

在《逻辑学》"概念论"的摘要中，列宁以"对客体的认识"的评语，摘录了黑格尔关于"对真理的认识就在于：按照客体本身，即把客体作为不掺杂主观反思的东西来认识"的论述。①列宁由此提出了关于"唯物主义辩证法"的一系列评语。首先，列宁明确地提出，"外部世界，自然界的规律，乃是人的有目的的活动的基础"，"人在自己的实践活动中面向着客观世界，以它为转移，以它来规定自己的活动"②，"人的目的是客观世界所产生的，是以它为前提的"③；与此同时，列宁又强调地指出，"人的意识不仅反映客观世界，并且创造客观世界"④，"世界不会满足人，人决心以自己的行动来改变世界"⑤；列宁由此提出"实质：'善'是'对外部现实性的要求'，这就是说，'善'被理解为人的实践＝要求（1）和外部现实性（2）"⑥。在这里，列宁深刻地揭示了"唯物主义的逻辑、辩证法和认识论"是"同一个东西"的存在论根源：人的实践活动的目的性要求与外部现实性的辩证关系。其次，列宁特别关切地阐述了"逻辑"的现实基础，提出"人的实践经过千百万次的重复，它在人的意识中以逻辑的格固定下来。这些格正是（而且只是）由于千百万次的重复才有着先入之见的巩固性和公理的性质"⑦。列宁的这个思想，从人类的实践活动出发深刻地揭示了"逻辑"之所以具有"客观意义"的实践源泉。再次，列宁在"黑格尔论实践和认识的客观性"的标题下，写下"人的和人类的实践是认识的客观性的验证、准绳。黑格尔的意思是这样的吗？要回过来再看"⑧。接着，列宁又以全方框方式写下，"在黑格尔那里，在分析认识过程中，实践是一个环节，并且也是向客观的（在黑格尔看来是'绝对的'）真理的过渡。因此，当马克思把实践的标准列入认识论时，他的观

---

① 列宁：《哲学笔记》，人民出版社 1974 年版，第 197 页。
② 列宁：《哲学笔记》，人民出版社 1974 年版，第 200 页。
③ 列宁：《哲学笔记》，人民出版社 1974 年版，第 201 页。
④ 列宁：《哲学笔记》，人民出版社 1974 年版，第 228 页。
⑤ 列宁：《哲学笔记》，人民出版社 1974 年版，第 229 页。
⑥ 列宁：《哲学笔记》，人民出版社 1974 年版，第 229 页。
⑦ 列宁：《哲学笔记》，人民出版社 1974 年版，第 233 页。
⑧ 列宁：《哲学笔记》，人民出版社 1974 年版，第 227 页。

点是直接和黑格尔接近的：见关于费尔巴哈的提纲"①。

列宁的上述思想，以马克思的实践观点深刻地阐述了"唯物主义的逻辑、辩证法和认识论"的"三者一致"，从而使我们更为具体和更为深刻地理解马克思的唯物主义从黑格尔那里所吸取的"全部有价值的东西"，特别是更为具体和更为深刻地理解马克思的唯物主义如何"向前推进了这些有价值的东西"。②这同时表明，离开列宁对思维和存在关系问题的实践论理解，把列宁关于"辩证法也就是（黑格尔和）马克思主义的认识论"的重要思想仅仅归结为"把辩证法应用于反映论"，并进而把列宁的这个思想归结为"认识论的辩证法"，是不符合列宁的思想本身的。

（三）怎样理解《资本论》的"唯物主义的逻辑、辩证法和认识论"是"同一个东西"？

对于列宁来说，最大的理论问题莫过于究竟什么是马克思主义，最大的理论困惑莫过于为什么包括普列汉诺夫在内的马克思主义者并没有真正懂得马克思主义。列宁在《逻辑学》与《资本论》双重语境的互动中所阐发的"唯物主义的逻辑、辩证法和认识论"是"同一个东西"的重要思想，正是对上述两个问题的根本性回答。

列宁认为，辩证法不仅是马克思主义哲学中有决定意义的东西，而且是整个马克思主义的活的灵魂。然而，在恩格斯逝世以后，马克思的辩证法却遭到两个方面的严重歪曲：一是把"发展"这个概念当作时髦的旗号搞庸俗进化论；一是把"辩证法"从黑格尔已经达到的自觉形态（唯心主义的逻辑、辩证法和认识论的"三者一致"）降低为朴素、自发的东西即"实例的总和"。对于造成这种歪曲的重要理论根源，列宁明确和尖锐地指出："不钻研和不理解黑格尔的全部逻辑学，就不能完全理解马克思的《资本论》，特别是它的第1章。因此，半个世纪以来，没有一个马克思主义者是理解马克思的！！"③ 理解马克思，就必须理解马克思的《资本论》；而理解《资本论》，则必须"钻研和理解"黑格尔的《逻辑学》。列宁在

---

① 列宁：《哲学笔记》，人民出版社1974年版，第228页。
② 列宁：《哲学笔记》，人民出版社1974年版，第357页。
③ 列宁：《哲学笔记》，人民出版社1974年版，第191页。

《逻辑学》与《资本论》双重语境的互动中所作出的这个论断，要求我们真实地、深刻地理解《资本论》的"唯物主义的逻辑、辩证法和认识论"是"同一个东西"。

列宁是作为自觉的马克思主义者来阅读黑格尔的《逻辑学》，因此"总是竭力用唯物主义观点来读黑格尔的著作"，总是以"参看《资本论》"为出发点来思考《逻辑学》，从而在《逻辑学》与《资本论》双重语境的互动中得出一个根本性的结论，即："虽说马克思没有遗留下'逻辑'（大写字母的），但他遗留下《资本论》的逻辑，应当充分地利用这种逻辑来解决这一问题。在《资本论》中，唯物主义的逻辑、辩证法和认识论〔不必要三个词：它们是同一个东西〕都应于一门科学，这种唯物主义从黑格尔那里吸取了全部有价值的东西并发展了这些有价值的东西"①。列宁的结论清晰地表明，《资本论》不只是吸取了黑格尔的"全部有价值的东西"，而且是"发展了这些有价值的东西"，因而才构成《资本论》的"唯物主义的逻辑、辩证法和认识论"的"同一个东西"。

《资本论》的"唯物主义的逻辑、辩证法和认识论"作为"同一个东西"，具有深刻的、具体的思想内涵：其一，《资本论》直接呈现的是由一系列经济范畴所构成的理论体系，离开这些经济范畴及其逻辑关系就不存在《资本论》的理论体系，在这个意义上，《资本论》就是关于资本运动的"逻辑"；其二，构成《资本论》的经济范畴及其逻辑体系，又是马克思自觉地以思维的规定把握现实的规定的产物，离开思维对现实的认识论自觉，就不可能真正地理解和把握《资本论》的逻辑体系，在这个意义上，《资本论》又是关于资本运动的"认识论"；其三，《资本论》以思维的规定所把握的现实的规定，是在商品、货币、资本、地租、利润的"物和物"的关系中所掩盖的"人和人"的关系，它的"经济范畴只不过是生产的社会关系的理论表现"②，离开"人们的现实生活过程"，就不可能真正地理解商品、货币、资本、地租、利润等全部经济范畴及其逻辑关

---

① 《列宁全集》第 55 卷，人民出版社 1995 年版，第 290 页。
② 《马克思恩格斯选集》第 1 卷，人民出版社 1995 年版，第 141 页。

系，在这个意义上，《资本论》又是体现"思维和存在的一致"的"辩证法"①。这表明，《资本论》所体现的"同一个东西"，既是吸收了黑格尔的"全部有价值的东西"——把辩证法、认识论和逻辑学作为"同一个东西"而研究和阐述资本运动的逻辑，更是"发展了这些有价值的东西"——以马克思的唯物主义为前提和基础的"同一个东西"。这就要求我们从"唯物主义的逻辑、辩证法和认识论"的"三者一致"去理解和把握马克思的《资本论》。

在《资本论》的开头，马克思就明确地提出："资本主义生产方式占统治地位的社会的财富，表现为'庞大的商品堆积'，单个的商品表现为这种财富的元素形式。因此，我们的研究就从分析商品开始"②。而在《哲学笔记》中，列宁首先关注的就是普遍与特殊的辩证关系，特别是在"商品"这个"元素形式"中所体现的这种辩证关系。在《逻辑学》导言部分的摘要中，列宁就以全方框方式写下："绝妙的公式：'不只是抽象的普遍，而且是自身体现着特殊、个体、个别东西的丰富性的这种普遍'（特殊的和个别的东西的全部丰富性！）!! 好极了！"③ 而在总结性的短文《谈谈辩证法问题》中，对于《资本论》关于"商品"的这个"开端"思想，列宁的评论是："马克思在《资本论》中首先分析资产阶级社会（商品社会）里最简单、最普通、最基本、最常见、最平凡、碰到过亿万次的关系——商品交换。这一分析从这个最简单的现象中（从资产阶级社会的这个'细胞'中）揭示出现代社会的一切矛盾（或一切矛盾的胚芽）。往后的叙述向我们表明这些矛盾和这个社会的发展，在这个社会的各个部分总和中的、从这个社会的开始到终结的发展（既是生长又是运动）"④。在这里，列宁不只是在"唯物主义的逻辑、辩证法和认识论"是"同一个东西"的意义上深刻地阐释了《资本论》所体现的普通与特殊的辩证法，而且在"同一个东西"的意义上深刻地阐述了《资本论》所体现的"一般

---

① 参见孙正聿：《"现实的历史"：〈资本论〉的存在论》，载《中国社会科学》2010年第2期。
② 《马克思恩格斯全集》第44卷，人民出版社2001年版，第47页。
③ 列宁：《哲学笔记》，人民出版社1974年版，第98页。
④ 列宁：《哲学笔记》，人民出版社1974年版，第409页。

辩证法的阐述（以及研究）方法"——从抽象到具体的辩证法、历史与逻辑相统一的辩证法。

在《哲学笔记》中，列宁不仅从商品自身的"普遍与特殊"的辩证关系来阐述《资本论》的诸范畴，而且从认识的一般进程来看待《资本论》的逻辑。在《黑格尔辩证法（逻辑学）的纲要》中，列宁写下："概念（认识）在存在中（在直接的现象中）揭露本质（因果律、同一、差别等等）——整个人类认识（全部科学）的真正的一般进程就是如此。自然科学和政治经济学［以及历史］的进程也是如此。所以，黑格尔的辩证法是思想史的概括。从各门科学的历史上更具体地更详尽地研究这点，会是一个极有裨益的任务。总的说来，在逻辑中思想史应当和思维规律相吻合"①。对此，列宁还具体地写下："商品—货币—资本"、"绝对剩余价值的生产"、"相对剩余价值的生产"、"资本主义的历史和对于概述资本主义历史的那些概念的分析"②，"开始是最简单的、普通的、常见的、直接的'存在'，个别的商品（政治经济学中的'存在'）。把它当做社会关系来加以分析。两种分析：演绎的和归纳的，——逻辑的和历史的（价值形式）。""在这里，在每一步分析中，都用事实即用实践来进行检验。"③

列宁认为，《资本论》作为"逻辑"，是"因为每一门科学都要以思想和概念的形式来表述自己的对象"（黑格尔），因此"任何科学都是应用逻辑"。④《资本论》所揭示的资本运动的逻辑，就是马克思以经济范畴（商品、货币、资本等等）的逻辑运动所把握到的资本运动的逻辑，也就是马克思以思维的规定所把握到的"现实的历史"的规定。列宁在《逻辑学》"本质论"的摘要中，在摘录黑格尔关于"思辨的思维就在于它能把握住矛盾，又能在矛盾中把握住自身，而不是象表象那样受矛盾支配，并且让矛盾把自己的规定不是化为他物就是化为无"之后，写下这样的评语："必须揭发、理解、拯救、解脱、清洗这种实质，马克思和恩格斯就

---

① 列宁：《哲学笔记》，人民出版社1974年版，第355页。
② 列宁：《哲学笔记》，人民出版社1974年版，第357页。
③ 列宁：《哲学笔记》，人民出版社1974年版，第357页。
④ 列宁：《哲学笔记》，人民出版社1974年版，第216页。

做到了这一点"①。在《资本论》中,马克思正是以"矛盾"的具体的规定性来分析商品作为使用价值和交换价值的二重性,并进而分析形成商品二重性的劳动的二重性,从而构成了马克思政治经济学的劳动价值论,以及在此基础上构成的剩余价值论。列宁认为,《资本论》的这种研究方式和叙述方式,正是表明"马克思把黑格尔辩证法的合理形式运用于政治经济学"②。

马克思《资本论》的辩证法、认识论和逻辑学的三者一致,是以唯物主义为基础的三者一致,因此,列宁在以"参看《资本论》"为出发点而阅读《逻辑学》的过程中,特别关切的是马克思"从黑格尔和费尔巴哈继续向前的运动,从唯心主义辩证法到唯物主义辩证法的前进运动"③,特别强调的是马克思"从黑格尔那里吸取了全部有价值的东西并发展了这些有价值的东西"④。这表明,深刻地理解《资本论》所实现的"唯物主义的逻辑、辩证法和认识论"的"三者一致",最为根本的问题是在于:其一,马克思从黑格尔那里所汲取的"全部有价值的东西"究竟是什么?其二,马克思怎样"发展了这些有价值的东西"?

黑格尔《逻辑学》的概念辩证法的主要价值在于两个方面:一是以"联系的普遍性"和"差别的内在的发生"为内容,批判了把概念当成"抽象的普遍性"的观点,深刻地论证了概念的"具体性";二是以思维规定在认识发展中的自我扬弃为内容,批判了把概念当成"僵死的"和"不动的"的观念,深刻地论证了概念的"否定性"。马克思对这两个方面的发展,一是把黑格尔的概念的具体性唯物主义地变革为思维反映存在所构成的具体性,一是把黑格尔的概念的否定性唯物主义地变革为辩证法的本质上的批判性和革命性。而这两方面的变革,则奠基于人类的实践活动所实现的人对世界的否定性统一的历史过程。在《资本论》第二版跋中,马克思明确地指出:"我的辩证方法,从根本上说,不仅和黑格尔的

---

① 列宁:《哲学笔记》,人民出版社1974年版,第147页。
② 列宁:《哲学笔记》,人民出版社1974年版,第190页。
③ 列宁:《哲学笔记》,人民出版社1974年版,第336页。
④ 列宁:《哲学笔记》,人民出版社1974年版,第290页。

辩证方法不同,而且和它截然相反。在黑格尔看来,思维过程,即他称为观念而甚至把它转化为独立主体的思维过程,是现实事物的创造主,而现实事物只是思维过程的外部表现。我的看法则相反,观念的东西不外是移入人的头脑并在人的头脑中改造过的物质的东西而已。"① 与此同时,马克思又明确地指出:"辩证法,在其合理的形态上",是"在对现存事物的肯定的理解中同时包含对现存事物的否定的理解,即对现存事物的必然灭亡的理解;辩证法对每一种既成的形式都是从不断的运动中,因而也是从它的暂时性方面去理解;辩证法不崇拜任何东西,按其本质来说,它是批判的和革命的"。② 这清楚地表明,马克思在《资本论》中提出了关于辩证法的两个根本性论断:一是观念决定现实还是现实决定观念,这是黑格尔的辩证法与马克思的辩证法的根本区别;二是合理形态的辩证法不仅肯定现实决定观念,而且在本质上是批判的和革命的。列宁在《哲学笔记》中首先强调的就是"我总是竭力用唯物主义观点来读黑格尔的著作",并明确指出"黑格尔学说是倒置过来的唯物主义"。③ 列宁由此提出,马克思和恩格斯在"揭发、理解、拯救、解脱、清洗"黑格尔学说的唯心主义的过程中④,既"拯救"和"清洗"了黑格尔的天才的基本的思想,即关于"万物之间的世界性的、全面的、活生生的联系,以及联系在人的概念中的反映"的思想,又真正地实现了以"经过琢磨的、整理过的、灵活的、能动的、相对的、相互联系的、在对立中是统一的"概念去"把握世界",因而才构成了《资本论》的唯物主义的逻辑、辩证法和认识论的"同一个东西"。

《资本论》的"同一个东西"的辩证法,从根本上说,是超越了作为"实例的总和"或"抽象的方法"的辩证法,也就是超越了以直观反映论为基础的朴素的辩证法。在《哲学笔记》中,列宁以"异常正确和深刻"为评语,完整地摘录了黑格尔的下述言论:"所谓对于被列为定理的具体

---

① 《马克思恩格斯选集》第 2 卷,人民出版社 1995 年版,第 111 页。
② 《马克思恩格斯选集》第 2 卷,人民出版社 1995 年版,第 111—112 页。
③ 列宁:《哲学笔记》,人民出版社 1974 年版,第 104 页。
④ 列宁:《哲学笔记》,人民出版社 1974 年版,第 147 页。

材料的说明和论证,一部分是同语反复,一部分是对事物真实情况的歪曲,这种歪曲部分地是为了掩盖认识的虚妄,这种认识片面地挑选经验,惟有这样它才能获得自己的简单的定义和原理;它是这样地消除来自经验的反驳意见的:它不是从经验的具体的整体来了解和解释经验,而是把它作为一个例子,并且从对假说和理论有利的方面去理解和解释它。在具体经验从属于预先假设的各规定的情形下,理论的基础就被蒙蔽,它只是从符合理论的这一方面显露出来。"① 对于所引证的这段论述,列宁又在与《资本论》相对照的意义上写下这样的评语:"参看资产阶级的政治经济学"②。这就是说,"资产阶级的政治经济学"的重大理论缺陷,是以"片面地挑选经验"为前提而形成的"定理",而超越了"资产阶级的政治经济学"的《资本论》,它所实现的"唯物主义的逻辑、辩证法和认识论"的"三者一致",从根本上说,就在于它不是"片面地挑选经验",不是把"具体经验从属于预先假设的各规定",因而既不是关于资本主义的"实例的总和",也不是以某种"刻板公式"来诠释资本主义,而是"从经验的具体的整体来了解和解释经验",也就是以"理性的具体"所实现的关于资本主义的"许多规定的综合"和"多样性的统一"。③ 这才是《资本论》的"唯物主义的逻辑、辩证法和认识论"作为"同一个东西"的"合理形态"的辩证法。

(四)以"三者一致"的理论自觉推进马克思主义辩证法研究

在《逻辑学》与《资本论》双重语境的互动中,列宁的《哲学笔记》全面地、深入地探索了辩证法理论,不只是研究和回答了一系列前人提出的或是遗留的重大理论问题,而且创造性地提出和论证了一系列关于辩证法的新问题。粗略地予以整理和概括,我们就可以在《哲学笔记》中归纳出如下的重大理论问题:为什么"辩证法也就是(黑格尔和)马克思主义的认识论?"如何理解"唯物主义的逻辑、辩证法和认识论"是"同一个东西"?为什么"不钻研和不理解黑格尔的全部逻辑学""就不理解马克

---

① 列宁:《哲学笔记》,人民出版社1974年版,第225—226页。
② 列宁:《哲学笔记》,人民出版社1974年版,第226页。
③ 《马克思恩格斯选集》第2卷,人民出版社1995年版,第18页。

思的《资本论》"？怎样理解黑格尔逻辑学的"唯心主义最少而唯物主义最多"？为什么"聪明的唯心主义比愚蠢的唯物主义更接近于聪明的唯物主义"？怎样理解黑格尔《逻辑学》包含"辩证唯物主义"和"历史唯物主义"的"萌芽"？马克思怎样"从黑格尔那里吸取了全部有价值的东西并发展了这些有价值的东西"？为什么辩证法是"在概念的逻辑中表达运动的本质"？如何理解任何一门科学都是"应用逻辑"？怎样"从逻辑的一般概念和范畴的发展与运动的观点去总结思想史"？为什么作为发展学说的辩证法必须是"具有客观意义的概念辩证法和认识辩证法"？怎样使马克思主义的"合理形态"的辩证法成为人们普遍的、自觉的思维方式？

如果对上述问题进行整体性的思考和总体性的概括，我们可以发现，列宁的《哲学笔记》从两个方面探讨了一个根本问题：一是如何理解黑格尔《逻辑学》的"真实意义"并达到哲学思维的理论自觉的问题，一是如何掌握马克思"从黑格尔那里吸取了全部有价值的东西并发展了这些有价值的东西"的问题；而这两个方面所构成的根本问题则是"唯物主义的逻辑、辩证法和认识论"的"三者一致"问题。在列宁看来，正是由于不理解这个"问题的本质"，所以"半个世纪以来，没有一个马克思主义者是理解马克思的！！"研究这个"问题的本质"的重大意义就在于，列宁所提出和论述的"三者一致"问题，远不是一个已经取得"共识"或已经解决了的问题，而恰恰是当代辩证法研究中、特别是当代的马克思主义辩证法研究中需要深入探索和重新阐释的迫切的重大理论问题。

其一，由于不是从"唯物主义的逻辑、辩证法和认识论"的"三者一致"去理解辩证法，因而离开作为哲学的重大的基本问题的"思维和存在的关系问题"，把辩证法当作"实例的总和"和"抽象的方法"。

在总结哲学史的基础上，恩格斯作出一个高度概括的论断："全部哲学，特别是近代哲学的重大的基本问题，是思维和存在的关系问题"[1]。然而，在关于哲学基本问题的通常解释中，却把"思维和存在的关系问题"分解为"谁为第一性"（何者为本原）的"本体论问题"和"有无同一

---

① 《马克思恩格斯选集》第4卷，人民出版社1995年版，第223页。

性"（思维能否认识存在）的"认识论"问题，"辩证法"则变成与"思维和存在的关系问题"无关的另一类问题。由此，就把"辩证法"归结为一种关于自然、社会和思维的具有最大普遍性和最大普适性的对象性理论。这就不仅割裂了辩证法的世界观、认识论和方法论的统一，而且把"辩证法"变成列宁在《哲学笔记》中所批评的"实例的总和"。这正如人们所熟知的，无论是在通行的哲学原理教科书中，还是在众多的关于辩证法的哲学论著中，往往是以关于"自然"、"社会"和"思维"的"实例的总和"来论证"辩证法"的普遍性和普适性。

把辩证法当成"实例的总和"的直接后果，就是把辩证法当成可以到处套用的"刻板公式"。辩证法是"一种建立在通晓思维的历史和成就的基础上的理论思维"，它具有深厚的认识史基础和具体的思想内容。正是由于把辩证法当作"实例的总和"，因而又离开"思维的历史和成就"即离开辩证法的深厚的认识史基础去看待辩证法，把辩证法当作可以离开思想内容的"供使用"的"方法"，以至于像恩格斯尖锐批评的那样，把辩证法当成"可以用来套在任何论题上的刻板公式"，"可以用来在缺乏思想和实证知识的时候及时搪塞一下的词汇语录"。由此我们可以看到曲解辩证法的"两极相通"：把辩证法当作"实例的总和"，必然把辩证法当作超然于"实例的总和"之上的"供使用"的"方法"即"刻板公式"；而把辩证法当作"供使用"的"方法"，又必然把辩证法诉诸"实例的总和"，以自然、社会和思维中的各种"实例"来说明"对立统一"、"质量互变"和"否定之否定"的普遍性和普适性。这种"实例总和"与"刻板公式"的"两极相通"，其深刻的理论根源，就在于离开"思维和存在的关系问题"去看待辩证法，也就是离开辩证法与认识论和逻辑学的"三者一致"去看待辩证法。

其二，由于不是从"唯物主义的逻辑、辩证法和认识论"的"三者一致"去理解辩证法，因而离开认识的"内容"与"形式"的辩证关系，也就是离开认识的"反映"原则和"能动"原则的辩证关系，把马克思主义认识论变成旧唯物主义的直观反映论。

关于"从前的一切唯物主义"的"主要缺点"，马克思所指认的是

"对象、现实、感性,只是从客体的或者直观的形式去理解"①,恩格斯所指认的是"只是从内容方面研究""思维和存在的一致"这个"前提"②;与"从前的一切唯物主义"相对照,关于"唯心主义"的积极意义,马克思所指认的是"和唯物主义相反,能动的方面却被唯心主义抽象地发展了"③,恩格斯所指认的是"只有现代的唯心主义的,同时也是辩证的哲学,特别是黑格尔,才又从形式方面研究了""思维和存在的一致"这个"前提"。与马克思和恩格斯的上述思想一脉相承,列宁通过阅读黑格尔的《逻辑学》,根据马克思恩格斯所批评的"从前的一切唯物主义"的"主要缺点",把旧唯物主义称之为"愚蠢的唯物主义",并把"辩证的唯心主义"称之为"聪明的唯心主义"。列宁由此得出的结论是,"聪明的唯心主义比愚蠢的唯物主义更接近于聪明的唯物主义"④。

根据马克思、恩格斯和列宁的上述思想,理所当然地必须以"聪明的唯物主义"去理解马克思主义的认识论。然而,正是由于不理解"聪明的唯心主义",特别是不理解黑格尔《逻辑学》的辩证法、认识论和逻辑学"三者一致"的"聪明的唯心主义",人们往往把马克思主义的"聪明的唯物主义"还原为旧唯物主义的"愚蠢的唯物主义",把马克思主义的能动的反映论还原为旧唯物主义的直观反映论。这不仅表现在"不能把辩证法应用于反映论,应用于认识的过程和发展",而且更深层地表现在不理解"辩证法是人类的全部认识所固有的",不理解"具有客观意义的概念的辩证法和认识的辩证法",不理解"问题不在于有没有运动,而在于如何在概念的逻辑中表达它",因此,"不是从主体方面去理解""对象、现实、感性",从而在根本上达不到从"能动的方面"去看待认识论中的主客体关系。与此同时,正是由于把马克思主义的能动的反映论还原为"从前的一切唯物主义"的直观的反映论,因而又必然把马克思主义的辩证法还原为朴素的辩证法,把辩证法当作"抽象的方法"和"实例的总和"。

---

① 《马克思恩格斯选集》第 1 卷,人民出版社 1995 年版,第 54 页。
② 《马克思恩格斯选集》第 4 卷,人民出版社 1995 年版,第 364 页。
③ 《马克思恩格斯选集》第 1 卷,人民出版社 1995 年版,第 54 页。
④ 列宁:《哲学笔记》,人民出版社 1974 年版,第 305 页。

这表明，达不到"唯物主义的逻辑、辩证法和认识论"的"三者一致"，不仅会造成把辩证法当成"实例的总和"和把辩证法当成"抽象的方法"的"两极相通"，而且还必然造成把马克思主义认识论还原为直观反映论与把马克思主义辩证法还原为朴素辩证法的"双重还原"。

其三，由于不是从"唯物主义的逻辑、辩证法和认识论"的"三者一致"去理解辩证法，因而离开"思维和存在的一致"的"统一原则"去看待"发展原则"，把辩证法的"发展学说"庸俗化。

辩证法是关于发展的学说，然而，马克思主义以前的哲学理论，却表现为两种片面的发展学说：一种是在经验、表象的层面上描述运动和变化，而不懂得"如何在概念的逻辑中"揭示"运动的本质"的旧唯物主义的"发展学说"，因而它所能达到的只是作为"实例的总和"的朴素的辩证法；另一种是在思维、概念的层次上说明思维的辩证本性和描述概念的辩证运动的唯心主义的"发展学说"，因而它所能达到的只是作为"无人身的理性"的自我运动和自我认识的辩证法，这种辩证法既是自觉形态的辩证法，又是神秘形态的辩证法，而不是《资本论》的"合理形态"的辩证法。

这两种片面的发展学说，其直接的理论根源仍然在于，旧唯物主义和唯心主义"只是"分别地从"内容"或"形式"方面去看待"思维和存在的一致"。旧唯物主义只是从"内容"方面而没有从"形式"方面去看待"思维和存在的一致"，因而只能是在经验、表象的层面上描述运动和变化，而无法以"具有客观意义的概念的辩证法和认识的辩证法"去把握"发展"；唯心主义只是从"形式"方面而没有从"内容"方面去看待"思维和存在的一致"，因而只能是在思维、概念的层面上去揭示思维的辩证本性和概念的辩证运动，而无法把握"发展"的现实。从深层的理论根源上看，马克思主义以前的旧哲学之所以"只能"是两种片面的"发展学说"，则是因为二者都不懂得"思维和存在的一致"的现实基础——人类的实践活动及其历史发展。列宁明确提出，思维与存在的"交错点＝人的和人类历史的实践"[1]。人类思维的最本质最切近的基础是人类自己的实践

---

[1] 列宁：《哲学笔记》，人民出版社1974年版，第239页。

活动。只有把实践范畴合理地理解为辩证法的基础范畴，从人的实践活动及其历史发展的内在矛盾出发去反思思维与存在的关系问题，才能合理地说明思维对存在的否定性统一关系，即说明思维和存在在发展中的统一和在统一中的发展。

在人类的实践活动中，"存在"既是作为思维反映的现实客体而存在，又是作为思维的目的性要求的对象而存在。作为思维反映的现实客体，"存在"既规范思维的活动和内容，又被思维改造成逻辑范畴和逻辑运动的过程，从而构成思维中的具体。作为思维的目的性要求的对象，"存在"既是思维要求改变的现实对象，又是被思维否定的非现实的存在（人在自己的思维中为自己绘制关于客观世界的图景，并确信自己的现实性和存在的非现实性）。人类的实践活动是一个历史的展开过程。在这个历史的展开过程中，思维和存在及其相互关系都是发展的，而不是某种给定的、既成的、僵化的存在。从"思维"说，"人在怎样的程度上学会改变自然界，人的智力就在怎样的程度上发展起来"[①]；从"存在"说，人的"周围的感性世界绝不是某种开天辟地以来就直接存在的、始终如一的东西，而是工业和社会状况的产物，是世世代代活动的结果"[②]；从思维和存在的"关系"说，由于人的实践活动的历史发展改变了"思维"和"存在"，因而也同时地发展了思维与存在之间的"关系"，使这种关系取得了愈来愈丰富、愈来愈深刻的现实内容。正是由于人类的实践活动及其历史发展不断地变革了"思维"和"存在"及其相互"关系"，因此，必须从"发展"去理解"统一"，又从"统一"去理解"发展"。如果像旧唯物主义和唯心主义那样，把思维和存在及其相互关系抽象化，或者离开思维主体的历史性而把思维与存在的统一当成"表象"与"对象"的一致，或者抽象地发挥思维的能动性而把思维与存在的统一当成"思维规定"的自我认识，怎么能真实地提出和正确地回答辩证法理论的"发展原则"呢？辩证法理论的"发展原则"和"统一原则"，是以人类的实践活动及其历史发展所造成的思维与存在的发展中的统一和统一中的发展为现实内容的、

---

① 《马克思恩格斯选集》第 4 卷，人民出版社 1995 年版，第 329 页。
② 《马克思恩格斯选集》第 1 卷，人民出版社 1995 年版，第 76 页。

是通过对思维和存在的关系问题的实践论批判而取得现实性的。因此,"合理形态"的辩证法是在马克思所开拓的实践转向的哲学道路中而实现为"最完备最深刻最无片面性的关于发展的学说"。① 离开"思维和存在的关系问题",离开对这个"重大的基本问题"的实践论理解,必然把辩证法的"发展学说"庸俗化。

其四,由于不是从"唯物主义的逻辑、辩证法和认识论"的"三者一致"去理解辩证法,把辩证法、认识论和逻辑学视为三个不同论域或三个不同层次的问题,因而不仅曲解了"三者一致",而且实际上否定了"三者一致"。

一种通常的解释模式认为,所谓的辩证法、认识论和逻辑学的"三者一致",具体地表现为下述方式,即:辩证法作为关于自然、社会和思维发展的普遍规律的学说,因而它包含着认识论和逻辑学;认识论作为关于思维与存在如何统一的学说,它既被包含于辩证法之中而又包含着逻辑学;逻辑学作为关于思维本身的学说,则直接地被包含于认识论之中并从而被包含于辩证法之中。在这种解释模式中,辩证法、认识论和逻辑学首先是关于三个不同层次的论域的理论,其次则是作为三个不同层次的论域的理论具有依次的包含关系。这种解释模式,与列宁的"三者一致"思想,是完全不同的。

在列宁看来,"问题的本质"是在于能否从恩格斯所概括的哲学基本问题即"思维和存在的关系问题"去理解全部哲学问题,因此,所谓辩证法、认识论和逻辑学的"三者一致",就在于它们是"同一个东西"——关于"思维和存在的关系问题"的哲学理论。而马克思主义哲学所实现的"唯物主义的逻辑、辩证法和认识论"的"三者一致"则具体地表现在:由于马克思主义哲学所揭示的思维自觉反映存在运动的规律凝聚着、积淀着人类在其前进的发展中所创建的全部科学反映世界的认识成果,是"对世界的认识的历史的总计、总和、结论",因此,在其客观内容和普遍意义上说,马克思主义哲学就是关于自然、社会和思维发展的普遍规律的理论即唯物主义的辩证法的世界观;由于马克思主义哲学从认识和实践的主体与客体交互作用的丰富关系及其历史发展来研究思维自觉反映存在运动的规律,为人类的全部历史活动提供认识基础,因此,就其基本问题和理论性质

---

① 《列宁选集》第 2 卷,人民出版社 1995 年版,第 310 页。

上看，它就是关于思维与存在统一规律的理论即唯物主义辩证法的认识论；由于马克思主义哲学所揭示的思维自觉反映存在运动的规律既是对思维的历史和成就的总结，又是思维自觉地向存在接近和逼近的方法，因此，就其理论价值和社会功能上看，它又是人类认识世界和改造世界的伟大工具即唯物主义辩证法的逻辑学或方法论。"唯物主义的逻辑、辩证法和认识论"是"同一个东西"，而不是三个论域或三个层次的理论，因而也不是以论域大小为根据的依次包含关系。在三个论域及其所构成的包含关系的解释模式中，辩证法、认识论和逻辑学不仅不是"同一个东西"，反而成了完全不同的"三个东西"。这种解释模式是把马克思主义的辩证法还原为"实例的总和"的辩证法，是把马克思主义的认识论还原为"直观"的反映论的产物。

其五，由于不是从"唯物主义的逻辑、辩证法和认识论"的"三者一致"去理解辩证法，把《资本论》的辩证法简单地归结为一种由抽象到具体的叙述方式，从而把《资本论》经验化、实证化、非批判化。

列宁阅读《逻辑学》，是以理解《资本论》为出发点的，也就是以理解马克思主义为出发点的，因此他在《哲学笔记》所得出的基本结论是《资本论》实现了"唯物主义的逻辑、辩证法和认识论"的"三者一致"。然而，人们在对《资本论》的阐释中，却往往简单化地把《资本论》的辩证法当作是一种"供使用"的"方法"，或者是一种构成体系的由抽象到具体的叙述方式，因而以直观反映论的认识论去看待《资本论》的经济范畴与其对象之间的关系，并从而把《资本论》归结为某种"非批判的实证主义"。这种理解方式表明，不理解马克思的《资本论》对黑格尔的逻辑学的批判继承关系，不理解马克思的《资本论》的"唯物主义的逻辑、辩证法和认识论"是"同一个东西"，就无法真正理解《资本论》本身。

在《资本论》第一版序言中，马克思就明确地指出，"分析经济形式，既不能用显微镜，也不能用化学试剂。二者都必须用抽象力来代替"[①]。必须用抽象力来研究政治经济学的根据是在于，"经济范畴只不过是生产与社会关系的理论表现，即其抽象"[②]。而马克思所用的"抽象力"并不是"抽象"的思想，而是列宁在《哲学笔记》中所阐发的"具有客观意义的

[①] 《马克思恩格斯选集》第 2 卷，人民出版社 1995 年版，第 99—100 页。
[②] 《马克思恩格斯选集》第 1 卷，人民出版社 1995 年版，第 141 页。

概念的辩证法和认识的辩证法",也就是把作为"同一个东西"的"唯物主义的逻辑、辩证法和认识论""都应用于同一门科学"。这正如马克思在《〈政治经济学批判〉导言》中明确指出的,如果从所谓的现实的前提即人口入手进行研究,那么研究对象就只是"关于整体的一个混沌的表象",而只有"从表象中的具体达到越来越稀薄的抽象",才能最终达到"具有许多规定和关系的丰富的总体"。① 这就是说,从人本身出发而考察人,只能是从抽象的人出发而形成对人的抽象的理解,只有从关于人的各种规定出发才能形成对人的具体的理解,只有展现经济范畴所构成的具体才能构成把握人的存在的"理性的具体"。诉诸《资本论》,我们可以看到,马克思破解劳动秘密的直接对象并不是劳动本身,而是劳动所创造的商品。《资本论》通过阐发商品的二重性而揭示劳动的二重性,又通过揭示劳动的二重性而凸显人的存在的二重性,从而在物与物的关系中揭示出人与人的关系。《资本论》从"最简单的规定"即"商品"出发,以经济范畴的辩证发展而展现了资本运动的"许多规定和关系的丰富的总和",这才是《资本论》的"唯物主义的逻辑、辩证法和认识论"的"同一个东西"。

其六,由于不是从"唯物主义的逻辑、辩证法和认识论"的"三者一致"去理解辩证法,因而达不到哲学思维的理论自觉,以至于把列宁的"三者一致"的辩证法归结为只是西方近代哲学形态的"认识论的辩证法"。

作为哲学基本问题的"思维和存在的关系问题",既不是全部哲学问题中的"一个问题",也不是哲学问题的各个方面中的"一个方面",而是哲学"问题的本质",即规定哲学的特殊的理论性质的问题、规定哲学作为人类把握世界的一种基本方式的问题。或者反过来说,一个问题之所以成为哲学问题,就在于它是从思维对存在的关系提出问题,就在于它揭示了这个问题所蕴含的"思维和存在的关系问题",离开思维对存在的关系问题而探讨"自然"、"社会"或"思维"的问题,那就是实证科学的问题而不是哲学意义(哲学层面)的问题。这表明,只有达到对"思维和存在的关系问题"的理论自觉,才能达到哲学思维的理论自觉。

"唯物主义的逻辑、辩证法和认识论"的"三者一致",是以这种哲

---

① 《马克思恩格斯选集》第 2 卷,人民出版社 1995 年版,第 17—18 页。

学思维的理论自觉为前提的，也就是以辩证法、认识论和逻辑学是"同一个东西"——关于"思维和存在的关系问题"的哲学理论——为前提的。包括普列汉诺夫在内的理论家们之所以把"辩证法也就是认识论"当成"问题的一个'方面'"，之所以把马克思主义辩证法当成"实例的总和"和"抽象的方法"，之所以把马克思主义认识论还原为直观反映论，之所以把辩证法、认识论和逻辑学的"三者一致"当成三个层次论域的"包含关系"，之所以把"从黑格尔那里吸取了全部有价值的东西并发展了这些有价值的东西"的《资本论》经验化和实证化，其最深层的理论根源，都在于没有理解哲学的特殊的理论性质，因而也没有达到哲学思维的理论自觉。

正是由于不是从哲学的理论特性而是从哲学的历史形态去理解"思维和存在的关系问题"，因而把这个哲学的"重大的基本问题"归结为哲学的一种历史形态——西方近代哲学——的"基本问题"，并因而把关于"思维和存在的关系问题"的哲学理论——辩证法、认识论和逻辑学"三者一致"的辩证法——归结为西方近代哲学形态意义上的"认识论的辩证法"，也就是把这个"三个一致"的辩证法归结为一种已经过时的辩证法的理论形态。这表明，如何理解马克思《资本论》的"唯物主义的逻辑、辩证法和认识论"是"同一个东西"，如何看待列宁在《逻辑学》与《资本论》双重语境互动中所阐发的"三者一致"辩证法思想，不仅需要深入地探索《逻辑学》、《资本论》和《哲学笔记》的辩证法，而且需要在反思全部哲学史的基础上，重新理解和阐释作为哲学的重大的基本问题的"思维和存在的关系问题"。这两个重大的理论问题，从"问题的本质"上看，是相互贯通的"同一个"问题：只有以哲学思维的理论自觉为前提，才能推进马克思主义辩证法研究。

四、毛泽东的"实践智慧"的辩证法

《实践论》和《矛盾论》是毛泽东哲学思想的代表作，是具有中国特色、气派和风格的马克思主义哲学的里程碑之作。如何理解和阐释《实践论》和《矛盾论》，不仅关系到对毛泽东哲学思想的总体把握，而且关系到如何在当代中国推进马克思主义哲学的中国化。

通常认为,《实践论》讲的是认识论,《矛盾论》讲的是辩证法,二者的论域不同,理论内容不同,解决的问题不同。这种理解,既曲解了认识论与辩证法的真实关系,也误解了《实践论》与《矛盾论》的真实关系。《实践论》和《矛盾论》,既是实践论的矛盾论,又是矛盾论的实践论。从理论性质上看,这两部著作都是实践论的认识论;从理论内容上看,这两部著作都是实践论的辩证法;从理论渊源上看,这两部著作都发挥了"辩证法也就是认识论"的基本思想;从现实意义上看,这两部著作都是"转识成智"、指导实践的世界观和方法论。实践智慧的辩证法或辩证法的实践智慧,就是毛泽东的《实践论》和《矛盾论》。

(一) 实事求是:《实践论》、《矛盾论》的理论宗旨

马克思主义哲学不是书斋里的哲学,马克思、恩格斯、列宁、毛泽东都不是书斋里的学者。正如恩格斯《在马克思墓前的讲话》中所说,马克思首先是"革命家";同样,恩格斯、列宁、毛泽东也首先是"革命家"。作为"革命家",他们同时又是"理论家",是作为"革命家"的"理论家"。他们的"理论",都具有鲜明的现实针对性,都源于对重大现实问题的理论回答。研究和阐释《实践论》、《矛盾论》,首先必须从其现实的针对性去把握这两部哲学著作。

《实践论》、《矛盾论》,是为了反对以经验主义和教条主义为表现形式的主观主义、确立马克思主义的实事求是的思想路线而写作的,是为了树立理论联系实际的马克思主义学风、实现马克思主义与中国实际相结合而写作的。《实践论》、《矛盾论》的理论宗旨,就是为解决思想路线问题奠定坚实的哲学基础。把握住这个理论宗旨,才能深刻地理解《实践论》、《矛盾论》。

思想路线问题,从根本上说,就是如何认识和改造世界、怎样分析和解决问题的立场、观点和方法问题,就是毛泽东本人精辟概括的"实事求是"问题。主观与客观如何统一,理论与实际怎样结合,如何从"实事"中"求是",这是《实践论》、《矛盾论》的共同的理论宗旨。在《实践论》中,毛泽东明确地指出:"唯心论和机械唯物论,机会主义和冒险主义,都是以主观和客观相分裂,以认识和实践相脱离为特征的。以科学的社会实践为特征的马克思列宁主义的认识论,不能不坚决反对这些

错误思想。"① 在《矛盾论》中,毛泽东同样明确地指出:"我们现在的哲学研究工作,应当以扫除教条主义思想为主要的目标。"② 如果我们真正懂得了唯物辩证法,"我们就能够击破违反马克思列宁主义基本原则的不利于我们的革命事业的那些教条主义的思想;也能够使有经验的同志们整理自己的经验,使之带上原则性,而避免重复经验主义的错误"③。

为了实现克服教条主义和经验主义这个理论宗旨,就必须从哲学上解决两大问题:一是以实践的观点阐述认识的矛盾运动,使人们从认识活动的基本规律上自觉地实现主观与客观的统一、理论与实际的结合;一是以实践的观点阐述认识矛盾的世界观和方法论,使人们从思维方式和思维能力上自觉地实现主观与客观的统一、理论与实际的结合。《实践论》侧重回答的是前一个问题,《矛盾论》侧重回答的是后一个问题,但它们共同回答的是主观与客观如何统一、理论与实际怎样结合的问题,也就是反对和克服以各种形式所表现出来的主观主义问题。把握住这个理论宗旨,才能从认识论和辩证法的统一中理解《实践论》和《矛盾论》。

把《实践论》和《矛盾论》分解为"认识论"和"辩证法",与通行的马克思主义哲学教科书直接相关。讲授马克思主义哲学的教科书,往往是以《实践论》的基本观点讲授"认识论",又以《矛盾论》的基本观点讲授"辩证法"。教科书以"唯物论"、"辩证法"、"认识论"、"唯物史观"的"四大板块"分叙马克思主义哲学,这是需要认真研究和加以改进的;然而这样分叙的结果,却造成人们以"认识论"来解读《实践论》,又以"辩证法"来解读《矛盾论》,似乎《实践论》和《矛盾论》本身就分别是教科书意义上的"认识论"和"辩证法"。这种"因果颠倒"的逻辑,造成了《实践论》与《矛盾论》在理论宗旨、理论性质和理论内容上的分离。因此,在对《实践论》、《矛盾论》的理解和阐释中,必须跳出教科书关于"认识论"和"辩证法"的叙述框架,从这两部著作自身的理论宗旨、理论性质、理论内容、理论渊源和"真实意义"上去把握它们。

---

① 《毛泽东选集》第 1 卷,人民出版社 1991 年版,第 295 页。
② 《毛泽东选集》第 1 卷,人民出版社 1991 年版,第 299 页。
③ 《毛泽东选集》第 1 卷,人民出版社 1991 年版,第 337 页。

(二) 认识论:《实践论》、《矛盾论》的理论性质

1964 年,在与人讨论日本物理学家坂田昌一的"基本粒子"问题的谈话中,毛泽东明确地说,"哲学就是认识论"①。这个论断,并不是毛泽东针对特定问题所提出的想法,而是毛泽东关于哲学的理论性质的根本性观点。理解这个问题,最为直接和最为重要的"文本",莫过于作为毛泽东哲学思想代表作的《实践论》和《矛盾论》。

《实践论》的副标题是"论认识和实践的关系——知和行的关系"②,主要内容是讲实践与认识的关系,并具体地阐述了认识的实践基础、认识的运动过程、如何获得和检验真理、怎样实现主观与客观的历史的和具体的统一,因此被公认为是毛泽东的认识论。但是,能否由《实践论》是认识论,而推广为"哲学就是认识论"?讨论这个问题,首当其冲的,就是回答《矛盾论》是否是"认识论",在什么意义上是"认识论"。

《矛盾论》讲辩证法,为何也是认识论?只要认真研读这部哲学著作,我们就会发现,它讲的是如何用矛盾的观点观察事物、分析问题的辩证法,讲的是克服唯心主义的先验论和旧唯物主义的直观反映论的辩证法,讲的是认识的能动反映的辩证法,讲的是以实践论为基础并以实践活动为内容的辩证法。毛泽东明确地指出:"这个辩证法的宇宙观,主要地就是教导人们要善于去观察和分析各种事物的矛盾的运动,并根据这种分析,指出解决矛盾的方法。"③ 如何"分析"矛盾,怎样"研究"问题,这是《矛盾论》的出发点,也是《矛盾论》的聚焦点。《矛盾论》的辩证法,是在"认识论"意义上讲"辩证法",是以"实践论"为根基讲"辩证法"。

《矛盾论》首先分析的是矛盾的普遍性与特殊性,但是,毛泽东并不是描述性地叙述矛盾的普遍性与特殊性,而是从认识论提出问题。毛泽东说:"就人类认识运动的秩序说来,总是由认识个别的和特殊的事物,逐步地扩大到认识一般的事物。人们总是首先认识了许多不同事物的特殊的本质,然后才有可能更进一步地进行概括工作,认识诸种事物的共同的本

---

① 《毛泽东文集》第 8 卷,人民出版社 1999 年版,第 390 页。
② 《毛泽东选集》第 1 卷,人民出版社 1991 年版,第 282 页。
③ 《毛泽东选集》第 1 卷,人民出版社 1991 年版,第 304 页。

质。"① 接着毛泽东又说："当着人们已经认识了这种共同的本质以后，就以这种共同的认识为指导，继续地向着尚未研究过的或者未深入地研究过的各种具体的事物进行研究，找出其特殊的本质，这样才可以补充、丰富和发展这种共同的本质的认识，而使这种共同的本质的认识不致变成枯槁和僵化的东西。"② 由此，毛泽东在《矛盾论》中对人的认识规律作出这样的概括："这是两个认识的过程：一个是由特殊到一般，一个是由一般到特殊。人类的认识总是这样循环往复地进行的，而每一次的循环（只要是严格地按照科学的方法）都可能使人类的认识提高一步，使人类的认识不断深化。"③《矛盾论》从"特殊"与"一般"的关系所阐述的认识规律，与《实践论》所总结的"实践、认识、再实践、再认识，这种形式，循环往复以至无穷，而实践和认识之每一循环的内容，都比较地进到了高一级的程度"④ 的人类认识规律是完全一致的。

关于矛盾的特殊性，《矛盾论》集中地、突出地讲了两个问题：一是"主要的矛盾"，一是"主要的矛盾方面"。关于"主要的矛盾"，毛泽东所强调的是，"研究任何过程，如果是存在着两个以上矛盾的复杂过程的话，就要全力找出它的主要矛盾。捉住了这个主要矛盾，一切问题就迎刃而解了"⑤。对此，毛泽东十分尖锐地指出："万千的学问家和实行家，不懂得这种方法，结果如堕烟海，找不到中心，也就找不到解决矛盾的方法。"⑥ 这表明，毛泽东并不是在通常所说的"辩证法"的意义上讲述"主要的矛盾"，而是非常鲜明地在"认识论"、"方法论"的意义上揭示"捉住"主要矛盾的实践意义。关于"主要的矛盾方面"，毛泽东不仅指出"事物的性质主要地是由取得支配地位的矛盾的主要方面所规定的"⑦，而且强调"取得支配地位的矛盾的主要方面起了变化，事物的性质也就随着其变化"⑧。《矛盾论》关于"主要的矛盾方面"的论述，主要是从事物

---

① 《毛泽东选集》第1卷，人民出版社1991年版，第309—310页。
② 《毛泽东选集》第1卷，人民出版社1991年版，第310页。
③ 《毛泽东选集》第1卷，人民出版社1991年版，第310页。
④ 《毛泽东选集》第1卷，人民出版社1991年版，第297页。
⑤ 《毛泽东选集》第1卷，人民出版社1991年版，第322页。
⑥ 《毛泽东选集》第1卷，人民出版社1991年版，第322页。
⑦ 《毛泽东选集》第1卷，人民出版社1991年版，第323页。
⑧ 《毛泽东选集》第1卷，人民出版社1991年版，第323页。

性质的变化而说明"新陈代谢是宇宙间普遍的永远不可抵抗的规律"①,并以此为根据来说明社会主义取代资本主义的历史必然性、新中国取代旧中国的历史必然性、中国革命力量由小到大和由弱到强的历史必然性。这表明,与论述"主要的矛盾"一样,毛泽东并不是一般性地说明"主要的矛盾方面",而是非常鲜明地在如何认识客观事物、特别是在如何认识重大现实问题的意义上揭示懂得"主要的矛盾方面"的意义。

在分析矛盾的普遍性与特殊性、特别是在分析矛盾特殊性的"主要的矛盾"和"主要的矛盾方面"的基础上,《矛盾论》又分析了"矛盾诸方面的同一性和斗争性"。对于这个问题,毛泽东是以列宁的下述论断为出发点的:"辩证法是这样的一种方法:它研究对立怎样能够是同一的,又怎样成为同一的(怎样变成同一的),——在怎样的条件之下它们互相转化,成为同一的,——为什么人的头脑不应当把这些对立看作死的、凝固的东西,而应当看作生动的、有条件的、可变动的、互相转化的东西。"②这表明,与分析矛盾的普遍性与特殊性一样,毛泽东对矛盾的同一性与斗争性的分析,同样是着眼于"研究"矛盾着的双方是如何相互依存、又如何相互转化的,要回答的问题则是"为什么人的头脑"必须把矛盾的双方"看作"是生动的、有条件的、可变动的、互相转化的东西。在对矛盾的同一性的分析中,毛泽东明确地提出:"事物不是矛盾双方相互依存就完了,更重要的,还在于矛盾着的事物的相互转化。"③由此,毛泽东具体地分析了"被统治的无产阶级经过革命转化为统治者,原来是统治者的资产阶级却转化为被统治者","拥有土地的地主阶级转化为失掉土地的阶级,而曾经是失掉土地的农民却转化为取得土地的小私有者",以及"战争转化为和平"、"和平转化为战争"等重大的现实问题。④ 在对矛盾的斗争性的分析中,毛泽东则突出地提出和回答了"对抗在矛盾中的地位"问题。毛泽东提出,"矛盾和斗争是普遍的、绝对的,但是解决矛盾的方法,即斗争的形式,则因矛盾的性质不同而不同"⑤,并以如何看待和对待"共

---

① 《毛泽东选集》第 1 卷,人民出版社 1991 年版,第 323 页。
② 转引自《毛泽东选集》第 1 卷,人民出版社 1991 年版,第 327 页。
③ 《毛泽东选集》第 1 卷,人民出版社 1991 年版,第 328 页。
④ 《毛泽东选集》第 1 卷,人民出版社 1991 年版,第 329、330 页。
⑤ 《毛泽东选集》第 1 卷,人民出版社 1991 年版,第 335 页。

产党内正确思想和错误思想的矛盾"① 为例,深刻地说明了解决矛盾的方法"因矛盾的性质不同而不同"的道理。

《矛盾论》从头到尾,贯穿始终的如何"认识"和"研究"矛盾,怎样"对待"和"解决"矛盾,也就是在"认识论"的意义上讲述"辩证法",在"实践论"的意义上发挥"辩证法"。《矛盾论》是认识论的辩证法,是实践智慧的辩证法。毛泽东的"哲学就是认识论"的论断,包含着从认识论的理论性质去理解辩证法的深刻的思想内涵。

(三) 辩证法:《实践论》、《矛盾论》的理论内容

如果说《矛盾论》是在"认识论"的意义上讲"辩证法",那么,《实践论》则是以"辩证法"为内容讲"认识论"。认识论的理论性质与辩证法的理论内容的统一,或者简洁地说辩证法与认识论的统一,才是《实践论》和《矛盾论》。

《实践论》讲认识论,讲的是认识的辩证关系的认识论,讲的是认识的辩证运动的认识论,讲的是克服形而上学的思维方式、运用辩证法的思维方式的认识论。《实践论》的认识论,并不是简单的"把辩证法应用于认识论",而是以辩证法为内容的认识论,是运用辩证思维分析问题的认识论,是作为实践智慧的认识论。

《实践论》的切入点,就是认识与实践、知与行的辩证关系。围绕这个基本的辩证关系,《实践论》具体地分析和阐述了感性认识与理性认识的辩证关系,直接经验与间接经验的辩证关系,相对真理与绝对真理的辩证关系,特别是理论与实践的辩证关系,揭示了认识的辩证运动规律。认识的辩证关系和认识的辩证运动,构成《实践论》的基本内容。离开这些辩证关系,就不是《实践论》;离开辩证思维,就无法理解《实践论》。

在阐述马克思主义的实践观的基础上,毛泽东在《实践论》中提出的问题是:"人的认识究竟怎样从实践发生,而又服务于实践呢?"② 整部的《实践论》就是围绕着认识与实践的辩证关系展开的,就是以"认识的发展过程"即认识的辩证运动为基本内容的。

---

① 《毛泽东选集》第1卷,人民出版社1991年版,第335页。
② 《毛泽东选集》第1卷,人民出版社1991年版,第284页。

《实践论》首先分析的是以实践为基础的感性认识与理性认识的辩证关系,以及以这种辩证关系为内容的认识的辩证运动。毛泽东指出,人在实践过程中,"开始只是看到过程中各个事物的现象方面,看到各个事物的片面,看到各个事物之间的外部联系"①。这就是"认识的感性阶段"。然而,"认识的真正任务在于经过感觉而达于思维,到达于逐步了解客观事物的内部矛盾,了解它的规律性,了解这一过程和那一过程间的内部联系"②,这就是"认识的理性阶段"。由此,毛泽东体会真切地指出:"感觉只解决现象问题,理论才解决本质问题。"③ 在进一步的论述中,毛泽东明确地把感性认识与理性认识的辩证关系概括为:理性认识依赖于感性认识,感性认识有待于发展到理性认识;由感性认识发展到理性认识,是认识辩证运动中的第一次"飞跃"。

在对感性认识与理性认识的辩证关系的论述中,毛泽东提出了一对值得深思的重要范畴:直接经验和间接经验。毛泽东指出:"一个人的知识,不外直接经验的和间接经验的两部分。"④ "一切真知都是从直接经验发源的。但人不能事事直接经验,事实上多数的知识都是间接经验的东西,这就是一切古代的和外域的知识。"⑤ 关于"间接经验",毛泽东所指称的并不只是作为"共同经验"的常识,而且主要是指经过"科学的抽象"的知识、"科学地反映了客观的事物"⑥的科学知识、科学理论。因此,在《实践论》这里,直接经验与间接经验之间的关系,已经不是单纯的"经验"之间的关系,即不是单纯的"个人经验"与"共同经验"的关系,而是包含了"经验"与"知识"的关系、"经验"与"理论"的关系、"经验"与"科学"的关系。从这个意义去理解"直接经验"与"间接经验"的关系,不仅会直接深化对"感性认识"与"理性认识"的辩证关系的理解,而且会深化对《实践论》的根本问题即认识与实践的辩证关系的理解。

实践是认识的来源,更是认识的目的。毛泽东说:"马克思主义的哲学认为十分重要的问题,不在于懂得了客观世界的规律性,因而能够解释

---

① 《毛泽东选集》第1卷,人民出版社1991年版,第284—285页。
② 《毛泽东选集》第1卷,人民出版社1991年版,第286页。
③ 《毛泽东选集》第1卷,人民出版社1991年版,第286页。
④ 《毛泽东选集》第1卷,人民出版社1991年版,第288页。
⑤ 《毛泽东选集》第1卷,人民出版社1991年版,第288页。
⑥ 《毛泽东选集》第1卷,人民出版社1991年版,第288页。

世界，而在于拿了这种对于客观规律性的认识去能动地改造世界。"① "认识的能动作用，不但表现于从感性的认识到理性的认识之能动的飞跃，更重要的还须表现于从理性的认识到革命的实践这一个飞跃"。从认识到实践的飞跃之所以"更重要"，又不仅仅在于认识的目的是实践，而且在于只有实践才是检验认识的真理性的标准，只有实践才能推进认识的深化和发展。毛泽东说："人类认识的历史告诉我们，许多理论的真理性是不完全的，经过实践的检验而纠正了它们的不完全性。许多理论是错误的，经过实践的检验而纠正其错误。"②《实践论》关于"实践是检验真理的唯一标准"的论述，不只是肯定了检验真理的实践标准，而且是从认识的深化、真理的发展深切地阐述了认识与实践的辩证关系。

"通过实践而发现真理，又通过实践而证实真理和发展真理"③，这充分说明了真理是具体的、真理是历史的、真理的发现和发展是一个过程。因此，《实践论》又具体地阐述了"相对真理"与"绝对真理"的辩证关系。毛泽东说："马克思主义者承认，在绝对的总的宇宙发展过程中，各个具体过程的发展都是相对的，因而在绝对真理的长河中，人们对于在各个一定发展阶段上的具体过程的认识只具有相对的真理性。无数相对的真理之总和，就是绝对的真理。"④ 对此，毛泽东具体地作出解释："客观过程的发展是充满着矛盾和斗争的发展，人的认识运动的发展也是充满着矛盾和斗争的发展。一切客观世界的辩证法的运动，都或先或后地能够反映到人的认识中来。社会实践中的发生、发展和消灭的过程是无穷的，人的认识的发生、发展和消灭的过程也是无穷的。根据于一定的思想、理论、计划、方案以从事于变革客观现实的实践，一次又一次地向前，人们对于客观现实的认识也就一次又一次地深化。客观现实世界的变化运动永远没有完结，人们在实践中对于真理的认识也就永远没有完结。马克思列宁主义并没有结束真理，而是在实践中不断地开辟认识真理的道路。"⑤ 这是彻底的认识论的辩证法，也是彻底的辩证法的认识论。离开辩证法，就丢弃

---

① 《毛泽东选集》第1卷，人民出版社1991年版，第292页。
② 《毛泽东选集》第1卷，人民出版社1991年版，第293页。
③ 《毛泽东选集》第1卷，人民出版社1991年版，第296页。
④ 《毛泽东选集》第1卷，人民出版社1991年版，第295页。
⑤ 《毛泽东选集》第1卷，人民出版社1991年版，第295—296页。

了《实践论》的真实的理论内容和"活的灵魂"。

（四）辩证法也就是认识论：《实践论》、《矛盾论》的理论渊源

《实践论》、《矛盾论》的认识论的理论性质与辩证法的理论内容的统一，不仅是与马克思、恩格斯、列宁的哲学思想一脉相承的，而且特别是直接地继承和发展了列宁关于"辩证法也就是（黑格尔和）马克思主义的认识论"①的哲学思想。

"辩证法也就是（黑格尔和）马克思主义的认识论"，这是列宁在他的"辩证法"名著《哲学笔记》中作出的最为重要的论断。这个论断，不只是表达了列宁对哲学、特别是对马克思主义哲学的根本性理解，而且是直接地继承并深刻地发挥了马克思恩格斯对他们所创建的马克思主义哲学的根本性理解。

马克思写于1845年春的《关于费尔巴哈的提纲》，被恩格斯称作"包含天才世界观萌芽的第一个宝贵文件"。正是在这个"宝贵文件"中，马克思以批评旧唯物主义的直观反映论为切入点，逐条深入地阐述了"人的思维是否具有客观的真理性"问题，明确地提出必须"在人的实践中以及对这个实践的理解中"去解决全部哲学问题，并因此得出"哲学家们只是用不同的方式解释世界，问题在于改变世界"的根本性结论。②"改变世界"的马克思主义哲学，首先就是以实践观点为核心观点的、唯物论与辩证法相统一的能动的反映论。这集中地、深刻地体现了马克思主义哲学的认识论的理论性质。

马克思和恩格斯对他们所创建的马克思主义哲学的根本性理解是深刻一致的：第一，马克思批评旧唯物主义"只是从客体的或者直观的形式"去看待思维和存在的关系问题，而这正是恩格斯所指认的旧唯物主义"只是"从"内容"方面去看待思维和存在的关系，这表明，马克思恩格斯都从认识论上把旧唯物主义的"主要缺点"归结为直观的反映论；第二，马克思批评唯心主义只是"抽象地发展了能动的方面"，而这正是恩格斯所指认的唯心主义"只是"从"形式"方面去看待思维和存在的关系，这表明，马克思恩格斯都从认识论上把唯心主义归结为抽象的能动性；第三，马克思认为旧唯物主义和唯心主义的共同根源都在于离开"感性的人

---

① 列宁：《哲学笔记》，人民出版社1974年版，第410页。
② 《马克思恩格斯选集》第1卷，人民出版社1995年版，第55、56、57页。

的活动"去看待思维和存在的关系,而这正是恩格斯所指认的离开"历史中行动的人"去解决思维和存在的关系问题,这表明,马克思恩格斯都从认识论上把旧唯物主义和唯心主义的根本问题归结为不理解实践对认识的决定性作用。在马克思恩格斯这里,"辩证法"绝不是离开"认识论"的孤立的"方法论",而是构成"能动的反映论"的理论思维。

上述分析表明,马克思恩格斯对旧唯物主义和唯心主义的批评,都是立足于以"思维和存在的关系问题"为"基本问题"的"认识论"问题。特别值得我们深思的是,恩格斯不仅把"思维和存在的关系问题"概括为"全部哲学,特别是近代哲学的重大的基本问题"[1],而且深刻地揭示了这一问题的实质。这就是:"我们的主观的思维和客观的世界服从于同样的规律","这是我们的理论思维的不自觉的和无条件的前提"[2]。批判地反思这个"前提",阐发"主观的思维与客观的世界"的辩证关系,是认识论的根本任务,也是哲学的根本任务;辩证法是认识论的根本内容,认识论是辩证法的理论性质;因此,辩证法也就是认识论。由此可见,列宁关于"辩证法也就是(黑格尔和)马克思主义认识论"的论断,直接继承并合理地阐发了马克思恩格斯对他们所创建的马克思主义哲学的根本性理解,与马克思恩格斯的哲学思想是一脉相承的。

在列宁的《哲学笔记》中,"辩证法也就是(黑格尔和)马克思主义认识论"这个命题,绝不是一个孤立的、简单的论断,而是列宁在研读哲学史、特别是在研究黑格尔《逻辑学》和马克思《资本论》的理论探索中所得出的基本结论,是列宁在《哲学笔记》中以大量的研究成果为基础所得出的基本结论。对于这个基本结论,列宁强调地指出,这不是问题的一个"方面",而是问题的"实质",并且尖锐地指出,对于这个问题的"实质""普列汉诺夫没有注意到,至于其他的马克思主义者就更不用说了"[3]。毛泽东则不仅"注意到"这个问题,而且深刻地阐发了这个问题的"实质"。

《实践论》、《矛盾论》多处引证了马克思、恩格斯、列宁的相关论述,其中,引证最多的是列宁的《黑格尔〈逻辑学〉一书摘要》和《谈谈辩证法问题》。这表明,毛泽东是在认真研读列宁的上述著作并深入阐发列宁的

---

[1] 《马克思恩格斯选集》第4卷,人民出版社1995年版,第223页。
[2] 《马克思恩格斯选集》第4卷,人民出版社1995年版,第364页。
[3] 参见《列宁专题文集·论辩证唯物主义和历史唯物主义》,人民出版社1995年版,第151页。

相关思想的基础上形成了《实践论》和《矛盾论》。毛泽东为《矛盾论》提出的主要的理论任务,是"引申和发挥"列宁在《谈谈辩证法问题》中所阐发的哲学思想,深刻地体现了"辩证法也就是认识论"的基本思想。这表明,能否理解《实践论》、《矛盾论》的认识论与辩证法的统一,不仅取决于对这两部著作本身的理解,而且深层地取决于对马克思主义的认识论和辩证法的相互关系的理解。只有理解辩证法也就是马克思主义的认识论,才能真正理解《实践论》、《矛盾论》是认识论的辩证法,也是辩证法的认识论。

(五) 实践智慧的辩证法:《实践论》、《矛盾论》的真实意义

《实践论》、《矛盾论》的辩证法和认识论的统一,是以实践为核心观点的统一,也是以实践为根本目的的统一。它们是实践智慧的辩证法,也是辩证法的实践智慧。

实践智慧,是以实践观点的思维方式对待人与世界关系的智慧,是实现"合目的性"与"合规律性"相统一的智慧,也就是尊重客观规律与发挥主观能动性相统一的智慧。它不同于理论智慧,也不同于生活智慧,但又与理论智慧、生活智慧密不可分。理论智慧主要是指超然于实践的形上智慧,生活智慧主要是指基于经验的常识智慧。实践智慧既是融形上智慧于生活智慧之中,又是把生活智慧提升为理论的形上智慧。借用毛泽东关于文学艺术的看法,实践智慧是"源于生活"而又"高于生活"的智慧。

作为实践智慧的《实践论》、《矛盾论》,首先是"源于生活"的智慧。这两部著作的宗旨是反对和克服以教条主义和经验主义为主要表现形式的主观主义,这两部著作的内容是以剖析教条主义和经验主义为"靶子"而阐发知行统一的"实践论"和对立统一的"矛盾论"。无论是论证实践对认识的基础作用和以实践为基础的认识的辩证运动,还是阐发矛盾观点在认识中的核心地位和以矛盾的观点所构成的矛盾分析方法,《实践论》、《矛盾论》都立足于中国革命的实践,并始终贯穿着对生活、实践的具体分析。

作为实践智慧的《实践论》、《矛盾论》,又是"高于生活"的智慧。这突出地表现在,两部著作对认识的矛盾分析,不仅升华为一系列哲学范畴,而且赋予这些范畴以具有独创性的哲学内涵。范畴是反映事物本质属性和普遍联系的基本概念。从"同时态"看,范畴是"思维的联结点",是理论思维的具有高度概括性、结构性的基本概念,使人们在概念的逻辑关系中把握

世界；从"历时态"看，范畴又是人类认识成果的结晶和升华，构成人类认识的"阶梯"和"支撑点"，使人们在已有认识成果的基础上把握世界。毛泽东在《实践论》、《矛盾论》中提出和阐述的感性认识与理性认识、直接经验与间接经验、相对真理与绝对真理、理论与实践、内因与外因、共性与个性、主要矛盾与次要矛盾、矛盾的主要方面与矛盾的次要方面等基本范畴，既有生动鲜活的实践内涵，又有深刻睿智的理论内涵，不仅是以理论思维把握世界的最具普遍性的概念，而且是列宁所说的认识的"阶梯"和"支撑点"。

"源于生活"而又"高于生活"的实践智慧，使得"灰色"的理论变得熠熠生辉，使得"朴素"的现实变得厚重深沉。在实践智慧中，现实活化了理论，理论照亮了现实。这突出地表现在，毛泽东的实践智慧，把作为哲学基本问题的"思维和存在的关系问题"，具体化为"主观与客观"、"理论与实践"、"尊重客观规律与发挥主观能动性"的关系问题，从根本上超越了马克思所批判的"把理论引向神秘主义的神秘东西"。在《实践论》、《矛盾论》中，"解释世界"的哲学与"改变世界"的哲学的根本区别，不仅在于是否用实践的观点回答"思维和存在的关系问题"，而且在于能否把"思维和存在的关系问题"具体化为"主观与客观"、"理论与实践"的关系问题，能否实现"尊重客观规律与发挥主观能动性"的统一问题。这是《实践论》、《矛盾论》"转识成智"的实践智慧的本质之所在。

"源于生活"而又"高于生活"的毛泽东的"实践智慧"，就是毛泽东的辩证法的实践智慧或实践智慧的辩证法。它具有三个方面的重大意义：一是在世界观的意义上阐发了辩证法的思维方式和方法论，实现了辩证法的世界观、认识论和方法论的统一；二是在实践论的意义上总结和升华了以矛盾分析方法为核心的辩证智慧，使辩证法成为认识世界和指导行动的现实力量；三是在中国化、时代化和大众化的意义上构建了具有中国特色、气派和风格的马克思主义哲学，从而以历史悠久的中华文明和创新实践的中国经验丰富和发展了马克思主义哲学。《实践论》、《矛盾论》的"实践智慧"开辟了马克思主义哲学中国化的正确道路。

五、马克思主义辩证法研究的当代课题

"每一时代的理论思维，从而我们时代的理论思维，都是一种历史的

产物，它在不同的时代具有完全不同的形式，同时具有完全不同的内容。"① 反思当代辩证法理论的生活基础，把握当代辩证法理论的总体特征，探索当代辩证法理论的主要内容，是马克思主义辩证法研究的基础性的当代课题。

(一) 辩证法理论的当代社会生活基础

"意识在任何时候都只能是被意识到了的存在，而人们的存在就是他们的实际生活过程"，因此，"不是意识决定生活，而是生活决定意识"。② 这是马克思关于人的"意识"与"存在"之间的相互关系的著名论断。这个论断表明，作为人类意识的"辩证智慧"，作为哲学理论的"辩证法"，它们的存在与发展决定于人类自身的"实际生活过程"。正是当代人类的"实际生活过程"，为当代辩证法理论提供了空前广阔与深刻的"生存论"根基。

关于人类的"实际生活过程"，马克思曾作出这样的概括，即人类的存在表现为三大历史形态，这就是"人的依赖关系"、"以物的依赖性为基础的人的独立性"和"建立在个人全面发展和他们共同的社会生产能力成为他们的社会财富这一基础上的自由个性"③；而关于与生活密不可分的理论，马克思则作过这样的概括："彼岸世界的真理消逝以后，历史的任务就是确立此岸世界的真理。人的自我异化的神圣形象被揭穿以后，揭露非神圣形象中的自我异化，就成了为历史服务的哲学的迫切任务。于是对天国的批判就变成对尘世的批判，对宗教的批判就变成对法的批判，对神学的批判就变成对政治的批判。"④ 马克思的这些论述，对于我们理解辩证法理论在当代的发展是至关重要的。

从人类的"实际生活过程"看，人的存在方式的最重大的变化莫过于从"自然经济"中的"依附性"存在转变为"市场经济"中的"独立性"的存在。这种"实际生活过程"的变革，为辩证法理论提供了空前广阔与深刻的理论内容。

---

① 《马克思恩格斯选集》第 4 卷，人民出版社 1995 年版，第 284 页。
② 《马克思恩格斯选集》第 1 卷，人民出版社 1995 年版，第 30、31 页。
③ 《马克思恩格斯全集》第 46 卷上册，人民出版社 1979 年版，第 104 页。
④ 《马克思恩格斯选集》第 1 卷，人民出版社 1995 年版，第 2 页。

从人的存在方式上看，所谓"自然经济"，就是在生产力水平低下或较为低下的情况下的"人的依赖性"或"人对人的依附性"的人的存在方式。在"自然经济"的形态下，"人的生产能力只是在狭窄的范围内和孤立的地点上发展着"。由于生产力水平低下或较为低下所造成的"人对人的依附性"，"自然经济"的根本特征是经济生活的禁欲主义、文化生活的蒙昧主义和政治生活的专制主义的"三位一体"。经济生活的禁欲主义既需要文化生活的蒙昧主义，更需要政治生活的专制主义。自然经济的人的存在方式，从本质上看，就是这种禁欲主义、蒙昧主义和专制主义"三位一体"的"人对人的依附性"的存在方式。在西方近代以前的社会生活中，这种"人对人的依附性"，表现为"人对神的依附性"。作为"神圣形象"的"上帝"，它是人的全部思想和行为的根据、标准和尺度，而人则把自己的本质力量异化给了作为"神圣形象"的"上帝"，从而成为依附于"上帝"的存在。在这里，"上帝"就是绝对之真、至上之善和最高之美，哪里还有什么"辩证智慧"可言呢？同样，在以自然经济为基础的中国封建社会的社会生活中，在"存天理，灭人欲"，"君子喻于义，小人喻于利"，"君为臣纲，父为子纲"以及"法先王之法"、"以孔子之是非为是非"的告诫与"纲常"中，我们不仅可以看到非此即彼、两极对立的绝对化的思维方式和价值观念，而且可以看到由此所造成的崇高的异化：崇高被异化为代表"国家"、"社稷"的"君主"；崇高被异化为代表"人性"、"人格"的"圣贤"；崇高被异化为代表"经典"、"文本"的"儒学"；崇高被异化为代表"伦理"、"道德"的"纲常"；如此等等。在这种"崇高"与"渺小"的绝对对立中，哪里还有什么"辩证智慧"可言呢？

按照马克思的观点，超越自然经济的市场经济，实现了人的存在方式由"人对人的依附性"到"以物的依赖性为基础的人的独立性"的历史性转变。马克思提出，在这种"以物的依赖性为基础的人的独立性"的存在方式中，"才形成普遍的社会物质交换，全面的关系，多方面的需求以及全面的能力的体系"。①

---

① 《马克思恩格斯全集》第46卷上册，人民出版社1979年版，第104页。

如果我们把"自然经济"的特征概括为经济生活的禁欲主义、文化生活的蒙昧主义和政治生活的专制主义,那么,在与"自然经济"相比较的意义上,我们可以对"市场经济"的特征作出如下的概括:经济生活的反对禁欲主义而要求现实幸福,文化生活的反对蒙昧主义而要求理性自由,政治生活的反对专制主义而要求天赋人权。"市场经济"的这种要求的理论表达,则构成人们所熟知的著名的哲学命题,这就是:"我欲故我在"(要求现实幸福);"我思故我在"(要求理性自由);"我生而为人"(要求天赋人权)。

如果我们更深入一步地从人的思维方式、价值观念和行为方式等人的存在方式的视角去透视"市场经济",那么,我们又可以对"市场经济"的特征作出更为实质性的概括。这就是:功利主义的价值态度(以功利原则为价值核心)、工具理性的思维方式(以科学思维为合理性)和民主法制的社会体制(市场经济即法制经济)。

市场经济按照自己的要求去塑造全部的社会生活,从而也就塑造了人的新的存在方式——人在市场经济中的存在方式。对于人的这种存在方式的本质与特征,马克思作出了最为简洁、精辟的理论把握与概括:"以物的依赖性为基础的人的独立性"。这个概括深刻地揭示了市场经济以及与之相适应的人的存在方式的二重性:一方面,与自然经济相比,市场经济使人的存在方式由"人对人的依附性"转变为"人的独立性";另一方面,市场经济中的"人的独立性",只能是"以物的依赖性为基础",因此它所实现的由"人对人的依附性"到"人的独立性"的转变,只是由"人的依赖关系"转变为"物的依赖关系"。人的"独立性"和"对物的依赖性",构成"市场经济"中的全部矛盾的根本性内容。而"现代社会"则是以"市场经济"为基础的市场经济、现代科技和大众文化"三位一体"的社会。人们在现代社会的"实际生活过程",就表现为人的"独立性"与"对物的依赖性"的矛盾冲突的过程。正是这个实际生活过程,构成了辩证法理论的当代社会生活基础。下面,我们就从这个"实际生活过程"及其所表现的当代社会思潮的主要特征去分析当代辩证法理论的社会生活基础。

当代社会生活和当代社会思潮的首要特征，可以称之为"两极对立模式的消解"。在以自然经济为基础的传统社会中，人们的经济生活、政治生活、文化生活和精神生活都处于两极对立的状态之中，人们总是以两极对立的思维方式去思考一切问题。传统哲学作为传统社会的"思想中的现实"，它集中地体现了这种两极对立的生存方式及其思维方式，总是试图在真与假、善与恶、美与丑的绝对对立中去寻求某种绝对的确定性。由于传统哲学总是把这种绝对的确定性对象化为某种确定的存在并使之神圣化，从而造成了马克思所说的"人在神圣形象中的自我异化"。现代的市场经济、科技文明和大众文化则日益深刻地消解掉了这些"神圣形象"的灵光，使得人们的生存方式发生了"从两极到中介"的变革：当代世界的政治模式形成了"从对抗到对话"的多元化和多极性，"和平与发展"成为当今时代的主题；当代世界的经济模式发生了"从对立到合作"的变革，世界各国的经济发展都进入到国际经济大循环之中，出现了"经济全球化"的趋势；当代世界的文化模式发生了"从对峙到融合"的变革，"欧洲中心主义"已被多元文化模式的共存、交流与融合所取代；当今人类的思维模式更是集中地体现了"从两极到中介"的深刻变革，把真善美理解为时代水平的人类自我意识，把人类已经达到的认识成果理解为时代水平的"合法的偏见"，把人类的存在视为"超越其所是"的开放性、未完成的存在，已逐步成为当代人类的共识。

这种"两极对立模式的消解"，使人类从两极对立、非此即彼、僵死凝固的生存方式和思维方式中解放出来，无疑是人类历史的巨大进步，它标志现代社会与传统社会的本质区别，并成为当代辩证法理论的真正的、坚实的社会生活基础。然而，由于"两极对立模式的消解"，也消解掉了传统社会所悬设和承诺的绝对确定的种种思想的根据、价值的尺度和行为的标准。因此，面对这种"两极对立模式消解"的社会思潮，需要当代哲学重新寻求人的思想与行为的根据、尺度和标准，也就是必须以理论的方式重新确定崇高的位置。当代社会生活的深刻变革，既构成了当代辩证法理论的真实的生活基础，也为当代辩证法理论的发展提出了迫切的理论问题。

当代社会生活和当代社会思潮的另一个特征，可以称之为"英雄主义时代的隐退"。在以自然经济为基础的传统社会中，"上帝"是神秘化了的"神圣形象"，"英雄"则是"神圣形象"的世俗化存在。"人在神圣形象中的自我异化"，不仅仅是在"彼岸世界"的"神圣形象"中的自我异化，而且也是在"此岸世界"的"神圣形象"中的自我异化，即在打着"灵光"的"英雄"形象中的自我异化。历代的帝王将相、圣人先哲都涂抹着"神圣形象"的灵光，以超世或救世的"英雄"的方式而凌驾于人民之上，并被描绘成创造历史的主人。现代的市场经济、科技文明和大众文化则不仅消解了"彼岸世界"的"神圣形象"，而且也消解了"此岸世界"的"神圣形象"。在现代社会中，每个人都是普通的个人，又都可以是显示个人能力的"英雄"。人们越来越强烈地感受到：现代民主社会的"政治领袖"已不再是超然于历史之上的救世主式的"英雄"，而是承担重要责任的"公务员"；现代科学共同体中的任何一个"科学家"，已不再是凭借个人才智而给予人类以划时代发现（或发明）的"英雄"，而只能是依据某种"科学范式"进行科学研究的科学家集团中的"优秀分子"；现代文学艺术的丰富多彩和日新月异，以及"接受主体"的"解读"方式的多样化和多元化，使得当代的"文学家"和"艺术家"已不再是"鹤立鸡群"的"文学大师"和"艺术巨匠"，而是不断地超越自我的"探索者"；同样，现代思想的日新月异和丰富多采，也使得当代的"思想家"和"理论家"不再是某种不可置疑的"思想伟人"，而只能是不断地向人们展现新的可能世界的"思想者"；随着现代人的"公民意识"的增强和"社会公德"的普及，各种各样的"行为楷模"也失去了往昔的难以企及的神圣性，而愈来愈成为现代社会中的"好男好女"或"优秀公民"。

这种"英雄主义时代的隐退"，从整个社会的层面上改变了传统社会的"英雄"与"奴隶"、"君子"与"小人"的对立，把人们从"英雄创造历史"的误区中解放出来，使得每个人都成为追求实现自我和在社会中作"优秀分子"的社会成员，使得"公民意识"成为每个人的最基本的也是最重要的自我意识，这无疑是社会历史的巨大进步，它标志着人从

"传统人"变成了"现代人"。然而,这种市场经济所形成的"英雄主义时代的隐退",是"以物的依赖性为基础的"。这正如马克思所说,资本主义市场经济"抹去了一切向来受人尊崇和令人敬畏的职业的光环","撕下了罩在家庭关系上的温情脉脉的面纱,把这种关系变成了纯粹的金钱关系","一切固定的僵化的关系以及与之相适应的素被尊崇的观念和见解都被消除了,一切新形成的关系等不到固定下来就陈旧了。一切等级的和固定的东西都烟消云散了,一切神圣的东西都被亵渎了"。① 因此,只有超越"以物的依赖性为基础的人的独立性",人才能获得真正的个性,才能真正实现每个人的全面发展。当代社会生活中的这种社会关系的深刻变革,从人的存在方式和自我意识两个方面构成了当代辩证法理论的现实基础。

当代社会生活和当代社会思潮的又一个特征,可以称之为"高层精英文化的失落"。在禁欲主义、蒙昧主义和专制主义"三位一体"的自然经济的生存方式中,"文化"是在教育不发达的状态下,将"文化"分为"化"者(教人者)与"被化"者(被教者)对立的两极,从而把"文化"视为向"被化"者灌输至高无上、千真万确、不容置疑、天经地义的"真理"。因此,这种"文化"只能是属于特定阶级(和阶层)的作为"经典"的"高层精英文化"。以功利主义的价值取向、工具理性的思维方式和民主法制的社会体制的"三位一体"为标志的市场经济,则从根本上改变了自然经济条件下的"文化"状况。市场经济的发展,科学技术的进步,教育程度的普及,生活水平的提高,闲暇时间的增多等众多因素,使"文化"变成了"大众文化",即不再是属于某些特定阶级(或阶层)的文化。在这个意义上,"大众文化的兴起"和"精英文化的失落",不能不是一种历史的巨大进步。它在"文化"的意义上弱化了两极对立的思维方式和价值观念。

然而,市场经济中的"文化",同样体现的是一种"以物的依赖性为基础的人的独立性"。市场经济文化的突出特征,在于它是一种以文化商

---

① 《马克思恩格斯选集》第 1 卷,人民出版社 1995 年版,第 275 页。

品化为基础的泛审美形象的全面增殖。广告形象、时装模特、明星效应、通俗作品以至"卡拉OK"、"MTV"日益成为文化的主体。这种商品化的文化又以工业化的方式而得以最广泛的生产与销售,并通过以电视等现代媒体得以极为迅速和广泛的传播。"接受主体"已经变成这种商业化的文化的"被动客体"。市场经济文化已经成为"平面化"的大众化、"媚俗"的商业化、"控制"的工业化和"宣泄"的世俗化的统一。"在大众传播之类的现代文化工业中,文化生产并入一般商品生产的形式中,商品生产的规律支配了文化生产,因而整个的文化工业所遵循的唯一历史法则是:文化原来所遵从之内在价值的标准被文化市场上之文化商品的外貌及需求所取代,最没有意义但最容易了解的信息变成最好的信息,因而信息的复杂性也就被牺牲掉,代之以大量容易被了解、被接受的信息,文化劳作变成愈来愈粗糙、愈来愈只注重感官的感觉。在这样的历史法则下,愈来愈多各式各样无意义的文化符号垃圾被制造出来,充斥在文化市场上,而意义、规范等符号则被弃置。"①

文化生产与文化生产的主体是密切相关的。作为传统的"精英文化"的主体的知识分子阶层,也在市场经济文化中发生了迅速的、深刻的分化。"在西欧,'知识分子'这个概念或者用来指那些坚持站在超然特立之地位来护卫人文主义价值的文化人;或者用来指那些怀疑传统之意识形态,并试图加以重估检讨的文化人。不管是哪一种用法,它都指生活在一种'知性之自我反省'传统中的文化人,换句话说,不管是站在哪一种实际的政治立场或知识立场,作为一个知识分子,他必须关心他生活于其中之社会的规范问题,关心他直接利益与经验以外之意义符号的问题,并且是一个对这类问题之创造性、批判性思考传统的守护者,因而他基本上是守护知性生活之伦理的道德家……二十世纪二十年代以后,社会的动乱使西欧的知识分子意识到,在一个痛苦抉择的时代,知识分子不能再主张以超然宁静的心情去观察人类的社会活动,然后在知识上作一番展示之后,宣称得到一个'真善美为何物'的堂皇结论;而是应该挺身而出,接受时

---

① 杭之:《一苇集》,北京,生活·读书·新知三联书店1991年版,第9页。

代的召唤，肯定在政治上与道德上涉身与投注的必要，因为思想并不是一件超然与静态的事，而需要深深地与生活结合在一起，因此，知识分子不只是一个观察者，他代表了社会的良心。也就是说，'知识分子'这个概念中，十九世纪之前那种要求超然特立、不作判断的伦理观被涉身投注的新伦理观代替了"①。而市场经济文化中的知识分子则分化为"技术官僚"、"文化明星"和"孤寂的学人"。许多"文人"也向往着像歌星、影星、球星、笑星一样，成为制造某种"轰动效应"的"文化明星"。在这种背景下，"知识分子"自身已成为价值多元化的某种表征，而不再是某种统一性价值观的表征。在多元的价值观中作出个人的选择，或在多元的价值观中保持某种"必要的张力"，已经成为当代人的主要的思维方式。

在当代社会生活和当代社会思潮中，"理性主义权威的弱化"也是一个不容忽视和不容回避的显著特征。现代西方哲学中的"消解哲学"，就是这一特征的集中表达。在以"哲学文化"取代"神学文化"的近代"后神学文化"中，哲学和科学取代了神学，从而使"理性"成为人类普遍的自觉意识。恩斯特.卡西尔曾经这样阐述被近代人类及其哲学视为最伟大的力量的"理性"："所有形形色色的精神力量汇聚到了一个共同的力量中心。形式的差别和多样性，只是一种同质的形成力量的充分展现。当18世纪想用一个词来表述这种力量的特征时，就称之为'理性'。'理性'成了18世纪的汇聚点和中心，它表达了该世纪所追求并为之奋斗的一切，表达了该世纪所取得的一切成就"，"理性的力量并不在于使我们能够冲破经验世界的限制，而在于使我们学会在经验世界中有宾至如归之感"，"在17世纪的那几大形而上学体系——笛卡尔、马勒布朗士、斯宾诺莎和莱布尼茨的体系里，理性是'永恒真理'的王国，是人和神的头脑里共有的那些真理的王国"，"18世纪在一种不同的、比较朴素的意义上看待理性。理性不再是先于一切经验、揭示了事物的绝对本质的'天赋观念'的总和。现在，人们把理性看作是一种后天获得物而不是遗产。它不

---

① 杭之：《一苇集》，生活·读书·新知三联书店1991年版，第3—4页。

是一座精神宝库，把真理象银币一样窖藏起来，而是一种引导我们去发现真理、建立真理和确定真理的独创性的理智力量"，"整个18世纪就是在这种意义上理解理性的，即不是把它看作知识、原理和真理的容器，而把它视为一种能力，一种力量，这种能力和力量只有通过它的作用和效力才能充分理解"，"18世纪文化的基本目的，就是捍卫、强化和巩固这种思维方式。"①

这种"理性"的观念发展到作为德国古典哲学顶峰的黑格尔哲学，则成为一种取代"上帝"的"绝对精神"。对此，恩格斯曾经深刻地指出：当这个黑格尔发现，他借理性不能得到另一个凌驾于人之上的真正的上帝时，他是多么为理性而感到自豪，以致他干脆宣布理性为上帝。这样，作为"非神圣形象"的"理性"就变成了"神圣形象"的"上帝"——人挣脱了在"神圣形象中的自我异化"，却又陷入了"非神圣形象中的自我异化"。因此，以"理性"为标志的哲学（首先是黑格尔哲学）遭到了现代哲学的激烈批判。这种批判，包括马克思主义的以"现实的理性"（实践）对黑格尔的"抽象的理性"的批判，科学主义的以"谦虚的理性"（科学）对黑格尔的"狂妄的理性"的批判，以及人本主义的以"丰富的人性"对黑格尔的"冷酷的理性"的批判。被近代哲学奉为圭臬的"理性"的权威在现代社会及其哲学中被不断地"弱化"了。

近代哲学的"理性主义"在现代社会中的"弱化"，首先是意味着现代社会中的人的主体意识和个性的觉醒。当着黑格尔把"理性"视为人的全部丰富性（感觉、情感、意志、想象、目的等等）的深层统一性时，他便以一种泛逻辑主义的思维方式把人抽象化了。当着他进而把人的"崇高"归结为"个体理性"对"普遍理性"的认同时，他就把"崇高"异化成了非人的、超历史的存在。对近代"理性主义"、特别是黑格尔的"泛逻辑主义"的批判，表现了现代人类及其哲学对于"人在非神圣形象中的自我异化"的批判，因此具有巨大的历史进步意义。然而，这种以"两极对立模式的消解"、"英雄主义时代的隐退"和"高层精英文化的失

---

① ［德］卡西尔：《启蒙哲学》，顾伟铭等译，山东人民出版社1988年版，第3、11、12页。

落"为前提的"理性主义权威的弱化",却使当代人类陷入了"没有标准的选择的生命中不能承受之轻的存在主义的焦虑"之中。这就是"现代人的困惑"。

"现代人的困惑",是寻求人类"精神家园"的困惑。这可以说是当代社会生活和当代社会思潮的又一个突出特征。市场经济把它的等价交换原则渗透到全部社会生活当中,并成为现代人的生存方式,由此便造成了人与自然的异化(无休止的攫取造成的"全球问题"),人与社会的异化(社会对人的全面发展的扭曲),人与他人的异化(金钱关系所形成的人际关系的冷漠与紧张),人与自我的异化(人异化为金钱的奴隶而造成的自我的失落)。现代人的这种"物化"或"异化",使人愈益深切地感受到"精神家园"的失落:世界的符号化和自然的隐退所形成的"无根"的意识;价值尺度的多元化和不确定性所形成的"没有标准的选择";终极关怀的感性化所形成的"信仰缺失"、"形上迷失"和"意义失落"。

以市场经济的存在方式为基础的当代社会生活和当代社会思潮,表明当代人类的生活世界处于深刻的"意义危机"之中。当代哲学作为当代"意义"的社会自我意识,它需要对这种时代性的"意义危机"作出全面的反应、批判的反思、规范性的矫正和理想性的引导。正是在这种反思中,作为人类智慧结晶的辩证法理论获得了自己广阔而深刻的社会生活基础。

现代化进程中的人的存在方式的变革,从其最具基础性和普遍性的内容和方式上看,可以概括为"非日常生活的日常化"。这主要表现在日常经验科学化、日常消遣文化化、日常交往社交化、日常行为法治化以及农村生活城市化等方面。而从深层上看,非日常生活的日常化过程,则是人的世界图景、思维方式和价值观念的变革与重建的过程。

常识的思维方式是形成于人们的日常生活并适用于人们的日常生活的思维方式。正因为常识的思维方式形成于并适用于"日常活动范围",所以,在"日常活动范围"内就有常识思维方式持久稳固的存在基础。要变革常识思维方式,首先就要求人们的"活动范围"的拓宽、深化和转换。因此,常识思维方式及其所构成的世界图景的变革,是以非日常生活的日常化为基础的。一旦进入非日常生活的"广阔的研究领域",常识思维方式及其所构成的世界图景就会遭到"最惊人的变故"。正是这种"变故",这种现代社会的"实际生活过程",为辩证法理论提供了现实的生活基础。

在现代社会生活中,首先是迅猛发展的科学技术使人们进入了广阔的非日常生活领域,并不断地使这种非日常生活日常化。因此,非常识思维的常识化,首先和集中地表现在科学思维的常识化。科学的直接意义在于,它为人类提供描述和解释世界的不断深化的概念系统和知识体系,从而为人类展现具有历史性和时代性的科学世界图景。然而,正如常识的世界图景是由常识的思维方式所构成的一样,科学的世界图景也是由科学的思维方式构成的。科学的发展史是人类理论思维的进步史。科学概念的形成和确定、扩展和深化、变革和更新,不仅为人类提供"认识和掌握自然现象之网的网上纽结"[1] 而且为人类提供不断增加和不断深化的认识成分和思维方法。特别是科学的每一次划时代发现,更以其璀璨夺目的理论成果深刻地改变了人们的思维方式。从地心说到日心说,从既成论到进化论,从绝对论到相对论,不仅使非此即彼的常识思维方式遭到巨大的冲击,而且使科学思维方式以其不可抗拒的力量转化为人们的常识思维。在现代科学中,由于各种科学的相互交叉和相互渗透,特别是由于系统论、控制论和信息论等"横向学科"的兴起,在更加广泛和深刻的意义上变革了人们的思维方式及其所构成的世界图景。正如有的学者所指出的,科学"已把人类的思维训练到能够理解以前几世纪中有教养的人所不能理解的逻辑关系"[2]。这就是现代科学常识化所引起的人类思维方式的变革。它为当代辩证法理论提供了坚实的科学基础。

哲学作为"时代精神的精华",它把科学发展所引起的人类思维方式的变革,升华为理论化的社会自我意识。现代哲学告诉人们,没有中性的观察,观察渗透和负载着理论,人们对世界的描述与解释,是以人们把握世界的概念框架和思维方式及其历史性变革为前提。现代哲学深刻地改变了以素朴实在论为代表的直观反映论的思维方式,改变了以机械决定论为

---

[1] 《列宁全集》第55卷,人民出版社1990年版,第78页。
[2] [德]赖欣巴哈:《科学哲学的兴起》,伯尼译,商务印书馆1983年版,第96页。

代表的线性因果论的思维方式，改变了以抽象实体论为代表的本质还原论的思维方式。这不仅在哲学层面上有力地推进了现代科学思维方式的常识化，而且有力地推进了现代哲学思维方式的常识化。

常识作为人类的思想与行为的价值规范，是人类世世代代积累起来的适应人类生存的自然环境、社会环境以及一般文化环境的产物。在常识的价值观念中，人的思想与行为的根据和标准、范围和限度，都是经验的普遍性。人的所思所想、所作所为，直接受到常识的世界图景和思维方式的制约与规范，任何超越普遍经验的思想与行为，都是对常识价值规范的亵渎与挑战，都会被视为荒诞不经或胡作非为。经验性的价值标准规范了常识价值观念的狭隘性与保守性。在常识的价值判断中，总是"定性"地作出论断，而不是"定量"地进行分析，总是孤立地评价经验的具体对象，而不是系统地考察对象的诸种关系。真与假，是与非，荣与辱，好与坏，善与恶，美与丑，君子与小人，崇高与渺小，被常识的经验标准泾渭分明地断定为非此即彼的存在。常识的价值观念往往缺少必要的张力。简单性和绝对化也是常识价值观念的显著特性。与常识不同，科学的价值观念不是经验性的，而是理性化的。科学以其系统化的知识体系和逻辑化的思维方式去规范人们的所思所想和所作所为。实证精神和分析态度是科学价值观念的基础。它不仅着眼于经验的普遍性，更着重于对经验普遍性的理性思考，它不仅着眼于"定性"式的论断，更着重于形成论断的"定量"化的分析，它为人们超出非此即彼、两极对立的价值观提供了现实基础。

在科学的发展过程中，科学的世界图景和科学的思维方式处于生生不已的历史性转换之中，从而不断地变革和更新了人对自己和世界及其关系的理解，即不断地变革和更新了人们的世界观。思想内容和行为内容的拓展、思想方式和行为方式的更新，必然引起价值标准的变革。由于价值标准是价值观念、价值判断和价值规范的根据，因此，价值标准的变革又必然引起整个价值系统的历史性转换。这是科学价值观念对常识价值观念的狭隘性和保守性的超越。

哲学作为人类存在意义的社会自我意识，它的价值观念具有显著的反思和批判的特性。它不是直接地提出和给予某种价值判断，而是把常识的和科学的价值判断作为反思的对象，批判地揭示隐含在这些价值判断中的前提，即揭示和批判地考察作出这些价值判断的根据、标准和尺度，从而启发人们以批判的精神和开放的态度去对待自己的价值观念。在当代社会生活中，哲学以"非日常生活的常识化"为基础，在日常经验科学化、日常消遣文化化、日常交往社交化、日常行为法治化和农村生活城市化的"实际生活过程"中，不断地升华了人类生活的辩证智慧。哲学的价值态度是以理想的应然性和历史的大尺度去观照和反思常识和科学所给予的现实的价值观念，使人们在理想与现实、历史的大尺度和小尺度之间保持必要的张力。因此，哲学层面的价值观是历史的和辩证的价值观。在现代化的进程中，它致力于寻求科学精神与人文精神、科学理性与价值理性、功利主义与理想主义的辩证统一，引导人们自觉地超越绝对主义的或相对主义的价值态度，不断地提升人们的人生境界。在当代社会生活中，哲学观念的常识化，就是辩证的价值态度和人生境界的普遍自觉化。

（二）当代辩证法理论的总体特征

哲学作为理论形态的人类自我意识，它的理论形态的历史演进，直接地取决于人类关于自身存在的自我意识的历史性变化；而人类关于自身存在的自我意识的历史性变化，则深层地取决于人类存在的历史形态的转换。因此，哲学史，归根到底是理论形态的人类发展史；每个时代的哲学，则归根到底是"思想中所把握到的时代"，是"自己时代精神的精华"。我们从这样的理论视野去阐述作为哲学世界观的当代辩证法理论。

哲学界通常是以"转向"这个概念来标志哲学本身的根本性变革，并由此提出从古代哲学到近代哲学的"认识论转向"，以及由近代哲学到现代哲学的"实践转向"和"语言转向"。20世纪后期以来，哲学界则把当代哲学的根本性变革称之为"生存论转向"，并试图以"生存论转向"深化对马克思的"实践转向"的理解。我们需要从这种哲学"转向"中把握当代辩证法理论的总体特征。

马克思的"实践转向"，以人的现实的存在方式——实践活动及其历史发展——为基础去解决思维与存在、人与世界之间的关系问题；现代西方哲学的"语言转向"，则是以人类历史文化的"水库"——语言——为出发点去反省思维与存在、人与世界之间的关系问题。因此，哲学的"现代"涵义，是指以人的历史性存在为中介去回答和解决哲学基本问题的哲学理论形态。它与传统哲学（包括古代哲学和近代哲学）的根本区别，在于传统哲学总是以"超历史"的方式去解决哲学问题，而现代哲学则是以"历史的"方式去提出和回答哲学问题。人的历史性存在，或者说，人的存在的历史性，是"实践转向"和"语言转向"的深层内涵，更是所谓"生存论转向"的深层内涵。这种深层内涵，决定现代哲学不能不是聚焦于对人的存在的反思，因而现代意义的辩证法理论也不能不是从对人的存在的反思中形成自己的总体特征和理论内容。当代辩证法理论的总体特征就表现在：其一，人的存在方式成为它的理论聚焦点；其二，人类把握世界的基本方式及其内在矛盾成为它的主要的研究对象；其三，对科学、语言、文化、发展以及实践的理解成为它的具体的理论内容；其四，对当代人类的生存与发展的反思成为它的主要任务。

人的存在方式问题的凸显，我们可以用所谓的"生存论转向"来表达；同样，对于人的存在方式问题之所以凸显出来的根据，我们也可以从"生存论转向"的深层内涵来说明。

哲学界以"生存论转向"来表达对当代哲学的根本性理解，是因为这种概括凸显了当代哲学的自我理解，即凸显了把哲学视为关于人类存在的自我意识理论的这种哲学的自我理解。在"拒斥形而上学"的现代哲学的理论进军中，人们越来越清醒地意识到，所谓"形而上学"的根本性弊端，在于它把人同人的世界割裂开来，试图以人的"理性"去"洞悉"与人相对峙的"世界"的"普遍规律"，并把这种与人的历史性存在无涉的、永恒的"普遍规律"作为规范人的思想和行为的最终的根据即"本体"。这就是现代哲学所讨伐的统治人类思想的两千年来的"本质主义"的哲学理念。应当说，正是这种"本质主义"的哲学理念，构成了哲学意义上的形而上学的思维方式，即从真善美与假恶丑绝对对立的思维方式去解释和规范人的思想与行为。因此，对"本质主义"的讨伐，也是对形而上学思维方式的超越。

"本质主义"的哲学理念，就其产生的历史根源说，是因为人类长期生存于以农业文明为基础的自然经济社会之中，这种自然经济社会需要以"本质主义"的方式去确立某种"神圣形象"来实现和维护"人对人的依附性"；就其产生的理论根源说，是因为人类文化总是倾向于以某种单一性的、确定性的乃至终极性的东西来解释和规范复杂性的、多样性的、模糊性的、暂时性的存在，即总是倾向于以某种超历史的、非历史的东西去解释和规范一切历史的存在，以至于用某种"普遍性"的"标准"压抑和取消了任何"多样性"的"选择"，这就是文化意义上的"本质主义的肆虐"。

以"本质主义"的哲学理念为背景，我们可以看到"生存论转向"所凸显的哲学自我理解的双重自觉：其一，它是一种"拒斥"传统的"本质主义"哲学观的自觉，即以"生存论转向"为标志而讨伐任何试图以"超历史"的观念去构建哲学体系的哲学观自觉；其二，它又是一种"确立"以人的"生存"为出发点的哲学观自觉，即把哲学"定位"为关于人的历史性存在的自我意识理论的哲学观自觉。"生存论转向"所标志的双重的哲学观自觉，表明这种"转向"与我们通常所概括的"实践转向"是一致的；但是，以"生存论转向"来标志这种双重的哲学观自觉，有助于我们在对"实践转向"的理解和阐释中，避免经常会出现的实证化或庸俗化的弊端。正是在这个意义上，以"生存论转向"来表达当代哲学的自我理解，是富有理论说服力的。

用"生存论转向"来表达对当代哲学的根本性理解，还是因为这种概括凸显了当代哲学的主题性转换，即凸显了当代哲学对人类自身的历史性存在的关切。马克思批评"哲学家们只是用不同的方式解释世界"，并提出"问题在于改变世界"，从而为整个现代哲学的"转向"提出了鲜明的时代性主题，即把哲学的目光从对"普遍规律"的寻求"转向"对人类自身存在的关切。人们之所以把马克思的哲学革命称之为"实践转向"，就在于马克思把哲学的目光"转向"了人的生存方式——实践活动及其历史发展，用恩格斯的话说，就在于马克思开拓了关于"现实的人及其历史发展"的哲学道路。而人们之所以在坚持马克思所开拓的"实践转向"的哲学道路的理论进军中又提出所谓的"生存论转向"，就在于"实践"作为人类特有的"生存"方式，它需要从人的"生存"出发而获得全面的、深入的理解，以避免把"实践"视为某种抽象的"客观活动"。

人的"生存"是一种人类所特有的"悖论"性的存在方式。人类的实践活动及其历史发展，不仅造成了现实世界的二重化（自然世界与属人世界）、人类存在的二重性（自然性与超自然性）、历史发展的二象性（人们创造历史与服从历史规律），而且更为深刻地造成了对人类"生存"而言的"有利"与"有害"、"进步"与"倒退"的"悖论"。在当代社会的"科技文明"与"全球问题"、"市场经济"与"人的物化"的深刻矛盾中，作为"社会的自我意识"的哲学，它敏锐而痛切地把握到人类"生存"的矛盾与困境，因而合乎逻辑地以"生存论转向"来实现对人类存在的关切，即以"主题性转换"的方式来实现哲学对人类存在的关切。正是这种关切，为当代辩证法理论提供了丰富的理论内容。

现代化，既是一个前所未有的、迅猛发展的自然人化过程，也就是以现代的科学技术征服自然的过程，又是一个前所未有的、急速实现的个体社会化过程，也就是以等价交换的原则实现人的全部社会关系的过程。由此，在现代化的进程中便愈益明显地凸现了两个方面的尖锐矛盾：一是现代科学技术的迅猛发展与日益严峻的全球问题的矛盾，二是人的生存方式的现代化与人的物化状态的矛盾。

现代化所实现的空前的自然人化过程，为人类的生存和发展创造了前所未有的物质财富，但同时又造成了包括人口膨胀、环境污染、生态失衡、粮食紧张、能源危机以及核战争威胁等在内的"全球问题"。而市场经济所实现的"以物的依赖性为基础的人的独立性"，既挺立了个人的主体性和独立性，增强了人的主体自我意识，形成了某种人的自我实现的条件，又造成了"抹去一切职业的灵光"，"把一切都沉浸到金钱的冰水当中去"，也就是使人"物化"的生存状态。这就是当代的人与自然、人与社会的双重性矛盾所构成的"现代化问题"。

面对这种现代化的双重性矛盾，形成了世界性的哲学层面的现代化思潮与反现代化思潮的尖锐矛盾。作为反现代化思潮，一是表现为发展中国家的以道德理想主义批判发达国家中的"物欲横流"，一是表现为发达国家的以文化保守主义所进行的现代化反省。作为现代西方哲学的现代化思潮，则把现代化所实现的自然的人化即自然的隐退，视为哲学一向所寻求的绝对性、确定性和终极性的消解。真理观的多元论，价值观的相对论，历史观的非决定论，构成了现代西方哲学的主导性解释原则。由此便形成了当代哲学的形上与形下、科学主义与人本主义、理想主义与实用主义、道德主义与功利主义、终极关怀与"消解哲学"的尖锐冲突。这些冲突构成了当代辩证法理论中的"总体性问题"。

在当代哲学的各种理论论争中，人的生存意义被不断地凸显出来。而在对人的生存意义的哲学反思中，则愈来愈凸显人类把握世界的各种基本方式及其内在矛盾问题。哲学与宗教、哲学与艺术、哲学与科学，宗教与艺术，科学与艺术，以及这些基本方式各自的内在矛盾，成为当代辩证法理论的主要研究对象。

人类意识所创造的"意义世界"，是人类把握世界的各种"方式"——神话、常识、艺术、宗教、伦理、科学和哲学——为中介而实现的。这些"方式"构成了卡西尔所说的"人性的圆圈"，也构成了"意义"的"同一主旋律的多重变奏"。这个"同一主旋律的多重变奏"展现了人类存在的复杂的矛盾性。

人类把握世界的"神话"方式，它既以宇宙事件来看待人的行为，又用人的行为来解释宇宙事件，从而在双重的幻化中构成了神话的意义世界。在神话的意义世界中，人既不是浩渺宇宙中的匆匆过客，也不会无所归依地死去，人的生命活动具有宇宙事件的意义，生命的消逝具有了灵魂转移的再生的意义。这种"神话"方式在当代人类的社会生活中获得了它的新的存在方式。

人类把握世界的"宗教"方式，它以塑造"神圣形象"的方式而使人的存在获得神圣的意义。宗教中的"神圣形象"（如"上帝"），它把各种各样的力量统一为至高无上的力量，把各种各样的智能统一为洞察一切的智能，把各种各样的情感统一为至大无外的情感，把各种各样的价值统一为至善至美的价值。这样，宗教中的神圣形象，就成为一切力量的源泉，一切智能的根据，一切情感的标准，一切价值的尺度，人从这种异在的神圣形象中获得存在的根本意义。然而，生活的意义来源于宗教的神圣意义，这意味着人把自己的本质力量异化给了宗教的神圣形象，是人还没有获得自我或再度丧失了自我的自我感觉和自我意识。这说明，宗教所创造的意义世界，正是表现了人的悖论性的存在。

人类把握世界的"艺术"方式，它以创造"艺术形象"的方式而为人的生活提供了意义的世界。艺术使个人的感受条理化、个人的感情明朗化、个人的体验和谐化，从而构成了一个表现人的感觉深度的世界，一个深化了人的感觉和经验的世界。在艺术的世界，我们从尘封的历史中看到一个个"鲜活的面容"，从遥远的异域中看到一个个"跳动的心灵"，从他人的世界中看见一道道"诱人的风景"。在"大众文化"兴起的当代，艺术正以新的形式展现人的生存矛盾和"现代人的困惑"。

人类把握世界的"伦理"方式，是以规范和调整人与他人、"小我"与"大我"相互关系的方式而使人成为"社会"的存在，并获得社会生活的意义。人的社会是"伦理"的社会，"伦理"的社会创造了纷繁复杂的社会生活，也创造了更为丰富多彩的"意义"的世界。物我、人己、是非、利害、祸福、毁誉、荣辱、进退、生死、寿夭，纷至沓来的人生矛盾，扑朔迷离的价值冲突，在当代人类的社会生活中具有更为紧迫的现实意义。

人类把握世界的"科学"方式，被卡西尔称作"人的智力发展中的最后一步"，"人类历史的最后篇章"和"推动宇宙"的"支撑点"。科学以它的各种首尾一贯、秩序井然的符号系统为我们展现各门科学所把握到的"物理的"、"化学的"、"生物的"、"数学的"世界，又为我们展现当代科学所把握到的"系统的"、"信息的"、"自组织的"世界，还以它的"科学方法"、"科学态度"、"科学精神"作为价值规范的形式而变革人们的观念与行为。科学总是不断地更新人的"世界图景"、"思维方式"、"价值观念"乃至整个的"生活方式"，因此，对科学的反思成为当代辩证法理论的重要研究内容。

人类把握世界的各种基本方式，为人类自身的存在提供多重意义。但是，在人类历史的发展进程中，社会所悬设和承诺的"意义"的"标准"，与个人对这个"标准"的选择与认同，总是处于矛盾之中。特别是在人类生活世界发生时代性变革的过程中，由于常识意识、科学精神、审美意识和伦理文化的全面变化而引起的"意义范式"的转换，总是造成时代性的"意义危机"。这种"意义危机"，既会激发"意义"的个体自我意识的新的感受和领悟、新的期待和追求，也会引发"意义"的个体自我意识的新的困惑与迷惘、新的矛盾与冲突。"我到底要什么"的价值取向和价值认同与"我们到底要什么"的价值导向和价值规范，正是深刻地体现了各个时代的"标准"与"选择"的矛盾。

在以市场经济为基础的现代社会生活中，人的存在方式的最为根本的矛盾，就是马克思所说的"以物的依赖性为基础的人的独立性"。一方面，人在市场经济中实现"人的独立性"；另一方面，这种"人的独立性"又必须和只能是"以物的依赖性为基础"。因此，这种"以物的依赖性为基础的人的独立性"并没有解决人的自我异化，而是如马克思所说，只是把自然经济中的"人在神圣形象中的自我异化"，变成了市场经济中的"人在非神圣形象中的自我异化"。

人在这种"非神圣形象"中的自我异化，深切地感受到一种二重化的矛盾：一方面，"神圣形象"的消解，或者如尼采所说"上帝被杀死了"，人们既感受到了没有了"窥视"自己、"惩罚"自己的"上帝"的解放了的愉悦，又感受到了一种没有"规范"自己、"约束"自己的"标准"的空虚；另一方面，在"非神圣形象"即"法"、"政治"等等"世俗"化的"规范"中，人们既感受到新的"束缚"和"压抑"，又感到"非神圣形象"作为"标准"的"非神圣性"，因而也感受到一种无所皈依的烦躁。这种烦躁就是一种"没有标准的选择的生命中不能承受之轻的存在主义的焦虑"。

在市场经济中"现代性的酸"使得传统的天经地义的"标准"失去了神圣的灵光。当着人们进行"选择"的时候，却总是难以确认选择的"标准"。捷克著名小说家米兰·昆德拉曾把他的一部风靡全球的小说命名为《生命中不能承受之轻》。这种"轻"，就是生命难以承受的"没有标准的选择"之"轻"，也就是生命难以承受的"存在主义的焦虑"之"轻"。

在现代哲学中，西方的"存在主义"曾经把它之外的一切哲学斥之为"本质主义"哲学。然而，由于"存在主义者把整个理念世界作为无用的精神建筑而加以抛弃，结果他们却碰到这样一个令人痛苦的矛盾：他们必须在一无选择的原则，二无任何他们可以用以衡量他们是否选择得好的标准的情况下进行选择"，由此便造成了"存在主义的焦虑"。①

哲学作为"意义"的社会自我意识，它对当代人类的巨大的生活价值，就是对时代性的"意义危机"做出全面的反应、批判的反思、规范性的矫正和理想性的引导。因此，真正的哲学，总是以自己提出的新的问题、新的提问方式以及对新问题的新的求索，批判性地反思人类生活的时代意义，理论性地表征人类生活的矛盾与困惑、理想与选择，为人类的思想与行为提供自己时代的根据、尺度和标准，从而塑造和引导新的时代精神。以当代社会生活的内在矛盾和当代人的种种困惑为对象而进行哲学反思，这就是当代辩证法理论的总体特征。

（三）当代辩证法理论的主要内容和基本范畴

由于人的存在方式以及由此形成的人与世界的关系成为当代辩证法理论的聚焦点，因此，作为人的存在方式的实践活动及其历史发展，以人的实践活动为基础的科学、语言、理论和文化，以及人的生存与发展问题，成为当代辩证法理论的主要内容，并构成当代辩证法理论的富有自身特点的诸多的范畴系列。这为我们在当代反思和发展马克思的辩证法理论，提供了可资借鉴的理论内容和日益开阔的理论视野。

在对人类实践活动的当代水平的辩证理解中，我们不仅关注蕴含于实践活动之中的受动性与主动性、目的性与对象性、合目的性与合规律性、现实性与普遍性等矛盾关系，而且在重读马克思的过程中，特别地关注以实践为基础的人的生存与生活、自然世界与属人世界、物的尺度与人的尺度、历史的前提与结果、人的存在形态与人类的历史发展等矛盾关系，并且以当代人类实践活动的新特征为基础，致力于探索现代化进程中的实践

---

① ［法］保罗·富尔基埃：《存在主义》，潘培庆、郝珉译，上海译文出版社1988年版，第50页。

活动的正负效应、人化与物化、科技进步与全球问题、发展与代价等矛盾关系。

在对科学的当代辩证理解中,既从人类把握世界的多种方式的相互关系中提出并探索了科学与宗教、科学与常识、科学与艺术、科学与伦理、科学与哲学的关系,而且从科学活动和科学进步的角度具体地探讨了理论与观察、证实与证伪、逻辑与直觉、猜测与反驳、发现与辩护、理解与解释、范式与科学家集团、理论硬核与保护带、经验问题与概念问题等矛盾关系,并且在对科学及其社会功能的反思中,不断深入地探讨了科学与文化、科学与社会、自然科学与人文科学、科学精神与人文精神、科学与科学主义等一系列关乎人类生存发展的重大问题。

在对语言的当代辩证理解中,既以现代西方哲学的"语言转向"为对象,探索了英美分析哲学和欧陆人文哲学对"语言"的哲学理解,又以索绪尔、乔姆斯基等的现代语言学为基础,探索了语言与言语、能指与所指、指称与意义、语音与语义、语义与语用、共时性与历时性、约定性与任意性、语言的逻辑性与人文性、自然语言与人工语言等矛盾关系,并从总体上探讨了语言与文化、语言与世界、语言与人的矛盾关系。

在对文化的当代辩证理解中,由于文化哲学日益成为哲学中的"显学",因而从多侧面、多层次展开了文化的内在矛盾,诸如文化的人类性与时代性、文化的人类性与民族性、文化的多样性与统一性、文化的多重内涵、文化的多种形态、文化的多种特性、文化的转型与重建、文化的失范与冲突、自在的文化与自觉的文化、大众文化与精英文化、东方文化与西方文化、文化激进主义与文化保守主义等等,这些矛盾关系都在文化哲学中得以深化对它们的理解,特别是如何理解"全球化"背景下的文化,更是得到哲学界的普遍关注。

在对发展的当代辩证理解中,以人的生存与发展的矛盾为核心,构成了对发展的不断深化的哲学反思,从而提出了发展的事实与价值、发展的标准与选择、发展的大尺度与小尺度等一系列矛盾关系问题。

在当代理解人与世界的关系,还凸现出了一系列总体性的矛盾关系,诸如理性主义与非理性主义,科学主义与人文主义,客观主义与相对主义,决定论与非决定论,本质主义与存在主义,基础主义与反基础主义,结构主义与解构主义,如此等等。这些从总体关系上所构成的哲学冲突,为深化当代辩证法理论提供了直接的理论前提。

下面,我们分别讨论当代辩证法理论在对科学、语言、发展和理论的辩证理解中所形成的主要内容和重要范畴。

第一,对科学的辩证理解。

由于科学在现代社会生活中的重大作用,对科学的哲学理解,成为现当代哲学的极其重要的理论内容。对当代辩证法理论来说,首先是由于科学发展所显示出来的内部的和外部的诸多矛盾,为辩证法理论的发展提出了愈来愈丰富的研究课题。

这些研究课题包括:

科学与非科学的关系问题,即科学分界问题。对这一课题的探讨,是正确对待科学和批判科学主义思潮的重要前提;

科学与常识的关系问题,即人类认识发展及其认识形式的连续性与间断性的关系问题。显然,对这个问题的辩证解释,是科学分界问题的具体化;

科学与艺术的关系问题。这一问题不仅要求对人类把握世界的两种基本方式——科学和艺术——的辩证理解,而且要求对人类的两种最基本的思维方式——抽象思维与形象思维——的辩证理解。它的深层问题,则是"真"与"美"的辩证关系问题;

科学与哲学的关系问题。这一问题是现代哲学所面对的最重大的突出问题。所谓"科学主义思潮",其实质就是以"科学"的标准去审视哲学,并试图用"科学哲学"去代替整体的哲学。与此相反,所谓"人本主义思潮",则试图用"人的哲学"去对抗"科学哲学"。因此,对科学与哲学的辩证理解,是当代辩证法理论的重要内容;

观察与理论的关系问题。现代科学表明,"观察渗透理论"、"观察负载理论","观察受理论的'污染'","没有中性的观察"。这个问题的实质在于,人是历史文化的存在,人的世界图景受理论的规范。探索这一问题,不仅是深化对科学活动的理解,更重要的是深化对人本身的理解,因而对当代辩证法理论具有直接的理论意义。

此外,在对科学的辩证理解中,还包括逻辑与直觉、证实与证伪、猜测与反驳、发现与辩护、分析命题与综合命题、理解与解释、经验问题与概念问题、科学与价值、科学与文化、科学与社会等等问题。而在所有这些问题当中,首要的则是对"科学"本身的辩证理解。

究竟什么是科学?在科学与非科学之间是否存在某种严格的界限?划分科学与非科学的标准是什么?科学活动与人类其他活动是否具有某种连续性?能否把人文学科排斥于科学之外?对于这些问题的不同回答,构成了现代西方科学哲学的"实证主义"与"证伪主义"、"理性主义"与"非理性主义"、"逻辑主义"与"历史主义"等等的深刻分歧。而构成这种分歧的根源则在于对科学的不同的哲学理解。

西方科学哲学自实证主义以来,一直试图寻求某种鲜明、确切的标准来区分科学与伪科学,从而为科学划定严格的界限并为科学哲学规定明确的对象。这种根深蒂固的渴求,奠基于近代以来的人类的一种信念——科学是理性和进步的事业。在人们广泛持有的常识科学观中,把科学视为"建立在事实上面的建筑物"。科学家们又把这种常识科学观具体化为两部分:用仔细的观察和实验收集的事实,以及运用某种逻辑程序从这些事实中推导出来的定律和理论。

对于这种科学观的哲学内涵,现代科学哲学家伊姆雷·拉卡托斯曾经尖锐而深刻地指出,它形成于对神学的批判,但对科学的理解却是"直接由神学继承过来的标准加以判定:它必须被证明是确凿无疑的。科学必须达到神学未达到的那种确定性。一个名副其实的科学家是不允许猜测的:他必须由事实来证明他所说的每一句话。这就是科学诚实性的标准。未经事实证明的理论在科学界被认为是罪孽深重的伪科学和异端"[①]。这表明,现代哲学中的科学主义思潮有着深刻的认识论根源,因此对"科学"的辩证理解成为当代辩证法理论的十分重要的理论内容。

由于量子物理学和爱因斯坦相对论的出现,科学家和哲学家认识到,

---

① [英]拉卡托斯:《科学研究纲领方法论》,兰征译,上海译文出版社1986年版,第3页。

这种"科学诚实性标准"只能是一种乌托邦式的幻想。由此而产生的是两种不同的哲学反应：（1）否弃实证主义原则，肯定科学的猜测性，但以相反于实证主义的判据——能否被观察和实验证伪——来区分科学与非科学，这就是被称之为"证伪主义"的波普尔的科学观；（2）不仅否弃实证主义原则，而且否认诉诸任何判据，甚至抛弃科学是按照某种或某些特殊的方法进行的一种理性活动的观点，这就是被称之为"非理性主义"的历史主义学派，特别是将其推向极端的费耶阿本德的科学观。

上述两种哲学反应，或者否认科学与非科学的连续性，仍然试图以某种确定的标准来区分科学与非科学；或者否认科学与非科学的间断性，从而以非理性主义的观点去看待科学。深层地看，二者又是两极相通的，即：在对科学的哲学理解中，都缺少对科学活动与人类其他活动的辩证理解。美国当代科学哲学家瓦托夫斯基则试图从人文主义立场辩证地看待科学活动与人类其他活动的连续性与间断性的对立统一，认为人类活动的科学既是"植根于我们全都共同具有的普通人类能力之中"，"有着不言而喻的常识性知识的来源"，又是"代表着人类的一项最高成就"，"是一种与众不同的、独一无二的、在一些具有决定意义的方式上与其他人类活动不同的人类活动"。[①] 因此，仅仅从科学与人类其他活动的连续性上去理解科学，从而把人类的全部认识活动都看成是科学的，这当然是错误的；同样，仅仅从科学与人类其他活动的间断性上去理解科学，从而把科学归结为一种与人类其他活动无关的自我存在的实体，也同样是错误的。瓦托夫斯基本人认为，哲学的方法是批判的、分析的、辩证的方法，因此他自觉地用辩证法去理解科学。他以丰富而深刻的论据和论证，批判性地、系统地反思了科学思想的起源、科学方法和科学的一些基本概念，从而提供了一种对科学的人文主义理解的范例，也就是对科学的辩证理解的范例。

在瓦托夫斯基的对科学的人文理解中，一是从科学思想的起源及其方法的概念基础上去理解科学与人类其他活动的连续性与间断性的对立统一。科学代表着人类的一项最高成就，它不是某种置身于人类之外的事

---

① ［美］M. W. 瓦托夫斯基：《科学思想的概念基础——科学哲学导论》，范岱年等译，求实出版社1982年版，第32、34、91页。

物。在人类的发展史上，科学是经过漫长而又艰难的过程才发展成为一种独特的认识方式。它根源于人类的共同理解和普通的认识方式之中，"在科学本身的基础上，铭刻着它同普通经验、普通的理解方式以及普通的交谈和思维方式的历史连续性的印记，因为科学并不是一跃而成熟的"①。从用某种臆想的原因来解释观察到的事实，进展为用某种单一的或者统一的解释原理来概括整个自然现象领域；从以共同的经验概括而形成描述和规范实践的常识概念框架，进展为具有明确性、可反驳性和逻辑解释力的科学概念框架；从对经验事实的理性反思，进展为针对描述和规定实践的各种规则和原理的批判；——科学活动与人类其他活动的连续性与间断性统一于人类自身的历史发展。因此，要对科学有比较充分的理解，首先应当把科学作为一项"特殊的人类事业"来理解。

二是肯定科学的特殊性在于，它以各种首尾一贯、秩序井然的符号系统和概念框架来理解、描述和操作对象，并使这些符号系统本身成为理解和批判反思的对象。恩斯特·卡西尔在《人论》中曾这样评价科学："在我们现代世界中，再没有第二种力量可以与科学思想的力量相匹敌，它被看成是我们全部人类活动的顶点和极致，被看成是人类历史的最后篇章和人的哲学的最重要主题。"对于科学，我们可以用阿基米德的话来说："给我一个支点，我就能推动宇宙。在变动不居的宇宙中，科学思想确立了支撑点，确立了不可动摇的支柱。"② 他认为，科学之所以具有如此伟大的力量，是因为它具有一种"首尾一贯的"、"新的强有力的符号系统"，"向我们展示了一种清晰而明确的结构法则"，"把我们的观察资料归属到一个秩序井然的符号系统中去，以便使它们相互间系统连贯起来并能用科学的概念来解释"③。

在对科学价值的理解和对科学特征的表述上，瓦托夫斯基与卡西尔有许多共同之处。他也认为："科学研究不单单是一件积累事实的事情，科学也不是一大堆积累起来的事实。就科学是理性的和批判的而言，它是一项力图

---

① [美] M. W. 瓦托夫斯基：《科学思想的概念基础——科学哲学导论》，范岱年等译，求实出版社 1982 年版，第 11 页。
② [德] 卡西尔：《人论》，甘阳译，上海译文出版社 1985 年版，第 263 页。
③ [德] 卡西尔：《人论》，甘阳译，上海译文出版社 1985 年版，第 11 章。

整理观察事实并在清晰的语言结构中,用某种首尾一贯的、系统的方法来表示这些事实的尝试。"① 但是,瓦托夫斯基并不满足于从结构特征上把科学描述为"一个有组织的和系统性的知识体",他要求把科学作为一种持续不断的探索过程,从科学的目标和目的方面来描述科学的功能特点。对此,他在关于科学思想起源和概念基础的历史考察与辩证理解中,以科学的来源——常识性知识——为基本参照系,突出地强调了科学的批判性特征。常识的非批判性,在于它不具备可批判的条件。批判的前提是经验能够成为反思的对象。用一种语言公开表述的"有组织的和系统性的知识体",才能构成批判和公开反思的对象。"科学和常识之间最重要的区别就在于科学命题的明确性和可反驳性,在于科学的目标理所当然具有自觉的和审慎的批判性。"② 这样,瓦托夫斯基就从科学的结构特征和功能特征上把科学的系统性与批判性统一起来,也把科学与常识之间的连续性与间断性统一起来。这两个方面的对立统一关系,正是瓦托夫斯基对科学的人文主义理解的重要内容。

三是从人类认识自然和认识自我的统一性上把自然科学和人文科学沟通起来,从它们的相互理解中达到对科学的哲学理解。把自然界和人类、自然科学和人文科学严格区分开来,并认为哲学包括自然哲学和人的哲学两部分,这种看法是由来已久的。在这种看法中,根据自然科学的研究对象的自在性、研究手段的实验性、研究程序的精密性以及研究结果的定量性、可证性和客观一致性等等,把自然科学说成是"科学的",而把人文科学视为"非科学的"。瓦托夫斯基说,把自然科学和人文科学区分为"硬"科学和"软"科学、"精密"科学和"非精密"科学、"定量"科学和"定性"科学,"通常是为了贬低'软'、'非精密'和'定性'的科学"。③ 应当看到,现代西方科学哲学主流的一个重要出发点,就是试图通过用自然科学的理论和方法来改造哲学而使之成为"科学的"哲学。正因如此,它不

---

① [美] M. W. 瓦托夫斯基:《科学思想的概念基础——科学哲学导论》,范岱年等译,求实出版社1982年版,第162页。
② [美] M. W. 瓦托夫斯基:《科学思想的概念基础——科学哲学导论》,范岱年等译,求实出版社1982年版,第89页。
③ [美] M. W. 瓦托夫斯基:《科学思想的概念基础——科学哲学导论》,范岱年等译,求实出版社1982年版,第495页。

仅把自然科学与人文科学对立起来，而且把科学哲学与传统哲学对立起来。然而，这种科学观和科学哲学观是与现代科学以及现代哲学的发展趋势相背离的。德国物理学家普郎克曾经说过："科学是内在的统一体，它被分解为单独的部门不是由于事物的本质，而是由于人类认识能力的局限性，实际上存在着从物理到化学、通过生物学、人类学到社会科学的连续链条。"① 现代科学正以各门科学的相互交叉、相互渗透、纵横交错而又内在统一的整体网络而构成科学的"连续链条"。作为现代科学的哲学反应，瓦托夫斯基试图以科学哲学沟通自然科学与人文科学的相互理解，并从而达到对科学的哲学理解。瓦托夫斯基认为，康德把"人类理性的法则"分为"自然法则"和"道德法则"，并提出探讨自然法则的自然哲学回答"是什么"的问题，探讨道德法则的道德哲学回答"应该怎样"的问题，由此构成了科学与道德、事实与价值、自然科学与人文科学的对立。它是现代西方哲学的科学主义思潮和人文主义思潮长期以来双峰对峙的深刻理论根源。从理论上消解这种对立，就不仅必须重新探索"理解科学的哲学是什么"和"哲学理解的科学是什么"，而且需要以某种富于创见性的理论去阐述如何达到对科学的人文主义理解，即对"理解"本身作出系统的理论解释。

在对科学的辩证理解中，一个最为突出的问题，是对科学成果的哲学概括问题。

通常认为，科学研究世界的各个领域，而哲学则研究整个世界；科学表述世界各个领域的特殊规律，而哲学则提供整个世界的普遍规律；科学与哲学在研究领域和理论内容上的特殊与一般的关系，是哲学概括科学成果的前提和根据。正是从这种理解出发，通常主要是采用三种方式概括科学成果：一是"提升"，即认定某些科学范畴具有"三界"（自然、社会和思维）的普适性而纳入哲学范畴体系；二是"引进"，即认定某些科学理论具有世界观意义而用来证明哲学原理的正确性和普遍性；三是"更新"，即认定某些科学范畴或科学理论在更深刻的层次上解释了世界观、认识论或历史观等问题，因而以其代替原有的哲学范畴或哲学原理。例

---

① 夏禹龙、刘吉等：《科学学基础》，科学出版社1983年版。第5页。

如，把系统、结构、信息等科学范畴"提升"为哲学范畴，把系统论、信息论、控制论等理论和方法"引进"哲学原理，以及把这"三论"作为唯物辩证法的拟化形态等等。

对于上述的理解与作法，我想提出以下问题，以深化对科学与哲学相互关系的辩证理解。

首先，哲学是科学的延伸，还是对科学的超越？如果是前者，上述的理解和做法是无可非议的；如果是后者，就需要重新思考对科学成果的哲学概括问题。

哲学的基本问题是思维和存在的关系问题。它集中而深刻地表明了哲学的研究对象和理论性质，即：哲学既不是离开对思维的反省而去探索关于存在的认识，也不是脱离对存在的追究而去考察关于思维的规定，而是以思维和存在的关系问题为对象，研究思维与存在统一的种种前提和根据等问题，为人类不断地深化对人与世界相互关系的理解提供世界观层次的理论支持。

与哲学理论不同，科学理论虽然内在地蕴含思维和存在的关系问题，但它并不去追究诸如思维为何能够表达存在，思维所表达的存在是不是自在的存在，思想的客观性如何检验与证明，概念的运动怎样反映存在的运动，思维主体的知情意在反映存在的过程中如何统一，科学的发展怎样变革人类的思维方式和价值观念等哲学所关注的思维和存在的关系问题。科学研究是把思维与存在的统一性当作"理论思维的不自觉的和无条件的前提"①，去探索和表达自然的、社会的、思维的以及整个世界的运动规律，并把思维关于对象（包括以思维为对象）的规定直接地作为对象本身的规定性而予以描述和解释。如果科学家也去反思理论思维的前提即探究"思维和存在的关系问题"，那么他就不是在从事具体科学研究，而是进入哲学思考了。实际上，由于科学家在科学研究活动中总要超越关于对象的思考而深究思维是否以及怎样表达了存在，因此，他总是自觉或不自觉地接受某种哲学理论的指导，或者通过自己对理论思维前提的反思而形成某种

---

① 《马克思恩格斯选集》第3卷，人民出版社1995年版，第564页。

独创性的哲学理论。但是，在科学家的研究活动中，他所从事的科学研究和哲学研究是两种不同的活动，而不是一种性质的活动。

这表明，哲学概括科学成果的根据，并不是研究领域上的特殊与一般的关系，而在于它们所提出和探索的问题具有既相互区别、又相互联系的性质。大家知道，自然、社会和思维的矛盾运动都可以用数学模型来表达，哲学界普遍关注的系统论、控制论、信息论、协同学、突变论、耗散结构论、人工智能等在某种意义上也是以整个世界为对象；而自然辩证法、认识辩证法、思维辩证法、历史唯物论和美学等，更不用说数学哲学、天文哲学、法哲学、管理哲学等等，在某种意义上却都是以"特殊领域"为对象。那么，为什么前者属于科学理论，而后者属于哲学理论呢？这就是因为，前者所提出和探索的是关于研究对象的规定性问题，而不去追究其理论研究和理论成果中所蕴含的理论思维的前提问题；与此相反，后者则以前者所蕴含的思维和存在的关系问题为对象，专门探究理论思维的种种前提。

按照这样的理解，在科学理论和哲学理论之间就存在着一条如丹皮尔在其所著《科学史及其与哲学和宗教的关系》中所说的"逻辑的鸿沟"，对科学成果的哲学概括，就不是直接地把科学范畴"提升"为哲学范畴，把科学理论"引进"哲学体系，用科学成果"更新"哲学原理，而是把科学理论成果作为哲学再思想、再认识的对象，探索科学成果所蕴含的思维和存在的关系问题，使之成为人类重新理解人与世界相互关系的世界观理论。显然，这种方式的哲学概括，就不是对科学的延伸，而是（只能是）对科学的超越。

其次，哲学是科学成果的泛化，还是对科学成果的反思？这是第一个问题的逻辑引申。

从特殊与一般的关系去理解和对待科学与哲学的关系，对科学成果的哲学概括，就是把特殊性的认识成果概括为一般性认识成果，即科学成果的泛化。这种一般性的或泛化了的认识成果，提供给人类的仍然属于"是什么"和"怎么办"这两大类科学问题，即陈述关于思维对象（包括思维作为对象）的各种知识，并以这些知识性的理论内容为基础而规范人们行为方式和行为准则。其结果，提升和引进到哲学理论之中的科学成果并没有获得哲学理论性质。

对科学成果的哲学超越，则要求以反思的方式概括科学成果。哲学对科学成果的反思，不是一般地把科学成果作为再思想、再认识的对象（科学家也总是把已有的科学成果作为再思想、再认识的对象，揭露科学成果与新的经验事实之间的矛盾，以及科学成果自身内在的矛盾，从而推进科学的发展），而是从哲学层面向反思对象提出问题。这种哲学层面的问题包括：在科学成果中蕴含着怎样的研究方法、概念框架、解释原则和价值观念？它从何种角度推进了哲学对思维与存在、人与世界相互关系的理解？它怎样变革了人类的思维方式和价值观念？它表达着怎样的时代精神，并要求哲学怎样反映和表达、塑造和引导新的时代精神？哲学如何形成新的统一性思想并重构自己的范畴体系，从而实现自身的发展？如此等等。

这种对科学成果的反思，不仅意味着哲学对科学的超越，即把科学成果转化为哲学理论，而且意味着哲学的自我超越，即随着科学的发展变革自身。恩格斯说，"随着自然科学领域中每一个划时代的发现，唯物主义也必然要改变自己的形式；而自从历史也被唯物主义地解释时候起，一条新的发展道路也在这里开辟出来了"①。我们应该从超越科学和哲学自我超越的双重意义上去理解对科学成果的哲学概括。

科学史表明，科学的发展总是表现为科学发展的不平衡性，某种科学理论的划时代发现，总是突出了人类用以理解和把握世界的某种认识成分。它的璀璨夺目的光芒，使得其他的认识成分（部分、方面、环节）在特定的时期内相形见绌、黯然失色。由此而引发的连锁反应，首先是吸引各门科学都试图运用这种认识成分（或认识方式和认识方法）来研究自己的对象；其次是哲学家们也试图以这种被科学家普遍运用的认识成分去重构关于理论思维前提的哲学理论；最后则是由于哲学的世界观层次的理论总结而变革人们的思维方式和价值观念。使整个人类对人与世界相互关系

---

① 《马克思恩格斯选集》第4卷，人民出版社1995年版，第224页。

的理解发生重大改变。对此,莫尔顿·怀特作过这样的描述:"在十八世纪牛顿物理学胜利的时代,机械学成为学问之王;十九世纪黑格尔的历史和达尔文的生物学占有同样的重要地位;到那一世纪的末期,心理学大有主宰哲学研究的希望……"① 20世纪以来的相对论、量子论、系统论以及自组织理论等等,可以说都引起了与怀特所描述的同样的轰动效应和连锁反应。

对于马克思主义哲学来说,能否直接地把20世纪以来的这些引起轰动效应和连锁反应的科学成果"提升"、"引进"、"更新"自己的哲学理论呢?我认为,这需要首先考虑科学成果及其所提供的崭新的认识成分对哲学可能引起的正负两种效应:一方面,由于哲学从思维与存在的关系问题去反思科学成果,揭示和阐发它所蕴含的变革人类的思维方式和价值观念的哲学意义,从而实现哲学对科学的超越和哲学的自我超越;另一方面,如果哲学未加反思地、片面地夸大科学成果所提供的认识成分,并从这个被夸大了的认识成分出发去构筑某种具有极端倾向的哲学理论体系,而一旦"把认识的某一特征、方面、部分片面地、夸大地……发展(膨胀、扩大)为脱离了物质,脱离了自然的、神化了的绝对",这种哲学就成为唯心主义哲学。② 后一种情况在哲学史上和在当代哲学中都是屡见不鲜的。因此,在对科学成果的哲学概括中,必须坚持以唯物主义为基础的反思原则,既要敏锐、切实、深刻地从科学成果中概括出其蕴含的变革人的思维方式和价值观念的哲学理论内容,又要辩证地对待科学成果及其所提供的认识成分,防止简单地予以"提升"、"引进"和"更新"。

要从哲学层面深刻地反思和辩证地对待科学成果及其所提供的认识成分,一个重要的前提是,建设马克思主义哲学的概念发展的辩证法体系,为把现代科学成果转化为哲学理论提供坚实的哲学范畴之网。每个时代的科学理论,包括现代科学理论,就其直接的哲学意义而言,都是提供了思维与存在统一的新的认识成分。对科学成果的哲学概括,实质上是把科学成果所提供的认识成分转化为哲学所揭示的较科学认识更深层次的思维与

---

① [美] M. 怀特:《分析的时代》,杜任之译,商务印书馆1981年版,第243页。
② 《列宁全集》第38卷,人民出版社1990年版,第411页。

存在统一的具体环节。因此，已有的哲学概念框架直接地制约着对科学成果的反思和概括。作为合理形式的马克思主义哲学概念发展体系，它是以唯物论为基础，辩证法、认识论和逻辑学相统一，用抽象到具体地展现思维向客体接近的哲学范畴之网。它用这个内容极其丰富的、历史地扩展和深化的范畴之网，展现人类已经形成的认识系统、思维方式和价值观念的辩证联系和辩证发展，从而为概括新的科学成果、吸收新的认识成分、提炼新的认识方法、形成新的哲学范畴提供一个坚实的哲学概念框架。新的科学成果中表征时代思维水平的方法论内容及其哲学概括在这个辩证联系和辩证发展的范畴之网上，就不是以一个被片面夸大了的认识成分存在、而是表现为思维与存在统一的具体环节。这样概括的结果，又会引起原有哲学概念框架的变革，形成哲学理论的自我超越。

第二，对语言的辩证理解。

现代哲学的"实践转向"与"语言转向"，从哲学发展的逻辑上看，是针对近代哲学"认识论转向"所形成的抽象的主—客二元对立，即针对近代哲学以超历史的、抽象的主—客关系去回答思—存关系问题，而诉诸人的现实存在。这就是由超历史的存在向历史性存在的转化，也就是现代的"生存论"转向。这种转向，使当代的辩证法理论获得了丰富、具体的理论内容。

但是，在关于现代哲学的研究中，人们一直较少注重对其辩证法思想的研究，尤其是对于现代西方哲学的"语言转向"，更少挖掘其辩证法思想。在我看来，由于"语言转向"诉诸人的文化多样性存在，展现了文化的内在矛盾，并从这种矛盾中探索人的存在方式，因而具有值得深入探讨的辩证法思想。

现代西方哲学的突出特征之一，是高度重视从哲学上研究语言。它们认为：虽然世界在人的意识之外（不依赖于人的意识而存在），但世界却在人的语言之中（人只能在语言中表述世界）；语言既是人类存在的消极界限（语言之外的世界是存在着的无），又是人类存在的积极界限（世界在语言中对人生成为有）；正是在语言中才凝聚着自然与精神、客观与主观、真与善的深刻矛盾，才积淀着人类思维和全部人类文化的历史成果。

因此，语言成为现代哲学反思的对象。

对于"语言"本身，现代西方哲学的各主要流派有迥然不同的理解。应当说，正是这种不同理解，揭示了语言的内在矛盾，揭示了以语言的存在方式而表现的人的内在矛盾，从而为当代辩证法理论提供了重要的理论内容。

科学哲学认为，只有科学才是人性的最高表现和最高成果，只有科学理论（科学语言）才是构成人类活动支撑点的真理性认识。因此，逻辑实证主义试图用自然科学的理论和方法去改造哲学，并把哲学归结为科学的逻辑。自波普的批判理性主义以来，包括库恩、拉卡托斯的历史主义，又把科学哲学的视野集中在科学知识增长问题上。瓦托夫斯基则认为，科学哲学的真正使命并不是建构科学理论的逻辑模型或历史模型，也不是提供科学研究的认识论和方法论，而是要批判性地反思科学思想的概念基础，对科学理论的概念框架作出深层的哲学解释。为此，科学哲学就必须超越科学对自身的理解，而达到对科学理解的理解，即对科学的人文学理解。在常识概念框架、科学概念框架和哲学概念框架的交互作用和相互转换中去把握人性的统一性，又在人性的统一性中实现对其最高表现——科学——的人文主义理解，从而使哲学成为沟通自然科学和人文科学的桥梁。文化哲学家卡西尔提出，不应该从实体性的角度，而应该从功能性的角度去理解人性，因此，在对人性的理解中，必须用活动的统一性去代替结果的统一性，用创造过程的统一性去代替产品的统一性。这样，就可以用人类活动的体系规定和划定"人性的圆周"。作为这个圆的组成部分和各个扇面的语言、神话、宗教、艺术、科学和历史，就成为人的普遍功能的"同一主旋律的众多变奏"，从而使我们把人的全部活动理解为一个有机整体。卡西尔的文化哲学向我们说明：人与动物虽然生活在同一个物理世界之中，但人的生活世界却是完全不同于动物的自然世界的；人只有在创造文化的活动中，才成为真正意义上的人；作为一个整体的人类文化，就是人不断解放自身的历程。这样，卡西尔就不仅把文化视为人与世界统一的中介，而且把人的世界归结为文化的世界。

卡西尔为哲学研究提供了一个超越物理自然世界的"文化世界"，自海德格尔以来的存在主义,特别是伽达默尔的哲学解释学,则进一步为哲学研究提供了一个"意义世界"。海德格尔认为,哲学一直在探索"如何理解存在"的问题,特别是近代以来的哲学,更把哲学变成关于如何理解存在的认识论和方法论;但是,由于我们总是已经活动在对存在的某种领悟之中,因此,真正的问题在于"理解"是一种怎样的存在。伽达默尔进一步提出:人作为历史性的存在,不是个人占有历史文化,而是历史文化占有个人;不是个人选择某种理解方式,而是理解构成人的存在方式;理解首先不是个人的主体意识活动,而是历史文化进入个体意识的方式。理解作为历史文化对个人的占有和个人正在展开的可能性,它实现为"历史视野"与"个人视野"的融合。这就是"意义世界"。

科学哲学把自然与精神的抽象对立扬弃为"科学世界"中的思想与实在的统一;文化哲学则把科学世界中的人性实现扩展成人性活动的圆周,构成扬弃人与自然抽象对立的"文化世界";哲学解释学进而从历史文化对个人的占有出发,以理解作为人的存在方式而提出"意义世界"。现代哲学在其发展的进程中愈来愈深入而具体地显现了人类存在的三重时—空世界:人作为自然存在物,同其他存在物一样生存于"自然世界";人作为超越自然的社会存在物,生活于自身所创造的"文化世界";人作为社会——文化存在物,既被历史文化所占有,又在自己的历史活动中展现新的可能性,因而生活于历史与个人相融合的"意义世界"。这样,现代哲学在它的"语言学转向"中愈来愈凸显了波普尔所说的作为语言文化世界的"世界3"。

"语言学转向"的出发点表明,它是以倒退的形式而推进了哲学的自我认识。古代哲学离开对人类意识的反省,单纯地从认识客体出发去寻求世界的统一性,因此它所能达到的只是一种素朴的实在论或"野蛮的"理念论。近代哲学则把古代哲学对万物本原的追究倒退回对人类意识的认识论反省,从思维与存在的二元对立中去寻求二者的统一性,因此,它以倒退的形式而自觉地提出了哲学的基本问题。现代哲学则又把近代哲学的认识论反省倒退回对人类语言的文化批判,从人类文化的多样统一性中去寻求人的自我理解,因此,它以倒退的形式把思维与存在统一的诸种中介环节凸现出来，并使之成为批判反思的对象。

被称作"分析运动"的语言分析哲学，与始于实证主义的科学哲学，是部分地交织在一起的，这主要表现在，它们都把传统哲学的"狂妄"和"虚妄"归之为对语言的各种形式的歪曲和误用，都认为哲学的使命不是扩大关于事实的知识领域，而是要增加对事实以及关于事实的知识的理解。在这个意义上，分析哲学和科学哲学都是把哲学的前提批判视为通过语言分析而达到哲学的自我"治疗"。由此可见，语言分析哲学和科学哲学在其根本的哲学旨趣上，都是通过对语言的分析而达到"拒斥形而上学"的目的。

在语言分析哲学家看来，传统哲学的根本弊病，是企图"穿过语言"而达到对自在之物或绝对者的认识。这种根本错误导致了思维上的各种严重错误。因此，语言分析哲学家给自己提出的任务是，"分析人的思想、分析人们理解和接受这个世界或互相交流的概念的最好办法，就是研究它们的实际应用"①。这样，语言分析哲学就改换了哲学的研究主题以及研究这些主题的方式，把"哲学的技术问题"即对语言的分析提升为哲学的中心问题。

在语言分析哲学看来，哲学的任务是阐明人类通过其把握世界的各种方式（科学、艺术、宗教、伦理等等）而形成的概念系统和命题系统，而哲学的这种"阐明"活动是根据概念知识借以表达的语言去阐明这些系统，因此语言的阐明就成为哲学首要的、甚至是唯一的任务。语言分析哲学所提出的这个任务，把哲学前提的自我批判推向了一个更深刻的层次。它赋予哲学前提的自我批判以确定的对象系统，并赋予这种语言层面的批判以一套专门化的技巧和一套明晰化的"话语方式"，从而使哲学的各种形式的关于思维与存在的"统一原理"的实质性内容得以凸现出来。

语言分析哲学考察语言与现实关系的指称理论，考察语言交流及其与一般文化关系的语言行为模式理论，考察语言结构与思维运演关系的自然语言分析理论等等，都把语言作为中介性的存在而试图消解思维与存在的

---

① ［英］麦基编：《思想家：与十五位杰出哲学家的对话》，周穗明、翁寒松等译，生活·读书·新知三联书店1987年版，第182页。

抽象对立。分析哲学的这种努力,展现了语言的多侧面的内在矛盾,为当代辩证法理论提供了重要的理论内容。

语言分析哲学的突出问题在于,它过分地强调了语言的逻辑性,而忽视了作为最典型的人文符号——语言——所具有的人文性。人类运用语言来理解世界和表达对世界的理解,反过来看,语言又是对人的理解方式和理解程度的表达。因此,对语言的分析,就不仅仅是分析人所理解的世界,而且首先是分析人对世界的理解。这后一种分析,就是对理解的理解。它的提问方式是:"理解"是一种怎样的存在?对这个问题的回答,构成哲学解释学。哲学解释学在"对理解的理解"中,形成了重要的辩证法思想。

理解的可能性条件首先是人的理解能力。那么,人的理解能力究竟是什么?对这个问题的回答,表现了哲学解释学的文化批判的显著的历史感。解释学认为,人的理解能力,就是历史给予人的延续历史的能力。这种能力首先是表现在理解的主体总是处于由历史而来的"前理解"的存在之中,也就是处于人类历史的文化积淀之中。这种由历史而来的"前理解"或历史的文化积淀,构成"理解"的不自觉的和无条件的前提。因此,历史的可能性,在于人的历史性。马克思曾经指出,人们并不是随心所欲地创造历史,并不是在他们自己选定的条件下创造,而是在直接碰到的、既定的、从过去承继下来的条件下创造。① 在马克思所说的"从过去承继下来的条件"中,既包括物质条件和一般文化条件,也包括解释学所说的"前理解"的条件。"前理解"即是理解的前提。正因为哲学解释学要求自己回答的是"理解"的可能性条件,而不是康德所要求回答的"认识"的可能性条件,所以,解释学不满足于康德所提供的"先验统觉能力"和"先验范畴",而把自己的探索诉诸储存历史文化的"水库"即语言。

语言保存着历史文化的积淀,历史的文化积淀由语言去占有个人。因此,使用语言,就是理解历史文化、理解历史和理解人自身过程的发生。

---

① 《马克思恩格斯选集》第1卷,人民出版社1995年版,第603页。

语言的历史变化，规定着人的"前理解"，因而也就体现着人的历史性变化和规范着人的历史性发展。人从属于历史，也就是从属于语言；人只有从属于语言，才能实现自我理解和相互理解。由此，哲学解释学对语言、人、人的存在这三者之间的关系提出了一种新颖的看法，即：人创造了语言，但人却从属于语言；人所创造的语言不是人的一种工具，而是人自己的存在方式。从这个角度看，就不是人在"使用"语言，而是语言构成人的"存在"。海德格尔所说的"语言是存在的寓所"，伽达默尔所说的"能理解的存在就是语言"等等，就其真实意义而言，都是对这种观点的不同形式的表达。

语言，通过语言而实现的人的自我理解和相互理解，构成人类存在的"意义世界"。卡西尔提出，语言的"具有决定意义的特征并不是它的物理特性而是它的逻辑特性。从物理上讲，语词可以被说成是软弱无力的；但从逻辑上讲，它被提到了更高的甚至最高的地位：逻各斯成为宇宙的原则，并且也成了人类知识的首要原则"；"在这个人类世界中，言语的能力占据了中心的地位。因此，要理解宇宙的'意义'，我们就必须理解言语的意义"。[①] 哲学解释学进一步提出，由语言构成的历史与现实之间、"历史视野"与"个人视野"之间，时时存在一种"张力"。人既在历史中接受、又在历史中更新理解的方式。历史文化对个人的占有与个人主体意识活动的统一，既构成理解方式的更新即历史的发展，也构成历史发展中的不可避免的"合法的偏见"。这样，哲学解释学就在它的理论框架中，赋予"理解"自己发展的一种内在的动力——语言是历史文化的内在否定性。似乎可以说，哲学解释学是把它所弘扬的语言进行历史的、辩证的理解，而不是把"语言"和"理解"当作某种凝固的、僵死的存在。解释学的这些辩证法思想是值得认真研究的。

在关于语言的当代辩证理解中，下述问题是比较突出和重要的：

一是语言与言语的辩证关系。

"语言"表述的是外在于个人的社会性存在，它作为制约人的存在的

[①] ［德］恩斯特·卡西尔：《人论》，甘阳译，上海译文出版社1985年版，第143页。

"制度"而存在,作为人的存在的"规则"而存在。在这个意义上,是"语言"占有个人,个人是历史的"结果"。"言语"表述的则是历史性存在的个人的语言实践,它作为个人的物理的、生理的和心理的统一性活动而存在,作为个人活动而存在。在这个意义上,是个人占有"语言",言语是语言的现实。

语言的社会性与言语的个人性的矛盾,使类与个人、传统与现实、共性与个性等矛盾获得了具体内容。在对语言与言语的辩证理解中,我们还需要深入探讨语言的共时性与言语的历时性、语言的结构性与言语的事件性、语言的形式性与言语的实质性、语言的系统性与言语的过程性、语言的规则性与言语的事实性、语言的齐一性与言语的多样性、语言的内在性与言语的外在性、语言的自主性与言语的受制性、语言的潜在性与言语的现实性、语言的静态性与言语的动态性等关系。在语言与言语的辩证关系问题上,现代语言学大师索绪尔为我们提供了极为重要的研究成果。深入挖掘索绪尔在其《普通语言学教程》等著作中所蕴含的以语言为对象的辩证法思想,对于在当代推进马克思的辩证法理论具有重要意义。

二是语言的存在与功能。

这主要包括以下问题:其一,人的话语方式、思想方式和行为方式的关系。语言规范人的思想与行为,语言是人的存在方式。其二,语言占有个人与个人占有语言的关系问题。通常理解为个人占有并使用语言,把语言视为工具;现代哲学则理解为语言占有个人,即语言是历史文化,人被历史文化占有,也就是被作为历史文化"水库"的语言占有。作为二者的统一,构成解释学问题:历史视野与个人视野的融合问题。由此也构成"意义"问题、"理解"问题、"本文"与"解释"的问题。其三,语言、文化和世界的多样统一性问题。人的世界的多样性在于人类文化的多样性;人类文化的多样性即人类语言符号系统的多样性;寻求人的统一性、人的世界的统一性,在于寻求语言的统一性。其四,语言的功能。人在语言中实现自我理解、相互理解和对世界的理解。自我理解即个人对自己的思想、情感的理解(超越观念论的自我分析、解释和批判),相互理解即交往实践中的主体间沟通,理解世界即把对象性的存在符号化,这三种

"理解"及其相互关系蕴含着丰富的辩证关系。

三是语言的逻辑性与人文性。

现代哲学中的科学主义思潮与人文主义思潮的冲突，直接地聚焦于对"语言"的理解。科学主义思潮强调语言的逻辑特性，因而要求语义的单义性、概念的确定性和意义的可证实性；与此相反，人文主义思潮则强调语言的人文性，因而突出语义的隐喻性、概念的非确定性和意义的可增生性。对语言的逻辑性与人文性的辩证理解，在一定的意义上，是实现科学主义思潮与人文主义思潮合流的前提，因而具有突出的哲学意义。

四是语言的表述、表达与表征。

在现代哲学的"语言转向"中，一个重要的现象是哲学家试图通过语言分析来达到"拒斥形而上学"的目的。在这方面，作为逻辑实证主义代表人物的德国哲学家卡尔纳普曾以区分语言的"表述"职能和"表达"职能为基本前提，分别地批判了传统哲学的三个基本学科——形而上学、认识论和逻辑学。他提出，语言的"表述"职能构成关于经验事实的命题，这种命题可以凭经验判定其真伪，因而是"有意义的"真问题；语言的"表达"职能所构成的则不是关于经验事实的命题，而是表达个人的内心世界，这类命题无所谓真伪，因而是"无意义的"假问题。据此他认为：（1）作为"表达"的"形而上学"即传统哲学只是"给予知识的幻相而实际上并不给予任何知识"，属于用朴素的类比法和图解语言构成的假问题，因此科学哲学必须"拒斥"形而上学；（2）传统哲学的认识论实际上是对认识的心理现象和心理过程的描述，而不是对"意义"的认识论分析，因此应当把它作为心理学而归入诸如物理学、生物学一类的经验科学；（3）把形而上学作为假问题而拒斥于科学哲学之外，又把认识论作为心理学而归入经验科学，哲学所剩下来的就是逻辑学，但是，科学哲学的逻辑分析并不是传统的逻辑学，而只是"对科学概念、命题、证明、理论作逻辑分析"。由于科学哲学是对科学命题进行逻辑分析，因而它是哲学而不是科学；又由于科学哲学所分析的是科学命题，因而它是科学的哲学而不是形而上学。这样，卡尔纳普就从区分语言的"表述"职能和"表达"职能出发，在与传统哲学的形而上学、认识论和逻辑学相对立的意义上，把科学哲学归结为"对科学的逻辑分析"。这表明，要在"语言转向"中重建"哲学"，就必须超越对语言的"表述"与"表达"的非此即彼、两极对立的形而上学理解，而必须实现对语言本身的辩证理解。

在我看来，卡尔纳普对语言职能及其哲学意义的分析，具有强烈的理论冲击力，即强烈地冲击了人们对哲学的通常理解。人们通常是把哲学看作具有最高的概括性（最大的普遍性）和最高的解释性（最大的普适性）的"知识"，并以知识分类表的层次性（具有最大普遍性和最大普适性的知识与普遍性和普适性相对弱化的知识）来区分"哲学"和"科学"，从而把哲学归结为"全部知识的基础"。既然把"哲学"视为具有"最大的普遍性"和"最大的普适性"的"知识"，那就必须以"知识"或"科学"的标准来要求"哲学"，即要求哲学"表述经验事实"并能够被经验事实所"证实或证伪"，也就是要求哲学充当卡尔纳普所说的语言的"表述"职能；如果哲学不符合这种"知识"或"科学"的标准，哲学就是以语言的"表达"职能去充任语言的"表述"职能，这样的哲学就只不过是以"语言的误用"的方式而"表达"了人类"理性的狂妄"。

正是由于后来的哲学家看到了卡尔纳普以区分语言的"表述"和"表达"的两种职能为出发点的批判的"合乎逻辑"，所以往往采取两种策略去回应这种"合乎逻辑"的批判。一种是采取"弱化"、"科学"的"科学性"或"强化"、"哲学"的"科学性"的方式，也就是以模糊原有的科学分界的方式来论证哲学的"科学性"。这种策略，说到底仍然是沿着卡尔纳普所说的语言的"表述"职能去强化哲学的知识论立场，因而也就无法挣脱卡尔纳普对"哲学"的"合乎逻辑"的批判。另一种则是采取放弃卡尔纳普所说的语言的"表述"职能而心甘情愿地履行语言的"表达"职能的策略，把哲学变成一种所谓"拟文学事业"。这种策略虽然挣脱了卡尔纳普讨伐哲学的"逻辑"，但却为哲学设置了另一个陷阱："哲学"只不过是"表达"人们的某种情感意愿的"对话"方式。

针对卡尔纳普用以批判"哲学"的关于语言的"表述"职能和"表达"职能的理论，以及后来的哲学家沿着"表述"或"表达"的思路对"哲学"的阐释，我逐渐地形成了一种看法，这就是：哲学作为"思想中的时代"或"时代精神的精华",既不是"表述"时代状况的经验事实,也不是"表达"对时代的情感和意愿,而是"表征"人类对时代的生存意义的自我意识,即关于人类生活的时代意义的理论"表征"。

所谓"表征",并不是与"表述"和"表达"相对待的另一种语言职能,而是哲学呈现人类关于自身存在的自我意识的一种独特方式。哲学总是在"表述"或"表达"什么,但这种"表述"或"表达"的意义却不是对"经验事实的陈述"或对"情感意愿的传递",而是"表征"着人类关于自身存在意义的自我意识。

存在的意义既不是以语言的"表述"职能来陈述的经验事实(因此"存在的意义"并不是科学的对象),也不是以语言的"表达"职能来传递的情感或意愿(因此理论理性对存在意义的寻求以及存在的意义对实践理性的支撑并不是以文学艺术的方式来实现)。存在的意义是人类关于自身存在的自我意识,它需要一种特殊的哲学的表现方式,这就是哲学的"表征"方式。

"表征"是哲学显现人类关于自身存在的自我意识的独特方式,而不是与"表述"和"表达"相对待的一种语言职能。这就是说,哲学并不是以某种特殊的语言职能来实现自己对世界的独特把握,而是以自己的把握世界的独特方式使哲学话语系统获得特殊的意义。更明确地说,哲学总是在"表述"什么或"表达"什么,但这种"表述"或"表达"的意义却不是对经验事实的陈述或对情感意愿的传递。而对哲学的"科学化"要求或对哲学的"拟文学"理解,从根本上说,就在于"遗忘"了哲学所"表述"或"表达"的"意义",而仅仅看到哲学总是在"表述"或"表达"。

从"表征"的意义看哲学,我们就会发现,不仅科学主义思潮所"拒斥"的"形而上学"的真正意义与价值在于它是对人类关于自身存在的自我意识的理论表征,而且"消解"哲学的科学主义思潮以及所谓的后现代主义思潮的真正意义与价值也是如此。亚里士多德寻求"最高原因的基本原理",其真实意义并不在于他所"表述"的对世界统一性的概括与解释,而在于这种哲学所"表征"的人类寻求生存的根基与意义的自我意识。笛卡尔以来的西方"后神学文化",其真实意义并不在于各种哲学流派所"表述"的对世界或人类意识的种种解释,而在于它们所"表征"的消解人在超人的"神圣形象"中的自我异化的人类自我意识。如果借用一套哲学丛书的标题,我们可以比较简洁地作出这样的概括:近代以来的西方哲学,其历史演进的过程,正是"表征"着从"信仰的时代"到"冒险的时代"、"理性的时代"、"启蒙的时代"以至"思想体系的时代"的人类自我意识。

同样,现代哲学的"消解哲学"运动以及后现代主义思潮所倡言的"后哲学文化",其真实意义也不在于它们所"表述"的哲学科学化要求或对哲学的拟文学理解,而在于它们所"表征"的消解人在超人的"非神圣形象"中的自我异化的人类自我意识。如果说黑格尔之所以是"以最抽象的形式表达了人类最现实的生存状况"(马克思语),是因为黑格尔以"绝对精神"自我运动的形式"表征"着人类受"抽象"统治的自我意识;现代哲学之所以要激烈地"治疗"、"拒斥"、"消解"哲学,则是因为现代哲学以"取消哲学"的方式"表征"着人类挣脱"抽象"统治的自我意识。在所谓的后现代主义思潮中,德里达试图以"边缘"颠覆"中心",福克试图以"断层"取消"根源",罗蒂试图以"多元"代替"基础",他们所激烈地进行的反本质主义、反表象主义、反结构主义、反中心主义、反基础主义的种种哲学批判,其真实意义与价值,也仍然在于后现代主义思潮"表征"着"跨世纪"的人类自相矛盾的自我意识:挺立个人的独立性和追求文化的多样性与崇高感的失落和生存意义的危机的自相矛盾的自我意识。

思想对时代的把握,既不是"表述"时代状况的经验事实,也不是"表达"对时代的情感和意愿,而是"表征"人类对时代的生存意义的自我意识。哲学之不可"消解",或者说哲学的"合法性",在于人类不能"消解"关于自身存在意义的自我意识,在于人类关于自身存在意义的自我意识需要通过哲学的理论"表征"的方式而获得自我理解和自我反思,从而历史地调整和变革人类的生存方式。

从语言的"表述"、"表达"和"表征"的辩证关系去理解哲学,不仅可以深化对哲学的理解，而且能够在当代的意义上推进马克思的辩证法理论。

第三，对发展的辩证理解。

人是历史性的存在，而不是复制性的存在，这就意味着人实现了生命演化中的自我超越——人成为超越其所是的存在即以"发展"为其存在方式的存在。因此，对人的存在方式的辩证理解，最重要的是对"发展"的辩证理解。

"发展"是人的存在方式，也是当代人类面对的最大问题，是当代学界争论最激烈的问题。在关于"发展"问题的激烈论争中，学界在时代性与人类性的交接点上深化了对"发展"的辩证理解，提出并形成了以"发展"为聚焦点的一系列哲学范畴，诸如生存与发展，发展的事实与价值，发展的价值与代价，发展的标准与选择，发展的大尺度与小尺度，发展的人化与物化等等，特别是处于从计划经济转向社会主义市场经济过程中的当代中国学者，更是以反思市场经济为出发点，深化了对发展的辩证理解，为当代辩证法理论提供了丰富的理论内容。

"发展问题"是现代化思潮与反现代化思潮争论的焦点。进入90年代，国内哲学界比较集中地讨论了发展的价值基础、合理性目标以及发展的代价等问题。有的论者提出，发展从来就不是客观的中性的纯粹的经济增长过程，也不仅仅是人们的物质生活状况的逐步改善过程，更重要的是各种文化价值在经济增长中起着根本性的作用，它决定增长作为一种目标的合理性。"代价"是发展过程中的一种被否定和牺牲的替代性价值，即主导价值趋向对其他价值形态的抑制、否定和牺牲。还有的论者提出，价值观的主导范式具有强烈的时间效应，价值观自身不能先验地确定自身的合理性，对于当代中国而言，首要的是立足现代化对前现代化价值观的反思，而不是立足后现代化对现代化价值观予以反思。关于"发展问题"的这种哲学思考，从理论上支持了当代中国对现代化目标和社会主义市场经济的选择。

发展问题不仅是一个实践中的重大现实问题，而且是一个必须从学术上深入探索的重大理论问题。有的学者提出，生存与发展问题，是人类生命存在的永恒主题。生存与发展分别代表着人的生命存在的两极，即生命的底线和上线。作为一种底线，生存是相对于死亡而言的。生死攸关，有了人的生命存在，才能谈得上人的一切其他问题。但人的生命存在又不同于动物的直接性和重复性生命存在，而是一种历史性的和有意义的生命存在，是在发展中得到展示与实现的生命存在。人的生命的本真意义正在于谋求发展，因此，发展是人类生命存在的高级自觉与永恒追求，也是生命意义的标志。每一代人都无法摆脱死亡的命运，却又在自己的有限生命中不断地谋求着自己的发展。人类永远无法摆脱死亡的威胁，却又通过生生不息的世代更替推动着文明的进步与社会的发展。这正是人生的悖论，也是人生的价值。对于生存与发展的关注，实际上都包含着对于生命的终极性关注。该学者还从人类存在的现实出发，认为生存与发展已经成为一个紧迫的时代性问题。在现时代，人类前所未有地遭遇到生存危机与发展极限，在两个方面都感受到了严峻威胁与挑战。就生存危机而言，如果说过去主要是针对个人生命而言的，现在则是整个人类的类存在面临威胁与危机；如果说这种危机过去主要来源于生命运动的自然法则，现在则在很大的程度上是由人类自身的活动所造成的。就发展极限而言，如果说发展的可能性空间过去主要受制于人类自身的创造能力，现在则主要受制于外部自然界的可承受性和可再生性；如果说发展在过去明确地意味着进步与福祉，则现在发展在很大的程度上要以巨大的破坏以至毁灭为代价。更为重要的还在于，人类惊愕地发现了生存与发展之间的某种根本性冲突。长期以来，人类把生存作为发展的基础，把发展作为生存的目标，以发展求生存，在发展中改进生存方式，实现生存价值，使生存意义在发展中得以表现和实现，得到彰显和升华，也使作为人的生命本质规定的生存与发展在发展的基础上得到了内在的统一，并由此而形成了对于生存意义的理解。而现在，生存危机在很大的程度上是由发展的极限所引发的。发展的极限同时冲击着人类生存的底线，而带着深重的生存危机意识，人们也很难将发展设为明确的活动目标并有效地加以追求。于是，发展作为一种人生理想与追求目标受到了质疑，生存的意义与价值也遭遇挑战，人类在长期的历史进程中形成的生存信念与发展理想同时受到了根本挑战。这就必然把生存与发展问题由一个普遍和现实的实践问题转化为一个极富挑战性和紧迫性的理论以至哲学问题，迫使人们去对其加以关注，并使之成为当代哲学与社会科学的前沿问题。①

发展问题的严峻性在于，发展的过程具有正、负两面效应，具体言之，发展的过程表现为人自身的"人化"与"物化"的二重化过程。发展，对人自身的正面效应来说，就是"人化"的过程；然而，在当代人类的"发展"进程中，却突出地表现为"人化"与"物化"的双重性过程。市场经济按照自己的要求去塑造全部社会生活，不仅塑造了人的"独立性"，而且塑造了人对"物"的依赖关系。马尔库塞提出，"发达工业文明的内在矛盾正在于此：其不合理成分存在于其合理性中"。他具体地指出，这种"不合理成分存在于其合理性中"的情况，可以说是"它的各种成就的标志"，"掌握了科学和技术的工业社会之所以组织起来，是为了更有效地统治人和自然，是为了更有效地利用其资源。当这些成功的努力打开了人类实现的新向度时，它就变得不合理了"。② 这突出地表现在，在普遍性的市场机制中，每个个体的生存都被抛向了"市场"，每个个体的生存状况都取决于在"市场"中的"赢利"或"亏损"，谋求个人利益便不仅成为实现个人的生存与发展的"基本"手段，也成为实现个人的生存与发展的基本"观念"，即市场经济所内含的"功利主义的价值观"。

在对市场经济中的人的"物化"形态的分析中，有的学者作出这样的论述：为了谋求生存和发展，他必然把价值追求的主要目标定在市场需要上。我的存在价值取决于市场对我的承认，因此市场要求什么我就应当怎样塑造自己。也就是说，人的价值追求服从于市场的价值导向。同时，人的价值实现的结果及对人的价值的评价尺度，也具有物化性。因为在商品经济中，人的价值要在商品交换中实现，而交换的结果又须以占有财富（商品和货币）的形式表现出来。这样，人的价值就被物化了，物成为衡量和评价人的尺度。物化现象在观念上的反映就是拜物教。在商品经济中，人与人的关系表现为商品与商品，物与物的关系，人的能力、价值等

---

① 欧阳康：《生存与发展：当代哲学主题及其合理性》，载《哲学研究》2001年第12期。
② ［美］赫伯特·马尔库塞：《单向度的人》，刘继译，上海译文出版社1989年版，第17页。

要通过物表现出来，因此人们就不是崇拜人，而是崇拜物。对商品和金钱的崇拜会成为一种时代性的社会心态，它意味着"物化"已经渗透到人们的精神，使人的心灵也物性化了。① 市场经济按照自己的要求去塑造全部的社会生活，就会把市场经济的等价交换、优胜劣汰的原则融入整个社会生活，特别是把"固定地充当一般等价物"的"货币"作为交换一切、衡量一切、评价一切的"根据"、"标准"和"尺度"，也就是把"货币"当成哲学意义上的"本体"。在评论黑格尔的"绝对理念"时，马克思曾经作出这样的评论，即：黑格尔是以"最抽象的形式"，表达了人类"最现实的"生存状况，因为人们正在受"抽象"的统治。这里的所谓"抽象"，就是统治人的"货币"，就是人所依赖的"物"。正是在这个深层的哲学意义上，人被"物化"了。

人的"物化"，从根本上说，就是作为"人的本质"的丰富的"社会关系"，以及由丰富的"社会关系"所展现的丰富的"社会生活"，被"简化"、"抽象化"为纯粹的功利关系、金钱关系、交换关系。在这种被"简化"和"抽象化"的社会关系中，是"人对物的关系"决定"人对人的关系"，因此，"人的独立性"只能是"以物的依赖性"为基础。这就是马克思所说的市场经济条件下的"以物的依赖性为基础的人的独立性"。

在当代，发展是同现代化密不可分的。所谓"发达"国家，是指已经现代化的国家；所谓"发展中"国家，则是指正在实现现代化的国家。发展中的"人化"与"物化"的矛盾，就其现实性而言，就是现代化本身的矛盾。现代化既是一个前所未有的、迅猛发展的自然人化过程，也就是以现代的科学技术征服自然的过程，又是一个前所未有的、急速实现的个体社会化过程，也就是以等价交换的原则实现人的全部社会关系的过程。由此，在现代化的进程中便愈益明显地凸现了现代科学技术的迅猛发展与日益严峻的全球问题的矛盾，以及人的生存方式的现代化与人的物化状态的矛盾。

发展，它既是对存在状态或存在过程的描述，又是对存在状态或存在

---

① 杨魁森：《物化的时代——论商品经济的基本特点》，载《吉林大学社会科学学报》1999年第4期。

过程的评价,因而是以评价为逻辑先在的对存在的描述。这意味着,"发展"问题的核心问题是对存在状态如何评价即评价的标准问题,以及依据某种标准作出行为选择的问题。标准与选择,是"发展"作为哲学问题的最重要的基本范畴,并且越来越明显地成为当代辩证法理论的最重要的基本范畴。

人类历史的一个突出特征在于,"片面性"是它的"发展形式",即历史总是以某种"退步"的形式而实现自身的"进步"。历史过程中的任何进步都要付出相应的"代价",任何"正面效应"都会伴生相应的"负面效应",任何"整体利益"的实现都意味着某些"局部利益"的牺牲,任何"长远利益"的追求都意味着某些"暂时利益"的舍弃,由此便造成了人的历史活动的"目的"的自相矛盾,也造成了反观和评价人的历史活动及其"标准"的自相矛盾。这种历史活动的"目的"及其评价"标准"的自相矛盾,最重要的是反观历史的"大尺度"与"小尺度"的矛盾。

所谓历史的"大尺度",就是以人的"根本利益"、"长远利益"、"整体利益"为出发点的反观历史的尺度;与此相对应,所谓历史的"小尺度",则是以人的"非根本利益"、"暂时利益"、"局部利益"为出发点的规范人的历史活动的尺度。生活本身告诉我们,当着我们离开历史的"小尺度"而仅仅承诺历史的"大尺度"的时候,我们不仅无法实现"大尺度"所承诺的价值理想,而且尤为惨痛的是会使这个"大尺度"所承诺的价值理想变形,把"大尺度"变成某种压抑个人发展的"本质主义的肆虐";与此相反,当着我们离开历史的"大尺度"而仅仅着眼于历史的"小尺度"的时候,我们不仅会失去"大尺度"的价值理想,而且尤为严峻的是使这个"小尺度"所规范的历史活动危及人自身的存在,从而使人们在这种"小尺度"中感受到一种"生命中不能承受之轻的存在主义的焦虑"。

毫无疑问,马克思的关于人的全面发展的价值理想,是一种反观人的全部历史活动的"大尺度";然而,正是在这个"大尺度"中,又蕴含着规范和反观人的历史过程的"小尺度"。在相当长的时期里,我们离开这个"大尺度"所蕴含的"小尺度",不仅造成了极"左"思潮的泛滥,而且使这个"大尺度"本身失去了自己的感召力。在建设社会主义市场经济的过程中,一种非常值得重视的社会思潮在于,对马克思所承诺的人的全面发展的价值理想的"冷漠"与"淡化"。然而,在人们(每个人)的现实的价值选择中,却总是不可避免地蕴含着某种"大尺度"的制约与规范:其一,个人的价值理想总是某种具有社会内容的价值理想,而不可能是某种超社会性的自我幻想;其二,个人的价值认同总是"认同"某种社会性的价值规范,而不可能是某种超社会性的自我认同;其三,个人的价值取向总是"取向"某种社会的价值导向,而不可能是某种超社会性的自我导向。因此,我们需要从马克思的人的全面发展的价值理想去引导和规范人们的价值理想、价值取向和价值认同,从而自觉地把建设社会主义市场经济的过程塑造和引导为实现人的全面发展的过程。

第四,对理论及其与实践关系的辩证理解。

20世纪的人类存在方式发生了空前的革命,它表现在人类文明形态、人们社会生活和人的思想观念这三个基本层面的巨大变革。在论述关于"各种经济时代的区别"时,马克思曾经提出,这种"区别","不在于生产什么,而在于怎样生产,用什么劳动资料生产。劳动资料不仅是人类劳动力发展的测量器,而且是劳动借以进行的社会关系的指示器"[①]。正是从以劳动工具为核心的劳动资料的时代性变革为出发点,即以"用什么劳动资料生产"为"测量器"和"指示器",通常是把人类的文明形态区分为"农业文明"、"工业文明"和"后工业文明",而这里的"后工业文明"又常常被表述为产生轰动效应的"信息时代"、"网络时代"、"知识经济时代"等等。这表明,在新的世纪,以科学理论为主要内容的"知识"对于人的生存与发展具有最为突出的重大意义。然而,在哲学的意义上,我们面对的一个重要问题,却是如何辩证地理解理论与实践之间的关系。

对于理论,人们往往简单化地把它理解和表述为"各种知识体系"。其实,任何一种真正的理论,都具有三重基本内涵:其一,它以概念的逻

[①]《马克思恩格斯全集》第23卷,人民出版社1972年版,第204页。

辑体系的形式为人们提供历史地发展着的世界图景,从而规范人们对世界的自我理解和相互理解;其二,它以思维逻辑和概念框架的形式为人们提供历史地发展着的思维方式,从而规范人们如何去把握、描述和解释世界;其三,它以理论所具有的普遍性、规律性和理想性为人们提供历史地发展着的价值观念,从而规范人们的思想与行为。理论的三重内涵表明:理论不仅是解释性的,而且是规范性的;理论不仅是实践性的,而且是超实践性的。

首先,理论为人们提供时代水平的世界图景,从而规范人们对世界的理解和对世界的改造。

现代科学和现代哲学告诉人们:"观察负载理论","观察渗透理论"。"观察受理论的'污染'","没有中性的观察"。人们所"看"到的世界,是经过理论中介的世界,而不是以"白板"的头脑"反映"的世界;是镌刻着理论的历史性内容的世界,而不是与理论的历史发展无关的自在的世界。

这里的关键问题在于,人是历史文化的存在,而不是非历史非文化的存在,人们作为现实的(而不是抽象的)存在,不仅具有生物学意义上的遗传性的获得,更具有社会学意义上的获得性的遗传,即个人被历史文化所占有,并从而成为历史性的文化存在。正是历史文化为我们提供变化着的、发展着的世界图景,正是历史文化规范着我们对世界的理解。试想一下,如果没有哥白尼的"日心说"理论,我们能否在经验观察中建构起"地球围绕太阳旋转"的科学世界图景?如果没有爱因斯坦的"相对论"理论,我们能否在经验观察中建构起现代物理学的物质运动与时间空间关系的观念?更简单地说,如果没有相应的医学理论,在一张X光片或一张心电图上,我们究竟能"看"到什么?我们经常强调"一切从实际出发","实事求是",然而却常常从消极、被动、直观的反映论出发(这同样是"观察渗透理论"),把这些根本性要求简单化、庸俗化地归结为认真的"看"和仔细的"听",而很少反思理论对观察的规范作用,甚至把理论与观察对立起来。理论与观察、理论与现实、理论与实践的辩证关系,在当代辩证法理论研究中占有突出的重要地位。

其次，理论为人们提供科学的思维方式，从而规范人们的思维逻辑和思维方法。

"观察渗透理论"，这不仅是说观察受到作为知识体系的理论的制约，而且是说观察受到作为思维方式的理论的规范。它规范着观察和实践的主体怎样思考观察对象和如何进行实践活动。列宁曾经说过："辩证法是活生生的、多方面的（方面的数目永远增加着的）认识，其中包含着无数的各式各样观察现实、接近现实的成分……"① 人类正是凭借这些"方面的数目永远增加着的"认识成分，历史地扩展和深化对世界的认识，从而历史地变革和更新自己的世界图景。而认识成分的增加，则根源于科学理论的发展。

科学理论的进步，主要表现在下述几个方面：学科门类的增加；各门科学的发展；学科之间的相互渗透；科学的划时代发现及其引发的科学革命；哲学对自己时代的科学精神的理论表征。正是在科学理论进步诸方面的交互作用和综合结果中，实现了人类思维方式的历史性变革。当代人类用以把握世界的认识系统，是一个由众多相互联系和相互作用的认识成分按照一定的层次结构组成的、不断扩展和深化的有机整体。离开当代科学理论所提供的认识系统和思维方式，就无法构成当代水平的科学世界图景。而离开这样的科学世界图景，又如何形成规范人的思想与行为的科学的"世界观"？

再次，理论为人们提供具有时代内涵的价值规范，从而塑造和引导人们的价值观念和价值追求。每个时代和每个社会都不可避免地具有相互抵牾的价值冲突。这种价值冲突，既表现为"我们到底要什么"的社会的价值规范和价值导向与"我到底要什么"的个人的价值取向和价值认同的冲突，又表现为该社会的相互矛盾的价值规范和价值导向的冲突以及个人之间的相互矛盾的价值取向和认同的冲突。

从表层看，个人的价值取向和价值认同具有极大的主观性、任意性和随机性；从深层看，个人的价值取向总是"取向"某种社会的价值导向，

---

① 列宁：《哲学笔记》，人民出版社1974年版，第411页。

个人的价值认同总是"认同"某种社会的价值规范。因此,在现实的价值矛盾中,社会的价值导向和价值规范居于主导的和支配的地位。人们想什么和不想什么,怎么想和不怎么想,做什么和不做什么,怎么做和不怎么做,从根本上说,取决于社会的价值导向和价值规范。而社会的价值导向和价值规范之所以具有"导向"和"规范"的作用,首先在于这种"导向"和"规范"的理论性。它以"价值范式"的方式给出系统化的人类生活的价值坐标,确立价值坐标的正、负向度,提出价值评价的标准及其解释原则,因而对个人的价值判断、价值选择和价值理想等等具有"导向"和"规范"的作用。

马克思主义理论所提供的价值坐标,其正向度是人类的解放和每个人的全面发展,其负向度则是马克思所说的人在各种"神圣形象"和"非神圣形象"中的"自我异化"。因此,马克思主义理论的价值目标和价值导向,不仅要求人类从人对人的"依附性"中解放出来,而且要求人类从人对物的"依赖性"中解放出来。盛行于当代的各种各样的科学主义思潮、人本主义思潮以及后现代主义思潮,也无不具有价值导向和价值规范的作用。从总体上看,这些思潮的价值指向,不仅是"消解"马克思所说的人在各种"非神圣形象"中的"自我异化",而且也是"消解"价值坐标上的价值尺度,因而形成了相对主义的和虚无主义的价值导向,并造成了弥漫于整个社会的"存在主义的焦虑"。这种相对主义和虚无主义的理论思潮和社会思潮,在当代的中国也是不容忽视的。所谓"中止对立的是非判断"、"封闭一切的价值通道"、"从情感的零度开始"的理论思潮,与"耻言理想,蔑视道德,拒斥传统,躲避崇高,不要规则,怎么都行"的社会思潮相互呼应,使人们感受到一种"信仰失落"、"形上迷失"和"意义危机"的迷惘与困倦。当今的时代迫切需要"价值范式"的理论重建。

关于理论与实践的关系,我们经常强调的是理论对实践的"依赖",却往往忽视理论对实践的"超越",并因而在强化实践意识的同时却弱化了理论意识。

源于实践的理论,并不仅仅是对实践经验的概括和总结,更重要的是对实践活动、实践经验和实践成果的批判性反思、规范性矫正和理想性引导。这就是理论对实践的超越。伽达默尔说:"一切实践的最终含义就是超越实践本身"①。这个论断是意味深长的,值得深思的。实践活动作为追求自己的目的人类历史过程,人类的历史发展过程也就是实践活动的自我超越,即历史地否定已有的实践方式、实践经验和实践成果,又历史地创造新的实践方式、实践经验和实践成果。在实践自我超越的历史过程中,理论首先是作为实践活动中的新的世界图景、思维方式、价值观念和目的性要求而构成实践活动的内在否定性。这种内在否定性就是理论对实践的理想性引导。正因如此,伽达默尔又说,"理论就是实践的反义词"②。

理论作为实践的"反义词",并不仅仅在于理论的"观念性"和实践性的"物质性",更在于理论的"理想性"和实践的"现实性"。人是现实性的存在,但人又总是不满足于自己存在的现实,而总是要求把现实变成更加理想的现实。理论正是以其理想性的世界图景和理想性的目的性要求而超越于实践,并促进实践的自我超越。

理论对现实的超越,还在于它以自身与现实的"间距性"而批判性地反思实践活动和规范性地矫正实践活动。人类的任何一种实践活动都具有"二律背反"的性质,并因而表现出正、负"双重效应"。无论是当代人类所面对的"全球问题",还是市场经济所形成的"以物的依赖性为基础的人的独立性",都表现出了实践活动的二重性。因此,实践需要理论的"反驳",即理论地批判反思实践活动并促进实践活动的自我超越。

理论之所以能够"反驳"实践并促成实践的自我超越,是因为理论自身具有三重特性:其一,理论具有"向上的兼容性",即理论是人类认识史的积淀和结晶,因而它能够以"建立在通晓思维的历史和成就的基础上的理论思维"去反观现实的实践活动;其二,理论具有"时代的容涵性",即理论是"思想中的时代",因而它能够以对时代的普遍性、本质性和规律性的把握去批判地反思实践活动和规范地矫正实践活动;其三,理论具有"概念的体系性",即理论是概念的逻辑系统,因而它能够在概

---

① [德]伽达默尔:《赞美理论》,夏镇平译,上海三联书店1988年版,第46页。
② [德]伽达默尔:《赞美理论》,夏镇平译,上海三联书店1988年版,第21页。

念的相互规定和相互理解中全面地观照实践活动,并引导实践活动实现自我超越。

理论对实践的超越,更重要的是在于它能够把握到实践的"规律",从而像马克思所说的那样,"缩短"并且"减轻"实践过程中的"阵痛"。实践总是以"片面性"的形式而实现自己的发展,即总是以付出某种"代价"为前提而实现自己的发展。由此便不可避免地造成实践过程中的,特别是社会变革过程中的"阵痛"。理论的价值,就在于它能够以其对实践活动的规律性认识而"缩短"并且"减轻"这种"阵痛",促进实践的自我超越。

毫无疑问,如果夸大理论的社会功能,甚至把理论的作用夸大为改变实践活动的规律,其结果只能是"假作真时真亦假",使理论的信誉扫地,从而使理论冷漠成为一种普遍的社会心理;反之,如果贬低理论的社会功能,甚至把理论视为"务虚"的玄思,其结果也必然造成"无为有处有还无",使实践活动变成盲目的实践,以至于"延长"和"加剧"实践过程中的"阵痛"。理论与实践关系的辩证法,是在当代推进马克思辩证法理论的重要课题。

当代的马克思主义辩证法研究,需要我们具体地探索以当代人的实践活动为基础的人与世界的关系,需要我们具体地探索科学、语言、文化和发展中所蕴含的人与世界的关系,需要我们借鉴包括西方马克思主义在内的辩证法思想,更需要我们深入地研究和具体地阐释马克思主义经典作家的辩证法。离开对马克思主义经典作家的辩证法的深入研究,就不可能在马克思开辟的哲学道路上发展辩证法理论。

(四) 辩证法与思想的前提批判

思想的前提批判,是对"思维和存在"的"关系问题"的"反思"。这种"反思"的哲学内涵,就是"思维和存在的关系"的"辩证法"。因此,把"思想的前提批判"作为哲学的"解释原则",内在地包含着把"思想的前提批判"作为辩证法的"解释原则"。然而,值得深思的是,在关于哲学"基本问题"的通常解释中,却把"思维和存在的关系问题"归结为二者"何为第一性"的"本体论问题"以及二者"有无同一性"

的"认识论问题",恰恰把"辩证法"拒斥于哲学的"基本问题"之外。这种"拒斥",不仅向我们提出如何重新理解"思维和存在的关系问题",而且向我们提出如何重新理解"辩证法问题"。

思维和存在的"关系",就是思维和存在的"矛盾";思维和存在的"关系问题",就是思维和存在的"矛盾问题";研究思维和存在的"矛盾关系"和"矛盾问题",就是关于思维和存在的"辩证法"。因此,承诺"思维和存在的关系问题"是哲学的"重大的基本问题",也就是承诺哲学的"重大的基本问题"是关于"思维和存在的关系问题"的"辩证法"。"辩证法"是哲学的最为真实的存在方式。

在通常的关于哲学"基本问题"的解释中,之所以把"辩证法"拒斥于"思维和存在的关系问题"之外,其根本原因仍在于把"思维和存在的关系问题"当作"思维和存在"的问题或者"思维和存在"、"如何统一"的问题,而不是将其视为"思维和存在"的"矛盾关系",不是将其视为只有在批判的反思中才能自觉到的构成思想的"前提批判"。不是研究"思维和存在"的"矛盾关系",不是反思构成思想的前提,"思维和存在的关系问题"就成了描述"思维和存在"及其"如何统一"的科学问题。哲学问题变成了科学问题,"辩证"的问题就变成了"实证"的问题。因此,表面上看,通常的关于哲学"基本问题"的解释是把"辩证法"拒斥于"思维和存在的关系问题"之外;深层地看,通常的关于哲学"基本问题"的解释是把"哲学问题"变成了"科学问题",是把"辩证问题"变成了"实证问题"。

需要"辩证"的问题是"悖论"性问题。这具体地表现在如下问题:思维和存在"服从于同样的规律",为什么思维关于存在的规定并不就是存在的规定?思维把握到的存在才构成思维的对象,思维又如何肯定自己尚未把握到的存在?人的"感性"只能把握个别性的、偶然性的、现象性的存在,人的"理性"只能把握普遍性的、必然性的、本质性的存在,思维又如何对待感性的存在与理性的存在?思维对存在的把握既是"按部就班"的"逻辑"进程,又是"突发奇想"的"直觉"过程,思维又如何对待"逻辑"与"直觉"的关系?思维的"每次的现实"都是有限的、

"非至上的"，而思维的"目的"和"使命"又是无限的、"至上的"，思维又如何对待自己的有限性与无限性、"非至上性"与"至上性"？人的思维既是源于自然的又是超越自然的，思维又如何对待自己的自然性与超自然性？人的实践活动既是"目的性"的又是"对象性"的、既是"理想性"的又是"现实性"的，思维又如何对待自己的"目的"与"对象"、"理想"与"现实"？正是这些"悖论"性问题，才构成了"思维与存在"的"矛盾关系"；正是"反思"这些"矛盾关系"，才构成了哲学意义的"辩证法"。离开这些"悖论"性问题，离开对这些"悖论"性问题的"反思"，就构不成作为哲学的"重大的基本问题"的"思维和存在的关系问题"，也就构不成哲学意义的"辩证法"。

"悖论性"的问题是"无定论"的问题，"辩证"的问题是必须予以"辩证"地理解的问题，而不是给出某种"终极性"的答案的问题。思维的自然性与超自然性、思维把握存在的对象性与生成性、思维把握存在的个别性与普遍性、思维把握存在的逻辑性与直觉性、思维把握存在的"至上性"与非至上性"，思维把握存在的"理想性"与"现实性"，都不是"是就是，不是就不是"的形而上学的思维方式能够把握的，而必须诉诸超越"两极对立"、"非此即彼"的辩证法的思维方式。对这些问题的辩证理解，并不是也不可能给出某种"确定性"的答案，而是不断深入地揭示和阐释这些问题的更深层次的矛盾。"悖论性"问题的"无定论"，并不是否定思维的"确定性"，而是肯定人类的全部认识的"中介性"——"在对现存事物的肯定的理解中同时包含对现存事物的否定的理解"。这就是马克思所说的"批判的和革命的"辩证法。

思想的前提批判，不仅是批判地反思"思维和存在"的"矛盾关系"，而且是把批判性的锋芒指向构成思想的"不自觉的和无条件的前提"，历史地变革构成思想的基本信念、基本逻辑、基本方式、基本观念和哲学理念，促使人类在"解放思想"的进程中塑造和引导新的时代精神，并使"哲学"真正成为"文明的活的灵魂"。"思想的前提批判"是哲学的"辩证法"，也是辩证法的"哲学"。哲学的辩证法实现于思想的前提批判之中。

第四章 马克思的理论巨著《资本论》

一、《资本论》与马克思的哲学革命

在当代阐释《资本论》的哲学思想，我们所面对的首要问题是：《资本论》是"运用"还是"构建"了马克思主义哲学？

马克思主义哲学是由马克思恩格斯共同创建、并以马克思的名字命名的哲学，因此，研究和阐释马克思主义哲学，首先必须诉诸马克思"毕生研究"的"伟大成果"《资本论》。然而，在通常的理解和阐释中，都是以认定《资本论》是"马克思毕生研究政治经济学的伟大成果"为前提，认为"马克思在这部著作中运用辩证唯物主义和历史唯物主义的世界观和方法论"，从而"创立了马克思主义政治经济学"。正是由于认定《资本论》为"政治经济学"而不是"哲学"，认定《资本论》是"运用"而不是"构建"了马克思主义哲学，因此长期以来，或者离开《资本论》而阐释马克思主义哲学，或者把研究《资本论》的哲学思想限定为《资本论》如何"运用"了马克思主义哲学。其直接后果，不只是影响到对《资本论》哲学思想的阐释，而且深刻地影响到对马克思主义哲学的理解。与这种把马克思主义哲学"运用"于《资本论》的思路不同，我们的总体思路是：如何在马克思主义哲学与《资本论》的"互释"中，既阐释《资本论》的哲学思想，又重新理解马克思主义哲学。

(一)《资本论》是关于人类解放的"新世界观"

关于马克思主义哲学,马克思和恩格斯各有一句不容回避的振聋发聩的论断。马克思说:"哲学家们以不同的方式解释世界,而问题在于改变世界";恩格斯说,马克思和他所创建的哲学"已经根本不再是哲学,而只是世界观"。这两个论断的令人警醒之处,在于马克思和恩格斯都断言他们的哲学已经不再是"哲学";这两个论断的振聋发聩之处,在于马克思和恩格斯都对他们的哲学作出最为明确的指认:马克思说他们的哲学是"改变世界",恩格斯说他们的哲学只是"世界观"。这两个论断告诉我们并要求我们,已经不再是"哲学"的"改变世界"的"世界观"是马克思主义的哲学革命,因此我们必须以"哲学革命"去理解马克思主义哲学,并以"哲学革命"去阐释《资本论》的哲学思想。离开对马克思恩格斯的"哲学革命"的合理阐释,就无法合理地阐释马克思主义哲学和《资本论》的哲学思想。

马克思的哲学革命不是一蹴而就的。1842年,马克思在提出"任何真正的哲学都是自己时代的精神上的精华"的著名论断时,就对新哲学提出这样的期待:"那时哲学不仅在内部通过自己的内容,而且在外部通过自己的表现,同自己时代的现实世界接触并相互作用。"[①] 1843年,在《〈黑格尔法哲学批判〉导言》中,马克思明确地提出,理论的彻底性,在于抓住事物的根本;而"人的根本就是人本身"。正是从这个"根本"出发,马克思对新哲学的使命又作出这样的概括:"彼岸世界的真理消逝以后,历史的任务就是确立此岸世界的真理。人的自我异化的神圣形象被揭穿以后,揭露非神圣形象中的自我异化,就成了为历史服务的哲学的迫切任务。"[②] 把人从非人的存在中"解放"出来,这就是马克思为新哲学提出的使命。"解放何以可能"?这构成了马克思哲学的"活的灵魂"。在《1844年经济学哲学手稿》中,马克思又从"人的本质"和"异化劳动"去探索"解放的根据"。在马克思这里,人的"解放"的根据是双重的:

---

① 《马克思恩格斯全集》第1卷,人民出版社1995年版,第220页。
② 《马克思恩格斯选集》第1卷,人民出版社1995年版,第2页。

一方面，人的"自由自觉活动"的"类的特性"构成人的解放的"可能性"的根据；另一方面，人的"类的特性"的"异化"状态则是人的解放的"必要性"的根据。正是从人的"解放"的可能性与必要性的双重根据出发，马克思不断地深化了自己对"解放何以可能"的求索。

1845年春，马克思写出了被恩格斯称作"包含天才世界观萌芽的第一个宝贵文件"的《关于费尔巴哈的提纲》。① 这个"宝贵文件"凝聚着马克思对全部哲学史的高度概括性总结，熔铸着马克思对哲学自身的深切反思，表达了马克思对全部旧哲学的根本性批评，升华了马克思探索人类解放的理论成果，构成了以"实践"为核心范畴的对人的"解放"何以可能的理论回答。因此，以这份"宝贵文件"为标志的哲学史上的"实践转向"，也标志着把"解释世界"的旧哲学与"改变世界"的新哲学区别开来的马克思的"天才世界观萌芽"。人们都承认，"实践"是这份"宝贵文件"的核心范畴；问题在于，对马克思来说，他把"实践"作为核心范畴所要回答的哲学问题是什么？在《提纲》的第一条中，马克思明确地提出，以往的全部哲学的根本问题，就在于不是从人的"实践"的"感性活动"去理解人对世界的关系，因而不能真实地理解人与世界的真实关系。在这里，马克思已经把"人的解放何以可能"的根据，从《手稿》中关于人的"自由自觉活动"的"类特性"，确认为人的"实践"活动。这在马克思的哲学思想演进的过程中具有重大意义。在《提纲》的第二条中，马克思针对整个传统哲学、特别是整个西方近代哲学所思考和论争的根本性问题——思想的客观性问题——进一步地明确了"实践"范畴的意义。"人的思维是否具有客观的真理性，这并不是一个理论的问题，而是一个实践的问题"。在《提纲》第三条中，马克思又针对关于"人"与"环境"的相互关系的争论，明确地把"人"的存在的根据归结为"革命的实践"。在《提纲》的第八条中，马克思把上述思想凝结为一个根本性的论断："社会生活在本质上是实践的。凡是把理论导致神秘主义方面去的神秘东西，都能在人的实践中以及对这个实践的理解中得到合理的解

---

① 《马克思恩格斯选集》第1卷，人民出版社1995年版，第54—57页。

决"。在《提纲》的第九、十两条中,马克思又把这种"实践转向"的根据诉诸实现这种"转向"的主体,即"人类社会或社会化了的人类"。在《提纲》的最后一条即第十一条中,马克思以其"实践转向"为根据,把以往的旧哲学归结为"用不同的方式解释世界",而把他所开拓的新的哲学道路归结为"问题在于改变世界"。

关于"改变世界"的"世界观",在写于1845—1846年的《德意志意识形态》中,马克思和恩格斯醒目地强调研究的"出发点"问题,即"我们的出发点是从事实践活动的人",而人的"第一个历史活动就是生产满足这些需要的资料,即生产物质生活本身"。[①]因此,"任何历史观的第一件事情就是必须注意,上述基本事实的全部意义和全部范围,并给予应有的重视"[②]。就历史事实而言,人已经从总体上实现了从"人的依赖关系"转化为"以物的依赖性为基础的人的独立性"。因此,马克思的理论聚焦点,就是揭示这个"以物的依赖性为基础的人的独立性"所造成的人的"异化"状态及其为人类走出这种"异化"状态所提供的前提条件。正是基于对人的存在和发展的现实理解,在发表于1848年的《共产党宣言》中,马克思和恩格斯以他们在《德意志意识形态》中所提出的历史唯物论思想为基础,明确提出"代替那存在着阶级和阶级对立的资产阶级旧社会的,将是这样一个联合体,在那里,每个人的自由发展是一切人的自由发展的条件"[③]。

马克思的思想历程表明,在马克思这里,人类解放并不是某种"状况",而是一个"过程",是一个"使现存世界革命化"的过程。"共产主义对我们来说不是应当确立的状况,不是现实应当与之相适应的理想。我们所称为共产主义的是那种消灭现存状况的现实的运动。"[④]因此,"实际上,而且对实践的唯物主义者即共产主义者说来,全部问题都在于使现存世界革命化,实际地反对并改变现存的事物"[⑤]。马克思对共产主义和

---

① 《马克思恩格斯选集》第1卷,人民出版社1995年版,第79页。
② 《马克思恩格斯选集》第1卷,人民出版社1995年版,第79页。
③ 《马克思恩格斯选集》第1卷,人民出版社1995年版,第294页。
④ 《马克思恩格斯选集》第1卷,人民出版社1995年版,第87页。
⑤ 《马克思恩格斯选集》第1卷,人民出版社1995年版,第75页。

"实践的唯物主义者"的这种阐释,对于我们理解马克思的新世界观是至关重要的。实现人类解放的共产主义,它是一个"否定性"的过程,即是一个"消灭现存状况"、"实际地反对和改变事物的现状"的过程。把这个"否定性"的过程视为"解放"的"根据",从"否定性"的过程去理解"解放"的"根据",这就是马克思的革命的、批判的辩证法。由此我们可以看到,马克思的哲学革命主要包括三个方面:一是把"哲学"对"世界何以可能"的追问变革为对"人类解放何以可能"的寻求;二是把对"人类解放何以可能"的寻求诉诸对人的历史活动的理解;三是把对"人类解放何以可能"的寻求诉诸人对自己既定状态的扬弃,实现了唯物主义的历史观与"革命的、批判的"的辩证法的统一。

追溯马克思的哲学革命的思想历程,我们可以看到,马克思为"构建"自己的新世界观,提出了一系列重大问题:把"真正的哲学"视为"时代精神的精华",那么,现代社会的"时代精神"究竟是什么?把"现代哲学"的历史任务定位为"揭露人在非神圣形象中的自我异化",那么,这个"非神圣形象"究竟是什么?人是如何在"非神圣形象"中构成"自我异化"、人又如何挣脱在"非神圣形象"中的"自我异化"?把人的"自我异化"的实质解释为"异化劳动",那么,构成"异化劳动"的现实基础和真实内涵又是什么?把人与世界的关系归结为"实践"关系,那么,怎样从人的实践活动去理解现实的人及其历史发展?马克思把人的"实践"首先理解为人的"物质生活资料的生产",那么,"物质生活资料的生产"如何构成"历史的发展规律"、特别是如何构成"资产阶级社会的特殊的运动规律"?把人类解放的价值诉求定位为"以每个人的自由全面发展为条件的一切人的自由而全面的发展",那么,实现这种价值诉求的现实根据和现实道路又是什么?正是对这些根本性问题的回答,构成了作为马克思"毕生研究"的"伟大成果"的《资本论》。《资本论》不是"运用"了马克思主义哲学,而是以回答"人类解放"问题而"构成"的系统化、理论化的"新世界观"。

(二)《资本论》是"关于现实的人及其历史发展的科学"

人类解放何以可能的"新世界观"与"哲学"的本质性区别到底是什

么？马克思恩格斯在《德意志意识形态》中已经作出明确回答："德国哲学从天国降到人间；和它完全相反，这里我们是从人间升到天国。这就是说，我们不是从人们所说的、所设想的、所想象的东西出发，也不是从口头说的、思考出来的、设想出来的、想象出来的人出发，去理解有血有肉的人。我们的出发点是从事实际活动的人，而且从他们的现实生活过程中还可以描绘出这一生活过程在意识形态上的反射和反响的发展。"① 这明确地告诉我们，马克思主义的"世界观"与以往的全部哲学的根本性区别就在于，作为"世界观"的马克思主义哲学是以"实际活动的人"为自己的出发点，而以往的"哲学"则是以"想象出来的人"为出发点。

正是以"实际活动的人"而不是以"想象出来的人"为出发点，马克思恩格斯进一步明确地指出："在思辨中止的地方，在现实生活面前，正是描述人们实践活动和实际发展过程的真正的实证科学开始的地方。关于意识的空话将中止，它们一定会被真正的知识所代替。对现实的描述会使独立的哲学失去生存环境，能够取而代之的充其量不过是从对历史的发展的考察中抽象出来的最一般的结果的概括。这些抽象本身离开了现实的历史就没有任何价值。"② 这就更为明确地告诉我们，区别于"独立的哲学"的马克思主义哲学，它的实质内容是"从对历史的发展的考察中抽象出来的最一般的结果的概括"，也就是关于"历史规律"的理论。正因如此，恩格斯在晚年所著的《路德维希·费尔巴哈和德国古典哲学的终结》中，对马克思主义哲学作出这样的论断："关于现实的人及其历史发展的科学"③。

恩格斯的这个论断，不是一般性的论断，而是关于马克思主义哲学的根本性论断，也是关于《资本论》哲学思想的根本性论断。《在马克思墓前的讲话》中，恩格斯明确地提出，马克思的一生有两个伟大的发现，一是"发现了人类历史的发展规律"，一是"发现了现代资本主义生产方式和它所产生的资产阶级社会的特殊的运动规律"。这"两大发现"，是马

---

① 《马克思恩格斯选集》第 1 卷，人民出版社 1995 年版，第 73 页。
② 《马克思恩格斯选集》第 1 卷，人民出版社 1995 年版，第 73—74 页。
③ 《马克思恩格斯选集》第 4 卷，人民出版社 1995 年版，第 241 页。

克思"毕生研究"的"伟大成果",并凝结为马克思的《资本论》。因此,如何看待马克思的"两大发现"与恩格斯所指认的"关于现实的人及其历史发展的科学"的关系,特别是如何看待马克思所研究的"资本"与"关于现实的人及其历史发展的科学"的关系,就成为如何理解马克思主义哲学与《资本论》的关系的根本性问题。

关于《资本论》所研究的"资本",马克思明确地指出,"资本不是物,而是一定的、社会的、属于一定历史形态的生产关系,它体现在一个物上,并赋予这个物以特有的社会性质"①。对于为何必须以"资本"为对象,马克思说,"在一切社会形式中都有一种一定的生产关系决定其他一切生产的地位和影响,因而它的关系也决定其他一切关系的地位和影响。这是一种普照的光,它掩盖了一切其他色彩,改变着它们的特点。这是一种特殊的以太,它决定着它里面显露出来的一切存在的比重"②。"资本是资产阶级社会的支配一切的经济权力。它必须成为起点又成为终点"③。正因为"资本"是决定现代生产关系以及由此构成的人的全部社会关系的"普照的光"、"特殊的以太"和"支配一切的经济权力",所以必须以"资本"为对象而构建"关于现实的人及其历史发展的科学"。

在马克思这里,从"物和物的关系"中揭示"人和人的关系",就是从"资本"的逻辑中揭示"现实的人及其历史发展的"逻辑。由此我们可以得出相互规定的两个结论:马克思主义的"关于现实的人及其历史发展的科学"就集中地、系统地体现为《资本论》,《资本论》所揭示的"人类历史的发展规律"和"资产阶级社会的特殊的运动规律"就集中地、系统地展现了马克思主义的"关于现实的人及其历史发展的科学"。离开马克思主义的"关于现实的人及其历史发展的科学"就不能真正理解和把握《资本论》,离开《资本论》就不能真正理解和把握"关于现实的人及其历史发展的科学"。作为"关于现实的人及其历史发展的科学",《资本论》就是"改变世界"的"世界观","改变世界"的马克思主义的

---

① 《马克思恩格斯选集》第 2 卷,人民出版社 1995 年版,第 577 页。
② 《马克思恩格斯选集》第 2 卷,人民出版社 1995 年版,第 24 页。
③ 《马克思恩格斯选集》第 2 卷,人民出版社 1995 年版,第 25 页。

"世界观"就集中地体现在《资本论》。以"运用"的思路来看待马克思主义哲学与《资本论》的关系,并按照这种思路来"阐释"《资本论》的"哲学思想",就从根本上割裂了马克思主义哲学与《资本论》的真实关系;与此相反,从"构建"的思路看待马克思主义哲学与《资本论》的关系,并按照这种思路"阐释"《资本论》的"哲学思想",就会在马克思主义哲学与《资本论》的"互释"中重新理解马克思主义哲学,也就是把马克思主义哲学"定位"为"关于现实的人及其历史发展的科学"。

首先,"关于现实的人及其历史发展的科学"从根本上改变了哲学研究的出发点:不是从"抽象的人"出发,而是从"现实的人"出发。因此,如何理解和阐释"现实的人",就成为对马克思主义哲学与《资本论》进行"互释"的根本性问题。什么是"现实的人"?马克思在《关于费尔巴哈的提纲》中提出:"人的本质不是单个人所固有的抽象物,在其现实性上,它是一切关系的总和。"① 那么,马克思所指认的人的本质即"一切社会关系的总和"体现在哪里?就体现在《资本论》所揭示的"商品"、"货币"、"资本"的"物和物的关系"中的"人和人的关系"。离开这些"经济范畴",离开这些"经济范畴"所体现的人的"社会关系",人就是"抽象的人",而不是"现实的人"。不是以"现实的人"而是以"抽象的人"作为哲学研究的出发点,当然就不是"改变世界"的马克思主义哲学。因此,不是《资本论》"运用"了马克思主义哲学,而是《资本论》"构建"了马克思主义哲学。

关于"现实的人",恩格斯在马克思墓前的讲话中指出,这个"现实"在于"人们首先必须吃、喝、住、穿",因此"直接的物质的生活资料的生产",构成"现实的人及其历史发展"的"基础"。反映并把握这个"基础"的"经济范畴",就成为把握"现实的人"的最为根本和最为重要的"哲学"范畴。对此,马克思在《〈政治经济学批判〉导言》中作出这样的说明:"抛开构成人口的阶级,人口就是一个抽象。如果我不知道这些阶级所依据的因素,如雇佣劳动、资本等等,阶级又是一句空话。

---

① 《马克思恩格斯选集》第 1 卷,人民出版社 1995 年版,第 56 页。

而这些因素是以交换、分工、价格等等为前提的。比如资本，如果没有雇佣劳动、价值、货币、价格等等，它就什么也不是。因此，如果我从人口着手，那么，这就是关于整体的一个混沌的表象，并且通过更切近的规定我就会在分析中达到越来越简单的概念；从表象中的具体达到越来越稀薄的抽象，直到我达到一些最简单的规定。于是行程又得从那里回过头来，直到我最后又回到人口，但是这回人口已不是关于整体的一个混沌的表象，而是一个具有许多规定和关系的丰富的总体了。"① 马克思的论述表明，从人本身出发而考察人，只能是从抽象的人出发而形成对人的抽象的理解；只有从关于人的各种规定——首先是最重要的经济范畴——出发，才能形成对人的具体的理解；只有展现经济范畴所构成的"具体"，才能揭示"现实的人"的"本质"即"一切社会关系的总和"。

众所周知，构成《资本论》的出发点的经济范畴是"商品"，而《资本论》所揭示的商品的本质是商品的二重性。"商品首先是一个外界的对象，一个靠自己的属性来满足人的某种需要的物。"② "物的有用性使物成为使用价值"，因此"商品体本身""就是使用价值"。③ 商品的使用价值是其交换价值的物质承担者，而"交换价值"则表现为"一种使用价值同另一种使用价值相交换的量的关系或比例"④。由此就构成了商品的使用价值与交换价值如下的矛盾："作为使用价值，商品首先有质的差别；作为交换价值，商品只能有量的差别"⑤。商品作为用来交换和出卖的劳动产品，它的使用价值与交换价值的二重性的根据何在？它的使用价值的质的差别和交换价值的量的差别的根据何在？这就是《资本论》所揭示的"理解政治经济学的枢纽"即劳动的二重性。正是这个"枢纽"点，构成《资本论》破解"现实的人及其历史发展"的秘密的切入点。

马克思提出："如果把商品体的使用价值撇开，商品体就只剩下一个属性，即劳动产品这个属性"。"随着劳动产品的有用性质的消失，体现在

---

① 《马克思恩格斯选集》第 2 卷，人民出版社 1995 年版，第 18 页。
② 《马克思恩格斯全集》第 44 卷，人民出版社 2001 年版，第 47 页。
③ 《马克思恩格斯全集》第 44 卷，人民出版社 2001 年版，第 48 页。
④ 《马克思恩格斯全集》第 44 卷，人民出版社 2001 年版，第 49 页。
⑤ 《马克思恩格斯全集》第 44 卷，人民出版社 2001 年版，第 50 页。

劳动产品中的各种劳动的有用性质也消失了，因而这些劳动的各种具体形式也消失了。各种劳动不再有什么差别，全都化为相同的人类劳动，抽象人类劳动。"① 在马克思对商品的分析中，人类的"现实的历史"——劳动——在商品的二重性中凸显了自己的二重性，这就是创造商品使用价值的"具体劳动"和商品作为劳动产品的"抽象劳动"。正是《资本论》所揭示的劳动的二重性，为理解"现实的人"提供了现实的而不是抽象的切入点——人自身的自然性与社会性的二重性。

人首先是自然的存在。作为自然的存在，人需要自然的满足，而这种自然的满足是通过人自身的对象化活动——劳动——实现的。商品的使用价值，就在于商品是"靠自己的属性来满足人的某种需要的物"。人的具体劳动，就是以各种具体形式创造出满足人的各种需要的"物"，也就是把外部自然变成"合目的性"的存在。因此，商品的使用价值和人的具体劳动，正是在"现实的历史"中体现了人是"对象性的存在物"。这表明，在商品中所体现的人的自然性，已经不再是抽象的与历史无关的自然性，而是以劳动创造使用价值的自然性。由商品的二重性和劳动的二重性而形成的对人的存在的理解，其重大的理论意义在于：那种"把人对自然界的关系从历史中排除出去"并因而"造成了自然和历史之间的对立"的旧哲学，在《资本论》的烛照下，它对"存在"（包括人和自然）的理解的非现实性被暴露出来；与此同时，人的自然性的历史性即"现实的人及其历史发展"的真实基础，也在《资本论》的"商品"分析中被确定下来。这是马克思的"经济范畴"的深刻的"哲学内涵"。

人的自然的历史性或人的历史的自然性，表明人既是自然的存在，又是社会的存在。这就是人的存在的二重性。人的存在的二重性，即人的自然性和社会性，深刻地体现为商品的二重性及其所蕴含的劳动的二重性。从商品的交换价值上看，商品只是表示"在它们的生产上耗费了人类劳动力，积累了人类劳动"②，商品价值就是"作为它们共有的这个社会实体

---

① 《马克思恩格斯全集》第44卷，人民出版社2001年版，第50—51页。
② 《马克思恩格斯全集》第44卷，人民出版社2001年版，第51页。

的结晶"①。"把劳动产品表现为只是无差别人类劳动的凝结物的一般价值形式,通过自身的结构表明,它是商品世界的社会表现。因此,它清楚地告诉我们,在这个世界中,劳动的一般的人类的性质形成劳动的独特的社会的性质。"② 劳动的社会性质表明,人的社会性与人的自然性一样,并不是抽象的存在,而是首先体现在商品的交换价值及其所蕴含的人的抽象劳动之中。商品的交换,本质上是劳动的交换;劳动的交换,则构成人的"全部社会关系"的基础。由此我们可以看到,马克思在《关于费尔巴哈的提纲》中所提出的关于"人的本质不是单个人所固有的抽象物,在其现实性上,它是一切社会关系的总和"③ 这个著名论断,正是并且只是在《资本论》所阐述的"理解政治经济学的枢纽"点——劳动的二重性——才获得了真实的思想内涵。《资本论》的"劳动二重性"理论为破解"现实的人及其历史发展"的秘密奠定了现实的基础。

马克思破解"现实的人及其历史发展"秘密的现实基础是劳动,而马克思破解劳动的秘密的直接对象却不是劳动而是劳动所创造的商品。通过阐发商品的二重性而揭示劳动的二重性,通过揭示劳动的二重性而凸显人的存在的二重性,从而揭示物和物的关系中所掩盖的人和人的关系,这深切地体现了马克思的睿智的哲学思想:"感性具体"只是"关于整体的一个混沌的表象",从"感性具体"出发无法直接达到把握现实的"理性具体";与此相反,只有从"理性抽象"即"最简单的规定"出发,才能达到"理性具体"即"具有许多规定和关系的丰富的总和"。因此,只有通过对具体的"经济范畴"的分析去理解全部的历史,才能真实地展现物和物的关系掩盖下的人和人的关系,从而破解"现实的人及其历史发展"的秘密。这深刻地体现了马克思的存在论、认识论和逻辑学相统一的理论自觉,并深刻地体现了"经济范畴"的"哲学内涵"。对此,西方马克思主义的重要人物之一科西克曾指出:"如果经济范畴是社会主体的'存在形式'或'生存的决定因素',那么对这些范畴的分析和辩证的系统化就能

---

① 《马克思恩格斯全集》第44卷,人民出版社2001年版,第51页。
② 《马克思恩格斯全集》第44卷,人民出版社2001年版,第83—84页。
③ 《马克思恩格斯选集》第1卷,人民出版社1995年版,第60页。

揭示社会存在，就能在经济范畴的辩证展开中把社会存在精神地再现出来。这又从另一个角度也说明，《资本论》的经济范畴不能以事实性历史的演进或形式逻辑推衍的方式加以系统化，说明辩证的展开是社会存在的唯一可能的逻辑结构。"①

从存在论、认识论和逻辑学的"三者一致"看，《资本论》直接呈现给人们的是由一系列经济范畴所构成的理论体系，离开这些经济范畴及其逻辑关系，就不存在《资本论》的理论体系；构成《资本论》的经济范畴及其逻辑体系，又是马克思自觉地以思维的规定把握现实的规定的产物，离开思维对现实的认识论自觉，就不可能真正地理解和把握《资本论》的经济范畴及其逻辑体系；《资本论》以思维的规定所把握的现实的规定，是在商品、货币、资本、地租、利润等的"物与物"的关系中所掩盖的"人和人"的关系，它的"经济范畴只不过是生产的社会关系的理论表现"②，离开"人们的现实生活过程"，就不可能真正地理解商品、货币、资本、地租、利润等全部经济范畴及其逻辑关系。这是《资本论》所实现的存在论、认识论和逻辑学的统一，也是《资本论》所实现的历史与逻辑的统一。正是在这种"统一"中，马克思以对"经济范畴"的分析而把旧哲学的"抽象的人"转化成作为"一切社会关系的总和"的"现实的人"。这表明，以"经济范畴"构成的《资本论》，本质上是关于"现实的人及其历史发展的科学"，也就是马克思主义的"改变世界"的"世界观"即马克思主义哲学。

其次，"关于现实的人及其历史发展的科学"不仅从根本上改变了哲学研究的出发点，而且以"现实的人"为出发点变革了哲学研究的基本内容：不是"抽象的人"与"抽象的观念"和"抽象的存在"，而是"现实的人及其历史发展"。由"现实的人"所构成的"历史"是马克思主义哲学的真实"对象"，由"现实的人"的实践活动所形成的"历史规律"是马克思主义哲学的真实"问题"，创建"关于现实的人及其历史发展的科学"是马克思主义哲学的根本任务。那么，马克思主义所揭示的"人类历

---

① ［捷］科西克：《具体的辩证法》，傅小平译，社会科学文献出版社1989年版，第141页。
② 《马克思恩格斯选集》第1卷，人民出版社1995年版，第141页。

史的发展规律"在哪里？这就是《资本论》。

关于"历史"，马克思指出："人们自己创造自己的历史，但是他们并不是随心所欲地创造，并不是在他们自己选定的条件下创造，而是在直接碰到的、既定的、从过去承继下来的条件下创造。"① "每一代都利用以前各代遗留下来的材料、资本和生产力；由于这个缘故，每一代一方面在完全改变了的环境下继续从事所传承的活动，另一方面，又通过完全改变了的活动来变更旧的环境。"② 在"现实的人"的"历史发展"中，人既是历史的经常的"前提"，又是历史的经常的"结果"，而人只有作为历史的经常的"结果"才能成为历史的经常的"前提"。人作为历史的"前提"与"结果"的辩证运动，就构成了"人们自己创造自己的历史"的"人类历史的发展规律"。因此，马克思恩格斯明确指出，他们的"历史观就在于：从直接生活的物质生产出发阐述现实的生产过程，把同这种生产方式相联系的、它所产生的交往形式即各个不同阶段上的市民社会理解为整个历史的基础，从市民社会作为国家的活动描述市民社会，同时从市民社会出发阐明意识的所有各种不同理论的产物和形式，如宗教、哲学、道德等等，而且追溯它们产生的过程。" "这种历史观和唯心主义历史观不同，它不是在每个时代中寻找某种范畴，而是始终站在现实历史的基础上，不是从观念出发来解释实践，而是从物质实践出发来解释观念的形成。"③

在《〈政治经济学批判〉导言》中，马克思具体地论证了经济范畴与历史过程之间的关系："比较简单的范畴可以表现一个比较不发展的整体的处于支配地位的关系或者一个比较发展的整体的从属关系，这些关系在整体向着以一个比较具体的范畴表现出来的方面发展之前，在历史上已经存在。在这个限度内，从最简单上升到复杂这个抽象思维的进程符合现实的历史过程。"④ "比较简单的范畴，虽然在历史上可以在比较具体的范畴

---

① 《马克思恩格斯选集》第1卷，人民出版社1995年版，第585页。
② 《马克思恩格斯选集》第1卷，人民出版社1995年版，第88页。
③ 《马克思恩格斯选集》第1卷，人民出版社1995年版，第92页。
④ 《马克思恩格斯选集》第2卷，人民出版社1995年版，第20页。

之前存在，但是，它在深度和广度上的充分发展恰恰只能属于一个复杂的社会形式，而比较具体的范畴在一个比较不发展的社会形式中有过比较充分的发展。"① 由此马克思提出："资产阶级社会是最发达的和最多样性的历史的生产组织。因此，那些表现它的各种关系的范畴以及对于它的结构的理解，同时也能使我们透视一切已经覆灭的社会形式的结构和生产关系。"②

马克思所阐释的经济范畴之间的关系，以及经济范畴与历史过程之间的关系，对于把握历史规律的重大意义在于："对人类生活形式的思索，从而对这些形式的科学分析，总是采取同实际发展相反的道路。这种思索是从事后开始的，就是说，是从发展过程的完成的结果开始的。"③ 在《资本论》中，马克思正是把"人体解剖"作为"猴体解剖"的"钥匙"，通过分析"比较具体的范畴"而把握"比较简单的范畴"，通过考察"比较发展的整体"而透视"比较不发展的整体"。因此，关于"资本"的《资本论》，并非仅仅是揭示资本主义的发展规律，而且是通过揭示"一个复杂的社会形式"即资本主义的社会形式而实现对全部"人类生活形式"即"历史过程"的揭示，也就是对"人类历史的发展规律"的揭示。

"现实的人"是在劳动的过程中形成的，"现实的历史"是在劳动的历史中展开的，人的全部社会关系是在用以交换的劳动产品——商品——的历史性的交换过程中构成发展的。商品价值的实现方式及其历史发展，在对人的存在及其历史发展的理解中具有重大意义。商品的使用价值与交换价值的二重性表明，作为"制造使用价值的有目的的活动"，劳动"是为了人类的需要而对自然物的占有，是人和自然之间的物质变换的一般条件，是人类生活的永恒的自然条件，因此，它不以人类生活的任何形式为转移，倒不如说，它为人类生活的一切社会形式所共有"。④ 这就是说，创造使用价值的具体劳动，是构成"一切"社会形式的"自然条件"；与创

---

① 《马克思恩格斯选集》第 2 卷，人民出版社 1995 年版，第 21 页。
② 《马克思恩格斯选集》第 2 卷，人民出版社 1995 年版，第 23 页。
③ 《马克思恩格斯全集》第 44 卷，人民出版社 2001 年版，第 93 页。
④ 《马克思恩格斯全集》第 44 卷，人民出版社 2001 年版，第 215 页。

造使用价值的具体劳动的性质相反,形成交换价值的抽象劳动,则是构成各种"不同"的社会形式的基础。因此,只有揭示抽象劳动的交换得以实现的存在方式及其历史转换,才能揭示人的存在方式及其历史形态的变革。正是《资本论》对"交换方式"及其历史的揭示,构成"关于现实的人及其历史发展的科学"的重要内容。

关于交换方式与"现实的人及其历史发展"的内在关联,马克思在《政治经济学批判(1857—1858年手稿)》的"货币章"中作出深刻的论证。他说:"毫不相干的个人之间的互相的和全面的依赖,构成他们的社会联系。这种社会联系表现在交换价值上,因为对于每个个人来说,只有通过交换价值,他自己的活动或产品才成为他的活动或产品;他必须生产一般产品——交换价值,或本身孤立化的、个体化的交换价值,即货币。另一方面,每个个人行使支配别人的活动或支配社会财富的权力,就在于他是交换价值的或货币的所有者。他在衣袋里装着自己的社会权力和自己同社会的联系。"① 这表明,"不管活动采取怎样的个人表现形式,也不管活动的产品具有怎样的特性,活动和活动的产品都是交换价值,即一切个性、一切特性都已被否定和消灭的一种一般的东西"②。这表明,货币的秘密就在于,它不是一般的商品,而是特殊的商品,即固定地充当一般等价物的特殊商品。由此所形成的商品社会的现实是,"其他一切商品只是货币的特殊等价物,而货币是它们的一般等价物"③,货币成为"每个个人行使支配别人的活动或支配社会财富的权力"④。这深刻地表明,人们的普遍联系在普遍交换中被异化为物与物的关系,由此便构成了马克思所指认的"以物的依赖性为基础的人的独立性"的人的存在方式。这就是市场经济中的"现实的人"。

正是基于对价值形态的历史性的考察与分析,马克思对人的存在的历史形态作出如下的著名论断:"人的依赖关系(起初完全是自然发生的),

---

① 《马克思恩格斯全集》第30卷,人民出版社1995年版,第106页。
② 《马克思恩格斯全集》第30卷,人民出版社1995年版,第106—107页。
③ 《马克思恩格斯全集》第44卷,人民出版社2001年版,第109页。
④ 《马克思恩格斯全集》第30卷,人民出版社1995年版,第106页。

是最初的社会形式,在这种形式下,人的生产能力只是在狭小的范围内和孤立的地点上发展着。以物的依赖性为基础的人的独立性,是第二大形式,在这种形式下,才形成普遍的社会物质变换、全面的关系、多方面的需要以及全面的能力的体系。建立在个人全面发展和他们共同的、社会的生产能力成为从属于他们的社会财富这一基础上的自由个性,是第三个阶段。第二个阶段为第三个阶段创造条件。"① 由此我们可以看到,马克思所揭示的人的存在,绝不是"独立的哲学"所说的"抽象的人"的存在,而是"现实的人及其历史发展"的存在。正因为马克思关于人的历史形态的论断是基于对"最发达的和最多样性的历史的生产组织"即资本主义社会的"元素形式"——商品——的价值实现方式的分析,即对"货币"所表现的"人的社会关系转化为物的社会关系"的分析,因此,马克思关于人的存在的历史形态的论断,就不仅是描述性地概括了人的存在的历史,而且是反思性地揭示了人的现实存在的秘密:人的社会关系体现为物的社会关系,因此人的存在成为"以物的依赖性为基础的人的独立性"的存在。这就是"现实的历史"的存在,即现代社会的人的存在。

对于"以物的依赖性为基础的人的独立性",马克思不仅作出上述论断,而且对这个论断作出如下的哲学阐释:"个人现在受抽象统治,而他们以前是互相依赖的。但是,抽象或观念,无非是那些统治个人的物质关系的理论表现。"② 正是在这个意义上,马克思指出,作为"思想中所把握到的时代"的黑格尔哲学,其"绝对精神"的哲学理念并不是超然于时代之外的玄思和遐想,而是以"最抽象的形式"表达了人类"最现实的生存状况"——"个人现在受抽象统治"即"人的独立性"以对"物的依赖性为基础"。值得深思的是,哲学界经常引证的马克思关于人的存在的历史形态的论断及其解释,并不是在某些被认定的"哲学著作"中作出的,而恰恰是在似乎与"哲学"风马牛不相及的《资本论》手稿的"货币章"中作出的。这表明,离开马克思的"对现实的描述"的《资本论》,离开《资本论》的"政治经济学批判",就不可能真正地理解马克

---

① 《马克思恩格斯全集》第30卷,人民出版社1995年版,第107—108页。
② 《马克思恩格斯全集》第30卷,人民出版社1995年版,第114页。

思的哲学批判以及在这种批判中所构成的马克思主义的"世界观";同样值得深思的是,离开马克思的"关于现实的人及其历史发展"的"世界观",就不可能真正理解马克思的"政治经济学批判"所构成的《资本论》。由此我们可以进一步理解,马克思恩格斯为什么强调他们的哲学只是"从对人类历史发展的考察中抽象出来的最一般的结果的概括",也就是"关于现实的人及其历史发展的科学"。这深刻地表明,马克思的政治经济学批判和哲学批判不可分割地统一在他的"毕生研究"的"伟大成果"《资本论》之中。

(三)《资本论》是"政治经济学批判"

《资本论》是"运用"还是"构建"了马克思主义哲学?回答这个根本性的问题,还必须具体地讨论下述这个貌似"非此即彼"的问题:《资本论》是"政治经济学"还是"哲学"?然而,如果我们承认马克思首先是"革命家"并因此跳出现行的学科分类去看待《资本论》,如果我们承认马克思主义是关于人类解放的"新世界观"并从这个根本性的价值诉求去看待《资本论》,如果我们承认《资本论》是"关于现实的人及其历史发展的科学"并以这个实质内容去看待《资本论》,这个貌似"非此即彼"的问题,就转换为这个问题:如何理解《资本论》的"政治经济学批判"?

《资本论》是以"政治经济学批判"而不是以"政治经济学"作为其副标题,这为我们提供了理解和阐释《资本论》的"钥匙":它不是学科分类意义或研究领域意义的"政治经济学",而是特殊意义的"政治经济学批判"。作为论域的"资本论",是一个多元的、开放的研究领域,因而可以描述和论证人们对"资本"的各种不同见解,并形成关于"资本"的各种版本的"政治经济学";作为"政治经济学批判"的《资本论》,则是对各种关于"资本"的"政治经济学"的"批判",其目的并不是形成"政治经济学"的学科体系,而是揭露"政治经济学"如何在"物和物的关系"中掩盖"人和人的关系",也就是马克思所说的揭露"政治经济学的形而上学"。因此,对《资本论》的哲学阐释,不仅需要阐释《资本论》所论证的"资本",而且必须阐释形成这一论证的"政治经济学批判"。把握不到马克思的"政治经济学批判"的哲学内涵，也就无法真正理解马克思《资本论》的哲学思想。

以"政治经济学批判"作为《资本论》的副标题，这极为醒目地提示我们：马克思的《资本论》首先是不赞同"政治经济学"对"资本"的理解和阐释，是把"政治经济学"作为"靶子"而构成其作为"政治经济学批判"的《资本论》。揭露"政治经济学"的"病根"，才会产生马克思的《资本论》；认清"政治经济学"的"病根"，才能真正理解马克思的《资本论》；而揭露"政治经济学"的"病根"，就显露了《资本论》所构建的马克思主义哲学。

"政治经济学"的"病根"，在于它的不自觉的"形而上学"性质。这就是说，"政治经济学"的本质是"形而上学"，但"政治经济学"却无视其"形而上学"而自视为"实证科学"，因而是"不自觉"的"形而上学"。揭露"政治经济学"的"形而上学"，就是马克思的"政治经济学批判"，也就是马克思主义哲学。这正如马克思说："商品形式和它借以得到表现的劳动产品的价值关系，是同劳动产品的物理性质以及由此产生的物的关系完全无关的。这只是人们自己的一定的社会关系，但它在人们面前采取了物与物的关系的虚幻形式。"① 马克思的《资本论》之所以是"政治经济学批判"，而不是他所批判的"政治经济学"，从根本上说，就在于《资本论》的全部内容是揭露"物和物的关系"掩盖下的"人和人的关系"而不是"物和物的关系"。

揭露"物和物的关系"掩盖下的"人和人的关系"，《资本论》直接揭露的是"政治经济学"以"经济事实"所掩盖的"经济范畴"的"形而上学"，也就是揭露"政治经济学"如何以"经济范畴"构建其所描述的"经济事实"。《资本论》"从分析商品开始"，而关于"商品"这个"经济事实"，马克思却尖锐指出："最初一看，商品好像是一种很简单化很平常的东西。对商品的分析表明，它却是一种很古怪的东西，充满形而上学的微妙和神学的怪诞。"② 这种"微妙"和"怪诞"就在于，"如果把

---

① 《马克思恩格斯文集》第5卷，人民出版社2009年版，第89—90页。
② 《马克思恩格斯文集》第5卷，人民出版社2009年版，第88页。

商品体的使用价值撇开，商品体就只剩下一个属性，即劳动产品这个属性"。进一步"分析"，"如果我们把劳动产品的使用价值抽去……它们的一切可以感觉到的属性都消失了"。再进一步"分析"，"随着劳动产品的有用性质的消失，体现在劳动产品中的各种劳动的有用性质也消失了，因而这些劳动的各种具体形式也消失了。"① 由此一来，作为"劳动产品"的"商品"，"它们剩下的只是同一的幽灵般的对象性"，这就是"无差别的人类劳动的单纯凝结"。② 对于这种"分析"的结果，马克思明确地指出，"商品中包含的劳动的这种二重性，是首先由我批判地证明的"，而这正是"理解政治经济学的枢纽"。③

马克思"对商品的分析"，"批判地证明"了构成商品的二重性的劳动的二重性，也就是"批判地证明"了"物和物的关系"掩盖的"人和人的关系"。马克思指出，"商品形式的奥秘不过在于：商品形式在人们面前把人们本身劳动的社会性质反映成劳动产品本身的物的性质，反映成这些物的天然的社会属性，从而把生产者同总劳动的社会关系反映成存在于生产者之外的物与物之间的社会关系"④。正是由于"无差别的人类劳动"似乎是一种"同一的幽灵般的对象性"，所以商品所体现的"人和人的关系"总是被"可以感觉到的""物和物的关系"所掩盖。对此，马克思在揭露"政治经济学的形而上学"时曾经形象地指出，"有一个英国人把人变成帽子"，"这个英国人就是李嘉图"。⑤ 所谓"把人变成帽子"，也就是以"物与物的关系的虚幻形式"掩盖"人们自己的一定的社会关系"。这具体地表现在，"亚当·斯密和李嘉图这样的经济学家"的"使命只是表明在资产阶级生产关系下如何获得财富，只是将这些关系表述为范畴、规律并证明这些范畴、规律比封建社会的规律和范畴更有利于财富的生产"⑥，这正是把"人"变成"帽子"的"政治经济学"的实质之所在。

---

① 《马克思恩格斯文集》第5卷，人民出版社2009年版，第50—51页。
② 《马克思恩格斯文集》第5卷，人民出版社2009年版，第51页。
③ 《马克思恩格斯文集》第5卷，人民出版社2009年版，第54—55页。
④ 《马克思恩格斯文集》第5卷，人民出版社2009年版，第89页。
⑤ 《马克思恩格斯选集》第1卷，人民出版社1995年版，第136页。
⑥ 《马克思恩格斯选集》第1卷，人民出版社1995年版，第154页。

马克思的"政治经济学批判"则是"把劳动产品表现为只是无差别人类劳动的凝结物的一般价值形式",从而证明"劳动的一般的人类的性质形成劳动的独特的社会的性质"。①

马克思所说的"经济学家们"之所以"把人变成帽子",首先是同他们作为"资产阶级的学术代表"②密切相关的。"经济学家所以说现存的关系(资产阶级生产关系)是天然的,是想以此说明,这些关系正是使生产财富和发展生产力得以按照自然规律进行的那些关系。因此,这些关系是不受时间影响的自然规律。这是应当永远支配社会的永恒规律。"③把具有历史内涵的经济范畴非历史化,也就是把历史地形成生产关系"自然"化、"天然"化。"这就是把资产阶级的生产关系当作永恒范畴的一切经济学家的通病"④。这个"通病"表明,"经济学家们"的"经济范畴",并不是单纯的表现"物和物"的关系的"经济范畴",而是蕴含着"物和物"的关系掩盖下的"人和人"的关系的"哲学范畴"。"经济学家们"的"经济范畴"是以其深层的"形而上学设定"为基础的。

"经济学家们"的"经济范畴"的"形而上学",还在于他们颠倒了"范畴"与"现实"的关系,即颠倒了作为哲学基本问题的"思维和存在的关系"。马克思尖锐地指出:"在最后的抽象(因为是抽象,而不是分析)中,一切事物都成为逻辑范畴,这用得着奇怪吗?"⑤"在最后的抽象中,作为实体的将是一些逻辑范畴"。马克思还进一步指出:"正如我们通过抽象把一切事物变成逻辑范畴一样,我们只要抽去各种各样的运动的一切特征,就可以得到抽象形态的运动,纯粹形式上的运动,运动的纯粹逻辑公式。如果我们把逻辑范畴看作一切事物的实体,那么我们也就可以设想把运动的逻辑公式看作是一种绝对方法,它不仅说明每一事物,而且本身就包含每个事物的运动。"⑥马克思由此得出的结论是:"把这个方法运

---

① 《马克思恩格斯全集》第44卷,人民出版社2001年版,第83—84页。
② 《马克思恩格斯选集》第1卷,人民出版社1995年版,第155页。
③ 《马克思恩格斯选集》第1卷,人民出版社1995年版,第151页。
④ 《马克思恩格斯选集》第1卷,人民出版社1995年版,第183页。
⑤ 《马克思恩格斯选集》第1卷,人民出版社1995年版,第138页。
⑥ 《马克思恩格斯选集》第1卷,人民出版社1995年版,第139页。

用到政治经济学的范畴上面,就会得出政治经济学的逻辑学和形而上学,换句话说,就会把人所共知的经济范畴翻译成人们不太知道的语言,这种语言使人觉得这些范畴似乎是刚从纯理性的头脑中产生的,好像这些范畴仅仅由于辩证运动的作用才互相产生、互相联系、互相交织"。① 对此,马克思说,"请读者不要害怕这个形而上学以及它那一大堆范畴、群、系列和体系"②。马克思的"政治经济学批判",正是深切地揭露了"政治经济学"的"形而上学"。

从认识论上看,"政治经济学"的"形而上学"对"范畴"与"现实"关系的颠倒,既是把"经济范畴"(思维的规定)作为"经济事实"(存在的规定)的根据,因而是唯心主义的形而上学,又是"从客体的或者直观的形式"去理解"对象、现实、感性",把"经济范畴"(思维的规定)视为"经济事实"(存在的规定)的"直接同一",因而又是旧唯物主义的形而上学。马克思在《关于费尔巴哈的提纲》中所揭示的"从前的一切唯物主义"的"主要缺点",所揭示的"唯心主义"的"抽象地发展了"的"能动的方面"的本质,混合成为"政治经济学"的不自觉的"形而上学"。因此,我们应当从认识论上揭露"政治经济学"的"形而上学"。

在《读〈资本论〉》中,阿尔都塞曾提出如何阅读《资本论》的出发点和立足点:"必须彻底改变关于认识的观念",也就是要"把认识看作是生产"。③ 他具体地指出:"使政治经济学产生误解的可能性实际上是同它的忽视的对象的转移联系在一起的。政治经济学没有看到的东西不是它本来应该看到却没有看到的、先前已经存在的对象,而是它在自己的认识过程中生产的对象,因此不是它之前就已经存在的,这个生产本身恰恰是同这个对象同一的。政治经济没有看到的东西正是它做的东西:它生产了一个新的、没有相应问题的回答,同时生产了一个新的、隐藏在这个新的

---

① 《马克思恩格斯选集》第 1 卷,人民出版社 1995 年版,第 141 页。
② 《马克思恩格斯选集》第 1 卷,人民出版社 1995 年版,第 141 页。
③ [法] 路易·阿尔都塞等:《读〈资本论〉》,李其庆、冯文光译,中央编译出版社 2001 年版,第 15 页。

回答中的问题"。"它总是死抱着它的旧的问题,并且总是把它的新的回答同旧的问题联系起来,因为它总是局限于它的旧的'视野'。从这个视野出发,新问题是'看不见的'。"①"政治经济学""看不见的"是什么？它没有"看见"自己的"经济范畴"所隐含的"形而上学",它没有"看见"自己的"经济范畴"所掩盖的"人和人的关系"。正因如此,"政治经济学"是"不自觉"的"形而上学";揭露"政治经济学"的"形而上学",构成马克思的"政治经济学批判",也就是"关于现实的人及其历史发展的科学"。

　　人们之所以难于理解马克思的"政治经济学批判"就是马克思主义的"关于现实的人及其历史发展的科学",一个重要原因就在于阿尔都塞所指出的没有"把认识看作是生产"。"把认识看作是生产",就必须提出"认识"是如何"生产"的问题,也就是关于不同的认识对象的不同的"生产"方式的问题。这个问题直接地关系到对《资本论》哲学思想的理解。马克思在《资本论》第一卷的第一版序言中说,"分析经济形式,既不能用显微镜,也不能用化学试剂,二者都必须用抽象力来代替"②。对于马克思的这个"提示"甚至可以说是"警告",虽然被广泛引用,但却很难"心领神会"。人们总是习惯于以"显微镜"或"化学试剂"研究其物理对象、化学对象或生物对象的方式去看待"经济范畴"与"现实存在"的关系,也就是以研究"物和物的关系"去看待"经济范畴"与"现实存在"的关系。因此,人们总是把"经济范畴"视为对现实的描述,而忽视"抽象"中所隐含的"形而上学设定",忽视"抽象"在"生产对象"中的作用。这种"忽视",既遮蔽了"政治经济学"的"形而上学",也掩盖了"物和物的关系"中的"人和人的关系"。马克思的"政治经济学批判",则通过揭露"政治经济学"的"形而上学",深刻地揭示了"物和物的关系"掩盖的"人和人的关系",从而创建了"关于现实的人及其历史发展的科学"。这深刻地显示了马克思的"抽象力"即"理论思维"

---

① [法]路易·阿尔都塞等：《读〈资本论〉》,李其庆、冯文光译,中央编译出版社2001年版,第16页。
② 《马克思恩格斯选集》第2卷,人民出版社1995年版,第99—100页。

在其"政治经济学批判"中的巨大作用。

（四）《资本论》是"时代精神的精华"和"文明的活的灵魂"

关于"哲学"，马克思在自己的青年时代就提出，"任何真正的哲学都是自己时代的精神上的精华"，都是"文明的活的灵魂"①；真正的哲学是"自己的时代、自己的人民的产物，人民的最美好、最珍贵、最隐蔽的精髓都汇集在哲学思想里"②。马克思所期待的"真正的哲学"，就是他所创建的"关于现实的人及其历史发展的科学"，就是他"毕生研究"的"伟大成果"《资本论》。

马克思对"资本"的批判，既不是单纯的"哲学批判"，也不是孤立的"政治经济学批判"或孤立的"空想社会主义批判"，而是以"资本"为对象的"三大批判"的统一。这突出地表现在：马克思的哲学批判，是从思想中透视出现实，以现实来揭示思想，"不是意识决定生活，而是生活决定意识"③，构成了马克思的历史唯物主义的根本命题，并由此把黑格尔对"抽象理性"的批判转变成对"抽象存在"即资本的批判；马克思的经济学批判，是从"物与物的关系"中揭示其掩盖的"人与人的关系"，通过对"把人变成帽子"的英国古典经济学家李嘉图和"把帽子变成观念"的德国古典哲学家黑格尔的批判，把对"抽象存在"的批判展现为对"死劳动"（资本）的批判；马克思的空想社会主义批判，是从"人的异化"中揭示"劳动的异化"，并从"劳动的异化"揭露"人的异化"，把对现实的"不合理"的批判转化为对"不合理"的现实的批判。这种批判，真正地"洞见"到了现实与思想的矛盾、活劳动与死劳动的矛盾、现实的批判与思想的批判的矛盾，把对"资本"的批判展现为"关于现实的人及其历史发展的科学"，从而揭示了人类自身解放的历史规律和现实道路。这表明，《资本论》不只是反映和表达时代精神的"精华"，而且是塑造和引导新的时代精神的"文明的活的灵魂"。

在现代的学科分类中，人们可以把马克思的学说分述为哲学、政治经

---

① 《马克思恩格斯全集》第1卷，人民出版社1995年版，第220页。
② 《马克思恩格斯全集》第1卷，人民出版社1995年版，第219—220页。
③ 《马克思恩格斯选集》第1卷，人民出版社1995年版，第73页。

济学和科学社会主义理论,然而,就马克思学说的实质而言,就是关于人类解放的学说、关于人的自由全面发展的学说,就是"关于现实的人及其历史发展的科学"。这个学说既是表达了人类解放的旨趣,即对人的全面发展的价值理想的承诺;又是表达了人类解放的历程,即对人的全面发展的实现过程的揭示;也是表达了人类解放的尺度,即以人的自由全面发展的价值标准观照人类全部的历史活动和整个的历史进程。以"人类解放何以可能"为灵魂的改变世界的新世界观,就是马克思主义的"关于现实的人及其历史发展的科学",并结晶为马克思的毕生研究的伟大成果的《资本论》。离开《资本论》,就不能从根本上把握到我们时代的时代精神,就不能塑造和引导新的时代精神。

《资本论》是关于"人类解放何以可能"的理论巨著。马克思主义的争取人类解放的价值理想和价值诉求,马克思主义所揭示的人类解放的现实道路,集中地体现在《资本论》。从"文本"上看,"对现实的描述"即揭露资本运动的逻辑,构成马克思的资本主义批判,构成关于"现实的历史"的《资本论》;但是,马克思创作《资本论》的动机和目的,却并不是"对现实的描述",而是揭示人类解放和人的全面发展的现实道路。人类解放的旨趣与解放的现实道路的揭示,批判的辩证法与"对现实的描述",它们的不可分割的统一构成关于"现实的历史"的《资本论》。离开《资本论》,离开《资本论》所揭示的资本运动的逻辑,就不可能真正理解马克思主义的关于"现实的人及其历史发展的科学",因而也不可能真正理解马克思主义关于人类解放和人的全面发展的科学社会主义理论。

马克思认为,科学社会主义与空想社会主义的根本区别在于,后者只是揭露"现实的不合理",而前者则是批判"不合理的现实"。空想社会主义者针对资本主义社会的残酷现实与资产阶级思想家曾经许诺的"自由、平等、博爱"之间的尖锐矛盾,对资本主义社会进行了有力地揭露和批判。然而,他们所揭露和批判的不是资产阶级思想家的理论,而是借用这种理论去批判现实。在他们看来,资本主义的现实之所以是残酷黑暗的,之所以是必须否定的,是因为它不合乎"人性",是因为它陷入了"理性的迷误";而社会主义之所以是美好光明的,之所以是应该追求的,则是因为它合乎"人的本性",是因为它符合人的"理性"。这样的理论,只能说明资本主义的现实是应该诅咒的,而不能说明资本主义制度灭亡的历史必然性;只能说明无产阶级是一个受苦的阶级,而不能说明无产阶级是资本主义的掘墓人;只能对社会主义的未来作出种种美好的设想,而不能指出实现社会主义的条件和进程。所以,这种以"人性"和"人的理性"为出发点的空想社会主义学说,对于人类自身的解放来说,只能是一种"幻想的武器"。

这种"幻想的武器"的出现也有其历史的必然性。它是同"无产阶级还很不发展,因而对本身的地位的认识还基于幻想的时候,同无产阶级对社会普遍改造的最初的本能的渴望相适应的"。"阶级斗争愈发展愈具有确定的形式,这种超乎阶级斗争的幻想,这种反对阶级斗争的幻想,就愈失去任何实践意义和任何理论根据。"① 在理论上用"现实的武器"去代替"幻想的武器",使无产阶级由"自在的阶级"真正成为"自为的阶级",这是历史向理论提出的要求,也是无产阶级向自己的理论家提出的任务。用"现实的武器"去代替"幻想的武器",必须首先对"幻想的武器"进行彻底的批判。黑格尔的辩证法认为,历史是一个有规律的发展过程,那么,历史合乎规律发展的现实基础是什么?费尔巴哈的人本学认为,人是肉体和精神相统一的感性存在,那么,这种感性存在赖以生存和发展的现实基础又是什么?正是通过寻求历史的现实基础,马克思和恩格斯找到了人类最基本的社会实践活动——物质生产活动,从而在社会有机体的众多因素的交互作用中,在社会形态曲折发展的历史进程中,在社会意识相对独立的历史更替中,肯定了生产力的最终的决定作用,并从生产力这个最革命、最活跃的因素中,找到了最现实的批判力量。列宁说:"社会主义学说正是在它抛弃关于合乎人的本性的社会条件的议论,而着手唯物地分析现代社会关系并说明现在剥削制度的必然性的时候取得成就的。"② 在《资本论》这部理论巨著中,马克思以他所锻造的唯物辩证法对人类社会的最后一个剥削制度——资本主义制度——的发展规律作出了无可辩驳的

---

① 《马克思恩格斯选集》第 1 卷,人民出版社 1995 年版,第 304 页。
② 《列宁全集》第 1 卷,人民出版社 1984 年版,第 155 页。

论证，从而使社会主义学说由空想变为科学。

马克思的资本主义批判的立足点是人的"现实的历史"。在《资本论》中，人的自然性与社会性的二重性，直接地体现为商品的使用价值与交换价值的二重性，并深层地体现为创造使用价值和构成交换价值的劳动的二重性。"就劳动过程只是人和自然之间的单纯过程来说，劳动过程的简单要素对于这个过程的一切社会发展形式来说都是共同的。但劳动过程的每个一定的历史形式，都会进一步发展这个过程的物质基础和社会形式。这个一定的历史形式达到一定的成熟阶段就会被抛弃，并让位给较高级的形式"。① 因此，"无论哪一个社会形态，在它所能容纳的全部生产力发挥出来以前，是决不会灭亡的；而新的更高的生产关系，在它的物质存在条件在旧社会的胎胞里成熟以前，是决不会出现的。所以人类始终只提出自己能够解决的任务，因为只要仔细考察就可以发现，任务本身，只有在解决它的物质条件已经存在或者至少是在生成过程中的时候，才会产生。""资产阶级的生产关系是社会生产过程的最后一个对抗形式，这里所说的对抗，不是指个人的对抗，而是指从个人的社会生活条件中生长出来的对抗；但是，在资产阶级社会的胎胞里发展的生产力，同时又创造着解决这种对抗的物质条件。因此，人类社会的史前时期就以这种社会形态而告终。"② 社会主义是人类解放的必由之路。在《共产党宣言》中，马克思和恩格斯提出："代替那存在着阶级和阶级对立的资产阶级旧社会的，将是这样一个联合体，在那里，每个人的自由发展是一切人的自由发展的条件。"③ 这个伟大的理想不仅要求把人从物的统治下解放出来，使人的劳动变成自主活动，而且要求最终地消除个人向完整的个人、全面发展的个人迈进过程中的一切阻碍。因此，马克思主义具有"对现存的一切进行无情的批判"的彻底性。马克思的《资本论》最为集中地体现了他的全部研究工作的"总的结果"，深刻地揭示了人类历史的发展规律、特别是作为"现实的历史"的资本主义的发展规律，系统地表述了他的"两大发现"，

---

① 《马克思恩格斯选集》第2卷，人民出版社1995年版，第586—587页。
② 《马克思恩格斯选集》第2卷，人民出版社1995年版，第33页。
③ 《马克思恩格斯选集》第1卷，人民出版社1995年版，第294页。

因而构成马克思主义的关于"现实的人及其历史发展的科学"的真实内容。

《资本论》表明，人类解放和人的全面发展的价值理想以人类社会的历史发展为基础，因而是一个现实的而非虚幻的历史性的实现过程。在人的历史活动中，人作为"历史的经常的前提"，总是"历史的经常的产物和结果"，即人的历史活动总是决定于在他们以前已经存在，不是由他们创立而是由先前的人们所创立的历史条件。"历史条件"构成人的"历史活动"的"前提"，因此，人们的历史活动就不是随心所欲的，人们的价值理想就不是虚无缥缈的。历史的发展为人的发展提供了条件，人的发展实现于历史的发展进程之中。同时，人作为"历史的经常的产物和结果"，又获得了创造历史的现实条件和现实力量，从而凭借这种现实条件和现实力量改变自己的生活世界，把发展自己的理想变成实现自身发展的现实。"历史"是追求自己的目的的人的活动过程，也就是实现人的自身发展的现实过程。作为存在论的《资本论》，在社会有机体众多因素的交互作用中，在社会形态曲折发展的历史进程中，在社会意识相对独立的历史更替中，揭示了生产力在人类历史中的最终的决定作用，从而为人类实现自身全面发展的价值理想展现出一条历史必然道路。把奠基于历史发展规律基础上的价值理想的追求归结为某种历史目的论，只能导致历史的虚无主义。

《资本论》所揭示的"现实的人及其历史发展"表明，历史总是以某种"退步"的形式而实现自己的"进步"，"片面性"是历史的发展形式。作为"现实的历史"的市场经济，它"形成普遍的社会物质变换、全面的关系、多方面的需要以及全面的能力的体系"。马克思说："资本的文明面之一是，它榨取剩余劳动的方式和条件，同以前的奴隶制、农奴制等形式相比，都更有利于生产力的发展，有利于社会关系的发展，有利于更高级的新形态的各种要素的创造。"① 恩格斯在为《资本论》所写的书评中说："正像马克思尖锐地着重指出资本主义生产的各个坏的方面一样，同时他

---

① 《马克思恩格斯全集》第25卷，人民出版社1974年版，第925—926页。

也明白地证明这一社会形式是使社会生产力发展到这样高度的水平所必需的：在这个水平上，社会全体成员的平等的、合乎人的尊严的发展，才有可能。"① 资本运动的逻辑，既是资本作为生产要素创造文明的逻辑，又是资本作为社会关系追逐剩余价值的逻辑。由资本的逻辑所形成的"以物的依赖性为基础的人的独立性"，既尖锐地暴露了人对"物的依赖性"的"异化"状态，又为人类走出这种"异化"状态提供了前提条件。非历史地看待资本的逻辑及其所造成的人的"异化"状态，只能从科学社会主义倒退回空想社会主义。《资本论》所揭示的人类的历史发展规律表明，马克思的关于人的全面发展学说所蕴含的"解放的旨趣"一再地提示人们，人类的当代使命，绝不仅仅是使人的"独立性"奠基于对"物的依赖性"，而且必须使人从对"物的依赖性"中解放出来，把"物"的独立性真正地变成"人"的独立性即人自身的全面发展。这就是《资本论》所塑造和引导的新的时代精神。

在人类争取自身解放和实现自身的全面发展的历史过程中，马克思自觉地承担起现代哲学的历史使命。在《〈黑格尔法哲学批判〉导言》中，马克思对时代的变革与哲学的使命作出这样的论述："彼岸世界的真理消逝以后，历史的任务就是确立此岸世界的真理。人的自我异化的神圣形象被揭穿以后，揭露非神圣形象中的自我异化，就成了为历史服务的哲学的迫切任务。于是对天国的批判就变成对尘世的批判，对宗教的批判就变成对法的批判，对神学的批判就变成对政治的批判。"② 马克思的论述明确地告诉人们，近代以来的哲学是"揭露"人在"神圣形象"中的"自我异化"，把异化给"神圣形象"的人的本质"归还"给人；现代哲学的使命则是"揭露"人在"非神圣形象"中的"自我异化"，把异化给"非神圣形象"的人的本质"归还"给人。马克思的概括，不仅从人的历史形态提出哲学的历史任务，而且从哲学的历史任务揭示人的历史形态的文化内涵，从而不仅反映和表达了不同时代的时代精神，而且塑造和引导了新的时代精神。

---

① 《马克思恩格斯选集》第 2 卷，人民出版社 1995 年版，第 33 页。
② 《马克思恩格斯选集》第 1 卷，人民出版社 1995 年版，第 2 页。

近代以来的文明史,从经济形态上说,是以市场经济取代自然经济的过程;从人的存在形态上说,是从人对人的"依附性"转化为"以物的依赖性为基础的人的独立性"的过程;而从文化形态上说,则是从"神学文化"转化为"后神学文化"的过程。人类存在的历史性飞跃以及由此形成的时代精神的飞跃,以理论的形态而构成哲学理念的飞跃,这就是从中世纪的"信仰的时代"的哲学跃迁为近代的"理性的时代"的哲学。作为"信仰的时代"的中世纪哲学,它理论地表征着人在"神圣形象"中的"自我异化"。人把自己的本质异化给作为"神圣形象"的"上帝","上帝"就成为无所不在、无所不知、无所不能的"神圣形象",而人本身则成了依附于"上帝"的存在。文艺复兴以来的西方近代哲学,它的根本使命就是马克思所说的"揭露"人在"神圣形象"中的"自我异化",由此便构成了贯穿整个西方近代哲学的"上帝"的自然化、物质化、精神化和人本化的过程。这就是以"理性"代替"上帝"的过程,也就是用"理性"这个"非神圣形象"去代替"上帝"这个"神圣形象"的过程。这种"代替",集中地显示了以"理性的时代"为标志的近代哲学的深刻的内在矛盾:一方面,近代哲学实现了以"理性"消解人在"神圣形象"中的"自我异化",把人的本质"归还"给了人的"理性";另一方面,近代哲学又使人在"理性"中造成了新的"自我异化",即以"理性"构成了人在"非神圣形象"中的"自我异化",把"理性"变成了凌驾于人之上的"本质主义的肆虐"。这深切地表明,把人的本质"归还"给"理性"的近代哲学,其实质是以理论的方式表征了正在受"抽象"统治的近代以来的人类生存状况,就是人的"独立性"建立在对"物的依赖性"的基础之上的生存状况。因此,现代哲学的历史任务是"揭露"人在"非神圣形象"中的自我异化,即把异化给"理性"的人的本质归还给作为个体的个人,把异化给"资本"的人的独立性和个性归还给人本身。

同整个现代哲学一样,马克思主义哲学的历史任务,同样是"揭露"人在"非神圣形象"中的"自我异化"。但是,马克思认为现代哲学所要"揭露"的"非神圣形象",并非仅仅是抽象的"理性",更为根本的是那些"统治个人的物质关系"。因此,马克思要求把"对天国的批判"变成

"对尘世的批判",把"对宗教的批判"变成"对法的批判",把"对神学的批判"变成"对政治的批判",并由此实现了哲学史上的革命性的"实践转向"。以"实践转向"为标志的马克思主义哲学,既不是像科学主义思潮那样仅仅把近代哲学所弘扬的理性视为"狂妄的理性",也不是像人本主义思潮那样仅仅把近代哲学所弘扬的理性视为"冷酷的理性",而是从"现实的人及其历史发展"出发,以实践观点的思维方式揭示人与世界之间的无限丰富的矛盾关系,用"现实的理性"去批判"抽象的理性",从而达到对人与世界之间的否定性统一的辩证理解,达到对人类历史发展规律的真实把握。马克思的《资本论》就是揭示人的"一切社会关系"的"关于现实的人及其历史发展的科学"。以"实践转向"为标志的马克思主义哲学,从人对世界的实践关系出发,不是把哲学视为凌驾于科学之上的"解释世界"的"普遍理性",而是把哲学视为"改变世界"的"世界观",即从总体上理解和协调人与世界的相互关系的理论,因此从根本上"消解"了人在以"哲学"为化身的"普遍理性"中的"自我异化",并把新的时代精神定位为人类以自身的实践活动及其历史发展所实现的人类自身的解放。

由对"神圣形象"的批判而发展为现代哲学对"非神圣形象"的批判,这理论地表征着人类存在的历史形态的变革。在"人的依赖关系"的历史形态中,个人依附于群体,只不过是"一定的狭隘人群的附属物",因而造成人在"神圣形象"中的"自我异化"。与人的这种存在形态相适应的哲学,只能是确立"神圣形象"的哲学,即作为"神学文化"的哲学。为了挣脱人在"神圣形象"中的"自我异化",把人从"依附性"的存在中解放出来,作为"时代精神的精华"的哲学,近代哲学的历史任务就是"揭露"人在"神圣形象"中的"自我异化"。但是,在"以物的依赖性为基础的人的独立性"的历史形态中,虽然个人摆脱了人身依附关系而获得了"独立性",但这种"独立性"却是"以物的依赖性为基础"的,人在对"物的依赖性"中"再度丧失了自己",这就是人在"非神圣形象"中的"自我异化"。马克思在对"非神圣形象"的揭露和批判中,明确地承担起把人从"抽象"的"普遍理性"中解放出来的使命,把人从"物"的普遍统治中解放出来的使命,把人从"资本"的普遍统治中解放出来的使命,把"资本"的独立性和个性变为人的独立性和个性的使命。从全球视野看,人类今天所面对的最大问题正是人的"物化"问题,人类在新世纪乃至新千年所追求的根本目标正是把人从对"物的依赖性"中解放出来,因此,马克思在《资本论》中自觉地承担起的哲学使命,不仅理论地表征了我们今天的"时代精神",而且理论地塑造和引导了新世纪乃至新千年的新的"时代精神"。马克思恩格斯说:"共产主义对我们来说不是应当确立的状况,不是现实应当与之相适应的理想。我们所称为共产主义的是那种消灭现存状况的现实的运动。这个运动的条件是由现有的前提产生的。"① 因此,"对实践的唯物主义者即共产主义者来说,全部问题都在于使现存世界革命化,实际地反对并改变现存的事物"②。探索《资本论》在"政治经济学批判"中所创建的"关于现实的人及其历史发展的科学",不仅使我们深切地理解马克思主义是哲学、政治经济学和科学社会主义理论融为一体的"一整块钢铁",而且指引我们以理论的自觉把握"现实的历史",并以马克思主义的"改变世界"的"世界观"塑造和引导新的时代精神。

综上所述,《资本论》是由哲学批判、政治经济学批判和空想社会主义批判所构成的"关于现实的人及其历史发展的科学",也就是以人类解放为根本的价值诉求的"改变世界"的马克思主义的"世界观"。作为"世界观",《资本论》就是马克思主义哲学;由这个"世界观"所展开的"政治经济学批判",构成马克思主义的揭露"物和物的关系"掩盖下的"人和人的关系"的马克思主义政治经济学;由这个"世界观"所展开的"空想社会主义批判",构成马克思主义的批判"不合理的现实"和争取人类解放的马克思主义的科学社会主义理论。因此,不是《资本论》"运用"了马克思主义哲学,而是《资本论》"构建"了以"改变世界"的"世界观"为"活的灵魂"的马克思主义。

---

① 《马克思恩格斯选集》第 1 卷,人民出版社 1995 年版,第 87 页。
② 《马克思恩格斯选集》第 1 卷,人民出版社 1995 年版,第 75 页。

二、《资本论》与马克思的存在论

破解"存在"的秘密,是一切哲学思想的聚焦点;如何破解"存在"的秘密,则构成各种哲学思想的分水岭。马克思与他所批评的"哲学家们"的原则分歧在于,后者总是以追究"世界何以可能"而"解释世界",马克思则以探索"解放何以可能"而"改变世界"。"改变世界"的理论自觉,把马克思对"存在"的追问定位为研究"现实的历史";而"对现实的描述",则构成马克思为之付出毕生心血的《资本论》。①《资本论》是马克思揭示"现实的历史"即破解存在秘密的"存在论"。

(一)经济范畴与现实的存在:《资本论》的方法论

毫无疑问,《资本论》是由经济范畴构成的理论体系。正因如此,人们往往只是把《资本论》视为关于"资本"的经济学巨著,或者仅仅认为《资本论》包含某些哲学思想,而不是把《资本论》视为关于"存在"的哲学巨著。然而,正是这个由经济范畴构成的宏伟的理论体系"对现实的描述",在人类思想史上史无前例地揭示了"物和物的关系"掩盖下的"人和人的关系",从而揭示了"现实的历史"即"存在"的秘密。在马克思这里,构成《资本论》的政治经济学批判的方法论,也是构成《资本论》的哲学批判即破解存在的秘密的方法论。理解马克思构成《资本论》范畴体系的方法论,是理解《资本论》的存在论的重要前提。

关于经济范畴与人的存在,马克思在《〈政治经济学批判〉导言》中作出这样的说明:"从实在和具体开始,从现实的前提开始,因而,例如

---

① 关于"存在",马克思恩格斯在其合著的《德意志意识形态》中作出这样的论述:"意识在任何时候都只能是被意识到了的存在","而人们的存在就是他们的现实生活过程"。"对现实的描述会使独立的哲学失去生存环境,能够取而代之的充其量不过是从对人类历史发展的考察中抽象出来的最一般的结果的概括。这些抽象本身离开了现实的历史就没有任何价值"。(《马克思恩格斯选集》第1卷,人民出版社1995年版,第72页,第73—74页)这深刻地表明了马克思恩格斯哲学研究的原则立场,也深刻地显示了他们与"独立的哲学"的原则性分歧。关于《资本论》的存在论,是以正视这种原则立场和原则性分歧为前提的。

在经济学上从作为全部社会生产行为的基础和主体的人口开始,似乎是正确的。但是,更仔细地考察起来,这是错误的……抛开构成人口的阶级,人口就是一个抽象。如果我不知道这些阶级所依据的因素,如雇佣劳动、资本等等,阶级又是一句空话。而这些因素是以交换、分工、价格等等为前提的。比如资本,如果没有雇佣劳动、价值、货币、价格等等,它就什么也不是。因此,如果我从人口着手,那么,这就是关于整体的一个混沌的表象,并且通过更切近的规定我就会在分析中达到越来越简单的概念,从表象中的具体达到越来越稀薄的抽象,直到我达到一些最简单的规定。于是行程又得从那里回过头来,直到我最后又回到人口,但是这回人口已不是关于整体的一个混沌的表象,而是一个具有许多规定和关系的丰富的总体了。"[1] 这就是说:从人本身出发而考察人,只能是从抽象的人出发而形成对人的抽象的理解;只有从关于人的各种规定——首先是最重要的经济范畴——出发,才能形成对人的具体的理解;只有展现经济范畴所构成的"具体",才能揭示"现实的历史"的"存在"。这是马克思破解"存在"的秘密的立足点,也是作为"政治经济学批判"的《资本论》所破解的"存在"的秘密。

关于经济范畴本身之间的关系,马克思提出:"比较简单的范畴可以表现一个比较不发展的整体的处于支配地位的关系或者一个比较发展的整体的从属关系,这些关系在整体向着以一个比较具体的范畴表现出来的方面发展之前,在历史上已经存在。在这个限度内,从最简单上升到复杂这个抽象思维的进程符合现实的历史过程。"[2] "比较简单的范畴,虽然在历史上可以在比较具体的范畴之前存在,但是,它在深度和广度上的充分发展恰恰只能属于一个复杂的社会形式,而比较具体的范畴在一个比较不发展的社会形式中有过比较充分的发展。"[3] 由此马克思提出:"资产阶级社会是最发达的和最多样性的历史的生产组织。因此,那些表现它的各种关系的范畴以及对于它的结构的理解,同时也能使我们透视一切已经覆灭的

---

[1] 《马克思恩格斯选集》第 2 卷,人民出版社 1995 年版,第 17—18 页。
[2] 《马克思恩格斯选集》第 2 卷,人民出版社 1995 年版,第 20 页。
[3] 《马克思恩格斯选集》第 2 卷,人民出版社 1995 年版,第 21 页。

社会形式的结构和生产关系。"① 马克思进而得出的一个基本的方法论结论是:"人体解剖对于猴体解剖是一把钥匙。反过来说,低等动物身上表露的高等动物的征兆,只有在高等动物本身已被认识之后才能理解。"②

这个方法论对于破解存在的秘密的重大意义在于,"对人类生活形式的思索,从而对这些形式的科学分析,总是采取同实际发展相反的道路。这种思索是从事后开始的,就是说,是从发展过程的完成的结果开始的。"③ 在《资本论》中,马克思正是通过分析"比较具体的范畴"而把握"比较简单的范畴",也就是通过考察"比较发展的整体"而透视"比较不发展的整体"。这表明,关于资本主义的《资本论》,并非仅仅是揭示资本主义发展规律的"政治经济学",而且是通过揭示"一个复杂的社会形式"即资本主义的社会形式而实现对全部"人类生活形式"即人的"存在"的揭示。

关于如何理解和把握"现实的历史"的"存在",马克思在《哲学的贫困》中作了一个生动而深刻的比较:"如果说有一个英国人把人变成帽子,那么,有一个德国人就把帽子变成了观念","这个英国人就是李嘉图","这个德国人就是黑格尔"。④ 这就是说:作为经济学家的李嘉图是把"人"归结为"物",把"人与人"的关系归结为"物与物"的关系,因而把"现实的历史"描述成"物"的"存在";作为哲学家的黑格尔则把"人"归结为"观念",把"人与人"的关系归结为"观念与观念"的关系,因而把"现实的历史"描述成"观念"("无人身的理性")的自我运动。马克思给自己提出的任务,则是在"物与物"的关系以及"观念与观念"的关系中揭示"人与人"的关系,在资本的运动逻辑中揭示历史运动的逻辑即"现实的生活过程"。

在批判黑格尔哲学的出发点上,马克思不仅深刻地揭示了黑格尔对"观念"与"现实"关系的"颠倒",而且睿智地实现了以"现实"为基

---

① 《马克思恩格斯选集》第2卷,人民出版社1995年版,第23页。
② 《马克思恩格斯选集》第2卷,人民出版社1995年版,第23页。
③ ⑥《马克思恩格斯全集》第44卷,人民出版社2001年版,第93页。
④ 《马克思恩格斯选集》第1卷,人民出版社1995年版,第136页。

础的历史与逻辑的统一。马克思指出,黑格尔体系的第一个因素是"形而上学地改了装的、脱离人的自然",第二个因素是"形而上学地改了装的、脱离自然的精神",第三个因素是形而上学地改了装的上两个因素的统一,即"现实的人和现实的人类"①,而这种"改装"的现实基础则是"个人现在受抽象统治",也就是"人与人的关系"受"物与物的关系"的统治。在对黑格尔的哲学批判中,马克思既深刻地揭示了黑格尔的形而上学"改装",又深刻地揭示了这种"改装"所蕴含的"现实的历史";既尖锐地批判了黑格尔的"历史屈从于逻辑",又自觉地实现了以逻辑的运动去展现"现实的历史"。理解马克思对黑格尔哲学的批判继承关系,才能理解马克思如何从物和物的关系以及观念和观念的关系中揭示出人和人的关系,从经济范畴的逻辑关系中揭示出人们之间的现实的社会关系,进而理解马克思所揭示的"现实的历史"——人的存在——的秘密。

《资本论》的方法论表明,马克思不仅把自己的哲学批判和经济学批判统一起来,而且把"对现实的描述"与破解"存在"的秘密统一起来。正是在这种统一中,《资本论》不仅破解了"资本"的秘密,而且破解了"存在"的秘密;《资本论》不仅是作为经济学巨著的"资本论",而且是作为哲学巨著的"存在论"。

(二) 商品的二重性与人的存在的二重性:《资本论》经济范畴的哲学内涵

构成《资本论》的出发点的经济范畴是"商品"。对此,马克思的论证是:"资本主义生产方式占统治地位的社会的财富,表现为'庞大的商品堆积',单个的商品表现为这种财富的元素形式。因此,我们的研究就从分析商品开始"②。然而,仔细阅读和深入研究马克思对商品的分析,我们就会发现,马克思所考察的商品,并不仅仅是构成"社会财富"的"元素形式",而且是表现"人的存在"的"元素形式"。马克思的经济范畴的哲学内涵在《资本论》的出发点和立足点上就得到深刻的体现。

---

① 《马克思恩格斯全集》第2卷,人民出版社1957年版,第177页。
② 《马克思恩格斯全集》第44卷,人民出版社2001年版,第47页。

商品的二重性是《资本论》所揭示的商品的本质。"商品首先是一个外界的对象，一个靠自己的属性来满足人的某种需要的物。"①"物的有用性使物成为使用价值"，因此"商品体本身""就是使用价值"。② 商品的使用价值是其交换价值的物质承担者，而"交换价值"则表现为"一种使用价值同另一种使用价值相交换的量的关系或比例"③。由此就构成了商品的使用价值与交换价值如下的矛盾："作为使用价值，商品首先有质的差别；作为交换价值，商品只能有量的差别"④。商品作为用来交换和出卖的劳动产品，它的使用价值与交换价值的二重性的根据何在？它的使用价值的质的差别和交换价值的量的差别的根据何在？这就是《资本论》所揭示的"理解政治经济学的枢纽"⑤即劳动的二重性。正是这个"枢纽"点，构成《资本论》破解存在的秘密的切入点。

马克思在论述商品的二重性的基础上提出："如果把商品体的使用价值撇开，商品体就只剩下一个属性，即劳动产品这个属性。"⑥"随着劳动产品的有用性质的消失，体现在劳动产品中的各种劳动的有用性质也消失了，因而这些劳动的各种具体形式也消失了。各种劳动不再有什么差别，全都化为相同的人类劳动，抽象人类劳动。"⑦ 在马克思对商品的分析中，人类的"现实的历史"——劳动——在商品的二重性中凸显了自己的二重性，这就是创造商品使用价值的"具体劳动"和商品作为劳动产品的"抽象劳动"。劳动的二重性为理解"现实的历史"即人的存在提供了现实的而不是抽象的切入点——人自身的二重性。

人首先是自然的存在。作为自然的存在，人需要自然的满足，而这种自然的满足是人通过自身的对象化活动——劳动——实现的。商品的使用价值，就在于商品是"靠自己的属性来满足人的某种需要的物"⑧。人的

---

① 《马克思恩格斯全集》第44卷，人民出版社2001年版，第47页。
② 《马克思恩格斯全集》第44卷，人民出版社2001年版，第48页。
③ 《马克思恩格斯全集》第44卷，人民出版社2001年版，第49页。
④ 《马克思恩格斯全集》第44卷，人民出版社2001年版，第50页。
⑤ 《马克思恩格斯全集》第44卷，人民出版社2001年版，第55页。
⑥ 《马克思恩格斯全集》第44卷，人民出版社2001年版，第50—51页。
⑦ 《马克思恩格斯全集》第44卷，人民出版社2001年版，第51页。
⑧ 《马克思恩格斯全集》第44卷，人民出版社2001年版，第47页。

具体劳动，就是以各种具体形式创造出满足人的各种需要的"物"。因此，商品的使用价值和人的具体劳动，正是在"现实的历史"中体现了人的自然性。然而，在商品中所体现的人的自然性，已经不再是抽象的与历史无关的自然性，而是以劳动创造使用价值的自然性。那种"把人对自然界的关系从历史中排除出去"并因而"造成了自然和历史之间的对立"的旧哲学的存在论，在《资本论》的烛照下，它对存在的理解的非现实性被暴露出来。

人的自然的历史性或人的历史的自然性，表明人既是自然的存在，又是社会的存在。这就是人的存在的二重性。人的存在的二重性，即人的自然性和社会性，深刻地体现为商品的二重性及其所蕴含的劳动的二重性。商品作为交换价值，"只是无差别的人类劳动的单纯凝结，即不管以哪种形式进行的人类劳动力耗费的单纯凝结"①。从商品的交换价值上看，商品只是表示"在它们的生产上耗费了人类劳动力，积累了人类劳动"②，商品价值就是"作为它们共有的这个社会实体的结晶"③。"把劳动产品表现为只是无差别人类劳动的凝结物的一般价值形式，通过自身的结构表明，它是商品世界的社会表现。因此，它清楚地告诉我们，在这个世界中，劳动的一般的人类的性质形成劳动的独特的社会的性质。"④ 劳动的社会性质表明，人的社会性与人的自然性一样，并不是抽象的存在，而是首先体现在商品的交换价值及其所蕴含的人的抽象劳动之中。商品的交换，本质上是劳动的交换；劳动的交换，则构成人的全部社会关系的基础。"人的本质不是单个人所固有的抽象物，在其现实性上，它是一切社会关系的总和。"⑤ 马克思关于"人的本质"这个著名论断，在"理解政治经济学的枢纽"点上获得了真实的思想内涵。

在对"体现在商品中的劳动的二重性"的总结中，马克思作出这样的概括："一切劳动，一方面是人类劳动力在生理学意义上的耗费；就相同

---

① 《马克思恩格斯全集》第 44 卷，人民出版社 2001 年版，第 51 页。
② 《马克思恩格斯全集》第 44 卷，人民出版社 2001 年版，第 51 页。
③ 《马克思恩格斯全集》第 44 卷，人民出版社 2001 年版，第 51 页。
④ 《马克思恩格斯全集》第 44 卷，人民出版社 2001 年版，第 83—84 页。
⑤ 《马克思恩格斯选集》第 1 卷，人民出版社 1995 年版，第 60 页。

的或抽象的人类劳动这个属性来说,它形成商品价值。一切劳动,另一方面是人类劳动力在特殊的有一定目的的形式上的耗费;就具体的有用的劳动这个属性来说,它生产使用价值。"①商品的使用价值和交换价值的二重性,在于劳动的具体劳动和抽象劳动的二重性;劳动的二重性所体现的人对自然的关系和人对人的关系,则深刻地表明了人的二重性——人的自然的社会性和人的社会的自然性。人的自然性与社会性在劳动的二重性中的统一,为破解"存在"的秘密奠定了现实的基础。

值得我们深刻思考的是,马克思破解"存在"秘密的现实基础是劳动,而马克思破解劳动的秘密的直接对象却不是劳动而是由劳动所创造的商品。这深切地体现了马克思的睿智的哲学思想:"感性具体"只是"关于整体的一个混沌的表象",从"感性具体"出发无法直接达到把握现实的"理性具体";与此相反,只有从"理性抽象"即"最简单的规定"出发,才能达到"理性具体"即"具有许多规定和关系的丰富的总和"。因此,只有从"现实的历史"即对具体的经济范畴的分析出发去理解全部的历史,才能真实地展现物和物的关系掩盖下的人和人的关系,从而破解存在的秘密。这深刻地体现了马克思的存在论、认识论和逻辑学相统一的理论自觉。

《资本论》直接呈现给人们的是由一系列经济范畴所构成的理论体系,离开这些经济范畴及其逻辑关系,就不存在《资本论》的理论体系;构成《资本论》的经济范畴及其逻辑体系,又是马克思自觉地以思维的规定把握现实的规定的产物,离开思维对现实的认识论自觉,就不可能真正地理解和把握《资本论》的逻辑体系;《资本论》以思维的规定所把握的现实的规定,是在商品、货币、资本、地租、利润的"物和物"的关系中所掩盖的"人和人"的关系,离开"人们的现实生活过程",就不可能真正地理解商品、货币、资本、地租、利润等全部经济范畴及其逻辑关系。这是《资本论》的存在论、认识论和逻辑学的统一,也就是列宁所说的作为"大写的逻辑"的《资本论》。

---

① 《马克思恩格斯全集》第 44 卷,人民出版社 2001 年版,第 60 页。

(三) 货币的等价性与人对物的依赖性：《资本论》的存在论批判

《资本论》作为"大写的逻辑"，它的概念、范畴，并不只是认识的工具，而是推进、深化认识的"阶梯"和"支撑点"。人的存在是在劳动的历史中展开的，人的全部社会关系是在用以交换的劳动产品——商品——的历史性的交换过程中构成的。商品价值的实现方式及其历史发展，在对人的存在及其历史发展的理解中具有重大意义。如果说由"商品"的二重性到"劳动"的二重性揭示了人的存在的自然性与社会性的二重性，那么由普通的"商品"而过渡到揭示作为一般等价物的特殊商品——货币——的秘密，则揭示了人类存在形态的历史内涵。

商品的使用价值与交换价值的二重性表明，作为"制造使用价值的有目的的活动"，劳动"是为了人类的需要而对自然物的占有，是人和自然之间的物质变换的一般条件，是人类生活的永恒的自然条件，因此，它不以人类生活的任何形式为转移，倒不如说，它为人类生活的一切社会形式所共有"。① 这就是说，创造使用价值的具体劳动是构成"一切"社会形式的"自然条件"。与创造使用价值的具体劳动的性质相反，形成交换价值的抽象劳动则是构成各种"不同"的社会形式的基础。因此，只有揭示抽象劳动的交换得以实现的存在方式及其历史转换，才能揭示人的存在方式及其历史形态的变革。马克思说："毫不相干的个人之间的互相的和全面的依赖，构成他们的社会联系。这种社会联系表现在交换价值上，因为对于每个个人来说，只有通过交换价值，他自己的活动或产品才成为他的活动或产品；他必须生产一般产品——交换价值，或本身孤立化的，个体化的交换价值，即货币。另一方面，每个个人行使支配别人的活动或支配社会财富的权力，就在于他是交换价值的或货币的所有者。他在衣袋里装着自己的社会权力和自己同社会的联系。"② 这表明，"不管活动采取怎样的个人表现形式，也不管活动的产品具有怎样的特性，活动和活动的产品都是交换价值，即一切个性，一切特性都已被否定和消灭的一种一般的东

---

① 《马克思恩格斯全集》第44卷，人民出版社2001年版，第215页。
② 《马克思恩格斯全集》第30卷，人民出版社1995年版，第106页。

西"①。"活动的社会性质,正如产品的社会形式和个人对生产的参与,在这里表现为对于个人是异己的东西,物的东西;不是表现为个人的相互关系,而是表现为他们从属于这样一些关系,这些关系是不以个人为转移而存在的,并且是由毫不相干的个人互相的利害冲突而产生的。活动和产品的普遍交换已成为每一单个人的生存条件,这种普遍交换,他们的相互联系,表现为对他们本身来说是异己的、独立的东西,表现为一种物。在交换价值上,人的社会关系转化为物的社会关系;人的能力转化为物的能力。"②正是作为交换价值的货币,构成人的现实的社会关系的基础。因此,破解"货币"的秘密,就是破解现实的"存在"的秘密。

货币的秘密在于,它不是一般的商品,而是特殊的商品,即固定地充当一般等价物的商品。货币构成商品的使用价值与交换价值的二重性的外在冲突。劳动产品作为商品,"只因为它们是二重物,既是使用物品又是价值承担者。因此,它们表现为商品或具有商品的形式,只是由于它们具有二重的形式,即自然形式和价值形式"③。然而,"商品只有作为同一的社会单位即人类劳动的表现才具有价值对象性",因此,只有"从商品的交换价值或交换关系出发,才探索到隐藏在其中的商品价值"④。商品交换价值的实现需要一般等价物。"一般等价形式是价值本身的一种形式。因此,它可以属于任何一种商品"⑤;但是,商品生产的发展却必然"最终只剩下一种独特的商品,从这个时候起,商品世界的统一的相对价值形式才获得客观的固定性和一般的社会效力"⑥。"等价形式同这种独特商品的自然形式社会地结合在一起,这种独特商品成了货币商品,或者执行货币的职能。在商品世界起一般等价物的作用就成了它特有的社会职能,从而成了它的社会独占权。"⑦这种具有"特有的社会职能"即"社会独占权"

---

① 《马克思恩格斯全集》第30卷,人民出版社1995年版,第106—107页。
② 《马克思恩格斯全集》第30卷,人民出版社1995年版,第107页。
③ 《马克思恩格斯全集》第44卷,人民出版社2001年版,第61页。
④ 《马克思恩格斯全集》第44卷,人民出版社2001年版,第61页。
⑤ 《马克思恩格斯全集》第44卷,人民出版社2001年版,第86页。
⑥ 《马克思恩格斯全集》第44卷,人民出版社2001年版,第86页。
⑦ 《马克思恩格斯全集》第44卷,人民出版社2001年版,第86页。

的商品,就是固定地充当一般等价物的特殊商品——货币;而它的"社会占有权"的"特有的社会职能",则构成商品社会的最根本的秘密——商品拜物教的秘密。

商品作为劳动产品的使用价值,本身并无神秘之处;但是,劳动产品一旦采取商品形式,却具有谜一样的性质。对此,马克思指出:"商品形式的奥秘不过在于:商品形式在人们面前把人们本身劳动的社会性质反映成劳动产品本身的物的性质,反映成这些物的天然的社会属性,从而把生产者同总劳动的社会关系反映成存在于生产者之外的物与物之间的社会关系。"① 这表明,"商品形式和它借以得到表现的劳动产品的价值关系,是同劳动产品的物理性质以及由此产生的物的关系完全无关的。这只是人们自己的一定的社会关系,但它在人们面前采取了物与物的关系的虚幻形式"②。因此,"劳动产品一旦作为商品来生产,就带上拜物教性质"③。

商品拜物教的形成,根源在于劳动产品作为商品被分裂为有用物和价值物,从而使彼此独立进行的私人劳动具有了二重的社会性质:"一方面,生产者的私人劳动必须作为一定的有用劳动来满足一定的社会需要";"另一方面,只有在每一种特殊的有用的私人劳动可以同任何另一种有用的私人劳动相交换从而相等时,生产者的私人劳动才能满足生产者本人的多种需要"。④ 因此,"在商品生产者的社会里,一般的社会生产关系是这样的:生产者把他们的产品当作商品,从而当作价值来对待,而且通过这种物的形式,把他们的私人劳动当作等同的人类劳动来互相发生关系"⑤。在商品的交换的过程中,"人们彼此只是作为商品的代表即商品占有者而存在",所以,"人们扮演的经济角色不过是经济关系的人格化,人们是作为这种关系的承担者而彼此对立着的"⑥。商品社会中的这种经济关系,以商品与货币的对立方式而凸显出来。

---

① 《马克思恩格斯全集》第44卷,人民出版社2001年版,第89页。
② 《马克思恩格斯全集》第44卷,人民出版社2001年版,第89—90页。
③ 《马克思恩格斯全集》第44卷,人民出版社2001年版,第90页。
④ 《马克思恩格斯全集》第44卷,人民出版社2001年版,第90—91页。
⑤ 《马克思恩格斯全集》第44卷,人民出版社2001年版,第97页。
⑥ 《马克思恩格斯全集》第44卷,人民出版社2001年版,第103—104页。

商品"交换的不断重复使交换成为有规则的社会过程。因此，随着时间的推移，至少有一部分劳动产品必定是有意为了交换而生产的。从那时起，一方面，物满足直接需要的效用和物用于交换的效用的分离固定下来了。它们的使用价值同它们的交换价值分离开来。另一方面，它们互相交换的量的比例是由它们的生产本身决定的。习惯把它们作为价值量固定下来"①。这表明，独立价值形式"随着进入交换过程的商品数量和种类的增多"，越来越成为必要的了。而随着商品交换的发展，"这种形式就只是固定在某些特殊种类的商品上，或者说结晶为货币形式"②。由此所形成的商品社会的现实是："其他一切商品只是货币的特殊等价物，而货币是它们的一般等价物"③。这表明，"物的货币形式是物本身以外的东西，它只是隐藏在物后面的人的关系的表现形式"④。"人们在自己的社会生产过程中的单纯原子般的关系，从而，人们自己的生产关系的不受他们控制和不以他们有意识的个人活动为转移的物的形式，首先就是通过他们的劳动产品普遍采取商品形式这一点而表现出来。因此，货币拜物教的谜就是商品拜物教的谜，只不过变得明显了、耀眼了。"⑤

货币使"商品在它的价值形态上蜕掉了它的自然形成的使用价值的一切痕迹，蜕掉了创造它的那种特殊有用劳动的一切痕迹，蛹化为无差别的人类劳动的同样的社会化身"⑥。不仅如此，"因为从货币身上看不出它是由什么东西转化成的，所以，一切东西，不论是不是商品，都可以转化成货币。一切东西都可以买卖。流通成了巨大的社会蒸馏器，一切东西抛到里面去，再出来时都成为货币的结晶"⑦。"正如商品的一切质的差别在货币上消灭了一样，货币作为激进的平均主义者把一切差别都消灭了"⑧。这是货币的社会本质，也是货币拜物教的谜底。对于这个谜底，马克思引证

---

① 《马克思恩格斯全集》第44卷，人民出版社2001年版，第107页。
② 《马克思恩格斯全集》第44卷，人民出版社2001年版，第107、108页。
③ 《马克思恩格斯全集》第44卷，人民出版社2001年版，第109页。
④ 《马克思恩格斯全集》第44卷，人民出版社2001年版，第110页。
⑤ 《马克思恩格斯全集》第44卷，人民出版社2001年版，第113页。
⑥ 《马克思恩格斯全集》第44卷，人民出版社2001年版，第130—131页。
⑦ 《马克思恩格斯全集》第44卷，人民出版社2001年版，第155页。
⑧ 《马克思恩格斯全集》第44卷，人民出版社2001年版，第155页。

了莎士比亚的如下的诗句:"金子!……使黑的变成白的,丑的变成美的,错的变成对的,卑贱变成尊贵,老人变成少年,懦夫变成勇士。"而马克思自己的评论则是:货币作为"可以成为任何人的私产的外界物",它使"社会权力"成为"私人的私有权力"。① 货币成为"每个个人行使支配别人的活动或支配社会财富的权力"②,这深刻地表明,人们的普遍联系在普遍交换中被异化为物与物的关系。"在交换价值上,人的社会关系转化为物的社会关系;人的能力转化为物的能力。"③ "每个个人以物的形式占有社会权力",由此便构成了"以物的依赖性为基础的人的独立性"的人的存在方式。这就是马克思所揭示的"现实的历史"的存在。

正是基于对商品交换价值实现方式的历史分析,马克思提出了人们经常引证的关于人的存在的历史形态的著名论断:"人的依赖关系(起初完全是自然发生的),是最初的社会形式,在这种形式下,人的生产能力只是在狭小的范围内和孤立的地点上发展着。以物的依赖性为基础的人的独立性,是第二大形式,在这种形式下,才形成普遍的社会物质变换、全面的关系、多方面的需要以及全面的能力的体系。建立在个人全面发展和他们共同的、社会的生产能力成为从属于他们的社会财富这一基础上的自由个性,是第三个阶段。第二个阶段为第三个阶段创造条件。"④ 由此我们可以看到,马克思所揭示的人的存在,绝不是"独立的哲学"所说的抽象的人的存在,而是"现实的历史"的存在。正因为马克思关于人的历史形态的论断是基于对"最发达的和最多样性的历史的生产组织"即资本主义社会的"元素形式"——商品——的价值实现方式的分析,因此,马克思关于人的存在的历史形态的论断,就不仅是描述性地概括了人的存在的历史,而且是反思性地揭示了人的存在的秘密:人的社会关系体现为物的社会关系,因此人的存在成为"以物的依赖性为基础的人的独立性"的存在。这就是现代社会的人的存在。

---

① 《马克思恩格斯全集》第 44 卷,人民出版社 2001 年版,第 155 页—156 页。
② 《马克思恩格斯全集》第 30 卷,人民出版社 1995 年版,第 106 页。
③ 《马克思恩格斯全集》第 30 卷,人民出版社 1995 年版,第 107 页。
④ 《马克思恩格斯全集》第 30 卷,人民出版社 1995 年版,第 107—108 页。

应当深入思考的是，马克思不仅作出上述论断，而且对这个论断作出如下总结："个人现在受抽象统治，而他们以前是互相依赖的。但是，抽象或观念，无非是那些统治个人的物质关系的理论表现"①。正是在这个意义上，马克思认为，作为"思想中所把握到的时代"的黑格尔哲学，其"绝对精神"的哲学理念并不是超然于时代之外的玄思和遐想，而是以"最抽象的形式"表达了人类"最现实的生存状况"——"个人现在受抽象统治"。这深刻地表明，马克思的政治经济学批判和哲学批判不可分割地统一在他的存在论批判之中。因此，同样值得深思的是，哲学界经常引证的马克思关于人的存在的历史形态的论断及其解释，恰恰是在似乎与"哲学"风马牛不相及的《资本论》手稿的"货币章"中作出的。由此我们可以进一步理解，马克思为什么强调他的哲学思想是"从对人类历史发展的考察中抽象出来的最一般的结果的概括"。因此，离开马克思的"对现实的描述"的《资本论》，离开《资本论》的政治经济学批判，就不可能真正地理解马克思的哲学批判以及在这种批判中所构成的马克思主义的"存在论"。

（四）资本的逻辑与现实的历史：《资本论》的批判的辩证法

《资本论》"对现实的描述"，不是"无批判的实证主义"，而是批判的辩证法。

在这部巨著第二版的跋文中，马克思明确地提出，他的研究方法就是辩证法。"辩证法，在其合理形态上，引起资产阶级及其空论主义的代言人的恼怒和恐怖，因为辩证法在对现存事物的肯定的理解中同时包含对现存事物的否定的理解，即对现存事物的必然灭亡的理解；辩证法对每一种既成的形式都是从不断的运动中，因而也是从它的暂时性方面去理解；辩证法不崇拜任何东西，按其本质来说，它是批判的和革命的。"② 这个批判的和革命的辩证法，集中地体现在它深刻地揭示了"现实的历史"——资本主义社会——以资本的逻辑为内容的"充满矛盾的运动"。

---

① 《马克思恩格斯全集》第30卷，人民出版社1995年版，第114页。
② 《马克思恩格斯全集》第44卷，人民出版社2001年版，第22页。

关于资本的逻辑，马克思首先是着力地考察和揭示了"作为货币的货币和作为资本的货币的区别"①，即"货币转化为资本"的过程。通过对"货币转化为资本"的分析，马克思深刻地揭示了资本运动的逻辑：以货币为起点和终点的运动逻辑，以货币为动机和目的的运动逻辑，以货币增殖为内容的"没有限度"和"没有止境"的运动逻辑。资本运动的逻辑既构成"现实的历史"，又构成资本主义的自我否定。

作为货币的货币与作为资本的货币，二者的区别首先在于它们具有不同的流通形式：前者是 $W—G—W$，后者则是 $G—W—G$。"商品流通的直接形式是 $W—G—W$，商品转化为货币，货币再转化为商品，为买而卖"；而在" $G—W—G$ "的流通形式中，则是"货币转化为商品，商品再转化为货币，为卖而买"。马克思说："在运动中通过这后一种流通的货币转化为资本，成为资本，而且按它的使命来说，已经是资本。"② 这表明，作为货币的货币，即流通过程中的"为买而卖"的货币并不是资本；只有流通过程中的"为卖而买"的货币才成为资本，即作为资本的货币。在这种区别中，资本已经表现了自己的特殊的运动逻辑：以货币为起点和终点的运动逻辑。这个逻辑表明，以生产关系为基础的人与人之间的全部社会关系，已经被异化为物与物的关系，"它使人和人之间除了赤裸裸的利害关系，除了冷酷无情的'现金交易'，就再也没有任何别的联系了"③。

作为货币的货币与作为资本的货币，不仅在于 $W—G—W$ 与 $G—W—G$ 的流通形式"具有相反的次序"，而且表现在二者具有不同的结果。"在 $W—G—W$ 循环中，始极是一种商品，终极是另一种商品，后者退出流通，转入消费。因此，这一循环的最终目的是消费，是满足需要，总之，是使用价值。相反，$G—W—G$ 循环是从货币一极出发，最后又返回同一极。因此，这一循环的动机和决定目的是交换价值本身。"④ 这就是说，在 $W—G—W$ 的循环中，货币只是一种中介，而动机和目的则是商品本身，即满

---

① 《马克思恩格斯全集》第44卷，人民出版社2001年版，第172页。
② 《马克思恩格斯全集》第44卷，人民出版社2001年版，第172页。
③ 《马克思恩格斯选集》第1卷，人民出版社1995年版，第275页。
④ 《马克思恩格斯全集》第44卷，人民出版社2001年版，第175页。

足需要的使用价值，因此"消费"是构成这个循环的根据；与此相反，在 $G—W—G$ 的循环中，商品却成为中介，而动机和目的则是货币本身，即并非直接满足人的某种需要的交换价值，因此，不是"消费"构成这个循环的根据，而是作为等价物的"货币"成为这个循环的根据。在这种区别中，更为深刻地显示了资本的特殊的运动逻辑：以货币为动机和目的的运动逻辑。这个逻辑表明，商品（货币）拜物教已经成为统治人的占有统治地位的意识形态，它不仅造成人的社会关系的异化，而且造成人的生活意义的异化。

作为货币的货币和作为资本的货币，它们在流通形式上的不同，特别是在这两种次序相反的流通形式中所隐含的动机和目的的不同，表明在 $G—W—G$ 的流通形式中，隐藏着一个深层的秘密：作为起点的货币与作为终点的货币，并不是等量的货币。在 $W—G—W$ 的流通形式中，以出卖某种商品所得到的货币，再去购买另一种商品，作为出发点的商品和作为终点的商品，二者的价值量是相等的，但其使用价值是不同质的。这表明，"社会劳动的不同物质的交换"，是 $W—G—W$ 的运动的内容。这正是人们通常所理解的商品交换。然而，在 $G—W—G$ 的运动中，却似乎是"无内容"或"同义反复"的，因为运动的起点和终点都是货币，而不是"不同质的使用价值"。对于这个似乎是一种"既无目的又很荒唐的活动"，马克思指出："一个货币额和另一个货币额只能有量的区别。因此，$G—W—G$ 过程所以有内容，不是因为两极有质的区别（二者都是货币），而只是因为它们有量的不同。最后从流通中取出的货币，多于起初投入的货币。"① 因此，作为货币的资本，它的流通公式并不是 $G—W—G$，而是 $G—W—G'$。"为卖而买，或者说得完整些，为了贵卖而买，即 $G—W—G'$"，这不仅是"商人资本所特有的形式"，而且是"产业资本"的"运动形式"，因此，"$G—W—G'$ 事实上是直接在流通领域内表现出来的资本的总公式"。② 这个总公式表明，以货币为起点和终点的流通形式，并不是无内

---

① 《马克思恩格斯全集》第 44 卷，人民出版社 2001 年版，第 175—176 页。
② 《马克思恩格斯全集》第 44 卷，人民出版社 2001 年版，第 181 页。

容的"同义反复",而是货币成为"每个价值增殖过程的起点和终点"。① 价值增殖,构成资本的运动逻辑。

作为货币的货币与作为资本的货币,它们所构成的运动逻辑,最本质的不同是在于:"为买而卖的过程的重复或更新,与这一过程本身一样,以达到这一过程以外的最终目的,即消费或满足一定的需要为限。相反,在为卖而买的过程中,开端和终结是一样的,都是货币,都是交换价值,单是由于这一点,这种运动就已经是没有止境的了。"② 在 $G—W—G'$ 的公式中,"货币在运动终结时又成为运动的开端"③。这表明,"作为资本的货币的流通本身就是目的,因为只有在这个不断更新的运动中才有价值的增殖。因此,资本的运动是没有限度的"④。以"价值增殖"为动机和目的的"没有止境"和"没有限度"的资本运动,这就是资本运动的逻辑。正是在这种"没有止境"和"没有限度"的资本运动中,资本"按照自己的面貌为自己创造出一个世界",即资本作为"现实的历史"的存在论事实。

《资本论》对这个"现实的历史"的根本性追问是:在 $G—W—G'$ 的没有止境和没有限度的资本运动中,货币如何成为增殖的货币?这是构成资本运动的逻辑的现实基础,因而才是构成"现实的历史"的"存在"的秘密。对此,马克思提出:"资本不能从流通中产生,又不能不从流通中产生。它必须既在流通中又不在流通中产生。"⑤ 这个辩证命题的现实根据就在于:在 $G—W—G'$ 的运动中,"要转化为资本的货币的价值变化,不可能发生在这个货币本身上","这种变化必定发生在第一个行为 $G—W$ 中所购买的商品上"。⑥ 这就是说,在 $G—W—G'$ 的增殖运动中,"货币占有者就必须幸运地在流通领域内即在市场上发现这样一种商品,它的使用价值本身具有成为价值源泉的独特属性,因此,它的实际消费本身就是劳动的

---

① 《马克思恩格斯全集》第 44 卷,人民出版社 2001 年版,第 180 页。
② 《马克思恩格斯全集》第 44 卷,人民出版社 2001 年版,第 177 页。
③ 《马克思恩格斯全集》第 44 卷,人民出版社 2001 年版,第 177 页。
④ 《马克思恩格斯全集》第 44 卷,人民出版社 2001 年版,第 178 页。
⑤ 《马克思恩格斯全集》第 44 卷,人民出版社 2001 年版,第 193 页。
⑥ 《马克思恩格斯全集》第 44 卷,人民出版社 2001 年版,第 194 页。

对象化,从而是价值的创造。货币占有者在市场上找到了这样一种独特的商品,这就是劳动能力或劳动力"①。正是通过对劳动力这一"独特的商品"的全面考察与分析,也就是对"活劳动"与"死劳动"(资本)的全面考察与分析,马克思揭示了资本运动的现实基础——剩余价值的生产。这一现实基础表明:"资本主义的生产方式和积累方式,从而资本主义的私有制,是以那种以自己的劳动为基础的私有制的消灭为前提的,也就是说,是以劳动者的被剥夺为前提的。"②

《资本论》所揭示的物和物的关系掩盖下的人和人的关系表明,资本的运动之所以可能,在于"资本是集体的产物,它只有通过社会许多成员的共同活动,而且归根到底只有通过社会全体成员的共同活动,才能运动起来"。"因此,资本不是一种个人力量,而是一种社会力量"。"把资本变为公共的、属于社会全体成员的财产,这并不是把个人财产变为社会财产。这里所改变的只是财产的社会性质。"③ 把资本的独立性和个性变为每个人的独立性和个性,从而使"每个人的自由发展"成为"一切人的自由发展的条件",这是"现实的历史"的辩证法,也是马克思的资本主义批判的基本结论。

(五)解放的旨趣与解放的道路:《资本论》的解放论

"对现实的描述"即揭露资本运动的逻辑,构成马克思的资本主义批判,构成作为存在论的《资本论》;但是,马克思创作《资本论》的动机和目的,却并不是"对现实的描述",而是揭示人类解放和人的全面发展的现实道路。人类解放的旨趣与解放的现实道路的揭示,批判的辩证法与"对现实的描述",它们的不可分割的统一构成作为存在论的《资本论》。离开《资本论》,离开《资本论》所揭示的资本运动的逻辑,就既不可能真正理解马克思的关于人类存在的存在论,也不可能真正理解马克思关于人类解放的解放论。

在国内外的马克思主义研究中,一直存在两种倾向:或者由于马克思

---

① 《马克思恩格斯全集》第44卷,人民出版社2001年版,第194—195页。
② 《马克思恩格斯全集》第44卷,人民出版社2001年版,第887页。
③ 《马克思恩格斯选集》第1卷,人民出版社1995年版,第287页。

是真正的人道主义者而把马克思主义归结为抽象的人道主义，或者由于马克思主义不是抽象的人道主义而否认马克思是真正的人道主义者。《资本论》表明，马克思的人道主义理想与他"对现实的描述"是不可分割地统一的，马克思对人类解放和人的全面发展的价值追求与他所揭示的人类历史发展规律是不可分割地统一的。马克思是真正的人道主义者，但马克思主义绝不是抽象的人道主义。这是作为存在论的《资本论》给予我们的极其重要的启示。

马克思认为，科学社会主义与空想社会主义的根本区别在于，后者只是揭露"现实的不合理"，而前者则是批判"不合理的现实"。因此，马克思的资本主义批判的立足点是人的"现实的历史"。在《资本论》中，人的自然性与社会性的二重性，直接地体现为商品的使用价值与交换价值的二重性，并深层地体现为创造使用价值和构成交换价值的劳动的二重性。"就劳动过程只是人和自然之间的单纯过程来说，劳动过程的简单要素对于这个过程的一切社会发展形式来说都是共同的。但劳动过程的每个一定的历史形式，都会进一步发展这个过程的物质基础和社会形式。这个一定的历史形式达到一定的成熟阶段就会被抛弃，并让位给较高级的形式"①，这就是说，"生产关系的一定的历史形式"与"生产能力及其要素的发展"总是处于矛盾之中，而当"这二者之间的矛盾和对立扩大和加深时"，"生产的物质发展和它的社会形式之间就发生冲突"。② 正是基于《资本论》对人的存在——劳动及其历史形态——的分析，马克思才形成并提出了用于指导他的研究工作的"总的结果"："人们在自己生活的社会生产中发生一定的、必然的、不以他们的意志为转移的关系，即同他们的物质生产力的一定发展阶段相适合的生产关系。这些生产关系的总和构成社会的经济结构，即有法律的和政治的上层建筑竖立其上并有一定的社会意识形式与之相适应的现实基础。物质生活的生产方式制约着整个社会生活、政治生活和精神生活的过程。不是人们的意识决定人们的存在，相反，是人们的社会存在决定人们的意识。社会的物质生产力发展到一定阶

---

① 《马克思恩格斯选集》第 2 卷，人民出版社 1995 年版，第 586—587 页。
② 《马克思恩格斯选集》第 2 卷，人民出版社 1995 年版，第 587 页。

段，便同它们一直在其中运动的现存生产关系或财产关系（这只是生产关系的法律用语）发生矛盾。于是这些关系便由生产力的发展形式变成生产力的桎梏。那时社会革命的时代就到来了。随着经济基础的变更，全部庞大的上层建筑也或慢或快地发生变革。""我们判断一个人不能以他对自己的看法为根据，同样，我们判断这样一个变革时代也不能以它的意识为根据；相反，这个意识必须从物质生活的矛盾中，从社会生产力和生产关系之间的现存冲突中去解释。无论哪一个社会形态，在它所能容纳的全部生产力发挥出来以前，是决不会灭亡的；而新的更高的生产关系，在它的物质存在条件在旧社会的胎胞里成熟以前，是决不会出现的。所以人类始终只提出自己能够解决的任务，因为只要仔细考察就可以发现，任务本身，只有在解决它的物质条件已经存在或者至少是在生成过程中的时候，才会产生。""资产阶级的生产关系是社会生产过程的最后一个对抗形式，这里所说的对抗，不是指个人的对抗，而是指从个人的社会生活条件中生长出来的对抗；但是，在资产阶级社会的胎胞里发展的生产力，同时又创造着解决这种对抗的物质条件。因此，人类社会的史前时期就以这种社会形态而告终。"① 马克思的《资本论》最为集中、最为深刻地体现了他的全部研究工作的"总的结果"，揭示了人类历史的发展规律、特别是作为"现实的历史"的资本主义的发展规律，因而构成马克思的人类解放学说的真实内容。

马克思的以《资本论》为基础的关于人类存在的历史形态的论述，对于我们理解人类解放和人的全面发展的现实道路，具有多方面的重大意义。

首先，人类解放和人的全面发展的价值理想以人类社会的历史发展为基础，因而是一个现实的而非虚幻的历史性的实现过程。在人的历史活动中，人作为"历史的经常的前提"，总是"历史的经常的产物和结果"，即人的历史活动总是决定于在他们以前已经存在，不是由他们创立而是由先前的人们所创立的历史条件。"历史条件"构成人的"历史活动"的

---

① 《马克思恩格斯选集》第 2 卷，人民出版社 1995 年版，第 32—33 页。

"前提"，因此，人们的历史活动就不是随心所欲的，人们的价值理想就不是虚无缥缈的。历史的发展为人的发展提供了条件，人的发展实现于历史的发展进程之中。同时，人作为"历史的经常的产物和结果"，又获得了创造历史的现实条件和现实力量，从而凭借这种现实条件和现实力量去改变自己的生活世界，把发展自己的理想变成实现自身发展的现实。"历史"是追求自己的目的的人的活动过程，也就是实现人的自身发展的现实过程。作为存在论的《资本论》，在社会有机体众多因素的交互作用中，在社会形态曲折发展的历史进程中，在社会意识相对独立的历史更替中，揭示了生产力在人类"历史"中的最终的决定作用，从而为人类实现自身全面发展的价值理想展现出一条历史必然道路。把奠基于历史发展规律基础上的价值理想的追求归结为某种历史目的论，只能导致历史的虚无主义。

其次，历史总是以某种"退步"的形式而实现自己的"进步"，"片面性"是历史的发展形式。作为"现实的历史"的市场经济较之自然经济更有利于生产力的发展，有利于社会关系的发展，有利于创造形成更高级的社会形态的各种要素。资本运动的逻辑，既是资本作为生产要素创造文明的逻辑，又是资本作为社会关系追逐剩余价值的逻辑。由资本的逻辑所形成的"以物的依赖性为基础的人的独立性"，既尖锐地暴露了人的"异化"状态，又为人类走出这种"异化"状态提供了前提条件。

最后，也是最为重要的是，马克思的关于人的全面发展学说所蕴含的"解放的旨趣"一再地提示人们，人类的当代使命，绝不仅仅是使人的"独立性"奠基于"对物的依赖性"，而且必须使人从"对物的依赖性"中解放出来，把"物"的独立性真正地变成"人"的独立性即人自身的全面发展。人们可以从不同的方面或不同的学科去理解和阐释"现实的历史"，然而，人们无法否认的是资本逻辑的"同一性"所造成的"现实的历史"的存在论事实。把资本的独立性和个性变为人的独立性和个性，这既是作为真正的人道主义者的马克思所追求的价值理想，也是超越了抽象的人道主义的马克思主义所揭示的人类解放和人的全面发展的现实道路。

《资本论》所揭示的存在的秘密告诉我们："一个社会即使探索到了本身运动的自然规律"，"它还是既不能跳过也不能用法令取消自然的发展阶段。但是它能缩短和减轻分娩的痛苦"。①"现实的历史"是由历史所构成的现实。它不仅是不能"跳过"的，而且是必须通过它的充分"发展"才能自我扬弃的。因此，探索《资本论》所揭示的存在的秘密，其目的并不是简单的宣示对"现实的历史"的否定，而是以理论的自觉把握"现实的历史"，并为"缩短和减轻"社会发展进程中的"痛苦"提供富有启发性和建设性的思想。面对"现实的历史"，在关于当代人类生存困境的反思中，我们不是能够从《资本论》中获得更为深层的存在论解释和更为合理的行为选择吗？

三、《资本论》与马克思的"三大批判"

作为"最伟大的思想家"的马克思，并不是学院化的学者，而是"为全人类而工作"的革命家；以马克思的名字命名的马克思主义，并不是学院化的学科体系的组合，而是"超学科"的"关于人类解放的学说"。因此，既不能简单地以学院化的学科分类去理解和阐释以马克思命名的马克思主义，也不能简单地以学科分类的方式去研究和论述以马克思命名的马克思主义所开辟的思想道路。

在马克思的墓前讲话中，恩格斯不仅精辟地概括了马克思的"两大发现"，并且指出"马克思在他所研究的每一个领域""都有独到的发现"，"而且其中任何领域他都不是浅尝辄止"。② 在马克思那里，"发现人类历史的发展规律"与在各个领域的"独到的发现"，并不是相互割裂的，而是融为一体的。马克思的全部研究工作，都是为了"发现人类历史的发展规律"，特别是发现"资产阶级社会的特殊的运动规律"；而马克思之所以能够有如此伟大的"两大发现"，又是同他在各个领域"都有独到的发现"密不可分的。这表明，马克思主义并不是离开人类文明发展大道的宗派主义，而是人类文明的理论结晶。

---

① 《马克思恩格斯全集》第 44 卷，人民出版社 2001 年版，第 9—10 页。
② 《马克思恩格斯选集》第 3 卷，人民出版社 1995 年版，第 777 页。

马克思主义的"整体性",首先是在于,人们通常所指认的马克思主义的三个组成部分——哲学、政治经济学和科学社会主义,并不是作为通行的学科分类意义上的三个学科而存在的,而是作为马克思的"三大批判"——哲学批判、政治经济学批判和空想社会主义批判——所指向的"对现实的一切进行无情的批判"而存在的。从《1844年经济学哲学手稿》到《资本论》,马克思的全部著作都融汇着这"三大批判",而且都把批判的矛头指向"现实的历史"即资本主义社会,并由此构成作为"一整块钢铁"的马克思主义——关于人类解放的学说。

马克思的"三大批判"所开辟的思想道路,最根本的是实现了人类文明史上的"世界观"革命——变革了对人与世界关系的理解。马克思提出:"从前的一切唯物主义(包括费尔巴哈的唯物主义)的主要缺点是:对对象、现实、感性,只是从客体的或者直观的形式去理解,而不是把它们当作感性的人的活动、当作实践去理解,不是从主体方面去理解。因此,和唯物主义相反,能动的方面却被唯心主义抽象地发展了,当然,唯心主义是不知道现实的、感性活动本身的。"① 正是在对旧唯物主义和唯心主义的批判中,马克思在人类思想史上第一次明确地提出:"人的思维是否具有真理性,这不是一个理论的问题,而是一个实践的问题"②;"全部社会生活在本质上是实践的。凡是把理论引向神秘主义的神秘东西,都能在人的实践中以及对这个实践的理解中得到合理的解决"③。从人的实践活动出发去看待人与世界的关系,并从人的实践活动出发去看待人所追求的真理,从而超越"把理论引向神秘主义的神秘东西",为人类解放开辟现实的思想道路,这就是马克思所实现的具有文明史意义的"世界观"革命。

马克思的世界观革命,并不仅仅是人类文明史上的哲学革命,而且是人类文明史上关于人的全部理论的革命;马克思的世界观革命,并不仅仅是观念层面上的革命,而且是引领人类"改变世界"的革命。这直接地体

---

① 《马克思恩格斯选集》第1卷,人民出版社1995年版,第54页。
② 《马克思恩格斯选集》第3卷,人民出版社1995年版,第55页。
③ 《马克思恩格斯选集》第3卷,人民出版社1995年版,第56页。

现在，马克思的哲学批判是融注在他的政治经济学批判和空想社会主义批判之中的。在《〈政治经济学批判〉序言》中，马克思明确地指出，"我的研究得出这样一个结果：法的关系正像国家的形式一样，既不能从它们本身来理解，也不能从所谓人类精神的一般发展来理解，相反，它们根源于物质的生活关系，这种物质的生活关系的总和"，"应该到政治经济学中去寻求"。① 马克思认为，政治经济学所研究的并不是物和物的关系，而是物和物的关系掩盖下的人和人的关系。马克思的政治经济学批判就是揭露在物和物的关系中所掩盖的人和人的关系，从而不仅"发现"了人类历史的发展规律，而且"发现"了资本主义的特殊的运动规律。这深刻地表明，马克思的哲学批判与政治经济学批判是融为一体的，马克思哲学革命与政治经济学革命是不可分割的。

在自己的哲学—政治经济学批判中，马克思曾以一个生动而精辟的论断来揭示英国古典政治经济学和德国古典哲学的本质。马克思说："如果说有一个英国人把人变成帽子，那么，有一个德国人就把帽子变成了观念。这个英国人就是李嘉图……这个德国人就是黑格尔。"② 马克思的这个"比喻"，是极为深刻和发人深省的。李嘉图在他的政治经济学中，用物和物的关系掩盖了人和人的关系，"把人变成帽子"；黑格尔在他的思辨哲学中，把物与物的关系、人与物的关系、人与人的关系都转化为观念，也就是把所有的现实关系都变成了"无人身的理性"的自我运动。马克思的哲学—政治经济学批判，则是从"现实的人"和"现实的历史"出发，深刻地揭示了"物和物的关系"中所掩盖的"人和人的关系"，并把自己的哲学—政治经济学批判提升到这样的高度："任何一种解放都是把人的世界和人的关系还给人自己"③。这样，马克思就把他的哲学—政治经济学批判与其批判的目的——人类解放——统一起来了。

马克思的哲学—政治经济学批判，又是同他的空想社会主义批判融为一体的。空想社会主义者针对资本主义社会的残酷现实与资产阶级思想家

---

① 《马克思恩格斯选集》第 2 卷，人民出版社 1995 年版，第 32 页。
② 《马克思恩格斯选集》第 1 卷，人民出版社 1995 年版，第 103 页。
③ 《马克思恩格斯全集》第 1 卷，人民出版社 1995 年版，第 443 页。

所许诺的"自由、平等、博爱"之间的尖锐矛盾,对资本主义社会进行了有力的揭露和批判。然而,空想社会主义者所揭露和批判的并不是资产阶级思想家的理论,而恰恰是以资产阶级思想家关于"人性"的理论去批判现实。所以,空想社会主义只能说明资本主义的现实是应当谴责和诅咒的,而无法说明资本主义制度灭亡的历史必然性;只能说明无产阶级是一个受苦的阶级,而无法说明无产阶级的历史使命和实现自身解放的条件;只能对社会主义的未来作出种种美好的设想,而不能指明实现社会主义的条件和进程。所以,对于人类自身的解放,空想社会主义充其量也只能是一种"幻想的武器"。马克思的哲学—政治经济学—空想社会主义批判,则是把"幻想的武器"变为"现实的武器",为无产阶级的社会主义革命指明了现实的道路。正因如此,列宁明确地指出:"社会主义学派正是在它抛弃关于人类天性的社会条件的议论,而善于唯物地分析现代社会关系,并说明现今剥削制度的必然性的时候盛行起来的。"① 正是在马克思的"政治经济学批判"的理论巨著——《资本论》——中,马克思对人类社会的最后一个剥削制度——资本主义制度——的运动规律作出了无可辩驳的论证,从而使社会主义学说由空想变为科学。只有把握《资本论》的思想内涵及其当代意义,才能真正地"走进马克思"。

马克思毕生研究的伟大成果《资本论》,是关于"现实的人及其历史发展的科学",是关于"人类解放"的理论巨著。马克思的争取人类解放的社会理想和价值诉求,马克思所揭示的人类解放的历史规律和现实道路,马克思的哲学—政治经济学—空想社会主义批判的理论成果,都集中地体现在《资本论》中。离开《资本论》,就无法深入地、系统地掌握马克思主义关于人类解放和人的全面发展的科学社会主义理论,就无法真实地、全面地理解马克思主义的当代意义和当代价值,因而也就无法真正地"走进马克思"。

在《关于费尔巴哈的提纲》中,马克思就明确地提出:"人的本质并不是单个人所固有的抽象物,在其现实性上,它是一切社会关系的总

---

① 《列宁选集》第1卷,人民出版社1972年版,第51页。

和。"① 揭示人类历史的发展规律，探索人类解放的现实道路，就不能从"抽象的人"出发，而必须从"现实的人"出发；关于人类历史发展规律和关于人类解放现实道路的理论，就不能是"关于人的本性"的抽象议论，而只能是"关于现实的人及其历史发展的科学"。马克思的《资本论》，就是以"现实的人"为出发点所构成的"关于现实的人及其历史发展的科学"。

什么是"现实的人"？人的现实在于，"人们首先必须吃、喝、住、穿"，因此，"直接的物质的生活资料的生产"就构成现实的人及其历史发展的"基础"。离开这个基础，就构不成现实的人，就构不成人的一切社会关系，就构不成人的历史发展。现实的人以"直接的物质的生活资料的生产"为基础而构成人的经济关系，并以经济关系为基础而构成人的一切社会关系，因此，马克思的关于现实的人及其历史发展的科学，就必须以人的"经济关系"及其历史发展去揭示人的"一切社会关系"及其历史发展，就必须从"物和物的关系"去揭示"人和人的关系"。马克思的《资本论》，正是以物和物的关系掩盖下的人和人的关系为实质内容的"关于现实的人及其历史发展的科学"。

关于《资本论》的"资本"，马克思明确地指出："资本不是物，而是一定的、社会的、属于一定历史社会形态的生产关系，它体现在一个物上，并赋予这个物以特有的社会性质"②；"资本是资产阶级社会的支配一切的经济权利"③。正是"资本"以"物和物的关系"而掩盖了资本主义社会的"人和人的关系"，并作为"支配一切的经济权利"而决定了"现实的人"和"现实的历史"。在资本主义社会，"现实的人"就是受资本支配的人，"现实的历史"就是受资本支配的历史，因此，必须以"资本"为对象，才能揭示资本主义的运动规律，才能构成马克思主义的"关于现实的人及其历史发展的科学"，才能为人类解放提供真实的社会理想并指明现实的解放道路。这是马克思以其毕生心血创作《资本论》的根本

---

① 《马克思恩格斯选集》第 1 卷，人民出版社 1995 年版，第 56 页。
② 《马克思恩格斯选集》第 2 卷，人民出版社 1995 年版，第 577 页。
③ 《马克思恩格斯选集》第 2 卷，人民出版社 1995 年版，第 25 页。

原因之所在，也是《资本论》具有无可替代的巨大的当代意义的根本依据之所在。

资本主义社会直接地表现为"庞大的商品堆积"，因此，马克思的《资本论》"就从分析商品开始"①。马克思对商品的分析，最为重要的是揭示了商品的"二重性"，从而揭示了物和物的关系中所掩盖的人和人的关系。《资本论》提出："商品是一种二重性的东西，即使用价值和交换价值"②。而商品的二重性的根源，则在于生产商品的劳动的二重性。马克思说："一切劳动，一方面是人类劳动力在生理学意义上的耗费；就相同的或抽象的人类劳动这个属性来说，它形成商品价值。一切劳动，另一方面是人类劳动力在特殊的有一定目的的形式上的耗费；就具体的有用的劳动属性来说，它生产使用价值。"③ 这就是《资本论》所揭示的"一切劳动"的"抽象劳动"与"具体劳动"的"二重性"。马克思说，"劳动的二重性"，是理解政治经济学的"枢纽"。只有从劳动的二重性这个"枢纽"出发，才能破解"现实的人及其历史发展"的秘密，才能破解"现实的历史"即资本主义的运动规律。

商品作为用来交换的劳动产品，商品的交换，本质上是劳动的交换；正是在以劳动交换为实质的商品交换中，构成了人作为"一切社会关系的总和"的现实基础。因此，探索"现实的人及其历史发展"，首先就要诉诸商品交换的实现方式及其历史发展。对此，马克思深刻地指出："毫不相干的个人之间的互相的和全面的依赖，构成他们的社会联系。这种社会联系表现在交换价值上，因为对于每个个人来说，只有通过交换价值，他自己的活动或产品才成为他的活动或产品；他必须生产一般产品——交换价值，或本身孤立化的，个体化的交换价值，即货币。另一方面，每个个人行使支配别人的活动或支配社会财富的权力，就在于他是交换价值的或货币的所有者。他的衣袋里装着自己的社会权力和自己同社会的联系。"④

---

① 《马克思恩格斯全集》第44卷，人民出版社2001年版，第47页。
② 《马克思恩格斯选集》第2卷，人民出版社1995年版，第119页。
③ 《马克思恩格斯选集》第2卷，人民出版社1995年版，第123页。
④ 《马克思恩格斯全集》第30卷，人民出版社2001年版，第106页。

马克思的论述表明,"货币",它作为固定的充当一般等价物的特殊商品,其秘密就在于,它把人和人的关系异化为物和物的关系,它把人们之间的普遍联系异化为物的普遍交换的关系,从而构成了"以物的依赖性为基础的人的独立性"的人的存在方式。

作为"现实的历史",资本主义社会之所以是"资本"主义社会,就在于"支配一切的经济权力",并不是"作为货币的货币",而是"作为资本的货币"。在《资本论》中,马克思着力地考察了"作为货币的货币和作为资本的货币的区别"①,从而揭示了"资本"的运动逻辑:以货币为起点和终点的运动逻辑,以货币为动机和目的的运动逻辑,以货币增值为内容的"没有限度"和"没有止境"的运动逻辑。"资本"的运动逻辑,不仅"使人和人之间除了赤裸裸的利害关系,除了冷酷无情的'现金交易',就再也没有任何别的联系了"②,而且"按照自己的面貌为自己创造出一个世界",造成人的全部社会关系的异化和人的整个生活意义的异化。因此,只有把人从对"物的依赖性"中解放出来,也就是把"资本"的独立性和个性变为"人"的独立性和个性,才能实现人类解放和人的全面发展。这就是《资本论》所揭示的物和物的关系掩盖下的人和人的关系,这就是《资本论》所创建的"关于现实的人及其历史发展的科学",这就是《资本论》所指明的人类解放的历史规律和现实道路。

《资本论》表明,人类解放和人的全面发展的社会理想和价值诉求,是以人类社会的历史发展规律,特别是以资本主义社会的特殊运动规律为基础的,因而是一个现实的而非虚幻的历史性的实现过程。"资产阶级的生产关系是社会生产过程的最后一个对抗形式,这里所说的对抗,不是指个人的对抗,而是指从个人的社会生活条件中生长出来的对抗;但是,在资产阶级社会的胎胞里发展的生产力,同时又创造着解决这种对抗的物质条件。因此,人类社会的史前时期就以这种社会形态而告终。"③"代替那存在着阶级和阶级对立的资产阶级旧社会的,将是这样一个联合体,在那

---

① 《马克思恩格斯全集》第44卷,人民出版社2001年版,第172页。
② 《马克思恩格斯选集》第1卷,人民出版社1995年版,第275页。
③ 《马克思恩格斯选集》第2卷,人民出版社1995年版,第33页。

里，每个人的自由发展是一切人的自由发展的条件。"① 这就是《资本论》所展现的马克思主义的真理力量，这就是《资本论》所塑造的新的时代精神，这就是《资本论》所引导的人类文明的新形态。

---

① 《马克思恩格斯选集》第 1 卷，人民出版社 1995 年版，第 294 页。

第五章 马克思主义哲学研究的理论创新

一、当代中国马克思主义哲学研究的历史与逻辑

任何一种哲学理论，都是由其标志性的基本范畴所构成的概念系统。这些标志性的基本范畴，不仅显示了各种哲学理论之间的重大区别，而且为哲学演进提供了各不相同的研究范式。从基本范畴的转换而透视研究范式的变革，有助于更为切实和更为深入地把握当代中国马克思主义哲学研究的历史与逻辑。

（一）以物质、实践、哲学为核心范畴的三组基本范畴

把当代中国马克思主义哲学研究区分为20世纪80年代以前的教科书哲学、80年代的教科书改革的哲学和90年代以来的后教科书哲学三个基本阶段，其突出标志在于以"物质"、"实践"、"哲学"为核心范畴的三组基本范畴的依次转换。这三组基本范畴依次为物质、矛盾、反映、社会存在和规律；实践、主体、价值、历史和选择；哲学、反思、批判、存在和对话。"物质"、"实践"和"哲学"构成三个阶段的标志性的核心范畴，"规律"、"选择"和"对话"则是三个阶段的实质性的基本理念。

20世纪80年代以前的教科书哲学，是以"物质"为核心范畴，以"规律"为实质内容所构成的哲学体系，其基本范畴是物质、矛盾、反映、

社会存在和规律。这组基本范畴构成了被称为"辩证唯物主义和历史唯物主义"的教科书哲学。

教科书哲学主要包括四个部分：一是以"物质"作为基本范畴的唯物论部分，其主要内容是以意识对物质的派生性而论述世界的物质统一性；二是以"矛盾"作为基本范畴的辩证法部分，其主要内容是以对立统一规律、质量互变规律和否定之否定规律论述物质运动规律；三是以"反映"作为基本范畴的认识论部分，其主要内容是以意识对物质的观念反映论述认识的运动规律；四是以"社会存在"作为基本范畴的唯物史观部分，其主要内容是以作为物质运动的一种特殊方式即社会运动方式及其观念反映论述历史的运动规律。贯穿于这四个部分的基本理念就是构成教科书哲学实质性内容的"规律"。正因如此，人们通常把教科书哲学的主要内容概括为"世界是物质的，物质是运动的，物质的运动是有规律的，物质运动的规律是可以被认识的"。

20世纪80年代的教科书改革的哲学，是以"实践"为核心范畴，以"重构"体系为实质内容的哲学，其基本范畴是实践、主体、价值、历史和选择。这组基本范畴构成了被称为"实践唯物主义"的马克思主义哲学体系。

这种实践唯物主义，从其体系构成上看，与教科书哲学的一个显著区别是其多样性，即以多样性的体系构成其基本理论。然而，透过这种体系结构的多样性，其基本理论内容却显示出"广泛而深刻的一致性"：一是以"实践"作为核心范畴和逻辑起点，以人与世界的实践关系为基础展开其全部的理论内容；二是由人的"实践"的存在方式而过渡为主体与客体的关系，并把"主体"即人的存在作为出发点而展开主体与客体之间的丰富关系，其中包括在"主体际"或"主体间"的意义上展开人作为主体和客体的矛盾关系，从而使"主体"成为实践唯物主义的基本范畴；三是在主体与客体的实践关系、认知关系的基础上展开主体与客体之间的价值关系和审美关系，并把价值关系和审美关系融注到整个主客体关系之中，其中最重要的是凸显了主客体之间的价值关系，从而使"价值"成为实践唯物主义的基本范畴；四是以实践为基础的主客体关系，是以目的性要求和对象性活动为实质内容的人与世界的关系,因而是以"现实的人及其历史发展"为实质内容的人与世界的关系,从而使"历史"范畴成为实践唯物主义的基本范畴;五是对人与世界关系的历史性理解凸显了一系列此前被忽视的哲学范畴,其中主要是历史活动与历史规律、历史的前提与结果、历史的必然性与偶然性、历史的规律与趋势、历史的决定论与非决定论、历史活动的标准与选择、评价历史的大尺度与小尺度等等,其中最主要的是凸显了体现主体能动性的人在历史活动中的选择性,从而使"选择"成为实践唯物主义的又一个基本范畴。由实践、主体、价值、历史和选择等基本范畴构成的"实践唯物主义",其核心范畴是"实践",而"实践"范畴在"实践观点的思维方式"中所达到的深刻内涵则是"人对世界的否定性的统一关系",也就是人在自己的目的性和对象性的实践活动中把现实变成理想的现实。这是实践唯物主义以"实践"为核心范畴所达到的对人与世界关系的深刻理解。

20世纪90年代以来的后教科书哲学,是以"哲学"为核心范畴,以"对话"或"会通"为主要取向的哲学,其基本范畴是哲学、反思、批判、存在和对话。这组基本范畴表达了双重的理论诉求:一方面是力图在中、西、马的"对话"中"让马克思主义哲学说中国话",也就是创建具有中国特色、气派和风格的马克思主义哲学,一方面是通过这种"对话"凸现马克思主义哲学的哲学革命及其"本真精神",重新"定位"马克思主义哲学。

这种重新"定位"马克思主义哲学的努力,与80年代教科书改革的哲学的一个显著区别在于,前者所诉诸的根本问题是在对"哲学"的多元理解中重新理解和阐释马克思主义哲学,而后者则是仅就马克思主义哲学本身来重新理解和阐释马克思主义哲学。正是这种理论视野的区别,"教科书改革的哲学"所凸显的核心范畴是作为马克思主义哲学自身解释原则的"实践",而"后教科书哲学"所凸显的核心范畴则是作为马克思主义哲学的整体背景的"哲学"。在这种"后教科书哲学"的理论视域中,虽然其研究内容、研究方式和研究成果呈现出更加明显的多样性,但从其根本性的理论特征上看,仍然表现出某种"广泛而深刻的一致性":一是以

"哲学"本身作为研究的聚焦点,在对"哲学"的理论特性、研究对象、社会功能和历史演进的深入反思中寻求对"哲学"的理解,其中特别是在人类把握世界的各种基本方式——宗教、艺术、科学和哲学——的比较中反思"哲学",在各种各样的哲学观——诸如普遍规律说、认识论说、语言分析说、人生境界说、存在意义说、社会批判说、文化对话说和实践论说——的比较中反思"哲学",并由此重新审视和阐释作为"世界观"的马克思主义哲学;二是由对"哲学"的反思而凸显了"反思"范畴,集中地考察和研究哲学自己的特殊的思维方式,以及由哲学的思维方式所构成的"哲学的重大的基本问题"及其历史演进,并由此探索马克思主义哲学在哲学史上所实现的哲学革命及其所开辟的哲学道路;三是由对哲学的"反思"的思维方式的理论自觉而重新理解哲学的批判本性,特别是重新理解马克思所指认的辩证法的"革命的、批判的"本质,以及马克思所提出的辩证法就是"对现存的一切进行无情的批判",并由此去把握和阐释自葛兰西、卢卡奇、柯尔施以来的西方马克思主义的批判理论,从而使"批判"成为后教科书哲学的基本范畴;四是在对当代的根本性问题——现代性——的批判反思中,逐步地聚焦于对现代社会的本质性的存在——资本——的批判,从而把自有哲学以来的对"存在"的追问升华对"现实的历史"——资本——的追问,并因此把马克思所指认的物与物的关系中所掩盖的人与人的关系视为哲学所探究的最为根本的"存在";五是在对"存在"的反思和探究中辨析中国哲学、西方哲学和马克思主义哲学对"存在"的追问,以及在这种追问中所蕴含的思维方式和价值诉求,从而在"对话"中寻求中西马"会通"的根基,重新建构"说中国话"的马克思主义哲学,并努力使马克思主义成为"人民的自觉追求"。

从总体上看,以开放的理论视野追问"哲学"而达成哲学"反思"的理论自觉,在哲学"反思"的理论自觉中而凸显哲学的"批判"本性,在哲学的"批判"活动中而实现对"存在"的现实性的理解与追究,在对"存在"的追究中而展开中、西、马的"对话"并寻求其"会通"的根基,从而在"面向世界,面向现代化,面向未来"的开阔视野中建构"说中国话"的马克思主义哲学,这是后教科书哲学的基本理路和真实意义。

（二）以物质—规律、实践—选择、哲学—对话为标志的三种研究范式

在以某个核心范畴为逻辑基础和逻辑起点，以某些基本范畴为主要内容构成的逻辑结构和概念体系中，其中的任一范畴、概念都不是孤立的存在，而是在由其构成的概念框架中获得自我规定和相互规定、自我理解和相互理解。这种概念框架的"自洽性"及其所蕴含的解释原则，使得构成这种概念框架的哲学理论自身具有了"研究范式"的意义；或者反过来说，一种哲学理论之所以具有"研究范式"的意义，就在于它以自己的核心范畴和基本范畴而构建了特定的、自洽的概念框架。因此，确认和评价一种研究范式，主要地是对以某个核心范畴为基础、以某些基本范畴为标志的概念框架及其所蕴含的解释原则的确认和评价。

在以"物质"为核心范畴、以"规律"为实质内容的"辩证唯物主义和历史唯物主义"的研究范式中，其根本的解释原则是把作为"世界观理论"的哲学视为"关于整个世界的根本观点"的理论。因此，在教科书的叙述体系中，哲学所要探讨和回答的首要问题，合乎逻辑地就是关于世界的本质及其运动规律的问题。教科书哲学正是以"物质"作为逻辑基础和逻辑起点而系统地论述了"关于整个世界的根本观点"。这表明，对作为研究范式的教科书哲学的理解与评价，最根本的问题是"哲学观"即对"哲学"自身的理解问题。

教科书哲学的基本思路，是在对哲学与科学的区分中定义"哲学"。教科书哲学的基本思想是："现实世界"是"哲学和其他科学"的"研究对象"，这是哲学与科学的共同之处；哲学与科学的区别则在于，各门具体科学只是"研究世界的某一领域、某一方面或某一事物及其过程"，哲学则是把"包括自然界、人类社会和人类思维在内的整个世界"作为研究对象；以世界的某种特殊性为对象的各门具体科学，为人类提供关于世界的特殊规律，而以"整个世界"为对象的哲学则为人类提供关于世界的普遍规律，即哲学是具有最大普遍性的科学。这是作为研究范式的教科书哲学的根本性的解释原则。

正是由于教科书把哲学解释为"关于整个世界的根本观点的学问",并由此把马克思主义哲学定位为具有最大普遍性的科学,因而合乎逻辑地把世界的"本质"和"本原"问题视为哲学的首要问题和基本问题,并因此把"物质"范畴作为马克思主义哲学的核心范畴。这表明,对教科书哲学的理解与评价,直接关系到对恩格斯所指认的哲学基本问题的理解与评价。恩格斯的论断非常明确:"全部哲学,特别是近代哲学的重大的基本问题,是思维和存在的关系问题。"①这个论断明确地告诉我们:哲学的重大的基本问题是"思维和存在"的"关系问题",而不是"思维"和"存在"的问题。这就是说:哲学不是以"思维"和"存在"为研究对象去形成关于"思维"和"存在"的某种知识,而是把"思维和存在的关系"作为"问题"来研究,考察和追究"思维和存在的关系"。这种区别的意义是十分重大的。

在通行教科书关于哲学及其基本问题的解释中,把哲学归结为关于"整个世界"的"普遍规律"。而在恩格斯的哲学思想中,思维和存在服从于同一规律,首先是作为理论思维的"不自觉的和无条件的前提"而存在的,只有在哲学"反思"的意义上,思维才把"思维和存在的关系"当作"问题"反过来而思之,才会提出哲学意义上的"思维和存在的关系问题"。这表明,"科学"与"哲学"的根本区别并不在于二者的普遍性程度,而在于科学把"思维和存在"的统一当作"不自觉的和无条件的前提"去构成关于世界的思想,哲学则把这个"不自觉的和无条件的前提"作为自己的研究对象,批判地反思人类关于世界的全部思想。简言之,科学是构成思想,哲学则是对思想的反思。这表明,提出和探索"思维和存在的关系问题",是以"反思"的哲学思维为前提的。全部的哲学问题,只有在哲学的反思活动中才会被真正地提出来;离开哲学的反思活动,就会把哲学问题视为构成思想的常识问题或科学问题。这是教科书哲学作为研究范式的根本症结之所在。

马克思主义哲学革命的最根本的标志,在于它从人的实践活动出发提

---

① 《马克思恩格斯选集》第4卷,人民出版社1995年版,第219页。

出和回答"思维和存在的关系问题",把"实践"作为回答全部哲学问题的逻辑起点和核心范畴。教科书哲学离开人的实践活动而把"物质"范畴作为其逻辑起点和核心范畴,最根本的问题就在于,它不是在作为哲学基本问题的"思维和存在的关系问题"的意义上提出问题,更不是在马克思主义哲学所实现的"实践论转向"的基础上提出问题,而是以"客体的或者直观的"思维方式,在素朴实在论的意义上提出问题。因此,以"物质"范畴为逻辑起点和核心范畴的教科书哲学并没有形成恩格斯所说的"建立在通晓思维的历史和成就的基础上的理论思维",因而也就无法体现马克思主义哲学在哲学史上已经实现的哲学革命,更难以为新世纪的马克思主义哲学提供合理的研究范式和叙述体系。

20世纪80年代以来的以"实践"为核心范畴的"实践唯物主义"的研究范式,其根本的解释原则是把哲学视为"关于人与世界之间关系"的理论,并由此重新建构马克思主义哲学的世界观理论,逐步地形成了被称为"实践唯物主义"的研究范式。"实践唯物主义"的理论内涵结晶了20世纪80年代中国哲学界所形成的最为重要的理论成果:一是在世界观的意义上,"实践唯物主义"强调从人的"实践"出发去理解人与世界、思维与存在的关系,从而变革了以"客体的或者直观的"思维方式"观世界"的素朴实在论的"世界观";二是在认识论的意义上,"实践唯物主义"强调从"主体"出发理解主体对客体的实践关系、认知关系、价值关系和审美关系,突出了主体在认识活动中的"选择"、"反思"、"建构"的作用,从而使"能动的反映论"获得了真实的"能动性";三是在辩证法的意义上,"实践唯物主义"强调从人的存在方式和发展方式——实践——出发去揭示人与世界、思维与存在、主体与客体、主观与客观的矛盾,不仅突出了辩证法的思维方式和批判性本质,而且在列宁所指认的"辩证法也就是认识论"的意义上实现了辩证法与哲学基本问题的统一;四是在历史观的意义上,"实践唯物主义"强调从人的历史活动出发去理解历史的发展规律,改变那种把"历史规律"视为超然于人的历史活动之外的东西的看法,并力图以人的存在的历史性去解释全部哲学问题,实现了以实践观为基础的世界观、认识论、价值论和历史观的统一。①

"实践唯物主义"的哲学任务，主要是以变革通行的哲学原理教科书为出发点，在重新理解马克思主义哲学的进程中重建它的理论体系。"体系意识"是整个80年代中国哲学界的主流意识和主导意识。这种"体系意识"的最为显著的标志是，80年代集中讨论的"物质本体论"与"实践本体论"问题、"反映论"与"选择论"问题、"辩证法"与"系统论"问题、"历史决定论"与"非历史决定论"问题，恰恰是作为教科书哲学"体系"的"四大部分"即"世界观"、"认识论"、"辩证法"和"历史观"中的核心问题而展开的，具有称谓和定位马克思主义哲学意义的"实践唯物主义"更恰恰是作为重建马克思主义哲学体系的解释原则而提出的。然而，这种重建马克思主义哲学体系的急迫的体系意识，在改革开放初期并不具备现实的可能性。缺少对马克思主义哲学文本的系统研究，缺少马克思主义哲学与中国哲学和西方哲学的沟通与交流，这造成了80年代中国哲学界重建马克思主义哲学体系的理论资源不足。当着超越对体系的构造而触及内容的时候，许多难以弥合的分歧造成了难以深入的讨论。其中最为关键的问题，就是对"哲学"自身的理解问题。

与以"实践"为核心范畴的"实践唯物主义"研究范式不同，在以"哲学"为核心范畴、以"对话"为实质内容的后教科书哲学的研究范式中，其根本的逻辑起点是对"哲学"的追问，其根本的解释原则是把哲学和哲学史视为"历史性的思想"和"思想性的历史"，既以"思想性的历史"去看待全部哲学史，又以"历史性的思想"去看待各种哲学理论，从而把各种哲学之间的"对话"作为自己的研究范式，并在对"思想性的历史"的反思中探索马克思主义哲学所实现的哲学革命。

哲学的自我理解，既不是自我封闭的苦思冥想，也不是固执己见的自我认同，而是以广阔的哲学视野为背景，以开放的哲学意识为基点，在各种各样的哲学观、特别是当代的各异其是的哲学观的比较鉴别中，深化对"哲学"的理解。在20世纪90年代的以"哲学"为"聚焦点"的反思活

---

① 参见孙正聿：《当代中国的哲学历程》，载《教学与研究》2001年第8期。

动中,首先是"激活"了对马克思主义哲学、中国哲学和西方哲学的比较研究,其次是"激活"了对"两大思潮"即科学主义思潮与人本主义思潮的比较研究,再次是"激活"了对"两种文化"即中国文化与西方文化的比较研究,试图从这种比较研究中为"哲学"奠定深厚的文化底蕴。以"哲学"为"聚焦点"而"激活"马克思主义哲学与中国传统哲学和西方哲学的"对话",既是后教科书研究范式的重要内容,又为跨入新世纪的中国马克思主义哲学研究奠定了两个坚实基础:一是走出了由于"理论资源"匮乏而造成的简单、抽象、空洞的哲学论争,为新世纪的哲学发展提供了重要的理论准备;二是规范着新世纪的马克思主义哲学研究以反思80年代的教科书改革和90年代的哲学自我理解为基础,面向世界与未来,创造性地推进新世纪的马克思主义哲学研究。

(三)在三种研究范式的"对话"中推进马克思主义哲学研究

以"物质—规律"、"实践—选择"和"哲学—对话"为标志的三种研究范式,不仅具有"依次转换"的关系,而且具有"向上兼容"的关系,即:研究范式的转换并不是"取消"或"终结"了先前的研究范式所关切的问题,而是在新的研究范式中重新理解和阐释了此前的研究范式的基本范畴及由此构成的理论内容。因此,在新的世纪坚持和发展马克思主义哲学,不仅需要展开中、西、马的"对话",而且需要切实地、充分地实现以"物质"、"实践"和"哲学"为核心范畴的三种马克思主义哲学研究范式之间的"对话"。

确认世界的物质统一性和把握自然、社会和思维的运动规律,并以关于世界的规律性的认识改变世界,这不仅是马克思主义哲学的唯物论和辩证法的坚实基础和根本内容,而且是作为关于人类解放学说的马克思主义的现实力量。恩格斯《在马克思墓前的讲话》中明确地提出,马克思对人类的伟大贡献最集中地体现在"发现了人类历史的发展规律"和"发现了现代资本主义生产方式和它所产生的资产阶级社会的特殊的运动规律",从而"第一次使现代无产阶级意识到自身的地位和需要,意识到自身解放的条件"。[①]

[①] 《马克思恩格斯选集》第3卷,人民出版社1995年版,第776—777页。

因此，以"物质"为核心范畴、以"规律"为实质内容的教科书哲学的研究范式，不仅有其现实的和理论的根据，而且表达了时代和人民对哲学的需求。

20世纪80年代以来对教科书哲学的反思，以及在这个反思的过程中所形成的以"实践"为核心范畴的实践唯物主义的研究范式，并不是简单地"抛弃"了教科书哲学的研究范式，而是以"实践观点的思维方式"揭示了教科书范式的深层的理论困难，在"回到马克思"的意义上重新阐释了由物质、矛盾、反映、社会存在和规律等基本范畴构成的理论体系，并以此为基础形成了当代中国的"实践唯物主义"的马克思主义哲学体系。

教科书哲学的核心范畴是"物质"，实质内容则是"规律"，而"物质"和"规律"的根本特性则是其"客观性"。因此，如何确认和论证物质运动规律的"客观性"，就成为教科书哲学的理论基础和真实内容。"实践唯物主义"对"教科书哲学"的审视和反思，正是由此展开的。马克思在《关于费尔巴哈的提纲》中直截了当地提出："从前的一切唯物主义（包括费尔巴哈的唯物主义）的主要缺点是：对对象、现实、感性，只是从客体的或者直观的形式去理解，而不是把它们当作感性的人的活动，当作实践去理解，不是从主体方面去理解。因此，和唯物主义相反，能动的方面却被唯心主义抽象地发展了，当然，唯心主义是不知道现实的、感性的活动本身的。"① 在这里，马克思正是从思维和存在的关系问题出发，简洁而明确地批判了旧唯物主义和唯心主义这两种"哲学"：其一，旧唯物主义"只是从客体的或者直观的形式"去看待思维和存在的关系问题，从而把思维对存在的关系看成是直观的反映关系；其二，唯心主义只是"抽象地发展了""能动的方面"，把思维对存在的关系归结为思维的能动作用；其三，马克思明确地指出，旧唯物主义之所以只是从客体的或者直观的形式去理解思维与存在的关系，唯心主义之所以只能是抽象地发展了能动的方面，其根源就在于离开"感性的人的活动"去看待思维与存在的

---

① 《马克思恩格斯选集》第1卷，人民出版社1995年版，第54页。

关系。马克思由此明确地提出："人的思维是否具有客观的真理性，这不是一个理论的问题，而是一个实践的问题。人应该在实践中证明自己思维的真理性，即自己思维的现实性和力量，自己思维的此岸性。关于思维——离开实践的思维——的现实性或非现实性的争论，是一个纯粹经院哲学的问题。"① 在这个根本性的论断中，马克思明确地提出了必须以实践的观点看待"人的思维是否具有客观的真理性"问题，也就是以实践的观点去看待作为哲学的重大的基本问题的思维和存在的关系问题。这就是说，"物质"和"规律"的"客观性"，不能以"客体的或者直观的"方式获得"自明性"，而只有在"实践和对实践的理解中"才能揭示和论证其"客观性"；因此，构成马克思主义世界观的逻辑基础和逻辑起点的核心范畴并不是离开"实践"的"物质"和"规律"，而是为"物质"和"规律"的"客观性"提供现实基础的"实践"范畴。这是"实践唯物主义"对教科书哲学的"扬弃"，也是"实践唯物主义"的根本内容和真实意义。

哲学史上的任何一种哲学理论，都是以某种价值诉求而诉诸对真理的寻求和对存在的反思，又以其对真理的寻求和对存在的反思而论证其价值诉求，因此，任何一种哲学理论都不是单一的或孤立的存在论、真理论或价值论，而是某种方式的存在论、真理论和价值论的统一。在各种哲学研究范式中，该种哲学理论的价值诉求，从根本上决定该种理论对"存在"和"真理"的理解。马克思主义哲学的真正出发点并不是以"普遍规律"来"解释世界"，而是以"人类解放"为目的而"改变世界"，因此，"改变世界"的"实践"构成马克思主义哲学的核心范畴。以"实践"为核心范畴的马克思主义哲学，以"实践观点的思维方式"揭示了"人对世界的否定性统一关系"，揭示了在这个"否定性统一"的历史过程中所实现的"思维和存在"的历史性的统一，揭示了"思维和存在"的历史性统一中所达到的关于"规律"的"真理"，从而为"人类解放"的价值诉求实现了"存在论"和"真理论"的奠基。这是"实践唯物主义"的存在

---

① 《马克思恩格斯选集》第 1 卷，人民出版社 1995 年版，第 55 页。

论、真理论和价值论相统一的研究范式，也是这个研究范式在实践、主体、价值、历史和选择等基本范畴所构成的概念框架中对教科书研究范式中的物质、矛盾、反映、社会存在和规律等基本范畴的重新阐释。这表明，"实践唯物主义"的研究范式并不是"抛弃"了教科书哲学的研究范式，而是以新的逻辑基础——实践——升华了教科书哲学对马克思主义哲学的理解和阐释。

从理论自身上看，"实践唯物主义"的研究范式是在两个大的背景下形成的：一是对教科书哲学范式的审视和反思，一是对现代西方哲学思潮的回应和批判。从理论与实践的关系上看，"实践唯物主义"研究范式的形成则是源于两方面的时代性课题：一是改革开放以来的中国特色社会主义的创新实践，一是进入"后工业文明"的"全球性问题"。哲学作为"思想中的时代"，"实践唯物主义"既要以时代性的现实问题为出发点而重新理解和阐释马克思主义哲学，又要以对马克思主义哲学的重新理解和阐释而回答时代性的现实问题。正是在对理论与现实的双重关切中，"实践唯物主义"必须在"历史"已成为"世界历史"的"我们的时代"，实现为既具有"民族特色"又"走向世界"的"说中国话"的马克思主义哲学。以"哲学"为核心范畴、以"对话"为实质内容的"后教科书哲学"的研究范式，正是以这种理论自觉而"扬弃"了"实践唯物主义"的研究范式。

哲学作为理论形态的人类自我意识，它是人类文化的核心，既集中地体现了不同时代、不同群体对人类生存和发展的不同理解，又集中地体现了对时代性的人类性问题的具有"广泛而深刻的一致性"的理解，因而集中地体现为既具有某种共同的时代内涵又具有某种原则性区别的哲学理念。对哲学与现实的这种复杂关系的理念自觉，不仅使现代哲学把"哲学"作为反思的核心范畴，而且把哲学之间的"对话"作为哲学研究的基本理念。20世纪90年代以来的中国马克思主义哲学研究，既以反思"哲学"为聚焦点而逐步地展开了马克思主义哲学与中国哲学和西方哲学的"对话"，又在"对话"中深化了对"哲学"的自我理解，特别是在"对话"中深化了对马克思主义哲学的哲学革命及其所开辟的哲学道路的理解，因而自觉地承担起"实践唯物主义"的双重历史任务：以时代性的现实问题为出发点而重新理解和阐释马克思主义哲学，又以对马克思主义哲学的重新理解和阐释而回答时代性的现实问题。

早在写于1843年的《〈黑格尔法哲学批判〉导言》中，马克思就明确地提出："人的自我异化的神圣形象被揭穿以后，揭露具有非神圣形象的自我异化，就成了为历史服务的哲学的迫切任务。于是，对天国的批判变成对尘世的批判，对宗教的批判变成对法的批判，对神学的批判变成对政治的批判。"① 在马克思所指认的"历史"已经成为"世界历史"的"我们的时代"，造成"人的自我异化"的"非神圣形象"，就是构成"以物的依赖性为基础的人的独立性"的存在方式的"资本"；揭露人在"资本"这个"非神圣形象"中的"自我异化"，把"资本"的独立性和个性变为"人"的独立性和个性，从而实现以"每个人的全面发展"为内容的人类解放，则是马克思主义哲学的根本诉求和历史任务。20世纪90年代以来的中国马克思主义哲学研究，正是在对"现实的历史"的深切反思和对"现代性"的批判反省中，逐步地深化了对马克思的以"历史"为解释原则、以"生活决定意识"为核心理念，以"历史的内涵逻辑"为基本内容，以"人类解放"为价值诉求、以"改变世界"为理论指向的"现代唯物主义"的"世界观"的理解，并趋向于以"历史唯物主义"来称谓和定位马克思主义哲学。②

以历史作为解释原则的"历史唯物主义"，不只是凸显了"实践唯物主义"研究范式中作为基本范畴的"历史"，而且凸显了"实践唯物主义"研究范式中的核心范畴——"实践"——的"历史性"内涵。在"实践唯物主义"的研究范式中，作为其核心范畴的"实践"，主要是被理解和阐释为"感性的人的活动"，并由此把人与世界的关系理解和阐释为"人对世界的否定性的统一关系"；而在"历史唯物主义"的研究范式中，"实践"则是构成"现实的人及其历史发展"的存在方式，"历史"则不仅是"感性的人的活动"过程，而且是这种活动的"结果"即在

---

① 《马克思恩格斯选集》第1卷，人民出版社1995年版，第2页。
② 孙正聿：《历史唯物主义与哲学基本问题》，载《哲学研究》2010年第5期。

"历史中行动的人"所创造的"文明"。作为互释性的"历史"与"文明","历史文明"或"文明历史",结晶着人的历史活动,体现着人与世界的现实关系,规范着人类发展的趋势与未来。"实践唯物主义"的研究范式,以"实践"范畴为逻辑基础和逻辑起点,把"教科书哲学"研究范式中的"关于整个世界的根本观点"的"世界观"变革为"关于人与世界关系"的"世界观",从而以"实践观点的思维方式"重新阐释了马克思主义的世界观。以此为基础,"历史唯物主义"的研究范式则以"历史"为解释原则,把"关于人与世界关系"的世界观理解为以"文明"为实质内容的世界观,即具有"时代内涵"的世界观。因此,"历史唯物主义"的"世界观"的时代性课题集中地体现在:以当代人类实践活动为基础的人对世界的当代关系是怎样的?以当代科学为中介的当代人的世界图景是怎样的?以人的当代社会生活和存在方式为基础的当代人的思维方式、价值观念和审美意识是怎样的?怎样以马克思所"发现"的"人类历史的发展规律"和"资产阶级社会的特殊的运动规律"去观察现实和回答我们时代的重大问题?怎样以中国特色社会主义理论研究"中国问题"、总结"中国经验"、创建"中国模式"?怎样以"说中国话"的理论自觉而实现马克思主义哲学的中国化、时代化和大众化?这种历史唯物主义的世界观,在对时代性问题的哲学反思中,不仅寻求到了马克思主义哲学与中国哲学和西方哲学"对话"的现实基础,而且实现了与"教科书哲学"和"实践唯物主义"两个研究范式的"对接",并在这种"对话"和"对接"中坚持和发展了马克思主义哲学。

二、当代中国马克思主义哲学研究的范式转换

如果可以用"从逻辑的观点看"来标志现代西方哲学的分析运动,我们则不仅可以用"从实践的观点看"来标志马克思的哲学革命,而且可以用"从实践的观点看"来标志当代中国马克思主义哲学研究的范式转换。

"从实践的观点看",就是以实践观点的思维方式去看待全部哲学史,以实践观点的思维方式去看待全部哲学问题。改革开放以来,我国哲学界愈来愈认同以"实践的唯物主义"来概括和表述马克思主义哲学。这并不仅仅是依据马克思恩格斯在《德意志意识形态》中的简短论断,而且主要是源于对马克思的哲学革命的理解和阐释。这种理解和阐释的进程,直接地是以反省通行的哲学原理教科书的方式展开的;这种理解和阐释的实质,则集中地体现了当代中国马克思主义哲学研究的范式转换——"从实践的观点看"马克思主义哲学。

(一)从实践的观点看"唯物论"

通行的哲学原理教科书从整体上把马克思主义哲学分述为唯物论、辩证法、认识论和历史观四大部分,因此,"从实践的观点看"哲学原理教科书,首先是反省教科书所阐述的"唯物论"。马克思主义哲学并不是它之前的"旧唯物主义",而是它所创建的"新唯物主义"。因此,是以"旧唯物主义"还是以"新唯物主义"来阐释和论证马克思主义的唯物主义,是反省教科书的唯物论的实质问题,也是重新阐述马克思主义的唯物论的实质问题。

在《关于费尔巴哈的提纲》中,马克思明确地指出:"从前的一切唯物主义(包括费尔巴哈的唯物主义)的主要缺点是:对对象、现实、感性,只是从客体的或者直观的形式去理解,而不是把它们当作感性的人的活动,当作实践去理解,不是从主体方面去理解。"[①] 在这里,马克思既尖锐地揭示了旧唯物主义的"主要缺点"——"对对象、现实、感性,只是从客体的或者直观的形式去理解",又深刻地阐明了新唯物主义的"根本变革"——从"感性的人的活动"、从"实践"和"主体方面"去理解"对象、现实、感性"。因此,对教科书的唯物论的反省,就是反省它所体现的是旧唯物主义的还是新唯物主义的"解释原则",也就是反省它是否"从实践的观点看"唯物论。

作为世界观理论的哲学唯物主义,从根本上说,就是要求人们按照世

---

① 《马克思恩格斯选集》第1卷,人民出版社1995年版,第54页。

界的本来面目去认识世界。然而,对世界本来面目的认识,却恰恰是不能"从客体的或者直观的形式"去理解人对世界的认识。恩格斯明确地指出,"推动哲学家前进的,决不像他们所想象的那样,只是纯粹思想的力量。恰恰相反,真正推动他们前进的,主要是自然科学和工业的强大而日益迅猛的进步"①。因此,恩格斯进一步深刻地指出,"随着自然科学领域中每一个划时代的发现,唯物主义也必然要改变自己的形式;而自从历史也得到唯物主义的解释以后,一条新的发展道路也在这里开辟出来了"②。这就是超越旧唯物主义的马克思主义的新唯物主义。

对于唯物论的"基石"即"物质",列宁明确地提出:"对象、物、物体是在我们之外、不依赖于我们而存在着的,我们的感觉是外部世界的映象。这个结论是由一切人在生动的实践中作出的。"③ 正是"从实践的观点看"物质,列宁提出了马克思主义唯物论的物质概念:"物质是标志客观实在的哲学范畴,这种客观实在是人通过感觉感知的,它不依赖于我们的感觉而存在,为我们的感觉所复写、摄影、反映。"④ 对于意识与物质的关系,列宁还明确地指出,"世界不会满足人,人决心以自己的行动来改变世界";"人的意识不仅反映客观世界,并且创造客观世界";"为自己绘制客观世界图景的人的活动改变外部现实,消灭它的规定性(=变更它的这些或那些方面、质),这样,也就去掉了它的外观、外在性和虚无性的特点,使它成为自在自为地存在着的(=客观真实的)"。⑤ 人的"客观世界图景",并不是"从客体的或者直观的形式"构成的,而是以"感性的人的活动"即"实践"为基础所构成的。这是马克思主义的"新唯物主义"对"旧唯物主义"的世界观的根本性变革。

哲学对人与世界关系的理解,对人的"世界图景"的理解,直接地取决于对"人"的理解。是从"抽象的人"还是从"现实的人"出发去理解人与世界的关系,这是旧唯物主义与马克思的新唯物主义的分水岭。关

---

① 《马克思恩格斯选集》第 4 卷,人民出版社 1995 年版,第 226 页。
② 《马克思恩格斯选集》第 4 卷,人民出版社 1995 年版,第 228 页。
③ 《列宁选集》第 2 卷,人民出版社 1995 年版,第 78 页。
④ 《列宁选集》第 2 卷,人民出版社 1995 年版,第 89 页。
⑤ 《列宁全集》第 55 卷,人民出版社 1995 年版,第 183、182、187 页。

于旧唯物主义，恩格斯指出，费尔巴哈的唯物主义只是形成了"物质不是精神的产物，而精神本身只是物质的最高产物"这个"自然是纯粹的唯物主义"的观点，然而"到这里就突然停止不前了"。①"费尔巴哈在这里把唯物主义这种建立在对物质和精神关系的特定理解上的一般世界观同这一世界观在特定的历史阶段即18世纪所表现的特殊形式混为一谈了"。恩格斯由此提出，"像唯心主义一样，唯物主义也经历了一系列的发展阶段"。正是在关于唯物主义的"发展阶段"的论述中，恩格斯向我们展现了以发现历史的运动规律为任务的"现代唯物主义"。这正如恩格斯所提出的："费尔巴哈不能找到从他自己所极端憎恶的抽象王国通向活生生的现实世界的道路。他紧紧地抓住自然界和人；但是，在他那里，自然界和人都只是空话。无论关于现实的自然界或关于现实的人，他都不能对我们说出任何确定的东西。"② 恩格斯由此得出的根本性结论是："要从费尔巴哈的抽象的人转到现实的、活生生的人，就必须把这些人作为在历史中行动的人去考察。"③ "费尔巴哈没有走的一步，必定会有人走的。这个超出费尔巴哈而进一步发展费尔巴哈观点的工作，是由马克思于1845年在《神圣家族》中开始的。"④ 马克思恩格斯所创建的"超出费尔巴哈"的"新唯物主义"，就是恩格斯所指认的"关于现实的人及其历史发展"的马克思主义哲学。

马克思、恩格斯和列宁的论述表明，他们是"从实践的观点看"世界和物质，是"从实践的观点看"人与世界、精神与物质、主体与客体的关系，是"从实践的观点看"新唯物主义对旧唯物主义的变革，一句话，马克思主义的唯物论是建立在实践观点的基础上的。与此形成鲜明对照的是，教科书的唯物论则是"从客体的或者客观的形式去理解"世界、物质，而不是从"感性的人的活动"、"实践"和"主体方面"去理解，从而把马克思主义的唯物论混同为马克思已经超越了的旧唯物主义。这深刻

---

① 《马克思恩格斯选集》第4卷，人民出版社1995年版，第227页。
② 《马克思恩格斯选集》第4卷，人民出版社1995年版，第240页。
③ 《马克思恩格斯选集》第4卷，人民出版社1995年版，第240—241页。
④ 《马克思恩格斯选集》第4卷，人民出版社1995年版，第241页。

地表明，只有"从实践的观点看"人与世界的关系，才能真正地理解马克思主义的新唯物主义，才能合理地阐释马克思主义的新唯物主义。

（二）从实践的观点看"辩证法"

能否"从实践的观点看"唯物论，直接地决定能否"从实践的观点看"辩证法。由于旧唯物主义"只是从客体的或者直观的形式去理解""对象、现实、感性"，因此，旧唯物主义不仅离开人的实践活动而构成其唯物论，而且离开人的实践活动而构成其辩证法，从而把辩证法描述为事物的"自在"的运动。与此相反，马克思则是从人对世界的"理解"去阐述辩证法，明确提出辩证法就是"在对现存的事物的肯定的理解中同时包含对现存事物的否定的理解，即对现存事物的必然灭亡的理解"。在马克思这里，辩证法首先是人如何"理解"事物的世界观和方法论问题，是人能否以辩证法的世界观和方法论去认识和改变世界的问题，因此，马克思进一步指出："辩证法对每一种即成的形式都是从不断的运动中，因而也是从它的暂时性方面去理解；辩证法不崇拜任何东西，按其本质来说，它是批判的和革命的"。① 正是"从实践的观点看"辩证法，辩证法在"本质"上才是"批判的和革命的"。

恩格斯在论述"我们的主观的思维和客观的世界遵循同一些规律"这个"我们的理论思维的不自觉的和无条件的前提"时，对旧唯物主义与"辩证的哲学"作出这样的对比："18世纪的唯物主义，由于其本质上的形而上学的性质，只是从内容方面研究这个前提。它只限于证明一切思维和知识的内容都应当来源于感性的经验，并且重新提出下面这个命题：感觉中未曾有过的东西，理智中也不存在。只有现代的唯心主义的，同时也是辩证的哲学，特别是黑格尔，才又从形式方面研究了这个前提"②。这同样表明，"只是从客体的或者直观的形式"去看世界的旧唯物主义，无法构成超越经验水平的辩证法；只有"从主体方面去理解"人与世界的关系，才能从世界观和方法论上构成自觉形态的辩证法。

---

① 《马克思恩格斯选集》第2卷，人民出版社1995年版，第112页。
② 《马克思恩格斯选集》第4卷，人民出版社1995年版，第364页。

在辩证法发展史上，特别是在马克思主义辩证法发展史上，列宁对辩证法作出一系列具有重大意义的论断，其中，最为重要的是关于"辩证法也就是（黑格尔和）马克思主义的认识论"的著名论断。这个论断直接针对的就是把辩证法"当做实例的总和"，"而不是被当做认识的规律（以及客观世界的规律）"①；这个论断所强调的是，"辩证法也就是认识论"，"这不是问题的一个'方面'，而是问题的本质"②。对于这个"问题的本质"，列宁明确地提出，"人的和人类的实践是认识的客观性的验证、准绳"③。这就要求我们"从实践的观点看"辩证法，从而深刻地理解"辩证法也就是认识论"。

在《矛盾论》中，毛泽东引申和发挥了"辩证法也就是认识论"的基本思想，明确地指出："这个辩证法的宇宙观，主要地就是教导人们要善于去观察和分析各种事物的矛盾的运动，并根据这种分析，指出解决矛盾的方法。"④ 如何"分析"矛盾，怎样"研究"问题，这才是《矛盾论》的辩证法。《矛盾论》对矛盾的同一性与斗争性、矛盾的普遍性与特殊性、矛盾的主次方面的分析，都是"从实践的观点看"辩证法，都是以实践为基础和以实践为内容的辩证法。在实践的意义上总结和升华以矛盾分析方法为核心的辩证法，构成了以《矛盾论》为主要标志的毛泽东的实践智慧的辩证法。

马克思主义的辩证法，内容丰富，内涵深刻，它的基本范畴既是思维的"联结点"，又是认识的"阶梯"和"支撑点"，既包括分析事物矛盾的现象与本质、内容与形式、可能与现实、必然与偶然、共性与个性、内因与外因、相对与绝对等基本范畴，又包括理解人与世界关系的主观与客观、主体与客体、真理与价值、实然与应然、理论与实践、历史与逻辑、理想与现实、自由与必然等基本范畴。尤为重要的是，马克思主义的实践观点的思维方式，深刻地改变了以素朴实在论为代表的直观反映论的思维

---

① 列宁：《哲学笔记》，中共中央党校出版社1990年版，第410页。
② 列宁：《哲学笔记》，中共中央党校出版社1990年版，第410页。
③ 列宁：《哲学笔记》，中共中央党校出版社1990年版，第227页。
④ 《毛泽东选集》第1卷，人民出版社1991年版，第304页。

方式，改变了以机械决定论为代表的线性因果论的思维方式，改变了以抽象实体论为代表的本质还原论的思维方式，为人们观察、分析、解决现实问题提供了列宁所说的"伟大的认识工具"。

上述分析表明，马克思、恩格斯、列宁和毛泽东的辩证法，是以实践为基础的世界观、认识论和方法论相统一的辩证法，是分析矛盾和解决矛盾的辩证法，是认识世界和改造世界的辩证法。它的根本要求是"在对现存事物的肯定的理解中同时包含对现存事物的否定的理解"，它的实质内容是以"对立统一"的辩证思维去把握、研究和解决全部问题，它的社会功能则是以"批判的和革命的"辩证法去能动地改变世界。教科书的"辩证法"的"主要缺点"就在于，它"只是从客体的或者直观的形式"去描述辩证法的基本规律和主要范畴，而没有"从实践的观点"去理解和阐述马克思主义的辩证法，没有真正体现"具体问题具体分析"的辩证法的"活的灵魂"，以至于把辩证法变成了列宁所批判的"原理＋实例"的"总和"，变成了某些脱离实践的"语录词汇"和"刻板公式"。只有"从实践的观点看"辩证法，才能真正理解"革命的和批判的"辩证法，才能以"实践智慧"的辩证法去认识和改造世界。

（三）从实践的观点看"认识论"

为什么旧唯物主义的认识论是"直观的反映论"，而马克思主义的新唯物主义的认识论是"能动的反映论"？这同样取决于是"从客体的或者直观的形式去理解"人与世界的关系，还是"从主体方面去理解"、"当作实践去理解"人与世界的关系。

在《德意志意识形态》中，马克思恩格斯深刻地指出："凡是有某种关系存在的地方，这种关系都是为我而存在的；动物不对什么东西发生'关系'，而且根本没有'关系'；对于动物来说，它对他物的关系不是作为关系存在的。因而，意识一开始就是社会的产物，而且只要人们存在着，它就仍然是这种产物。"[①] 人与世界所构成的认识关系，是以人作为主体（"我"）而构成的关系；人之所以能够"能动"地反映世界，是以人

[①] 《马克思恩格斯选集》第1卷，人民出版社1995年版，第81页。

及其"意识"是社会的产物为前提的;只有从人作为主体的社会性、历史性出发,才能"合理"地阐释马克思主义的"能动"的反映论。把作为认识主体的人视为"自然"的存在,还是视为"实践"的、"社会"的、"历史"的、"文化"的存在,把人的认识当作"从客体的或者直观的形式"去"反映"世界,还是从"感性的人的活动"和"主体方面"去理解人的认识活动,这是能否从旧唯物主义的"直观反映论"跃迁到新唯物主义的"能动反映论"的根本问题。对教科书的认识论的反省,就是反省其对人的认识的"能动性"的理解和阐释。

以实践为基础的人的认识活动,是在观念上把握客体和创造客体的活动,也就是在观念中实现主观与客观相统一的活动。马克思说,"观念的东西不外是移入人的头脑并在人的头脑中改造过的物质的东西而已"①。观念的东西并不是简单地、直观地移入人脑的物质的东西,而是"在人的头脑中改造过的"物质的东西。人的认识之所以能在观念中实现主观与客观的统一,不仅需要认识的物质基础(人脑的认识机能),而且需要认识的实践基础(构成现实的和历史发展着的主客体关系),以及认识的中介系统(物质的和文化的中介)。揭示认识活动中的主观与客观的矛盾(感性与理性、直觉与逻辑、真理与价值等),这是认识论的真实内容;揭示人的实践活动中所构成的主客体关系的历史发展,特别是揭示人的实践活动所构成的认识中介系统的历史发展,这是阐释"能动的反映论"的真实内容。教科书的认识论不是以人的实践活动所造成的主客观矛盾为出发点,特别是不是以认识的主客体关系及其中介系统的历史发展为出发点,而是"忽视"了认识活动的主客观矛盾,特别是"忽视"了认识的主客体关系及其中介系统的历史发展,因而难以"从实践的观点"揭示认识的"能动性"。

随着社会实践和现代科学的发展,认识论问题在当代得到了多侧面、多层次的展开:一是从主体与客体的交互作用中去研究认识论。这种研究首先是深化了对主体和客体及其中介系统的具体认识,同时又显露出了主

---

① 《马克思恩格斯选集》第2卷,人民出版社1995年版,第112页。

体与客体之间各种关系的相互制约和相互转化。实践关系、认知关系、价值关系和审美关系交织在一起，从而促使人们从知、情、意和真、善、美的统一中去考察思维和存在的关系问题；二是从认识的结构、机制和功能上去研究认识论。随着生理学、心理学、语言学、逻辑学、脑科学、信息论等科学的发展，认识的生理基础和心理过程，认识的语言中介和逻辑规则，思维的结构、机制和功能等等，都在实证科学的层次得到了不同程度的科学解释。这就促使哲学在概括实证科学成果的基础上去展开思维和存在的关系问题；三是从社会—文化的角度考察认识论。随着人类学、文化学、科学学、传播学、民族学等人文科学的发展，认识的人类性、民族性、时代性等社会—文化方面的测度性已日趋明显和精确，这就为研究思维和存在的关系问题提供了新的视角。主体的能动性与受动性问题，认识的反映性与选择性问题以及微观客体与认识中介问题、客观实在与理论解释问题、人类智能与人工智能问题、语言与意义问题、价值观与真理观问题，都为深化认识论研究提出了新的理论问题和新的理论内容。

"从实践的观点看"认识论，就是从人的社会性、历史性、文化性看认识论，就是从"现实的人及其历史发展"看认识论，就是从实践活动的"合目的性"与"合规律性"的矛盾看认识论，就是从人的实践活动所要求的"真"、"善"、"美"的统一看认识论。这样的认识论，不仅是辩证法、认识论和逻辑学相统一的认识论，而且是存在论、真理论和价值论相统一的认识论。"从实践的观点看"认识论，认识论就要在"有没有"、"对不对"、"好不好"的矛盾中揭示人类认识的运动规律。超越教科书认识论的"狭隘视界"，才能从"直观的反映论"跃迁为"能动的反映论"。

（四）从实践的观点看"历史观"

是"社会存在"决定"社会意识"，还是"社会意识"决定"社会存在"，这是历史观的基本问题。然而，回答这个问题，并不在于断言二者谁"决定"谁，而在于解决人的实践活动所构成的矛盾：如果只是"人们自己创造自己的历史"，那么就是"社会意识"决定"社会存在"，就要从根本上否定历史发展的规律性；如果历史只是"按照自己的规律"运行，那么就是"社会存在"决定"社会意识"，这又从根本上否定了"人们自己创造自己的历史"。这是历史观的"二律背反"。如何理解和对待这个"二律背反",就构成迥然不同的历史观;"合理"地理解和对待这个"二律背反",就是马克思主义的历史唯物主义。我们应当从这样的视野去检视和反省教科书的历史观。

正是在社会历史的二象性问题上,也就是在"人的历史活动"与"历史的客观规律"的"二律背反"的问题上,旧唯物主义陷入了不可解脱的"二律背反",并作出了唯心主义历史观的回答。18世纪的法国唯物主义者曾以"人与环境"关系问题的形式探讨这个问题:一方面,他们认为人及其观念都是环境的产物,提出要改变人及其观念应该首先改变环境;另一方面,他们又认为环境的改变只能依靠天才人物的智慧的创造,提出要改变环境必须首先创造天才的人物和天才的思想。其结果,他们便把社会的人分为两部分,一部分人是伟大的天才,他们以其天才的思想来改变环境,而其他人则通过环境的改变而改变自己和自己的观念。这样,他们就从唯物主义的自然观而走向了唯心主义的历史观。这正如马克思和恩格斯在《德意志意识形态》一书中批评费尔巴哈时所说的:"当费尔巴哈是一个唯物主义者的时候,历史在他的视野之外;当他去探讨历史的时候,他决不是一个唯物主义者。在他那里,唯物主义和历史是彼此完全脱离的。"[①]

在旧唯物主义陷入"二律背反"并由此而导向历史唯心主义的地方,马克思以辩证的思维方式作出了历史唯物主义的回答。对于人类社会历史的二象性,马克思从人类的现实存在及其历史发展出发,提出"人的存在是有机生命所经历的前一个过程的结果。只是在这个过程的一定阶段上,人才成为人。但是一旦人已经存在,人,作为人类历史的经常前提,也是人类历史的经常的产物和结果,而人只有作为自己本身的产物和结果才成为前提"[②]。在这里,马克思正是针对困扰着哲学家们的历史观的"二律背反",深刻地阐发了人作为历史的前提和结果的辩证关系。

人作为"历史的经常前提",总是"前一个过程的结果",他们的历

---

① 《马克思恩格斯选集》第1卷,人民出版社1972年版,第50页。
② 《马克思恩格斯全集》第26卷第三册,人民出版社1972年版,第545页。

史活动总是决定于在他们以前已经存在、不是由他们创立而是由前一代人创立的历史条件。因此,人们的历史活动并不是"随心所欲"的,人们的历史活动的结果表现为不以人们的意志为转移的历史发展规律。人作为"人类历史的经常的产物和结果",获得了创造历史的现实条件和现实力量,并凭借这种现实条件和现实力量去改变自己和自己的生存环境,实现社会历史的进步,为自己的下一代创造新的历史条件。因此,人们又是自己创造自己的历史,历史就是追求自己的目的的人的活动过程。现实的人既是历史的前提又是历史的结果。他作为历史的结果构成新的历史前提,他作为历史的前提又构成新的历史结果。人作为历史的前提与结果的辩证运动,就是人及其历史的辩证法,就是由人的"历史活动"所构成的"历史规律"。

对此,马克思作出的精辟概括是:"人们自己创造自己的历史,但是他们并不是随心所欲地创造,并不是在他们自己选定的条件下创造,而是在直接碰到的、既有的、从过去承继下来的条件下创造。"① 这表明,"历史"既是"追求着自己目的的人的活动",又是在人的活动中所形成的不以人的意志为转移的客观进程。离开这种辩证思维,既不可能形成历史的唯物主义,也无法"合理"地理解和阐释历史的唯物主义。教科书的历史观的"主要缺点",就在于它只是"从客体的或者直观的形式"去看待人与世界的关系,而没有"以实践的观点"揭示历史观的"二律背反",没有达到"从实践的观点"阐发历史唯物主义的辩证思维。

马克思主义的历史观,是以"感性的人的活动"或"历史中行动的人"为出发点看待历史,从而形成了以"历史"为解释原则、以"生活决定意识"为核心理念、以"历史的内涵逻辑"为基本内容、以"人类解放"为价值诉求、以"改变世界"为理论指向的历史唯物主义。历史唯物主义的"历史"概念,远不只是"活动"或"过程"的概念,更是"文明"和"发展"的概念。在黑格尔的历史与逻辑相一致的"思想的内涵逻辑"中,把"规律"变成某种"逻辑先在"的神秘力量,因而把

---

① 《马克思恩格斯选集》第1卷,人民出版社1995年版,第585页。

"历史"演绎为逻辑的自我实现。与此相反,马克思的"历史的内涵逻辑"则是把"历史"视为"追求自己的目的的人的活动",因此,历史规律的客观性就在于人的历史活动的客观性,历史规律就表现为人的活动本身所实现的人类文明的进步。究竟是"现实的人及其历史发展"构成历史规律,还是某种"先在的"、"神秘的"逻辑支配历史,这是马克思的辩证法与黑格尔的辩证法的根本分歧,也是马克思的历史观与黑格尔的历史观的根本分歧。只有"从实践的观点看"马克思的唯物论和辩证法,才能深刻地理解马克思的"历史观"。

(五)从实践的观点看"哲学基本问题"

通行的哲学原理教科书对唯物论、辩证法、认识论和历史观的阐述,深层地取决于它对作为哲学的"重大的基本问题"的"思维和存在的关系问题"的理解。因此,反省教科书和实现马克思主义哲学研究的范式转换,关键在于重新理解和阐释哲学的基本问题。这是马克思主义哲学研究中的具有实质意义的根本问题,也是当代中国马克思主义哲学研究"范式转换"的根本问题。

通行的哲学原理教科书在引证恩格斯关于"全部哲学,特别是近代哲学的重大的基本问题,是思维和存在的关系问题"的论述之后,都是不予讨论地把"思维和存在的关系问题"认定为哲学的"基本问题",并把这个"基本问题"概括为思维和存在、精神和物质"谁为第一性"的"本体论"问题,以及思维和存在、精神和物质"有无同一性"的"认识论"问题。在这种叙述中,"思维和存在的关系问题"作为哲学的"基本问题",以及对这个"基本问题"的解释,就是一个毋庸置疑的"定论"。其结果,就引发了哲学界关于"到底有无哲学基本问题"、"思维和存在的关系问题是不是马克思主义哲学的基本问题"以及"现代哲学是否研究思维和存在的关系问题"等具有实质意义的争论。回应这些争论,从"解释原则"上推进了当代中国马克思主义哲学研究的"范式转换"。

哲学到底有无自己的"基本问题"?"思维和存在的关系问题"能否成为哲学的"基本问题"?从总体上看,否定"思维和存在的关系问题"是"哲学的重大的基本问题",主要有两条路径:一条路径是由否定哲学具有"基本问题"而否定"思维和存在的关系问题"是哲学的基本问题,另一条路径则是由否定"思维和存在的关系问题"是哲学的基本问题而否定哲学具有"基本问题"。从学理上看,这里的根本问题是在于:"思维和存在的关系问题"在全部哲学问题中所具有的特殊意义究竟是什么?它是哲学中的最主要的问题,还是规定哲学的理论性质的问题?教科书的根本问题,就在于它并没有从哲学的理论性质去看待和阐发哲学的"基本问题"。

在教科书的阐释中,关于"思维和存在的关系问题"是哲学的"重大的基本问题",主要是从两个方面予以论证:一是把"思维和存在的关系问题"归结为精神和物质的关系问题,认为世界上的全部现象可以分为精神现象和物质现象,因此,作为世界观理论的哲学就以它们之间的关系作为自己的基本问题;二是提出"思维和存在的关系问题"是人类全部活动中的根本问题,人类的认识活动是在观念中实现思维和存在的统一,人类的实践活动是在行动中实现思维与存在的统一,因此,思维和存在的关系问题就成为哲学的"重大的基本问题"。但是,这两种论证都是不充分的,都没有从哲学的理论性质上论证"思维和存在的关系问题"何以是哲学的"基本问题"。

把"思维和存在的关系问题"归结为精神和物质"两大类现象"的关系问题,就把"思维和存在的关系问题"简单化、经验化了。恩格斯强调地指出,作为哲学基本问题的"思维和存在的关系问题","特别是近代哲学的重大的基本问题",这个问题"只是"在近代哲学才被"十分清楚"地提了出来并获得了"完全的意义"。① 诉诸近代哲学,它是从"内容"和"形式"两大方面探索了"思维和存在的关系问题",不仅提出和研究了"客观世界与意识内容"的关系,而且深入地反省了"意识内容与意识形式"、"对象意识与自我意识"、"外延逻辑与内涵逻辑"、"知性思维与辩证思维"、"分析判断与综合判断"的关系问题,特别是从"规律"层面反省了"思维规律与存在规律"的关系问题,从而使"思维和存在的关系问题"获得了"完全的意义"。把哲学的基本问题经验化地归结为精

---

① 《马克思恩格斯选集》第 4 卷,人民出版社 1995 年版,第 224 页。

神和物质的关系问题,就不仅难以表达"思维和存在的关系问题"的"完全的意义",而且难以解释这个问题何以是哲学的"基本问题"。

以"思维和存在的关系问题"是人类全部活动中的根本问题来论证哲学的"基本问题",同样是缺乏说服力的。蕴含于人类全部活动之中的"思维和存在的关系问题",并不是作为"问题"而存在的,而是作为理论思维的"不自觉的和无条件的前提"而存在的。这就是说,虽然人的认识活动是在观念中实现思维和存在的统一,人的实践活动是在行动中实现思维和存在的统一,但在非哲学的人类活动中,人们并不是把"思维和存在的关系"当作"问题",而是作为认识活动和实践活动的"不自觉的和无条件的前提"。只有在哲学的反思活动中,才把理论思维的这个"不自觉的和无条件的前提"作为研究的对象,从而把人类全部活动中所蕴含的"思维和存在的关系问题"作为自己的"重大的基本问题"。通行的教科书不是以哲学的反思的思维方式阐释哲学基本问题,就无法从哲学的理论性质上论证"思维和存在的关系问题"何以是"哲学的重大的基本问题"。

在对哲学基本问题的质疑中,一个重要的问题是:马克思是否把"思维和存在的关系问题"作为自己的哲学的"基本问题"?这突出地表现在,马克思在《关于费尔巴哈的提纲》中所提出的"哲学家们只是用不同的方式解释世界,而问题在于改变世界"的著名论断,往往被人们解释为:"思维和存在的关系问题"只是"解释世界"的"哲学家们"的"基本问题",而不是"改变世界"的马克思主义哲学的"基本问题"。这表明,如何理解马克思与恩格斯关于哲学基本问题的基本观点,是能否真正地理解哲学的理论性质,并从而理解哲学的"基本问题"的根本问题,也是能否真正地理解马克思主义哲学的根本问题。

"思维和存在的关系问题"是不是马克思认同的哲学的"基本问题"?或者说,马克思是否同恩格斯一样肯定哲学的"基本问题"?诉诸恩格斯所说的"包含天才世界观萌芽的第一个宝贵文件"即《关于费尔巴哈的提纲》,我们就会准确无误地发现,马克思和恩格斯一样,正是从"思维和存在的关系问题"出发,明确地批判了旧唯物主义和唯心主义这两种哲学:其一、马克思认为旧唯物主义只是从"客体的或者直观的形式"去看待思维和存在的关系问题,从而把思维对存在的关系看成是直观的反映关系,而这正是恩格斯所指认的旧唯物主义只是从"内容"方面去看待思维对存在的关系;其二、马克思认为唯心主义只是"抽象地发展了""能动的方面",把思维对存在的关系归结为思维的能动作用,而这又正是恩格斯所指认的唯心主义只是从"形式"方面去看待思维对存在的关系;其三、马克思明确地指出,旧唯物主义之所以只是"从客体的或者直观的形式"去理解思维与存在的关系,唯心主义之所以只能是"抽象地发展了能动的方面",根源就在于离开"感性的人的活动"去看待思维与存在的关系,而这又正是恩格斯所指认的离开"历史中行动的人"去解决思维和存在的关系问题。

由此可见,马克思并不是否定了恩格斯所概括的哲学的重大的基本问题,而恰恰是从其所说的"感性的人的活动"或恩格斯所说的"历史中行动的人"出发,"从实践的观点"去回答"思维和存在的关系问题"。这表明:作为哲学基本问题的"思维和存在的关系问题",正是在马克思的《提纲》中被"保存"下来的"世界观"的根本问题;对"思维和存在的关系问题"的"现代唯物主义"回答,则构成马克思主义的世界观。诉诸《提纲》全文,我们可以看到,正是以实践的观点阐述"思维和存在的关系问题"为"灵魂",马克思才在《提纲》中深入地阐述了"现代唯物主义"的世界观。

把马克思的哲学革命概括为"实践转向",首先是因为马克思以实践的唯物主义回答了哲学的基本问题——思维和存在的关系问题。在其直接性上,就是回答和解决了德国古典哲学所遗留的问题。在黑格尔看来,思维和存在的关系问题,就是以概念自身为中介的"无人身的理性"与其"逻辑规定"的关系。费尔巴哈则认为,"要理解思维和存在、精神和物质、人和自然的统一,不应该从观念出发,而应该从有感觉的人和自然界出发;精神应能在物质中找到自己的位置,而物质在精神中却找不到自己的位置;人及其思维、感觉和需要应是这种统一的有机反映"[①]。这样,费

[①] 参见[法]科尔纽:《马克思的思想起源》,王谨译,中国人民大学出版社1987年版,第57页。

尔巴哈就把思维和存在的关系当作"抽象的个人"与其"感性的直观"的关系。而在马克思所实现的"实践转向"中,思维和存在的关系问题,则是"现实的人"以"感性的活动"为基础的与"现实的世界"的关系问题。

"现实的人",就是从事实践活动并在实践活动中发展自身的人;"感性的活动",就是这种"现实的人"所进行的社会实践活动;"现实的世界",则是"现实的人"的"感性活动"的对象。这样,贯穿于全部哲学史的哲学的基本问题,就在马克思的"实践转向"中获得了现实性:思维和存在的关系问题,就是以实践为基础的人与世界之间的、历史地发展着的关系问题。思维和存在的关系问题的最切近最本质的基础是人类自己的实践活动。人类自己的实践活动是一个辩证的、历史的发展过程,思维和存在的关系问题所蕴含的全部矛盾关系,都植根于人类的存在方式——实践活动——的辩证本性,都展开在人的实践活动的历史发展过程中。因此,只有从现实的人及其历史发展出发,达到对哲学基本问题的实践性理解,才能合理地提出和回答"思维和存在的关系问题"。

马克思主义的"现代唯物主义"与"哲学家们"的根本区别就在于,"哲学家们"不是"在人的实践中以及对这个实践的理解中"去解决"思维和存在的关系问题",而是以"直观"的方式或抽象的"能动"原则去回答这个"重大的基本问题",因而他们的"哲学"只能是"解释世界"的哲学,并且只能是"把理论引向神秘主义的神秘东西"。与此相反,马克思恩格斯的现代唯物主义则是从"全部社会生活在本质上是实践的"这一根本理念出发,"在实践中证明自己思维的真理性"。这深切地表明,"改变世界"的马克思主义并不是"改变"了哲学自身的"基本问题",而是从根本上"改变"了"哲学家们"把理论"引向神秘主义的神秘东西",以实践的、历史的观点去回答"思维和存在的关系问题",从而创立了马克思主义的"现代唯物主义"。

马克思主义哲学并不是离开人类文明发展大道的宗派主义的东西,并不是超然于自己的时代和哲学自身发展的逻辑之外的东西,因此,它与自己同时代的哲学不能不具有艾耶尔所说的"广泛而深刻的一致性"。20 世纪以来的现代西方哲学各主要流派，尽管其宗旨不同，观点各异，但在面对现代科学日益严重的挑战（已经和正在把哲学从传统的世袭领地驱逐出去），以及现代社会生活对哲学的新的渴求（寻找人类现代社会生活的新的支撑点），它们都试图找到某种扬弃思维与存在、客观与主观抽象对立的中介环节，并以这些中介环节作为现代的哲学理念而提供人类文明的新的支撑点。现代西方哲学高度重视从哲学上研究语言。它们认为：虽然世界在人的意识之外（不依赖于人的意识而存在），但世界却在人的语言之中（人只能在语言中表述世界）；语言既是人类存在的消极界限（语言之外的世界是存在着的无），又是人类存在的积极界限（世界在语言中对人生成为有）；正是在语言中才凝聚着自然与精神、客观与主观、真与善的深刻矛盾，才积淀着人类思维和全部人类文明的历史成果。因此，无论是英美的"分析哲学"，还是欧陆的"解释哲学"，并不是真实地"拒斥"了作为哲学基本问题的思维和存在的关系问题，而是通过对"语言"的"分析"或"解释"而实现了对哲学基本问题的现代反省。这表明，不管现代西方哲学的各种流派是否承认思维和存在的关系问题是哲学的"重大的基本问题"，但总是自觉地或不自觉地以其作为哲学研究的"基本问题"。

现代西方哲学的"语言转向"，它所批判的是离开对人类"语言"的考察而直接断言"思维和存在的关系"，它所要求的是哲学家在建立关于人类意识和世界及其相互关系的理论之前必须先有关于"语言"的理论，这种要求的实质是哲学家必须把作为"文化的水库"的"语言"作为研究"思维和存在的关系问题"的出发点。由此我们可以发现，在现代西方哲学的"语言转向"中，显示出对"思维和存在"、"人和世界"的"中介环节"的寻求，显示出现代西方哲学对"思维"、"语言"和"存在"三者关系的总体理解。这种总体理解就是：人类必须而且只能用"语言"去理解"世界"和自己的"意识"，并用"语言"去表述对"世界"和自己的"意识"的理解。"语言"中凝聚着"思维和存在"、"主观和客观"、"主体与客体"的对立统一，因而也是消解主—客二元对立的文化结晶。在寻求思维与存在、人与世界的"中介环节"的意义上，在实现思维与存在、人与世界的文化层面上的统一的意义上，现代哲学的"语言转向"具有不容忽视的积极意义。我们应当以马克思主义哲学的实践观点，批判地汲取"语言转向"的积极成果，在当代的水平上深化对思维与存在关系问题的理解，并丰富哲学基本问题的理论内容。

在现代西方哲学中，科学哲学把自然与精神的抽象对立摒弃为"科学世界"中的思想与实在的统一；文化哲学则把科学世界中的人性实现扩展成人性活动的圆周，构成扬弃人与自然抽象对立的"文化世界"；哲学解释学进而从历史文化对个人的占有出发，以理解作为人的存在方式而提出"意义世界"。这表明，以人的历史活动为中介而探索思维与存在、人与世界的关系问题，这是整个现代哲学的共同特征。然而，正是由于现代西方哲学的各流派分别抓住某一环节并加以片面地夸大，才使之成为现代的唯心主义哲学。"实践转向"的马克思主义哲学，则不仅在于它把人与世界对立统一的诸种关系扬弃为人类实践活动的内在环节，而且在于它揭示了人类最基本的实践活动——物质生产活动——在人与世界的关系中的基础地位，从而为作为哲学基本问题的"思维和存在的关系问题"奠定了真实的、坚实的实践基础，并在对哲学基本问题的"实践唯物主义"的理解和阐释中变革了全部的旧哲学，创建了马克思主义的"现代唯物主义"。因此，只有"从实践的观点看"马克思主义哲学，才能深刻地理解马克思主义的哲学革命，从而真正地实现马克思主义哲学研究的范式转换。

三、当代中国马克思主义哲学研究的观念变革

哲学是思想中所把握到的时代。时代变革必然引发哲学观念变革。在人类文明史上，世界性的现代化进程改变了人类的存在方式及其自我意识，并因此改变了作为理论形态的人类自我意识的哲学。改革开放以来，当代中国的哲学观念正在以"现代性"为标志的"世界历史"的进程中发生日益深刻的变革，并在建设中国特色社会主义的伟大实践中不断地深

化哲学理念创新。本文试图通过对哲学观、世界观、本体观以及反思和表征等哲学基本观念的反省和解析,具体地探讨当代中国哲学观念变革的思想内涵。

(一) 哲学观:人类文明的时代性问题的理论自觉

在当代中国改革开放的历史进程中,中国的经济生活、政治生活、文化生活、精神生活和全部社会生活,都发生了举世瞩目和空前深刻的变革。在这个社会变革的过程中,当代中国哲学既发挥了推进社会解放思想的作用,又经历了自身的思想解放。从总体上看,当代中国哲学自身的思想解放,主要体现在以下五个方面:一是变革通行的哲学原理教科书的哲学范式,从两极对立的思维方式当中解放出来;二是强化哲学研究中的问题意识和创造精神,从教条主义的研究方式当中解放出来;三是超越对哲学的经验化和常识化理解,从简单化和庸俗化的哲学倾向中解放出来;四是突破哲学与科学二元关系的解释模式,从哲学的知识论立场上解放出来;五是激励哲学家的主体自我意识,从哲学研究的"无我"状态中解放出来。这五个方面的思想解放,首先是体现在对"哲学"本身的重新理解,也就是变革"哲学观"。

当代中国哲学对"哲学"本身的关切,从根本上说,是对达成哲学自觉的关切,对哲学如何切中现实的关切,对哲学的当代理论创新的关切,对哲学塑造和引导新的时代精神的关切。世界性的现代化的历史进程,全面地改变了人与世界的关系,要求哲学以新的理念阐释人类面对的新问题:其一,从人与自然的关系说,现代化所构成的最为严峻和最为紧迫的时代性问题是可持续发展问题;其二,从人与社会的关系说,现代化所构成的最为严峻和最为紧迫的时代性问题是由资本的逻辑所构成的人"对物的依赖关系"问题;其三,从人与自我的关系说,现代化所构成的最为严峻和最为紧迫的时代性问题是虚无主义的文化危机问题。对"现代性"的反省,是对当代人类实践活动所构成的人与世界关系的全面反省;解决"现代性"问题,是对人类文明新形态的寻求;探索人类文明的新形态,则需要哲学理念创新。当代中国的哲学观念变革,从根本上说是以新的哲学理念去回应现代化所构成的人类文明新问题,是以新的哲学理念表征人类文明的新形态。世界性和时代性的哲学视野,引发当代中国哲学对"哲学"的重新理解。

以"哲学观"为聚焦点的当代中国哲学,"激活"了三个方面的比较研究:一是激活了对马克思主义哲学、中国哲学和西方哲学的比较研究,试图在马、中、西的"对话"中,深化对哲学的理解;二是激活了对科学主义思潮与人本主义思潮的比较研究,试图在"两大思潮"的对话中推进对哲学的理解;三是激活了对中国文化与西方文化的比较研究,试图在"两种文化"的对话中,反省对哲学的理解。正是在对哲学本身的"历时态"与"同时态"的纵横交错的比较研究和深切反思中,当代中国哲学界实现了"哲学观"上的变革。这就是:哲学作为人类把握世界的一种基本方式,既不能以宗教、艺术、科学等基本方式代替哲学方式,也不能以哲学方式代替宗教、艺术、科学等基本方式;对哲学的自觉就是对哲学以何种方式把握世界的自觉,也就是对哲学方式的特殊性质和独特价值的自觉。

关于哲学的特殊的理论性质和独特的社会功能,最为恰切和最为精辟的表达,莫过于马克思所说的"时代精神的精华"和"文明的活的灵魂"。所谓时代精神,就是标志人类文明不同发展阶段的、具有特定历史内涵的人的生活世界的意义;所谓时代精神的精华,则是关于时代意义的社会自我意识,也就是对时代性的生活世界的意义的理论把握。任何时代的生活世界的意义,都是人类以其把握世界的全部方式创造出来的,宗教、艺术、科学都是创造意义的"同一主旋律"的"众多变奏",而"哲学的任务正是要使这种主旋律成为听得出和听得懂的"。[①] 这就是作为"时代精神的精华"的哲学,也就是作为意义的社会自我意识的哲学。这种"真正的"哲学,是对人类文明的时代性问题的理论自觉。

纵观哲学史,不同时代的哲学,不同民族的哲学,不同派别的哲学,不同领域的哲学,它们之所以为"哲学",首先就在于它们是以一种区别于宗教、艺术和科学的哲学方式把握世界,也就是以意义的社会自我意识

---

① [德] 恩斯特·卡西尔:《人论》,甘阳译,上海译文出版社1985年版,第91页。

的方式把握世界,以人类文明的时代性问题的理论自觉把握世界。这是哲学的"同中之异"和"异中之同"。片面地以时代、民族、派别或领域之"异"而拒斥其作为哲学之"同",就会阉割哲学作为人类把握世界的一种基本方式的特殊性质和独特价值;反之,片面地以哲学之"同"而无视时代、民族、派别或领域之异,则会融化哲学作为历史性的思想的多样性、丰富性和创造性。只有在对哲学的"同中之异"和"异中之同"的辩证理解中,我们才能既深切地洞见每个时代的哲学所具有的"广泛而深刻的一致性",又会真切地把握不同时代、不同民族、不同派别、不同领域乃至不同风格的哲学的多样性、丰富性和创造性,从而达到对哲学本身的理论自觉。

哲学源于生活,源于对时代的迫切问题的理论自觉。每个时代的人类都有自己的时代性的生存困境,都有自己的时代性的迫切问题。真正的哲学之所以是"自己时代的精神上的精华",就在于它自觉地体悟到自己时代的人类的生存困境,自觉地捕捉到自己时代的人类的迫切问题,并自觉地把人类文明的时代性的困境和问题升华为理论形态的人类自我意识。时代精神主题化,这是哲学切中现实的根本方式。这表明,源于现实生活的哲学,并不是对现实生活的经验描述,而是对现实生活的批判性反思和理想性引导。超越感觉的杂多性、表象的流变性、情感的狭隘性和意愿的主观性,全面地反映现实、深层地透视现实、理智地反观现实和理想地引导现实,哲学才能成为"思想中所把握到的时代"。

哲学作为"时代精神的精华"和"文明的活的灵魂",并不只是"反映"和"表达"时代精神,更重要的是"塑造"和"引导"时代精神。塑造和引导时代精神,就要实现哲学的理论创新。任何一种新的哲学理论,都凝聚着哲学家所捕捉到的该时代人类对人与世界相互关系的自我意识,都贯穿着哲学家用以说明自己时代的人与世界相互关系的独到的解释原则和概念框架,都熔铸着哲学家用以观照人与世界关系的时代性的价值观念、审美意识和终极关怀。哲学"创新",就是哲学家以新的哲学理念和思维方式为人类展现新的世界,提示新的理想,为人类文明的新形态提供新的理念。哲学"创新"蕴含着以否定性的思维对待人类的现实,揭示现实所蕴含的多种可能性；以否定性的思维检讨各种理论的前提，揭示理论前提的多种可能性；在现实与理论多种可能性的某种交错点上，揭示人类文明的时代性问题，展现人与世界之间的新的意义，提示可供人们反省和选择的新的理想。

对哲学来说，人类所形成的全部思想，从来都不是现成接受的对象，而永远是批判反思的对象。作为人类所特有的批判性追问的自我意识，哲学反对人们对流行的思维方式、时髦的价值观念、既定的科学理论采取现成接受的态度，反对人们躺在无人质疑的温床上睡大觉，反对人们在思想观念和实践活动中采取非批判的实证主义态度。它通过自己的批判性反思，向人类已经获得的全部假定的确定性不断地提出新的挑战，并把这种批判意识变成全人类的自我意识。以人类文明的时代性问题为批判性的反思对象，以新的哲学概念、范畴揭示和展现当代人类的自我意识，从而塑造和引导新的时代精神，这是当代哲学的共同关切和哲学的当代使命，也是当代中国哲学观念变革的最为深刻的思想内涵。

（二）世界观：人生在世和人在途中的人的目光

哲学观念的变革不是抽象的，而是具体的。按照通常解释，"哲学是理论化、系统化的世界观"。就此而言，对"哲学"的理解，直接地取决于对"世界观"的理解；哲学观的变革，具体地体现在"世界观"变革；当代中国的哲学观念变革，首先是集中地体现在重新理解和阐释哲学的"世界观"。

长期以来，关于"世界观"的通常解释是："世界观就是人们关于整个世界的根本观点"。对此，改革开放以来的中国哲学界所提出的追问是：其一，这里所说的"人们"是历史性的还是超历史的存在？如果是历史性的存在，"人们"的"关于整个世界的根本观点"能否具有"毋庸置疑"的真理性？反之，如果是超历史的存在，"人们"的"关于整个世界的根本观点"是否还具有"时代内涵"？其二，这里所说的"关于整个世界的根本观点"，究竟是"人们"以"整个世界"为对象而形成的关于"世界"的"根本观点"，还是"人们"反思"人与世界的关系"而形成的"理解和协调人与世界关系"的"根本观点"？如果是以"世界"为对象而形成的"关于整个世界的根本观点",这种"世界观"同常识或科学所提供的"世界图景"有何区别?反之,如果是在反思中所构成的"关于人与世界关系"的"根本观点",又应当怎样理解哲学的"世界观"?其三,就"世界观"本身说,这里的"世"是人生在世之世,还是与人无关的自然而然、无始无终的"世"?这里的"界"是人在途中之界,还是与人无关的自在天成、无边无际的"界"?这里的"观"是人生在世和人在途中的人的目光,还是无始无终和无边无际的、非人的或超人的"神"的目光?

值得深思的是,当着我们这样向"世界观"提问时,不仅已经直接地包含了对诸如"世界"、"历史"、"理性"、"真理"乃至"哲学"等基本观念的追问,而且已经深层地包含了时代性的"世界观"变革。这种世界观变革,如果借用美国"导师哲学家丛书"的概括,从中世纪的《信仰的时代》到20世纪的《分析的时代》,经历了文艺复兴时期的《冒险的时代》、17世纪的《理性的时代》、18世纪的《启蒙的时代》和19世纪的《思想体系的时代》的数百年历程。正是在世界观的时代性变革中,哲学不仅在"理性的法庭"中批判地反省构成思想的各种基本观念,而且深层地把"理性的批判"转化为对"理性"本身的批判,把"揭露人在神圣形象中的自我异化"(对"神"的批判)转化为"揭露人在非神圣形象中的自我异化"(对"理性"的批判)。正是在这种批判性反思的历史进程中,作为理论形态的人类自我意识,哲学已经从"狂妄的理性"变为"谦虚的理性",从"无限的理性"变为"有限的理性"。因此,哲学的"理论化、系统化的世界观",已经不再被视为关于"世界"的永恒真理,而被理解为"人生在世和人在途中的人的目光"。这就是由传统到现代的"世界观"革命。

哲学的世界观变革,源于人类文明的变革;直接地说,哲学的世界观变革,源于人类文明从"前现代性"到"现代性"的变革。马克思提出,"必须把'人类的历史'同工业和交换的历史联系起来研究和探讨"[①]。只

---

① 《马克思恩格斯选集》第1卷,人民出版社2012年版,第160页。

有在"人们"从"地域性的存在"转变为"世界历史性"存在的过程中，也就是在"地域性的个人为世界历史性的、经验上普遍的个人所代替"①的过程中，"人们"的"世界观"以及"哲学"的"理论化、系统化的世界观"才会发生真正的革命。对于当代中国哲学来说，只有在解放思想、改革开放的"现代化"进程中，在邓小平所倡导的"面向世界，面向现代化，面向未来"的观念变革中，才能超越以"自然经济"为根基的"世界观"而逐步地形成以"现代性"为根基的新的"世界观"。

在人类文明的历史长河中，工业文明以前的文明是以"自然经济"为基础的地域文明，工业文明以前的历史是以"民族"为基本时空的民族历史，工业文明以前的个人是以"人对人的依附性"为存在方式的狭隘个人。地域文明、民族历史和狭隘个人，构成了人类数千年的有限的"属人世界"。值得深思的是，正是有限的"属人世界"造就了"无限理性"的人类自我意识——人的理性能够从有限的经验中构成对"世界"的终极解释。诉诸哲学史，我们会发现，无论是西方哲人所期许的对"最高原因的基本原理"的寻求，还是中国先贤所向往的对"究天人之际，通古今之变"的寻求，都不仅仅是一种"期许"和"向往"，而且被这些哲人或先贤视为"可望而又可即"的"真理"——世界就是他们所理解和阐释的世界，真理就是他们所把握和论证的终极真理。这就是传统形而上学的关于"绝对之绝对"的世界观和哲学观。构成这种世界观的思维方式，就是真与假、善与恶、美与丑这种非此即彼、两极对立的形而上学的思维方式。这意味着，传统形而上学的世界图景、思维方式和价值观念是一致的，哲学意义上的存在论、真理观和价值观是一致的。超越传统形而上学的"世界观"，其根基在于人类文明实现了从"农业文明"到"工业文明"的转化，人类社会实现了从"前现代化"到"现代化"的转化。当代中国的哲学观变革和世界观变革，正是以当代中国的历史性变革为基础的。

现代化是世界性的历史过程，也就是马克思所说的"历史"变为"世界历史"的过程。在现代化的"世界历史"进程中，"过去那种地方的和

---

① 《马克思恩格斯选集》第 1 卷，人民出版社 2012 年版，第 166 页。

民族的自给自足和闭关自守状态，被各民族的各方面的互相往来和各方面的互相依赖所代替了。物质的生产是如此，精神的生产也是如此。各民族的精神产品成了公共的财产。民族的片面性和局限性日益成为不可能，于是由许多种民族的和地方的文学形成了一种世界的文学"①。19世纪后半叶以来的中国哲学，在"西学东渐"的过程中，吸纳了以"理性的时代"、"启蒙的时代"、"思想体系的时代"乃至"分析的时代"的西方哲学，不断深入地反省了传统形而上学的"世界观"。特别是20世纪80年代以来，中国哲学界在对通行的哲学原理教科书的反思中，凸显了以实践观点的思维方式重新理解马克思主义哲学的"世界观"，更为鲜明地赋予"世界观"以时代性内涵。其中，最为重要的是把世界观理解为"关于人与世界关系"的哲学理论，并且从人的历史性去理解"人与世界的关系"，从而在一定意义上形成了对"世界观"的具有革命意义的新的理解：人生在世和人在途中的人的目光。

人生在世和人在途中的人的目光，既不是关于"绝对之绝对"的"终极真理"，也不是关于"绝对之相对"的"主观意见"，而是关于"相对之绝对"的"时代精神"。具体言之，每个时代的世界观，既具有该时代的绝对性，又具有历史中的相对性；离开历史中的相对性而把时代性的绝对性予以夸大，就是世界观的绝对主义；离开时代性的绝对性而把历史中的相对性予以夸大，就是世界观的相对主义；以时代性的绝对性与历史性的相对性去看待世界观，才会形成"相对之绝对"的世界观，也就是把"世界观"理解为"人生在世和人在途中的人的目光"。

传统形而上学的世界观，在现代哲学的批判性反思中，暴露了其根深蒂固的"病根"——"不知其不可而为之"。在传统形而上学那里，虽然人的个体生命是有限的，但人的理性却可以对人的经验及其知识作出某种统一性的和终极性的解释；虽然历史事件是不断变换的，但"分久必合，合久必分"的历史经验是不断重复的，因此人的理性可以对历史作出某种统一性的和终极性的解释。对于传统形而上学来说，"相对"只是他人的

---

① 《马克思恩格斯选集》第1卷，人民出版社2012年版，第404页。此处的"文学"泛指科学、艺术、哲学、政治等方面的著作。

"无知","绝对"则是自家的"真理"。"不知其不可而为之",这是现代哲学家"拒斥形而上学"的依据,而绝不是传统形而上学的自觉。然而,正如恩格斯所说:"一旦对每一门科学都提出要求,要它们弄清它们自己在事物以及关于事物的知识的总联系中的地位,关于总联系的任何特殊科学就是多余的了",因此,"不再需要任何凌驾于其他科学之上的哲学了"。① 重新理解和阐释哲学的"理论化、系统化的世界观",不能不是在当代变革哲学观念、推进哲学发展的首要前提。

恩格斯曾经明确提出,马克思主义哲学是"关于现实的人及其历史发展的科学"。人的存在方式是历史性变革的,人对世界的现实关系是历史性变革的,人的世界图景是历史性变革的,人的思维方式、价值观念和审美意识是历史性变革的,因此,作为理论形态的人类自我意识的哲学是历史性变革的。这就要求哲学必须以"历史"的解释原则提出和回答自己时代的"世界观"问题:以当代的人类实践活动为基础的人与世界的当代关系是怎样的?以当代科学技术为中介的当代人类的世界图景是怎样的?以当代文明为内容的当代人的思维方式、价值观念和审美意识是怎样的?以当代人类社会生活为根基的当代人类的自我意识及其理论形态即哲学是怎样的?这是当代中国哲学观念变革的现实基础,也是当代中国哲学观念变革的真实内容。

(三)本体:规范和评价人的思想和行为的根据和标准

世界观的变革与本体观的变革是密不可分的,或者可以更为明确地说,离开本体观变革,世界观的变革就是不真实的、不彻底的。当着人们把"世界观"界说为"关于整个世界的根本观点"时,已经制约和规范了对"本体论"的理解和阐释,这就是具有权威性的《辞海》所说的"本体论是哲学中研究世界的本原或本性的问题的部分"。而在通行的哲学原理教科书中,则在关于"哲学基本问题"的论述中,更为明确地把"本体论"解说为关于"精神和物质谁为世界本原的问题",并由此把关于"世界本原"问题的"本体论"规定为"世界观"的"首要问题"。

---

① 《马克思恩格斯选集》第 3 卷,人民出版社 2012 年版,第 400 页。

把"本体"解释为"本原",进而把"本体论"解释为关于"世界本原"的哲学理论,这是把作为理论思维的"哲学"还原为经验思维的"常识"的集中体现。它不是反思作为哲学"基本问题"的"思维和存在的关系问题",而是从经验上断言"世界本原"问题。关于"本体"和"本体论"的这种理解和阐释,首先是与哲学史上通常所理解的"本体"和"本体论"不同。在反省古希腊早期哲人关于"万物所由来、万物所复归"的"始基"、"基质"等"万物本原"说的进程中,哲学所追究的"本体"并不是经验的"在者"而是超验之"在",哲学所探究的"本体论"并不是"世界的本原论"而是"关于一般存在或存在本身的哲学学说"。因此,当代中国哲学的"本体"观念的变革,对"本体论"的批判性反思,其锋芒所向主要地并不是"世界本原论",而是"关于一般存在或存在本身的哲学学说"。

在对这种"本体论"即"关于一般存在或存在本身的哲学学说"的批判性反思中,中国当代学者提出了一系列思想深刻、立论坚实的理论观点,深刻地变革了"本体观"。比如,高清海提出,所谓本体论,就是"认为我们感官所观察到的事物并非存在本身,隐藏在它的后面、作为它的基础的那个超感官的对象,才是真正的存在,即所说的'本体'。经验存在与本体存在是一种决定论的演绎关系:经验现象中的一切都来源于本体的规定,所以只有从后者才能使前者得到理解和说明。相反地,本体却不受经验现象的规定,它本身是一个绝对自在的、具有终极始因的存在。把存在的事实和存在的本体分离开来、对立起来,是本体论思维的基本前提"①。由此我们可以看到,把研究"在"或"本体"作为哲学的立足点和出发点的"本体论",有三个根本性的思想前提:其一,就其思想本质来说,是把存在本身同存在的现象割裂开来、对立起来,认为经验观察到的现象并非存在本身,存在本身是那种隐藏在经验现象背后的超验的存在;其二,就其思想原则来说,是把主观和客观、主体和客体对立起来,把哲学所追求和承诺的"本体"视为某种超出人类或高于人类的本质、与

---

① 《高清海哲学文存》第1卷,吉林人民出版社1996年版,第141页。

人类的历史状况无关的自我存在的实体,力图剥除全部主观性,归还存在的本来面目;其三,就其追求目标来说,是把绝对与相对分割开来,企图从某种直觉中把握了的最高确定性即作为支配宇宙的最普遍的原则或原理出发,使人类经验中的各种各样的事物得到最彻底的统一性解释,从而为人类提供一种终极的永恒真理。从上述三个思想前提可以看到,以本体论为解释原则或理论硬核的哲学模式,是由于把本质与现象分离开来、主观与客观割裂开来、相对与绝对对立起来而产生的。它的实质,是要求哲学为人类揭示出宇宙的绝对之真、至上之善和最高之美。这是传统哲学关于"存在本身"的"本体论",也是传统哲学关于"绝对之绝对"的"世界观"。这深刻地表明,传统哲学的"本体论"是其"世界观"的本质和灵魂;超越传统哲学的"世界观",就必须超越传统哲学的"本体论"。当代中国的"世界观"变革与"本体观"变革是融为一体的。

本体论的哲学模式既把哲学追求永恒真理、探寻终极原因、表述世界本体的渴望推向了极端,同时也就使本体论哲学走向了自我否定。离开存在的现象,人们如何认识存在本身?存在作为人类对象,它能否排斥认识的主观性?人类关于存在本身的认识,能否具有绝对的、至上的、终极的真理性质?当着哲学家从对"本体"的追究而转向对人类认识的反省时,哲学研究的理论硬核发生了变革。"没有认识论的本体论为无效",这是近代哲学的立足点和出发点。由于近代哲学的发展,以探寻存在本身为理论硬核的本体论哲学模式,就被以反省人类认识为理论硬核的认识论哲学模式所取代;以追求纯粹客观性为目标、并把主观性与客观性绝对对立起来的形而上学的思维方式,就被探索思维与存在、主观与客观如何统一的辩证法理论所扬弃。独立存在的本体论哲学及其所代表的形而上学的思维方式,已经被德国古典哲学及其所代表的辩证法的思维方式所否定。这表明:本体论哲学作为一种世界观和理论思维方式,它本身只是人类思维在一定历史发展阶段上的产物,没有任何理由或根据把它当作永恒的解释原则或理论硬核去建构当代的哲学模式。对此,高清海先生发人深省地提出:"本体论作为对象的解释原则完全是属于人的,它表现的是人从人的观点以理解和把握对象世界的一种方式。抛开可见的现存世界,去追求一个不可见的本体世界，这是只有人才会具有的特性。人是一种从不满足于既有存在，总是追求未来理想存在的一种存在。这通常被称作人的'形而上学'本性。本体论就是以探寻对象之外和之上的本真存在这种方式，来表达人的形而上学追求的。"① 值得注意的是，高清海在这里已经把"形而上学"与"形而上学追求"、"本体论"与"本体论追求"区别开来，既否定了传统形而上学和本体论的思维方式，又肯定了哲学的"形而上学追求"和"本体论追求"。这种区别对于当代哲学的观念变革是至关重要的。

马克思主义哲学认为，人类的社会实践活动，以及实践基础上的人类认识活动，是一个不断发展的历史过程。在这个历史过程中，人类所获得的全部认识成果，包括哲学层面的本体论追求，总是具有相对的性质；但同时，人类的实践和认识又永远不会停留在一个水平上，总是向着全体自由性的目标迈进。因此，马克思主义哲学否定传统本体论占有绝对真理的幻想，但并不拒绝基于人类实践本性和人类思维本性的本体论追求。在对哲学本体论的当代理解中，我们应当达到这样一种认识：本体论作为一种追根溯源式的意向性追求，作为一种对人和世界及其相互关系的终极关怀，它的可能达到的目标，并不是它所追求的"本"或"源"；它的真实意义也不在于它是否能够达到它所指向的终极存在、终极解释和终极价值；本体论追求的合理性在于，人类总是悬设某种基于现实而又超越现实的理性目标，否定自己的现实存在，把现实变成更加理想的现实；本体论追求的真实意义就在于，它启发人类在理想与现实、终极的指向性与历史的确定性之间，既永远保持一种"必要的张力"，又不断打破这种"微妙的平衡"，从而使人类在自己的全部活动中始终保持生机勃勃的求真意识、向善意识和审美意识，永远敞开自我批判和自我超越的空间。② 这应当是"本体观"变革的最为深层的时代性内涵。

"世界观"和"本体观"是人类思维的产物。对于"世界观"和"本体观"的理解，必须诉诸对人类"思维"的反省。对此，恩格斯明确地指

---

① 《高清海哲学文存》第1卷，吉林人民出版社1996年版，第141—142页。
② 参见《孙正聿哲学文集》第5卷，吉林人民出版社2007年版，第98—99页。

出,以人的实践为基础的人的思维,是"至上"与"非至上"的辩证统一,"按它的本性、使命、可能和历史的终极目的来说,是至上的和无限的;按它的个别实现情况和每次的现实来说,又是不至上的和有限的"①。哲学的本体论追求正是植根于人类思维的"本性、使命、可能和历史的终极目的",即植根于人类思维的"至上"性。对此,当代美国哲学家瓦托夫斯基也指出:"不管是古典形式和现代形式的形而上学思想的推动力都是企图把各种事物综合成一个整体,提供出一种统一的图景或框架,在其中我们经验中的各式各样的事物能够在某些普遍原理的基础上得到解释,或可以被解释为某种普遍本质或过程的各种表现。"这种本体论的形而上学渴望之所以是不可"拒绝"的,是因为人类"存在一种系统感和对于我们思维的明晰性和统一性的要求——它们进入我们思维活动的根基,并完全可能进入到更深处——它们导源于我们所属的这个物种和我们赖以生存的这个世界"②。在这个意义上,本体论的思维方式是必须批判和超越的,而哲学的本体论追求则既不可回避,也无法取消。

在对哲学本体论的理解中,值得深思的问题是,"本体"的寻求即是矛盾。这突出地表现在两个方面:其一,"本体论"指向对人及其思维与世界内在统一的"基本原理"的终极占有和终极解释,力图以这种"基本原理"为人类的存在和发展提供永恒的"最高支撑点",而人类的历史发展却总是不断地向这种终极解释提出挑战,动摇它所提供的"最高支撑点"的权威性和有效性,由此构成哲学本体论与人类历史发展的矛盾;其二,"本体论"以自己所承诺的"本体"或"基本原理"作为判断、解释和评价一切的根据、标准和尺度,从而造成自身无法解脱的解释循环,因此,哲学家们总是在相互批判中揭露对方的本体论的内在矛盾,使本体论的解释循环跃迁到高一级层次,这又构成哲学本体论的自我矛盾。正是在如何对待哲学本体论的内在矛盾这个根本问题上,使哲学从原则上区分为"传统哲学"与"现代哲学"。"传统哲学"之所以"传统",就在于全部

---

① 《马克思恩格斯选集》第3卷,第463页。
② 参见 [美] M. W. 瓦托夫斯基:《科学思想的概念基础——科学哲学导论》,范岱年等译,求实出版社1989年版,第14页。

的传统哲学总是力图获得一种绝对的、终极的"本体",并因而把世界分裂为真与假、善与恶、美与丑的非此即彼、抽象对立、永恒不变的存在。这是一种统治人类几千年的非历史的、超历史的、僵化的本体论的思维方式,也就是当代哲学所自觉到的"形而上学的恐怖"。与此相反,"现代哲学"之所以"现代",就在于现代哲学从思维方式上实现了"从两极到中介"的变革,从研究路径上实现了"从体系到问题"的变革,从基本理念上实现了"从层级到顺序"的变革,也就是从人类的历史发展出发去理解哲学所追寻的"本体"和哲学的本体论追求。这是以"现代性"为根基的"现代哲学"的"基本共识",也是所谓的"后形而上学"的"深层一致"。

在现代哲学中,马克思主义哲学从"现实的人及其历史发展"出发去看待哲学,哲学的"本体论"就发生了真正的革命:人类在自身的历史发展中所形成的判断、解释和评价一切事物并规范自己思想和行为的"本体"观念,既是一种历史的进步性,又是一种历史的局限性,因而它孕育着新的历史可能性。就其历史的进步性而言,人们在自己的时代所承诺的"本体",就是该时代的人类所达到的关于人与世界的统一性的最高理解,它成为规范和评价该时代人的全部思想和行为的根据和标准,即该时代人类全部活动的最高支撑点,因此具有绝对性;就其历史的局限性而言,人们在自己时代所承诺的"本体",又只是特定历史时代的产物,它作为人类全部活动的最高支撑点,即作为规范和评价人的全部思想和行为的根据和标准,正是表现了人类作为历史的存在所无法挣脱的片面性,因而具有相对性;就其历史的可能性而言,人们在自己时代所承诺的"本体",它作为规范和评价人的全部思想和行为的根据和标准,正是人类在其前进的发展中所建构的阶梯和支撑点,它为人类的继续发展提供现实的可能性。这深切地表明,"本体"作为规范人的思想和行为的根据和标准,它永远是作为中介而自我扬弃的。① 这种"本体观",与把"世界观"理解为"人生在世和人在途中的人的目光"的解释原则是一致的,与把"哲学"

---

① 参见《孙正聿哲学文集》第 5 卷,吉林人民出版社 2007 年版,第 65 页。

理解为关于"相对之绝对"的"时代精神的精华"是一致的。这就是马克思主义哲学的"革命的和批判的"辩证法的"世界观"、"本体观"和"哲学观"。

(四) 反思：批判和重构人的思想和行为的根据和标准

哲学的"世界观"和"本体观"，是以哲学的思维方式构建的。关于哲学的思维方式，人们经常用"反思"这个概念来表述它的特殊性。然而，正如人们对哲学所寻求的"本体"有不同的理解，人们对哲学的"反思"也有不同的理解。进而言之，正是由于人们对哲学的特殊的活动方式——反思——具有不同的理解，则必然导致对哲学的特殊的寻求对象——本体——形成不同的理解。就此而言，"反思"，应当是最值得反思的哲学观念。

哲学所追究的"本体"并不是知识性的"关于世界的根本观点"，而是构成这种"根本观点"的根据和标准。但是，在人的思想过程中，作为思想的根据和标准的"本体"却是思想中的一只"看不见的手"。揭示和辨析这只"看不见的手"，也就是揭示和辨析构成思想的前提，并且进而批判和重构思想的前提，这就是哲学意义上的"反思"。这表明，哲学的反思的思维方式，与哲学的世界观、本体论的理论性质是密不可分的；哲学反思的对象和水平，与各个时代的世界观、本体论是融为一体的。

反思，在其最直接的意义上，就是思想以自身为对象反过来而思之，也就是黑格尔所说的"对思想的思想"。然而，作为传统哲学的集大成者和辩证法大师的黑格尔似乎早已洞悉理解"反思"的艰难，因此，他在提出哲学的反思的思维方式的同时，就自觉地考察和对比了"表象思维"、"形式思维"和"思辨思维"这三种不同的思维方式。黑格尔明确地提出：所谓"表象思维"，"可以称为一种物质的思维，一种偶然的意识，它完全沉浸在材料里，因而很难从物质里将它自身摆脱出来的同时还能独立存在"；所谓"形式思维"，"乃以脱离内容为自由，并以超出内容而骄傲"；所谓"思辨思维"，则是努力地把思想的"自由沉入于内容，让内容按照它自己的本性，即按照它自己的自身而自行运动，并从而考察这种运动"。① 值得深思的是，在对哲学所寻求的"本体"的理解中，我们恰恰可以发现表象思维、形式思维和思辨思维这三种不同的思维方式。

把哲学所寻求的"本体"视为某种"经验"的存在，而不是"超验"（超越经验）的存在，这就是把经验的对象误作"反思"的对象，把"表象思维"误作"反思"的思维。在这种误解中，不是把"反思"理解为"思想以自身为对象反过来而思之"，而是把"反思"当成关于经验对象的"思想"。这种误解的结果，混淆了作为经验对象的"在者"与作为哲学对象的"在"，也混淆了作为经验思维的"反映"与作为哲学思维的"反思"。特别令人深思的是，当着现代哲学家奎因以区分"何物存在"和"说何物存在"为标志而提出"本体论承诺"时，仍然是把"本体"理解为"物"，因而并没有真正超越"表象思维"，并因而并没有真正理解哲学意义上的"本体"。哲学所寻求的"本体"，不是作为经验对象的"在者"，而是作为超验对象的"在"——规范人类的思想与行为的根据、标准和尺度。这种作为"本体"的根据、标准和尺度，蕴含于（隐藏于）人们的思想之中，因此，只有"以思想自身为对象反过来而思之"，才能够"反思"到哲学所寻求的"本体"。

把哲学所寻求的"本体"视为某种关于经验对象的普遍性的"思想"（知识），并把哲学的"反思"视为从特殊性的"思想"（知识）中概括出具有最大的普遍性的"思想"（知识），这就是哲学研究中的知识论立场，也就是现代哲学研究中的科学主义思潮。这种哲学研究中的知识论立场或科学主义思潮，不是从哲学存在的人类性根据去追问哲学，而是简单化地从哲学与科学的二元关系中去界说哲学，从知识分类表的层级关系去解说哲学，因而把哲学与科学的关系解说为普遍与特殊、深层与表层的关系，从而把哲学的"本体"视为具有最大普遍性的亘古不变的"普遍原理"。在这种解释模式中，哲学只是科学的"延伸"或"变形"，只是具有最大普遍性的"科学"，而不是对科学的"超越"，即不是区别于"科学"的人类把握世界的另一种基本方式——哲学。这表明，理解"哲学"就必须

---

① ［德］黑格尔：《精神现象学》上卷，贺麟、王玖兴译，商务印书馆1979年版，第40页。

理解哲学的"反思";哲学的观念变革,就必须变革对哲学的"反思"的理解。

"思想"与"反思"的区别,意味人类的思维有两个相互区别的基本"维度":一是"构成思想"的维度,也就是思维以人的认识活动为中介而实现"思维和存在"相统一的维度;二是"反思思想"的维度,也就是思维把"思维和存在"的关系当作"问题"而进行"反思"的维度。在"构成思想"的维度上,思想的任务是实现"思维和存在"的统一,而不是把"思维和存在的关系"当作"问题";与此相反,在"反思思想"的维度上,思想的任务不是实现"思维和存在"的统一,而是把"思维和存在的关系"当作必须予以追究的"问题"。对此,恩格斯不仅明确地提出"思维和存在的关系问题"是哲学的"基本问题",而且明确地提出思维和存在服从同样的规律是"理论思维的不自觉的和无条件的前提"。因此,哲学"反思"的使命,并不是以理论思维去"构成思想",并不是在理论思维中达成"思维和存在的统一",而是要寻求和揭示隐含在理论思维之中的这个"不自觉"和"无条件"的"前提",并进而批判地重构规范人的思想和行为的根据和标准。

在哲学史上,黑格尔曾明确地把哲学的"反思"解释为"对思想的思想"。然而,究竟如何理解哲学是"对思想的思想"?作为反思对象的"思想"究竟是什么?它是思想的"内容"还是思想的"前提"?正是对"反思"的"思想"的追问,深化了对哲学的"反思"的理解,也深化了对"反思"的"哲学"的理解。思想的"前提"并不是一般的思想"内容",而是思想构成自己的根据和原则,也就是思想构成自己的逻辑支撑点。思想的"前提"作为思想中的"一只看不见的手"和思想构成自己的"幕后操纵者",既具有规范思想的逻辑"强制性",又具有"看不见"、"摸不着"的"隐匿性"。思想的"前提"作为思想构成自己的根据和原则,它就是哲学所寻求的规范人的思想与行为的"本体";哲学的"反思"则是以思想自身为对象反过来而思之,揭示和"审讯"构成思想的"前提",即发现和批判哲学所寻求的"本体"。哲学的"反思"与哲学所寻求的"本体"密不可分;哲学的"基本问题"与哲学的"前提批判"相互规定。

哲学所寻求的"本体"最普遍地、最深层地制约、规范和引导人的全部活动,但它又是作为隐匿在思想中的"前提"——规范人的思想和行为的根据、标准和尺度——而隐含在人的全部活动之中,因此,寻找"本体"的哲学的活动方式是只能是批判的反思。超越"表象思维"和"形式思维",超越哲学的知识论立场和科学主义思潮,对"假设"质疑,向"前提"挑战,这就是哲学的批判性反思的理论思维方式。"反思"的哲学,就是揭示"人生在世和人在途中的人的目光",就是揭示"规范人的思想和行为的根据、标准和尺度",也就是实现哲学的"世界观"和"本体论"的自我批判和自我超越,为人类提供自己时代的"最高的支撑点"。达到"反思"的哲学自觉,才能实现变革"世界观"和"本体论"的理论自觉,才能使哲学成为"思想中所把握到的时代"。把"反思"理解为对思想的"前提批判",这是当代哲学的理论自觉,也是当代哲学的深层的观念变革。

(五)表征:时代精神的精华和文明的活的灵魂

阐释哲学的特殊的理论性质和哲学的独特的社会功能,我们总是反复地引证马克思的这句名言:任何真正的哲学都是"时代精神的精华"和"文明的活的灵魂"。然而,哲学究竟何以成为时代精神的"精华"和文明的活的"灵魂"?这就必须探讨哲学的特殊的存在方式问题。当代中国的哲学观念变革,深层地触及到对哲学的特殊的存在方式的追问。

在现代西方哲学的"语言转向"中,逻辑实证主义的重要代表人物卡尔纳普曾以区分语言的两种职能即"表述"职能和"表达"职能为前提,为其"拒斥形而上学"作出了具有逻辑说服力的论证:如果"哲学"既不能像"科学"那样"表述"经验世界,又不能像"艺术"那样"表达"情感意愿,也就是既不能走"拟科学"的道路,也不能走"拟文学"的道路,那么,"哲学"还有什么道路可走?面对卡尔纳普对"哲学"的挑战,当代哲学必须回答这样的问题:哲学是否具有既非"表述"、亦非"表达"的独特的存在方式?或者说,哲学是否具有既非"拟科学"、亦非"拟艺术"的独特的存在方式?这是当代哲学面对的哲学"合法性"

问题，也是当代马克思主义哲学必须予以深切阐发的重大问题。

回应这个关乎哲学的存在方式及其"合法性"的重大问题，引发我们更为深切地理解和阐发马克思关于哲学的"名言"：哲学之所以区别于科学和艺术，真正的哲学之所以是"时代精神的精华"和"文明的活的灵魂"，就在于它既不是像"科学"那样"表述"时代状况和人类文明的经验事实，也不是像"艺术"那样"表达"个人对时代状况和人类文明的情感意愿，而是以自己的独特的存在方式构成时代精神的"精华"和文明的活的"灵魂"。在我看来，这个独特的存在方式，就是区别于科学"表述"和艺术"表达"的哲学"表征"。

所谓"表征"，并不是与"表述"和"表达"相并列的另一种"语言职能"，而是透过"表述"和"表达"而"表征"着"时代精神的精华"和"文明的活的灵魂"。或者更为明确地说，虽然哲学总是在"表述"什么或"表达"什么，但哲学却既不是单纯的对经验事实的"表述"，也不是单纯的对情感意愿的"表达"，而是体现着存在论、真理论和价值论相统一的"表征"，也就是体现着真、善、美相统一的"表征"。哲学的"表征"，是以价值诉求为目的而展开的对存在的反思和对真理的追求，因此不是孤立的、单纯的存在论或真理论或价值论，而是融真、善、美于一体的存在方式。正是这种"统一"，构成了哲学的独特的"表征"的存在方式，并以"表征"的方式构成了时代精神的"精华"和文明的活的"灵魂"。

理解哲学的区别于"表述"和"表达"的"表征"，关键在于理解哲学的存在论、真理论和价值论的统一，或者通俗地说，关键在于理解哲学所追问的"有没有"、"对不对"和"好不好"的统一，即哲学所追求的"真"、"善"、"美"的统一。如果把哲学割裂为"表述"存在的存在论、"表述"真理的真理论和"表达"价值诉求的价值论，把哲学割裂为关于"有没有"、"对不对"、"好不好"的追问和回答，把哲学分割为"可信者不可爱"的"表述"或"可爱者不可信"的"表达"的两种存在方式，就只能是形成"拟科学"的"科学主义思潮"或"拟艺术"的"人本主义思潮"。这是当代哲学必须超越的理论困境。

哲学之所以是区别于"表述"和"表达"的"表征",在于哲学是理论形态的人类自我意识,即以理论形态所体现的对"人与世界关系"的关切和回答,对人类生活意义的关切和回答。诉诸哲学史,我们会发现,哲学从寻求"万物的统一性"到寻求"意识的统一性"再到寻求"人类的统一性",从来不是单纯地"表述"关于世界的经验事实和"表达"对世界的情感意愿,而是"表征"了对"人与世界关系"的历史性、时代性的理解。古代哲学把"水"、"火"乃至"原子"作为万物所由来和万物所复归的"始基"、"基质",并不是"表述"或"表达"了万物的统一性,而是"表征"了人类对生活意义的"最高支撑点"的渴望和寻求;近代哲学以"经验"或"理性"来论证或否定思想的客观性,并不是"表述"或"表达"了人类意识的统一性,而是"表征"了人类力图把生活意义的"最高支撑点"奠基于"思维和存在的同一性";现代哲学以"语言"、"文化"乃至"实践"来阐释"人与世界关系",并不是"表述"或"表达"了人类的存在方式,而是"表征"了当代人类力图把生活意义的"最高支撑点"视为"相对之绝对"——时代性的绝对与历史性的相对的统一。哲学就是以这种"表征"的方式而构成了"时代精神的精华"和"文明的活的灵魂"。

哲学对"时代精神"的"表征",是以派别冲突的方式实现的。这种实现方式,更加深刻地体现了哲学的区别于"表述"和"表达"的"表征"的存在方式。贯穿于整个哲学史的唯物主义与唯心主义、经验主义与逻辑主义、绝对主义与相对主义等等的派别冲突,并不是哲学派别之间的不同"表述"或不同"表达"之间的冲突,而是"表征"着对人类生活、人类文明、人类历史、人类未来的"悖论"性质的不同理解和不同期待。从哲学的主要的派别冲突看,哲学的唯物主义与唯心主义并不是单纯地"表述"或"表达"世界的"本原"问题,而是深切地"表征"着人类的自然性与超自然性的悖论;哲学的经验主义与逻辑主义并不是单纯地"表述"或"表达"把人的感性归结为人的理性或是把人的理性归结为人的感性,而是深切地"表征"着人类的感性存在与理性存在的悖论;哲学的绝对主义与相对主义并不是单纯地"表述"或"表达"人类认识的绝对性或相对性，而是深切地"表征"着人类存在的时代性与超时代性的悖论；哲学的辩证法与形而上学并不是单纯地"表述"或"表达"肯定或否定事物的矛盾运动，而是深切地"表征"着人类存在的确定性与非确定性的矛盾。在现代哲学中，本质主义与存在主义、理性主义与非理性主义、科学主义与人本主义、历史决定论与非历史决定论，更是以错综复杂的理论冲突方式"表征"着当代人类面对"现代性的酸"所构成的"意义危机"。因此，应当从"表征"人类存在的矛盾性去看待哲学的派别冲突，而不是把这些派别冲突归结为哲学的自我冲突；应当以"表征"的理念去看待哲学的"理论形态的人类自我意识"，而不是把"理论形态的人类自我意识"当成对人类文明的"表述"或"表达"。从哲学的"表征"方式去重新理解哲学的派别冲突，不仅能够深刻地理解哲学派别冲突的现实基础和真实意义，而且能够透过哲学的派别冲突而深切地把握每个时代的"时代精神"。

从深层上看，哲学是以"理论形态的人类自我意识"而"体现"着人类存在的历史形态及其自我意识的时代性变革。这是哲学的"表征"的存在方式的集中体现。哲学的观念变革，直接地取决于人类关于自身存在的自我意识的历史性变革；而人类关于自身存在的自我意识的历史性变革，则深层地取决于人类存在本身的历史性变革。诉诸人类文明的历史与未来，马克思把人类存在的历史形态概括为"人的依赖关系"、"以物的依赖性为基础的人的独立性"、"以个人全面发展为基础的自由个性"这三大历史形态①，并相应地把"哲学"的历史任务概括为"人在神圣形象中的自我异化"、"揭露人在神圣形象中的自我异化"和"揭露人在非神圣形象中的自我异化"②。哲学的历史任务，就是以理论形态的人类自我意识而"表征"人类存在的历史形态及其发展趋向。人的存在形态的历史性变革与哲学的时代使命的历史性变革的统一，这不仅显示了哲学的"表征"的存在方式，而且揭示了哲学发展的历史性的时代内涵。正是哲学以"表征"的方式所揭示的人类存在及其自我意识的时代内涵和历史变革，"真正

---

① 参见《马克思恩格斯全集》第30卷，人民出版社1995年版，第107—108页。
② 参见《马克思恩格斯选集》第1卷，第2页。

的"哲学才不仅成为"时代精神的精华",而且成为"文明的活的灵魂"。

哲学的存在方式决定哲学的工作方式。如果把哲学的存在方式界定为"表述"时代状况和人类文明的经验事实,就会把哲学混同为实证科学,并因而走向科学主义;如果把哲学的存在方式界定为"表达"个人对时代状况和人类文明的情感意愿,就会把哲学混同为文学艺术,并因而走向人本主义。把哲学的存在方式界定为"表征",则要以"时代精神主题化、现实存在间距化、流行观念陌生化和基本理念概念化"的工作方式去凝炼"时代精神的精华"和"文明的活的灵魂"。以理论形态"表征"当代人类在"现代性"中的存在方式及其自我意识,为创建人类文明新形态提供新的哲学理念,从而塑造和引导新的时代精神,这是当代哲学的实质内容和社会功能,也是当代中国哲学必须实现的观念变革。

四、当代中国马克思主义哲学研究的理论自觉

19世纪中叶,马克思恩格斯在其合著的《德意志意识形态》中极富洞察力地提出,"我们的时代"的根本特征和基本标志,是"历史向世界历史的转变"。这深刻地表现在,"单个人随着自己的活动扩大为世界性的活动","每一个单个人的解放的程度是与历史完全转变为世界历史的程度一致的"。20世纪中叶以来,人类社会发生了空前的重大跃迁,人类文明实现了空前的重大发展,人类自身也面对空前的重大挑战。这一重大跃迁、重大发展和重大挑战的实质,是"历史"转变为"世界历史"在"程度"上的重大飞跃,从而构成了当今具有特定内涵的"我们的时代"。这就要求我们从历史转变为世界历史的"程度"来把握"我们的时代"。以人类文明的时代性问题作为哲学研究的"聚焦点"和"生长点",洞悉时代精神,反思时代问题,引领时代创新实践,这应当是新时代中国马克思主义哲学研究最具根本性的理论自觉。

(一) 历史转变为世界历史的时代精神

关于"历史向世界历史的转变"的"资产阶级时代",马克思恩格斯在其合著的《共产党宣言》中作出了具体的、深刻的描述和阐释:其一,"资产阶级在它的不到一百年的阶级统治中所创造的生产力,比过去一切世代创造的全部生产力还要多,还要大"。其二,"由于开拓了世界市场,使一切国家的生产和消费都成为世界性的了","过去那种地方的和民族的自给自足和闭关自守状态,被各民族的各方面的互相往来和各方面的相互依赖所代替了"。其三,"物质的生产是如此,精神的生产也是如此。各民族的精神产品成了公共的财富。民族的片面性和局限性日益成为不可能"。其四,资产阶级"迫使一切民族""采用资产阶级生产方式",从而"按照它自己的面貌为自己创造出一个世界"。其五,资产阶级不仅"使农村从属于城市",而且"使未开化和半开化的国家从属于文明的国家,使农民的民族从属于资产阶级的民族,使东方从属于西方";其六,资产阶级"日甚一日地消灭生产资料、财产和人口的分散状态","由此必然产生的结果就是政治的集中"。其七,"生产的不断变革,一切社会状况不停的动荡,永远的不安定和变动,这就是资产阶级时代不同于过去一切时代的地方"。其八,"一切固定的僵化的关系以及与之相适应的素被尊崇的观念和见解都被消除了,一切新形成的关系等不到固定下来就陈旧了。一切等级的和固定的东西烟消云散了,一切神圣的东西都被亵渎了"。

马克思恩格斯所阐述的历史向世界历史转变的"资产阶级时代",从根本上改变了人类存在的历史形态,即从农业文明的"人对人的依附性"存在,转变为工业文明的"以物的依赖性为基础的人的独立性"的存在。因此,"资产阶级时代"就是马克思所揭示的人在"非神圣形象"(资本)中"自我异化"的时代。正是以人类文明的时代性变革为现实基础,以人的存在形态的历史性变革为实质内容,马克思明确地提出哲学的时代性使命:"真理的彼岸世界消逝以后,历史的任务就是确立此岸世界的真理。人的自我异化的神圣形象被揭穿以后,揭露具有非神圣形象的自我异化,就成为了为历史服务的哲学的迫切任务"。

与马克思恩格斯所阐述的"历史向世界历史的转变"的"资产阶级时

代"相比,20世纪中叶以来的"我们的时代",实现了空前的"历史向世界历史的转变"。这种"转变",不仅表现为普遍化的"量的扩张",而且表现为时代性的"质的飞跃",这使"我们的时代"具有了新的历史性内涵。新时代中国马克思主义哲学的理论自觉,首先是必须以当代人类文明形态的变革为现实基础,并将当代人类文明形态变革的时代精神主题化。

第一,历史转变为世界历史的"信息化"时代。按照马克思的观点,"各种经济时代的区别","不在于生产什么,而在于怎样生产,用什么劳动资料生产。劳动资料不仅是人类劳动力发展的测量器,而且是劳动借以进行的社会关系的指示器"。正是以劳动资料的历史性变革为"测量器"和"指示器",通常是把人类的文明形态区分为"农业文明"、"工业文明"和"后工业文明"。在后工业文明时期,其主要标志就在于"用什么劳动资料生产"发生了质的飞跃。从总体上看,20世纪中叶以来人类的科学发现和技术发明,已经超过此前的科学发现和技术发明的总和。具有标志意义的是,20世纪40年代中期人类就进入了利用核能的新时代,20世纪50年代后期人类开始向外层空间进军,20世纪70年代人类又以重组DNA为标志而进入可以控制遗传和生命过程的新阶段,20世纪80年代以微机处理机的大量生产为标志而进入信息时代,20世纪90年代则以软件开发及其大规模产业化为标志而进入信息革命的新纪元。这表明,科学技术已经不仅成为名副其实的"第一生产力",而且极为深刻地改变了人与自然、人与社会、人与自我的关系,即全面地改变了人与世界的关系。这种改变突出地表现为:信息传播的速度(即时性)和规模(全球性)、信息传播的多样性和多元性、信息传播的方式和规则、信息传播的深度和效应,使得"信息化"不仅成为劳动力发展的"测量器",而且成为社会关系的"指示器"。"信息化"已经成为历史向世界历史转变的"加速器"。

第二,历史转变为世界历史的"经济全球化"时代。人类在进入"信息时代"的同时,进入了以"市场经济"为基本内容的"经济全球化"时代。经济全球化是人类经济活动超越国家、民族的界限而使全球经济活动融为一体的发展进程,主要包括贸易全球化、生产全球化、金融全球化三个阶段,并在这个过程中把市场经济的运行机制延伸为世界市场,从而实现全球范围内的资源配置。以自然资源差异为基础的传统的国际分工，日益让位于以现代新科技、新工艺为基础的新型国际分工。进入21世纪以来，作为经济活动的三要素的人、财、物，国际贸易、国际投资和跨国劳动力这三者不仅呈现显著的增长，而且其规模均达到历史未曾有过的水平。生产国际化促进了贸易国际化和金融国际化，国家之间的经济联系空前加强。在经济全球化的进程中，信息技术革命、信息传播全球化的发展和国际互联网的普及，不仅成为"经济全球化"的技术支撑，而且深刻地变革了国际关系和人的存在方式。

第三，历史转变为世界历史的"政治多极化"时代。"二战"之后的历史转变为世界历史的质的飞跃，深刻地体现在国际关系的重大变革。20世纪40年代中期以后的"两大阵营"的对峙，在政治上标志着已经从"资产阶级时代"转变为社会主义与资本主义"两大阵营"对抗的时代，即两种意识形态和两种社会制度对抗的时代。20世纪50年代以来的"国家要独立，民族要解放，人民要革命"的时代潮流，使得帝国主义的"让东方从属于西方"的殖民时代转变为"第三世界"兴起的"后殖民时代"。20世纪80年代末、90年代初的"苏东剧变"及其后的"颜色革命"，既改变了"两大阵营"对抗的基本格局，又在国际关系多极化的变迁中形成了既斗争又合作的大国博弈，新型的大国关系以及政治多极化深刻地改变了国际政治格局，并制约着世界的"和平与发展"。改革开放以来，特别是进入新世纪以来，中国作为和平崛起的新型大国，开拓了历史转变为世界历史的新的世界图景。

第四，历史转变为世界历史的"个体社会化"时代。世界性的"现代化"进程，深刻地改变了人类自身的存在方式和发展方式，现实的人作为"一切社会关系的总和"获得了新的时代内涵。其一，从人类自身生产说，控制其生产方式和生产规模的技术手段发生了革命性变革，提高其成活率和人均寿命的物质基础、技术手段和社会条件发生了革命性变革，提高其识字率和受教育水平的社会条件和思想观念发生了革命性变革；其二，从人类自身存在说，现代化所造成的日常经验科学化、日常消遣文化化、日常交往社交化、日常行为法治化和农村生活城市化，使得人的社会关系已从传统的"熟人社会"转变为现代的"陌生人社会",人的精神家园已从"精英文化"的陶铸转变为"信息文化"的引领,人的学习方式已从个体性的"经验积累"和"知识积累"转变为"获取信息"的网络时代。对于经历过近40年改革开放的当代中国人来说,不仅从"吃粗粮、穿布衣、住平房、骑自行车"变为"吃细粮、穿时尚、住楼房、开私家车",而且生活于"银行、保险、股票、税务、传媒、执照"等所构成的"社会关系"之中。我国人口的人均寿命已超过76岁,人口"老龄化"已成为中国社会的一大景观,而与"老龄化"相伴生的"广场舞"则成为表征中国人生活方式的又一大景观。"国家富强,民族振兴,人民幸福"的"中国梦",不仅是历史向世界历史转变中的当代中国的价值诉求,而且以世界最大发展中国家的中国人生活状况的历史性巨变显示了时代的历史性巨变。

"社会信息化"、"经济全球化"、"政治多极化"和"个体社会化",以空前的规模和速度、空前的普遍性和深刻性,把"历史向世界历史转变"的"程度"极大地提升了。这不仅促进了人类文明的重大发展,也提出了人类文明形态变革的历史任务。马克思说,"人类始终只提出自己能够解决的任务,因为只要仔细考察就可以发现,任务本身,只有在解决它的物质条件已经存在或者至少是在生成过程中的时候,才会产生"。把握人类文明形态变革的时代性内涵和洞悉人类文明形态变革的时代性问题,是实现当代中国马克思主义哲学研究的"时代精神主题化"的基本前提。

(二) 中国特色社会主义进入新时代的时代精神

中国特色社会主义不仅从根本上改变了近代以来的"东方从属于西方"的世界格局,而且塑造和引领了创建人类文明新形态的时代精神。"中国特色社会主义进入新时代",不仅在中华人民共和国发展史上、中华民族发展史上具有重大意义,而且在世界社会主义发展史上、人类社会发展史上具有重大意义。当代中国马克思主义哲学研究的"时代精神主题化",最为根本的就是新时代中国特色社会主义的主题化,就是指引新时代中国特色社会主义伟大实践的习近平新时代中国特色社会主义思想的主题化。

中国特色社会主义进入新时代，意味着中华民族迎来了从站起来、富起来到强起来的伟大飞跃，迎来了实现中华民族伟大复兴的光明前景。这个"新时代"，是我国日益走近世界舞台中央、不断为人类作出更大贡献的时代。这就不仅从现实上彻底改变了"东方从属于西方"的世界格局，而且从理念上真实地打破了"西方模式"引领人类文明的神话。正在强起来的中国，实现中华民族伟大复兴的中国，承诺文明多样，追求合作共赢，不仅"各美其美"、"美人之美"，而且追求"美美与共"，以"人类命运共同体"的新的哲学理念创建人类文明的新形态。这是正在强起来的中国塑造的新的"时代精神"，引领的新的"文明理念"，这是新时代中国马克思主义哲学研究的"时代精神主题化"的重要的理论自觉。

中国特色社会主义进入新时代，我国社会主要矛盾已经转化为人民日益增长的美好生活需要和不平衡不充分的发展之间的矛盾。进入"新时代"，人民日益增长的美好生活需要，不仅是对物质文化生活提出了更高要求，而且是对民主、法治、公平、正义、安全、环境等方面提出了更高要求。人是生理的、心理的、伦理的存在，人民对美好生活的向往，既包括富裕的物质生活对生理需要的满足，又包括充实的精神生活对心理需要的满足，还包括和谐的社会生活对伦理需要的满足。"人民对美好生活的向往，就是我们的奋斗目标"。这就要求我们必须着力解决好发展不平衡不充分问题，更好地满足人民各方面日益增长的需要。如何坚持以人民为中心的根本理念，怎样贯彻创新、协调、绿色、开放、共享的发展理念，怎样统筹推进"五位一体"的总体布局和协调推进"四个全面"的战略布局，怎样培育和践行社会主义核心价值观、为人民提供精神指引，怎样坚持人与自然和谐共生、建设美丽中国并为全球生态安全作出贡献，怎样推动构建人类命运共同体、为世界人民谋福祉，这是正在强起来的中国面对的重大的时代性课题。"时代是思想之母，实践是理论之源"。新时代中国马克思主义哲学研究的"时代精神主题化"，最为重要的是新时代中国特色社会主义伟大实践的主题化。

中国特色社会主义进入新时代，不只是迎来了中华民族伟大复兴的光明前景，而且是在世界上高高举起了中国特色社会主义伟大旗帜，显示了科学社会主义在21世纪中国焕发出的强大生机活力。以马克思主义的科学社会主义为理论基础的社会主义运动，是争取人类解放和实现人的全面发展的伟大事业；代表最广大人民群众的根本利益、为最广大人民群众的根本利益而奋斗，是全部马克思主义学说的灵魂。"在人类思想史上，就科学性、真理性、影响力、传播面而言，没有一种思想理论能达到马克思主义的高度，也没有一种学说能像马克思主义那样对世界产生了如此巨大的影响。这体现了马克思主义的巨大真理威力和强大生命力，表明马克思主义对人类认识世界、改造世界、推动社会进步仍然具有不可替代的作用"。马克思主义的真理性，在于它的实事求是的理论力量、实践力量和与时俱进的生命活力；马克思主义的现实力量就在于它赋予人民群众的历史创造活动以理想和信念，赋予社会主义运动以最坚实的理论支撑，赋予人类文明形态的变革以规律性的道路指引。离开马克思主义，当代人类就无法形成真实的社会理想和价值诉求，就无法选择正确的发展道路和创建人类文明新形态，就会失去凝聚共识和走向未来的理想支撑。中国特色社会主义的道路自信、理论自信、制度自信和文化自信，奠基于对我们所坚守的马克思主义的自信。中国特色社会主义就是马克思主义的理论力量、实践力量和生命活力在当代世界的最有说服力的生动体现。中国特色社会主义进入新时代，这意味着科学社会主义在21世纪的中国焕发出强大生机和活力，在世界上高高举起了中国特色社会主义伟大旗帜，塑造和引导了我们时代的时代精神。新时代中国马克思主义哲学研究的"时代精神主题化"，从根本上说，就是马克思主义在新时代的主题化，就是作为马克思主义最新成果的习近平新时代中国特色社会主义思想的主题化。

中国特色社会主义进入新时代，意味着中国特色社会主义为解决人类问题贡献了中国智慧和中国方案。人类选择什么样的文明形态，各个国家选择什么样的发展道路，每个个体选择什么样的生活方式，这是当今世界的最为根本的时代性课题。从世界和时代的视野看，我们所面对的中国问题，并不仅仅是中国自己的问题，而且是中国所面对的世界性、时代性问题；我们所选择的中国特色社会主义道路，并不仅仅是中国自己的发展道路，而且是我们所开拓的创建人类文明新形态的发展道路；我们所积累的建设中国特色社会主义的经验,并不仅仅是中国自己的建设经验,而且对于人类走向未来有着世界性的意义与价值。作为当今世界最大的发展中国家,中国特色社会主义道路、理论、制度、文化不断发展,拓展了发展中国家走向现代化的途径,给世界上那些既希望加快发展又希望保持自身独立性的国家和民族提供了全新选择。解决当代人类问题的"中国智慧和中国方案",不仅凝聚了中国特色社会主义伟大实践的宝贵经验,而且以其所具有的世界意义塑造了人类走向未来的时代精神。新时代中国马克思主义哲学研究的"时代精神主题化",要求我们以面向世界、面向未来、面向现代化的时代目光去总结和塑造新的时代精神的"中国智慧和中国方案",着力探索其引领人类文明形态变革的时代意义。

中国特色社会主义进入新时代,从根本上说,就是"人民对美好生活的向往"进入了新时代,就是实现"人民对美好生活的向往"的伟大实践进入了新时代。马克思主义哲学之所以是"时代精神的精华"和"文明的活的灵魂",从根本上说,就在于它是"自己的时代、自己的人民的产物",就在于它汇集了"人民的最美好、最珍贵、最隐蔽的精髓",就在于它把人民关切的时代性问题作为自己研究的"主题"。马克思主义哲学是发展的而不是僵化的,赋予马克思主义哲学以深刻的时代内涵,马克思主义哲学才能成为人类认识世界、改造世界、推动社会进步的强大思想武器。习近平新时代中国特色社会主义思想,从理论和实践的结合上深刻地回答了新时代坚持和发展什么样的中国特色社会主义、怎样坚持和发展中国特色社会主义的一系列重大理论和实践问题,展现了马克思主义在新时代的真理力量。马克思说:"理论只要说服人,就能掌握群众;而理论只要彻底,就能说服人"。信念是人类特有的精神现象,是人们为理想而奋斗的精神力量。理想因其远大而成为理想,信念因其坚定而成为信念。理想信念需要坚实的理论支撑。习近平新时代中国特色社会主义思想的真理力量,会更加坚定我们的道路自信、理论自信、制度自信和文化自信,更加坚定我们为实现"人民对美好生活的向往"而奋斗的理想信念,更加坚定我们为实现人类解放和人的全面发展而奋斗的理想信念。新时代中国马克思主义哲学研究的"时代精神主题化",最为根本的就是深切地把握和切实地展现习近平新时代中国特色社会主义思想的真理力量。

无论是雅典街头的反讽辩难，还是稷下学宫的百家争鸣，哲学都是发生在广场上的公共性话语。话语的公共性诉求不仅符合语言之社会本性，而且是思想自身的进一步反思与澄明，它体现了哲学作为一种社会化活动的努力。当我们说哲学是"思想中的时代"、"时代水平的人类自我意识的理论表征"时，即是承认哲学是对时代的反思性与超越性的认识以及理论思维的把握。反思首先是一种语言对思想的辨析与区分的分析活动，它作为理论思维得以可能的前提是思想本身的可批判性。哲学思维与一般思维的根本区别在于，哲学反思抗拒着思想的自然主义与实质主义倾向，澄清思想的混淆与误置，消解经验主义意识形态的幻觉。哲学认识显现了思维与存在的关系之网的网上纽结，使我们发现了普通认识的真相和构成思想的秘密，进而变革了构成思想的诸种前提，使人的世界图景、思维方式和价值观念具有了新的时代内涵。

从"传统"与"现代"的时代特征上，可以发现传统哲学与现代哲学的原则区别。传统自然经济所形成的是"人的依赖性"的存在方式，表征这种存在方式的传统哲学则从根本上说是对某种"神圣形象"的确立。现代市场经济所形成的是"以物的依赖性为基础的人的独立性"的存在方式，表征这种存在方式的现代哲学从根本上说是消解马克思所指认的人在"神圣形象"和"非神圣形象"中的自我异化。世界历史创造了世界哲学。中国哲学之"走向世界"，从根本上说承担着现代哲学的共同的历史任务，自觉地参与到"世界广场"上的辩论。"民族特色"不是一种封闭的自在性，而是世界广场的公共性话语中的"独特声音"。因此，创造中华民族的"思想自我"，并不是单纯的如何对中国传统文化进行创造性转化的问题，而是把"问题"作为"时代的呼声"，在回应和回答时代性问题中发出自己的"独特声音"。在这种"独特声音"中，传统是"活着的过去"，是被现时代赋予了新的内涵的文化符号，是历史、文化与当代经济、政治、文化的新事物交织成的现代"人文地理"。

马克思主义哲学与中国传统哲学、西方哲学融会贯通，并不是一个刻意为之的问题，而是一个对社会现实（"人文地理"）的理论思维的问题，现实的创造进化才是真正的综合创新。当代中国最大的实际是改革开放，现代市场经济消解了"人的依赖性"的存在，构成了"以物的依赖性为基础的人的独立性"的存在方式。泥古保守是不可能的，因为市场经济不仅开辟了新的世界，也在创造着"新的传统"。模仿西方也是不可能的，中国独特的社会现实与现代化道路，使我们无法以西方的历史经验来剪裁活生生的中国经验与中国问题。走自己的路才是现实的道路。

创造中华民族的"思想自我"，就是以理论思维对中国的社会现实进行反思性的认识与超越性的把握，直面和追问我们自己的问题与希望，努力创造现实与理想、真理与价值相统一的"社会理性"，成就"思想中的时代"。在"历史"已经成为"世界历史"的"我们的时代"，中国的就是世界的，世界的就是中国的。面对全球化的现代性问题，瓦解资本的逻辑，超越"以物的依赖性为基础的人的独立性"，实现人的"自由个性的全面发展"和"自由人的联合体"，应当成为当代世界的哲学追求。当代中国的"思想自我"就是以中国化的马克思主义哲学所实现的这种哲学追求。历史文化的符号交织成中国哲学话语的能指系统，独特的"人文地理"构成了理论思维表征社会现实的民族性形式。以时代性内容和民族性形式回应和表征人类性问题，为人类的现代化反省和自我认识提供"遥远的目光"，不仅会造就中华民族的"思想的自我"，而且必将筑成一条人类通向远方的思想道路。

五、注重马克思主义哲学研究的专业性、系统性

（一）

理论是规范和引导人们的思想和行为的各种概念体系，系统性是理论的基本特性。理论的系统性具体体现在理论自身所具有的"向上的兼容性"、"时代的容涵性"、"逻辑的展开性"和"思想的开放性"。

所谓"向上的兼容性"，是指任何一种理论都是人类文明史和人类认

识史的总结、积淀和升华，而不是离开人类文明发展大道的"灵机一动"、"信口开河"的产物。对此，恩格斯曾明确提出，真正的哲学是"一种建立在通晓思维的历史和成就的基础上的理论思维"。哲学如此，文学、史学、法学、经济学、政治学、社会学等人文社会科学也是如此。这正如列宁所说，概念、范畴并不是认识的"工具"，而是认识的"阶梯"和"支撑点"。在人类认识的历史进程中和理论体系的历史发展中，概念、范畴既是认识的积淀和结晶即认识的成果，又是认识发展的"阶梯"和"支撑点"即推进认识拓展和深化的前提。理论作为认识的结果，它是专业化研究的成果；理论作为认识的前提，它又直接地构成专业化研究的不可或缺的前提。正是在理论自身作为"前提"和"结果"的辩证运动中，才实现了理论自身的发展。在理论自身的辩证运动中，它具有何种程度的"向上的兼容性"，它在何种程度上构成理论的系统性，直接决定该种理论具有怎样的理论价值和理论力量。正因如此，列宁特别强调指出，马克思主义绝不是"离开人类文明发展大道的宗派主义"，而是批判地继承人类文明优秀成果的理论结晶。

所谓"时代的容涵性"，是指任何一种真正的理论都是"思想中所把握到的时代"。习近平总书记指出，"世界上伟大的哲学社会科学成果都是在回答和解决人与社会面临的重大问题中创造出来的"。任何重大的理论问题都源于重大的现实问题，任何重大的现实问题都蕴含着重大的理论问题。理论研究既要用现实活化理论，又要用理论照亮现实。从重大的现实问题中发现、提出和探索重大的理论问题，又以重大的理论问题回应、深化和破解重大的现实问题，这是理论研究的真实内容和根本途径。这就向"理论"提出双向要求：既要以系统化的理论去把握现实及其所蕴含的理论问题，对现实作出系统性的理论回答；又要在回应现实及其所蕴含的理论问题的过程中变革和更新已有的理论系统，使理论系统得以拓展和深化。只有这样，才能让"朴素"的现实变得厚重深沉，又让"灰色"的理论变得熠熠生辉。

所谓"逻辑的展开性"，是指理论在构成自己的过程中所体现的由抽象到具体的"环节的必然性"。这个过程是把理论条理化、逻辑化、系统化的过程，是把理论引向清晰、确定、深化的过程，也就是构成理论系统的概念、范畴矛盾运动的过程。理论的系统性，绝不是罗列章、节、目的"散漫的整体性"，更不是"凑句子"、"找例子"式的"原理+实例"的"外在的反思"，而是历史与逻辑相一致的、由抽象上升到具体的论证过程。在理论构成自己的论证过程中，构成理论系统的任何一个"术语"，都不只是一个指称对象的"名词"，而是一个具有确定的思想内涵的"概念"；构成理论系统的任何一个"概念"，都不只是一个孤立的、自在的"观念"，而是在特定的理论系统中获得相互的规定和自我的规定；理论论证的任何一个环节，都不只是一个抽象的规定，而是在概念的矛盾运动中获得越来越具体、越来越丰富的规定，以至达到"许多规定的综合"的"理性具体"。在《资本论》中，马克思首先是把资本主义社会作为"混沌的整体表象"予以科学地"蒸发"，抽象出它的各个侧面、各个层次、各种矛盾的"规定性"，然后又以资本主义社会的"细胞"——商品——所蕴含的全部矛盾的"胚芽"作为理论体系的"开端"，循序渐进、层层推进，直至达到资本主义社会"在思维具体中的再现"，从而以"理论的彻底性"揭示出资本主义的运动规律。

所谓"思想的开放性"，是指理论在拓展和深化自身的过程中所实现的自我批判、自我革命和自我更新。任何一种系统化的理论，总是面对两大矛盾：一是理论体系与经验事实的矛盾，一是理论体系内部的逻辑矛盾。在人类文明的历史进程中，人类面对的现实问题是层出不穷的，源于现实问题的理论问题同样是"剪不断、理还乱"的，没有任何一种理论系统能够回答变化中的全部现实问题，也没有任何一种理论系统能够达到无懈可击的"完美"。因此，任何一种理论体系都表现为自身的建构—解构—重构的否定之否定的"螺旋式"的上升过程。肯定性的"建构"，是理论成为理论体系的过程；否定性的"解构"，是理论推进自身发展的过程；否定之否定的"重构"，则是理论体系自我更新的过程。理论体系的建构—解构—重构的过程，既是不断地总结文明史而实现更深刻的"向上兼容性"的过程，又是不断地回应现实问题而实现更充实的"时代容涵性"的过程，也是不断地调整自身的概念体系而实现更严谨的"逻辑展开性"的过程。在"向上的兼容性"、"时代的容涵性"和"逻辑的展开性"中实现"思想的开放性",构成了理论体系的生命活力和现实力量。

(二)

理论研究的"系统性"与"专业性"密不可分。"专业性"的理论研究构成理论体系的"系统性","系统性"的理论体系则深刻地体现理论研究的"专业性"。具体言之,理论研究的"专业性",主要体现在四个方面:一是特定的研究领域和理论空间;二是特定的理论资源和背景知识;三是特定的概念系统和"术语"系统;四是特定的研究方法和研究"工具"。

研究领域的"专门性"。即任何一门学科、专业都有其特定的研究对象。这里所说的"特定的研究对象",不只是指"对象"的"实体"性的存在,而且是指由不同的学科、专业出发所构成的"研究对象"。离开"专业化"的不同学科和不同专业,关于"社会"的"社会科学"就无法构成"专门性"的经济学、法学、政治学、社会学的研究"对象";反之,离开"专门性"的不同学科、不同专业的研究"对象",也就不存在作为"社会科学"的经济学、法学、政治学、社会学。理论对象的"专门性"与理论研究的"专业性"是相互规定和相互促进的。理论研究的"专业化",不仅为自己"建构"研究"对象",而且随着"专业化"程度的提升而不断地拓展和深化自己的"理论空间",发现研究对象的更多侧面和更深层次的矛盾和问题,并形成关于研究对象的不断深化的认识成果。

"专业性"的理论资源和"专业性"的背景知识。现代科学和现代哲学认为,"观察渗透理论"、"观察负载理论"、"没有中性的观察"、"观察总是被理论'污染'的"。没有相应的理论资源和背景知识,"对象"就只能是"有之非有""存在着的无";没有深厚的理论资源和广博的背景知识,就难以发现"对象"的"问题"和形成关于"对象"的新的认识成果。习近平总书记指出,我们要善于融通古今中外各种资源,特别是要把握好马克思主义的资源、中华优秀传统文化的资源和国外哲学社会科学的资源。自觉地汲取和睿智地融通各种理论资源,自觉地激活和灵活地运用各种背景知识，才能"专业性"地从事理论研究，不断地提升理论研究的"专业性"。

构成理论体系的概念、范畴本身的专业性。"专业"与"非专业"的区别，集中体现在是否以某种特定的概念系统去把握经验对象。人们用以指称和把握对象的任何一个"名词"，都既可能是关于对象的规定性的"概念"，也可能是关于对象的经验性的"名称"。把经验性的"名称"升华为规定性的"概念"，就是把"非专业"的常识上升为"专业化"的理论。在这个意义上，所谓理论研究的"专业性"，其实质内容就是把经验性的"名称"升华为规定性的"概念"。在物理学中，声、光、电、分子、原子、微观粒子这些"名词"是具有规定性的"概念"；同样，在哲学社会科学中，存在、真理、价值、商品、货币、资本这些"名词"同样是有规定性的"概念"。这些"概念"不是经验性的"名称"，而是人类认识史的结晶，从而为人们"专业"地研究问题提供了不断前进的"阶梯"和"支撑点"。科学的发展史，就是"专业化"的概念不断拓展和深化、变革和更新的历史。这正如恩格斯在《资本论》英文版序言中指出的，"一门科学提出的每一种新见解都包含这门科学的术语的革命"。正是由于马克思从商品、货币、资本的"物和物的关系"中深刻地揭示出它所掩盖的"人和人的关系"，实现了政治经济学的"术语的革命"，从而深刻地揭示了资本主义的本质及其运动规律。在这个意义上，"专业性"的"理论创新"，就是在人类文明史上实现"术语的革命"；理解和把握任何一种具有创新性质的理论体系，最重要的就是真正地理解它所实现的"术语的革命"。

"专业性"的积累和"专业性"的方法。对于哲学社会科学的各门学科来说，必须运用各有侧重或各不相同的研究方法，如人文学科所侧重的历史与逻辑、体悟与思辨、考证与训诂，社会科学所侧重的调研与问卷、数据与统计等。对于从事哲学社会科学的研究者来说，有三个积累是不可或缺的：一是文献积累，得道于心；二是思想积累，发明于心；三是生活积累，活化于心。理论研究既要以"钻进去"的"苦读"为基础，又要以"跳出来"的"创新"为目的。没有扎实的文献积累，就不会形成真实的思想积累；而没有深厚的生活积累，就不会活化文献积累和深化思想积累。习近平总书记指出，"理论思维的起点决定着理论创新的结果。理论创新只能从问题开始"。只有从深厚的生活积累中提出问题，用"心"研究，才会有精品力作，才会改变"著作等'身'者不少、著作等'心'者不多"的现实，才能形成中国哲学社会科学的学科体系、学术体系、话语体系，让世界知道"学术中的中国"、"理论中的中国"、"哲学社会科学中的中国"。

六、建设具有主体性原创性的新时代中国哲学

"我们的哲学社会科学有没有中国特色，归根到底要看有没有主体性、原创性"。习近平总书记的这一论断，既指明了新时代中国哲学"强起来"的根本标志，也指明了新时代中国哲学"强起来"的根本任务。这个根本标志和根本任务，就是建设具有主体性、原创性的新时代中国哲学。

（一）

新时代中国哲学的主体性，是以"不忘本来"为坚实基础的。我们的"本来"，首先就是我们所坚守的马克思主义。"在人类思想史上，就科学性、真理性、影响力、传播面而言，没有一种思想理论能达到马克思主义的高度，也没有一种学说能像马克思主义那样对世界产生了如此巨大的影响"。马克思主义哲学不仅是"时代精神的精华"，而且是"文明的活的灵魂"，不仅是反映和表达了我们时代的时代精神，而且是塑造和引导了新时代的时代精神。离开马克思主义，新时代的中国哲学就无法形成真实的社会理想和价值诉求，就无法从历史的发展规律去探索人类文明形态的变革，就会失去塑造和引领时代精神的真理力量。中国特色社会主义进入了新时代，这意味着马克思主义哲学的科学世界观获得了新的时代内涵，展现了马克思主义哲学在新时代的真理力量。以新时代中国特色社会主义

思想的真理力量构建新时代的中国哲学，这是我们的最坚实的理论自信，也是我们的最真实的"主体性"。

以"不忘本来"为坚实基础的新时代中国哲学的主体性，又是以源远流长的中国哲学自身为根基的。"中华民族有着深厚文化传统，形成了富有特色的思想体系，体现了中国人几千年来积累的知识智慧和理性思辨。这是我国的独特优势"。中国哲学在长期的发展过程中，不仅形成了自己的独特风格和特有的概念体系与表达方式，而且形成了集中体现中华文明的中国哲学精神。天人合一的宇宙观，革故求新的发展观，自强不息的人生观，知行合一的知行观，社会和谐的理想观，凝聚了中华民族对世界和生命的认知和感受，积淀了中华民族的精神追求和行为准则，形成了中国哲学的恢宏气派和深远影响，奠定了中华民族的最为深沉和最为持久的文化自信。新时代中国哲学的"主体性"，就是要把哲学研究的目标定位为创建新时代中国特色社会主义哲学，以我们的"独特优势"为人类文明形态的变革提供中国智慧，让世界知道"为人类文明作贡献的中国"。

新时代中国哲学的主体性，不仅是以"不忘本来"为坚实基础，而且是以"吸收外来"为重要的理论来源。我们所坚守的马克思主义哲学，不是离开人类文明发展大道的宗派主义，而是批判地继承了人类思想史、哲学史上的一切优秀成果；我们所继承的中华民族创建的哲学，不是自我封闭和孤芳自赏的哲学，而是与世界各民族创造的哲学"美美与共"的哲学。"海纳百川"，"融会贯通"，"创造转化"，这是中华民族的博大胸怀和中国哲学精神的重要内涵。"尊重世界文明多样性"，"以文明交流超越文明隔阂，文明互鉴超越文明冲突，文明共处超越文明优势"，在"吸收外来"的博大胸怀和开阔视野中建设新时代的中国哲学，这是新时代中国哲学的强大的文化自信，也是新时代中国哲学走向世界的主体性自觉。

新时代中国哲学的主体性，既要以"不忘本来"为坚实基础，又要以"吸收外来"为重要资源，更要以"面向未来"的视野和胸怀"立时代之潮头"、"发思想之先声"。作为"文明的活的灵魂"，马克思主义哲学的真理力量，就在于它赋予人民群众的历史创造活动以最坚定的理想信念，就在于它赋予生机勃勃的社会主义运动以最坚实的理论支撑，就在于它赋予人类文明形态的变革以规律性的道路指引。新时代中国哲学的主体性，是以马克思主义中国化的最新成果为指导的，是以中国特色社会主义的道路自信、理论自信、制度自信和文化自信为根基的，是以马克思主义的真理力量引领人类走向未来为使命的。"中国特色社会主义进入了新时代"，这意味着21世纪的中国在世界上高高举起了中国特色社会主义伟大旗帜。在中国特色社会主义的新征程上，为人类汇聚共识和走向未来提供深层的哲学理念，这是新时代中国哲学的具有强大生机和活力的"主体性"。

(二)

哲学的"原创性"，不是凭空想象出来的，不是逻辑推演出来的，而是在对时代性问题的哲学反思中凝炼升华出来的。"时代是思想之母，实践是理论之源"。任何重大的理论问题都源于重大的现实问题，任何重大的现实问题都蕴含着重大的理论问题。恩格斯曾经指出："在从笛卡尔到黑格尔和从霍布斯到费尔巴哈这一长时期内，推动哲学家前进的，决不像他们所想象的那样，只是纯粹思想的力量。恰恰相反，真正推动他们前进的，主要是自然科学和工业的强大而日益迅猛的进步"。即使是以思辨著称的德国古典哲学，也并非是纯粹的思辨的产物，而是马克思恩格斯所揭示的"法国革命的德国理论"，也就是以哲学的方式表征了法国革命的时代精神。以马克思的名字命名的马克思主义哲学，更是自觉地提出"问题是时代的格言"，以"资本主义时代"支配一切的"资本"为批判对象，致力于从"物和物的关系"中揭示"人和人的关系"，创建了"关于现实的人及其历史发展"的马克思主义哲学，从而把"解释世界"的旧哲学变革为"改变世界"的新哲学。20世纪中叶以来，人类社会发生了空前的重大跃迁，人类文明实现了空前的重大发展，人类自身也面对空前的重大挑战。社会信息化，经济全球化，政治多极化，个体社会化，正在以空前的规模和速度，空前的普遍性和深刻性，改变了我们生活于其中的世界和时代。以当代人类实践活动为基础的人与世界关系是怎样的？以当代人类科学技术为内容的世界图景是怎样的？以当代人类社会生活为根基的社会思潮是怎样的？这是当代哲学必须回答的时代性的哲学课题。"中国特色社会主义进入了新时代"，如何对"新时代"的"时代精神"作出"有学理性"的哲学概括？如何对"新实践"的"时代内涵"作出"有规律性"的哲学总结？如何对"新使命"的"时代意义"作出显示其"真理力量"的哲学升华？如何以原创性的哲学概念和理论赋予马克思主义哲学以新的时代内涵？这就是新时代中国哲学"原创性"的"问题导向"。

"理论思维的起点决定着理论创新的结果"。捕捉和把握时代性问题的理论洞察力，分析和提炼时代性问题的理论思辨力，回答和解决时代性问题的理论思想力，这既是哲学原创性的生动体现，又是哲学原创性的根本目标。恩格斯说，所谓的"辩证哲学"，就是一种"建立在通晓思维的历史和成就的基础上的理论思维"。新时代中国哲学的"原创性"，是以马克思主义的唯物辩证法的理论思维为指导的，是以"建立在通晓思维的历史和成就的基础上的理论思维"为基础的。改革开放以来的中国哲学，以实践观点的思维方式，不断深入地改变了以素朴实在论为代表的直观反映论的思维方式，改变了以机械决定论为代表的线性因果论的思维方式，改变了以抽象实体论为代表的本质还原论的思维方式，从而不断地推进了当代中国的哲学观念变革，赋予哲学观、世界观、历史观、人生观、真理观、价值观、发展观以新的时代内涵。具有新的时代内涵的哲学概念、范畴，不仅为人们的理论思维提供了具有高度概括性、结构性的思想框架，从而使人们在总体性的概念框架和逻辑关系中去理解时代、把握世界，而且把人类文明的新成果积淀下来、凝聚起来，从而为人们理解时代和把握世界提供了新的"阶梯"和"支撑点"。新时代中国哲学的"原创性"，既体现为理论思维自身的变革，又体现为理论思维的变革所引导的哲学观念变革。习近平新时代中国特色社会主义思想的辩证思维、战略思维、历史思维、创新思维，具有鲜明的时代性、民族性和实践性，为新时代中国哲学的原创性明确了"理论思维的起点"。

"实践没有止境，理论创新也没有止境"。中国特色社会主义的伟大实践为哲学的理论创新提供源泉和动力，哲学的理论创新为中国特色社会主义的伟大实践提供深层的理论支撑和思想指引。新时代中国哲学的"原创性"，最根本的就是要"提炼出有学理性的新理论，概括出有规律性的新实践"。这就要求我们立足新时代进行哲学理论创新、立足新思想进行哲学理论创新、立足新使命进行哲学理论创新，提出"具有原创性、时代性的概念和理论"。改革开放以来，从确立"实践是检验真理的唯一标准"到形成"实践唯物主义"的哲学理念，从反省"现代性"到探索"人类文明新形态"，当代中国的马克思主义哲学研究一直致力于赋予哲学理论以具有原创性的时代内涵。中国的崛起和中华民族的伟大复兴，是人类社会进入21世纪的最伟大的历史事件之一。站在新的历史起点，新时代的中国哲学更加自觉地致力于对新实践的规律性概括，对新思想的学理性探索，从而形成具有原创性的哲学概念和哲学理论。用现实活化理论，用理论照亮现实，让源于时代的哲学思想和源于实践的哲学理论塑造和引导新的时代精神，这是就具有"主体性"和"原创性"的新时代中国哲学。

索 引

外国人名

M. 怀特　213
阿多诺　106
阿基米德　207
爱因斯坦　205，231
安东尼奥·葛兰西　17
保罗·富尔基埃　202
宾克莱　14
波普尔　206，216
达尔文　10，139，213
丹皮尔　211
笛卡尔　190，224，364
恩格斯　1，2，4，5，8，9，10，11，
　12，13，14，15，16，19，20，22，
　23，24，25，26，27，28，29，30，
　31，32，33，34，35，36，37，38，
　41，42，46，53，57，62，63，64，
　65，66，67，68，69，70，71，74，
　77，79，80，81，82，83，84，85，
　86，87，88，89，90，91，92，93，
　94，95，96，97，104，105，106，
　107，108，112，113，114，115，
　117，118，119，120，121，122，
　123，124，125，126，127，128，
　129，130，131，132，133，134，
　135，136，139，142，147，148，
　153，155，156，157，158，160，
　161，162，163，164，166，167，
　169，171，178，179，180，183，
　184，188，191，197，210，212，
　218，230，238，239，240，241，
　243，244，245，246，247，248，
　249，250，251，252，253，254，
　255，256，257，258，259，260，
　262，263，264，265，268，269，
　270，271，272，273，274，275，
　276，277，278，279，280，281，
　282，283，284，285，286，287，
　289，290，291，293，294，295，

296, 302, 303, 305, 306, 307, 309, 311, 312, 313, 314, 316, 317, 319, 320, 321, 322, 323, 324, 325, 332, 333, 334, 335, 338, 339, 343, 347, 348, 349, 358, 361, 364, 365

恩斯特·卡西尔　190, 207, 219, 329

费耶阿本德　206

伽达默尔　216, 219, 234

黑格尔　2, 3, 13, 20, 21, 22, 23, 25, 29, 33, 35, 36, 40, 42, 66, 67, 78, 79, 80, 81, 82, 84, 93, 94, 95, 97, 99, 100, 101, 102, 103, 104, 105, 106, 107, 108, 109, 110, 111, 112, 113, 114, 115, 116, 119, 124, 126, 127, 129, 130, 131, 132, 133, 134, 137, 140, 141, 142, 143, 144, 145, 146, 147, 148, 149, 150, 153, 154, 155, 156, 157, 158, 159, 160, 161, 162, 164, 168, 170, 178, 180, 191, 213, 224, 228, 239, 253, 260, 262, 265, 271, 272, 281, 291, 309, 314, 315, 320, 321, 324, 341, 342, 343, 364

卡尔纳普　221, 222, 344

考茨基　14

科尔纽　102, 324

拉卡托斯　205, 215

莱布尼茨　190

赖欣巴哈　193

李嘉图　23, 107, 256, 260, 271, 291

理查·罗蒂　2, 3

列　宁　14, 16, 62, 79, 113, 140, 141, 142, 143, 144, 145, 146, 147, 148, 149, 150, 151, 152, 153, 154, 155, 156, 157, 158, 159, 160, 161, 162, 163, 164, 165, 167, 168, 169, 170, 171, 172, 175, 178, 179, 180, 182, 193, 213, 232, 262, 275, 292, 303, 312, 313, 315, 316, 358

卢森堡　14

路易·阿尔都塞　14, 15, 258, 259

罗莎　14

洛克　125

马克思　1, 2, 3, 4, 5, 6, 7, 8, 9, 10, 11, 12, 13, 14, 15, 16, 17, 18, 19, 20, 22, 23, 24, 25, 26, 27, 28, 29, 30, 31, 32, 33, 34, 35, 36, 37, 38, 40, 41, 42, 45, 46, 47, 48, 50, 54, 55, 59, 60, 61, 62, 63, 64, 65, 66, 67, 68, 69, 70, 71, 72, 73, 74, 75, 76, 77, 78, 79, 80, 81, 82, 83, 84, 85, 86, 87, 88, 89, 90, 91, 92, 93, 94, 95, 96, 97, 98, 99, 102, 103, 104, 105, 106, 107, 108, 109, 110, 111, 112, 113, 114, 115, 116, 117, 118, 119, 123, 128, 132, 133, 139, 140, 141, 142, 147, 148, 149, 150, 153, 154, 155, 156, 157, 158, 159,

160，161，162，163，164，165，
166，167，168，169，170，171，
172，173，176，177，178，179，
180，182，183，184，185，186，
188，191，195，197，201，202，
210，212，213，214，218，220，
224，225，228，229，230，233，
235，237，238，239，240，241，
242，243，244，245，246，247，
248，249，250，251，252，253，
254，255，256，257，258，259，
260，261，262，263，264，265，
266，267，268，269，270，271，
272，273，274，275，276，277，
278，279，280，281，282，283，
284，285，286，287，288，289，
290，291，292，293，294，295，
296，297，298，299，300，302，
303，304，305，306，307，308，
309，310，311，312，313，314，
315，316，317，319，320，321，
322，323，324，325，327，329，
332，333，334，335，338，339，
340，341，344，345，347，348，
349，350，352，353，354，355，
356，357，358，359，360，361，
362，363，364，365，366

马尔库塞　49，227

马勒布朗士　190

培根　125

普列汉诺夫　14，149，155，170，180

莎士比亚　280

斯宾诺莎　190

斯大林　14，118

索绪尔　203，220

托洛茨基　14

瓦托夫斯基　111，112，206，207，208，209，215，339

亚里士多德　137，233

伊姆雷·拉卡托斯　205

以赛亚·伯林　110

中国人名

伯尼　193

曹雷雨　17

陈白澄　14

邓小平　51，52，57，333

杜任之　213

范岱年　111，112，206，207，208，339

甘阳　207，219，329

高清海　3，61，62，336，337，338

顾伟铭　191

杭之　189，190

郝珉　202

贺麟 20, 21, 99, 100, 102, 103, 131, 142, 143, 342

胡传胜 110

胡锦涛 49, 50, 52, 58

姜丽 17

兰征 205

李佩琼 57

李幼蒸 3

刘吉 209

刘继 49, 227

马元德 14

麦基 217

毛泽东 170, 171, 172, 173, 174, 175, 176, 177, 178, 180, 181, 182, 315, 316

欧阳康 227

潘培庆 202

孙利天 3

孙正聿 8, 72, 75, 91, 95, 117, 157, 304, 309, 338, 340

王谨 102, 324

王玖兴 102, 324

王太庆 14, 131

魏杰 57

翁寒松 217

邬焜 57

吴永泉 14

习近平 352, 354, 355, 356, 358, 360, 362, 365

夏禹龙 209

夏镇平 234

杨魁森 228

张峰 106

张跃 17

周穗明 217

专业词汇

本体
  本体论追求 7, 19, 20, 21, 22, 28, 29, 31, 117, 338, 339, 340
  物质本体 6, 18, 20, 24, 25, 304
  实践本体 6, 18, 29, 29, 304
  社会存在本体 18
  本体论革命 24, 29, 32, 75

表征 34, 35, 36, 41, 42, 43, 103, 112, 190, 202, 214, 221, 223, 224, 232, 266, 267, 268, 328, 344, 345, 346, 347, 348, 352, 356, 357, 364

变革
  文明形态的变革 47, 350, 354, 362, 363, 364
  存在方式的变革 31, 47, 48, 192
  思想观念的变革 48

索 引

辩证法
　辩证法体系　213
　自发形态的辩证法　119，124，126
　自觉形态的辩证法　119，124，165，314
　自然辩证法　81，118，119，120，124，130，133，134，136，138，211
　唯物辩证法　99，172，210，262，365
　概念辩证法（概念的辩证法）　79，100，101，102，103，111，112，113，143，144，147，151，159，162，164，165，169，
　本体论的辩证法　148
　认识论的辩证法　148，155，169，170，176，178，181
　实践论的辩证法　148，171
　批判的辩证法　8，32，242，261，281，285
　否定的辩证法　106，107，119
　"三者一致"的辩证法　113，140，141，148，169，170
　实践智慧的辩证法　118，171，176，181，182，315

抽象
　抽象的存在（抽象存在）　99，103，104，106，107，108，109，248，249，260，274，
　抽象的反映　127
　抽象的方法　160，162，164，165，170

　抽象的观念　42，249
　抽象的普遍性　79，100，101，102，111，115，143，159
　抽象的人　85，169，245，246，249，253，270，275，280，286，288，293，294，312，313
　抽象对立　216，218，326，327，340
　抽象化　54，77，105，115，166，191，228
　抽象劳动　（见"劳动"词条）
　抽象理性　95，99，100，103，106，109，113，260
　抽象力　168，259
　抽象思维　95，204，250，270

存在
　抽象存在（抽象的存在）　（见"抽象"词条）
　具体存在（具体的存在）　106
　现实存在　7，41，117，214，253，259，319，338，348
　积极存在　16
　终极存在　（见"终极"词条）
　社会存在　18，48，69，92，103，216，249，286，297，298，306，308，318
　"依附性"存在　33，34，35，48，183，184，185，197，233，266，267，333，349
　"依赖性"存在　356，357
　"独立性"的存在　34，183
　历史性存在（历史的存在）　43，196，197，214，220

存在物　26，27，112，216，247

存在方式　6，31，34，41，47，48，77，78，80，103，105，183，184，185，188，192，195，196，198，199，201，202，214，215，216，219，220，225，230，236，252，276，280，295，298，303，309，310，325，327，333，335，344，345，346，347，348，351，356，357

存在主义的焦虑　118，192，201，201，202，229，233

思维和存在（思维与存在）　37，80，82，83，84，85，86，87，88，90，91，93，98，100，101，128，129，130，131，132，136，138，139，140，142，143，146，147，148，149，150，155，157，162，163，164，165，166，167，168，169，170，171，179，180，182，195，196，210，211，212，213，214，216，217，235，236，237，257，302，303，306，307，318，321，322，323，324，325，326，327，336，337，343，346，356

二重性

商品的二重性　169，246，247，248，256，272，273，274，294

劳动的二重性　159，169，246，247，248，256，263，273，274，275，286，294

人的二重性　275

否定

否定性　8，32，37，62，66，98，105，106，159，166，219，234，242，267，299，307，309，330，331，359

否定之否定　163，298，359

关系

人与自然的关系　328

人与社会的关系　328

人与世界的关系　5，7，8，62，64，65，70，72，73，76，77，121，202，203，235，242，290，299，309，312，314，316，320，327，328，331，334，350

物和物的关系　16，23，244，245，248，254，255，256，259，268，269，272，275，285，291，293，294，295，361，364

人和人的关系　16，23，244，245，248，254，255，256，259，268，269，272，275，285，291，293，294，295，361，364

实践关系　51，98，230，235，267，298，303，318

认知关系　298，303，318

价值关系　255，278，298，303，318

审美关系　298，303，318

生产关系　（见"基本范畴"词条）

功利关系　228

金钱关系　188，192，228

交换关系　228，277

矛盾关系　37，44，66，80，130，131，

202，203，236，237，267，298，325

社会关系　48，89，103，156，158，168，188，198，228，230，244，245，246，248，249，251，253，255，256，262，264，265，267，272，274，276，277，278，280，282，283，288，292，293，294，295，350，351，352

物质关系　22，23，37，114，253，266，281

科学

科学主义　36，37，39，118，119，133，191，199，203，204，205，209，221，223，233，267，305，329，342，344，345，347，348

科学与常识　203，204，208

科学与哲学　130，137，138，203，204，209，210，211

劳动

抽象劳动　106，247，248，252，273，274，275，276，294

具体劳动　106，247，251，252，273，274，275，276，294

活劳动　106，107，260，285

死劳动　106，107，260，285

异化劳动　26，27，239，242

历史

现实的历史　86，95，157，158，243，247，250，251，253，261，263，264，268，269，270，271，272，273，274，275，280，281，282，284，285，286，287，288，289，290，291，293，294，295，300，309

历史过程　33，54，82，95，130，159，229，234，250，251，265，270，307，333，338

历史屈从逻辑　94

世界历史　49，56，308，309，327，333，348，349，350，351，352，356，357

为历史服务　26，33，108，183，239，265，309，349

大尺度　45，48，195，203，225，229，230，299

小尺度　45，195，203，225，229，230，299

理性

抽象理性　（见"抽象"词条）

个体理性　21，101，102，105，106，113，114，191

普遍理性　21，38，42，101，102，103，105，106，109，113，114，116，191，267

理论理性　131，223

实践理性　131，223

逻辑

大写的逻辑　16，113，115，275，276

科学的逻辑　137，138，215，222

逻辑公式　94，107，257

逻辑先在性　112，113

内涵逻辑　79，80，82，90，93，95，

96，109，112，113，115，131，
309，320，321，322

哲学的逻辑　75，138，221

基本范畴

感性认识　（见"认识"词条）

理性认识　（见"认识"词条）

直接经验　（见"经验"词条）

间接经验　（见"经验"词条）

相对真理　（见"真理"词条）

绝对真理　（见"真理"词条）

主要矛盾　145，174，182，353

次要矛盾　182

矛盾的主要方面　175，182

矛盾的次要方面　182

主体　7，11，29，38，49，63，87，93，99，101，102，113，114，116，121，130，132，160，164，166，167，187，189，191，198，210，216，218，219，220，232，241，248，270，290，297，298，299，303，306，308，311，313，314，315，316，317，318，326，328，336，362，363，364，366

客体　6，63，64，71，72，75，76，87，88，91，94，110，121，130，131，140，147，151，154，164，166，167，179，189，214，216，258，290，298，303，306，307，311，312，313，314，315，316，317，318，320，323，324，326，336

社会存在　（见"存在"词条）

社会意识　（见"意识"词条）

生产力　42，48，52，91，184，250，257，262，263，264，265，286，287，288，295，349，350

生产关系　244，251，256，257，263，271，278，279，282，286，287，293，295

经济基础　287

上层建筑　286，287

解放

解放思想　45，46，47，49，50，51，53，54，56，57，58，237，328，333

人的解放　23，24，27，29，31，32，240，348

人类解放　4，8，10，17，27，31，32，71，90，96，98，114，239，240，241，242，254，261，263，264，268，285，286，287，288，289，290，291，292，293，295，305，307，309，320，354，355

经济

市场经济　25，33，34，48，49，52，57，78，103，183，184，185，186，187，188，189，190，192，198，201，225，227，228，230，234，252，264，266，288，350，356，357

自然经济　25，33，34，35，48，103，183，184，185，186，187，188，197，201，266，288，333，356

索引

经验
经验主体　121
经验客体　121
经验事实　146，207，212，221，222，223，224，345，346，348，359
经验对象　123，342，361
直接经验　176，177，182
间接经验　176，177，182
个人经验　177
共同经验　120，177

规律
辩证运动规律　133，134，176
历史规律　95，96，109，110，114，115，116，122，198，243，249，251，260，292，295，299，303，320，321
发展规律　10，11，70，72，95，114，142，242，243，244，250，251，262，263，264，265，267，271，286，287，288，289，291，293，295，303，305，310，320，362

批判
尘世的批判　33，37，96，183，265，267，309
法的批判　33，37，96，117，183，265，267，309
批判性反思　83，234，330，331，332，334，336，344
前提批判　117，217，235，236，237，344
天国的批判　33，37，96，183，265，266，309

自我批判　8，109，117，217，338，344，359
宗教的批判　26，33，37，96，183，265，267，309
神学的批判　33，37，96，183，205，265，267，309
政治的批判　33，37，96，183，265，267，309

人
人的本质　25，26，27，28，29，33，35，36，41，89，228，239，245，248，265，266，274，292
人的独立性　16，23，31，33，34，40，42，48，49，78，103，106，108，183，184，185，188，198，201，224，228，234，241，252，253，265，266，267，268，280，285，288，295，309，347，349，356，357
人的历史活动　32，70，91，95，96，103，109，115，116，229，242，264，287，303，310，319，321，327
人的全面发展　45，56，58，78，96，98，188，192，229，230，233，261，264，265，285，286，287，288，292，295，309，354，355
人化　20，25，26，35，49，198，199，203，225，227，228
人类命运共同体　353
人性　8，20，36，37，184，191，199，215，216，220，261，262，

292，327

物化　42，48，49，110，192，198，203，225，227，228，268

现实的人　3，7，8，22，27，37，41，64，65，66，69，70，73，75，76，80，85，91，92，93，104，106，115，197，242，243，244，245，246，247，248，249，250，251，252，253，254，259，260，261，264，267，268，272，291，292，293，294，295，299，309，312，313，318，320，321，325，335，340，351，364

主观能动性　181，182

人的存在的二重性

自然的存在　247，273，274

社会的存在　274

人类文明形态变革

个体社会化　48，198，228，351，352，364

社会信息化　352，364

经济全球化　47，48，186，350，351，352，364

政治多极化　351，352，364

时代精神主题化　330，348，350，352，353，354，355

认识

感性认识　176，177

理性认识　176，177，182，215

时间

必要劳动时间　16

剩余劳动时间　16

世界

意义世界　199，200，216，219，327

科学世界　46，47，56，57，193，216，231，232，327，362

文化世界　215，216，327

自然世界　198，202，215，216

思维

思维方式　3，4，5，6，7，8，23，37，44，48，52，53，54，55，56，57，62，78，83，100，118，119，120，121，123，125，126，133，140，162，172，176，181，182，184，185，186，188，190，191，192，193，194，196，200，204，207，210，212，213，214，231，232，234，237，267，299，300，303，306，307，310，311，315，316，319，323，328，330，331，333，334，335，337，338，339，340，341，342，344，356，365

思维过程　81，82，83，85，93，130，160

思维活动　41，54，111，132，339

辩证思维　13，41，124，127，131，135，140，176，316，320，322，365

表象思维　341，342，344

对立中思维　53，54，57，120，125

经验思维　118，119，122，123，129，336，342

理论思维　7，19，53，82，83，84，86，90，112，113，117，118，

119，120，122，123，124，129，130，133，134，135，136，138，146，147，152，153，163，179，180，181，182，193，210，211，212，234，259，302，303，314，323，336，337，343，344，356，357，358，362，365

思辨思维　341，342

形式思维　341，342

哲学思维　78，100，112，118，119，129，162，169，170，171，194，302，342，356

知性思维　131，322

思维方式

常识的思维方式　54，192，193

非常识思维的常识化　193

科学思维的常识化　193

实践观点的思维方式　4，5，6，7，8，37，62，181，267，299，306，307，310，311，315，334，365

两极对立的思维方式　53，54，55，56，186，188，328

思想

"构成思想"的维度　343

"反思思想"的维度　343

思想自我　356，357

思想中的时代　116，234，308，356，357

同一

直接同一　26，258

思存同一　99，100，101，104，105，106，111，112，113

抽象的同一性　100，101，102，106，113

具体的同一性　100，101，102，106，113

同一性哲学　104，106，107，108，109，116

唯物主义

"历史"的唯物主义　59，60，62，65，68

历史的"唯物主义"　59，60，62

"直观"的"唯物主义"　68

聪明的唯心主义　147，148，162，164

愚蠢的唯物主义　147，162，164

聪明的唯物主义　147，148，162，164

武器

幻想的武器　262，292

批判的武器　2，42

现实的武器　262，292

新世界观　59，60，62，63，64，65，66，67，69，70，71，73，74，75，76，79，80，86，239，242，254，261

虚无主义　233，264，288，328

现代性　48，103，111，113，114，118，201，300，309，327，328，332，333，340，347，348，357，366

现代性困境　103，113，114

扬弃　20，32，37，38，40，80，81，82，83，84，86，90，95，98，114，159，216，242，289，307，308，

326，327，337，340

意识

　　自我意识　19，21，34，41，44，45，49，78，96，116，130，131，186，187，188，192，193，194，195，196，197，198，200，201，202，223，224，308，322，327，328，329，330，331，332，333，335，346，347，348，356

　　社会意识　42，48，69，92，262，264，286，288，318

　　阶级意识　10，70，118，305

　　实践意识　233

　　理论意识　233

　　审美意识　8，78，117，201，310，330，335，338

　　求真意识　8，117，338

　　向善意识　8，117，338

　　意识形态　3，10，12，13，15，29，30，31，58，66，67，68，69，70，73，86，92，103，189，241，243，269，283，311，316，319，348，351，356

　　体系意识　304

异化

　　人的异化　27，107，192，260

　　自我异化　26，33，34，35，36，37，38，42，96，108，115，116，183，186，187，191，201，224，233，239，242，265，266，267，309，332，347，349，356

　　异化劳动（见"劳动"词条）

　　劳动的异化　107，260

终极

　　终极存在　7，8，19，338

　　终极解释　7，8，19，333，338，339

　　终极价值　8，19，338

哲学

　　批判哲学　343

　　哲学观　3，9，28，62，195，197，209，300，301，304，327，328，329，331，333，335，341，344，365

　　实践转向　8，27，28，29，37，42，167，195，196，197，214，240，241，267，324，325，327

　　语言转向（语言学转向）　195，196，203，214，216，221，222，326，327，344

　　认识论转向　129，130，131，132，195，214

　　生存论转向　195，196，197，198

　　直观反映论　56，118，119，123，160，163，164，165，168，170，173，179，193，315，317，365

真理

　　发现真理　178，191

　　证实真理　178

　　发展真理　178

　　相对真理　13，176，178，182

　　绝对真理　3，13，41，127，176，178，182，338

主体

　　认识主体　132，317

实践主体 7
主体性 49,198,362,363,364,366
革命家 9,10,13,17,97,171,254,289
科学家 9,10,11,17,122,135,136,187,203,205,210,211,212

哲学家 1,2,9,10,11,12,13,14,17,24,64,65,80,87,89,90,104,107,111,135,179,197,205,206,212,215,217,221,222,239,260,269,271,312,319,323,325,326,328,330,332,335,337,339,342,364

（本索引词条由杜永明编制）